Nördlich von Nirgendwo

*Elmar Engel**

Nördlich von Nirgendwo

Abenteuer des einfachen Lebens

**Aussteiger-*
Globetrotter-Erzähler

UMSCHAU VERLAG FRANKFURT AM MAIN

CIP-Kurztitelaufnahme der Deutschen Bibliothek

Engel, Elmar:
Nördlich von Nirgendwo: Abenteuer d. einfachen
Lebens / Elmar Engel.— Frankfurt am Main:
Umschau-Verlag, 1981.
ISBN 3-524-66013-4

Satz: Maschinensetzerei Janß, Pfungstadt
Druck und Bindung: May & Co, Nachf., Darmstadt
ISBN 3-524-66013-4 Printed in Germany

Alle Fotos ohne Quellenangabe von Brigitte und Elmar Engel

INHALTS-VERZEICHNIS

Wer sich in Gefahr begibt, sollte sich nicht wundern, wenn...

Die tückische Schnelle unterhalb des Lake Jamin ist der furiose Auftakt der Flußreise, die erst an der Ungava Bay, an der Nordküste der Halbinsel Labradors enden soll. Vier-, vielleicht fünfhundert Kilometer unbekannte Landschaft, unbefahrene Flußstrecke liegen vor uns. Wir müssen einen der letzten weißen Flecken auf der Landkarte Kanadas durchqueren. Doch das stört uns kaum: Flüsse sind Straßen, die in jedem Fall zum Ziel, zum Meer führen.

Wir sind allein. Brigitte und ich. Allein mit dem De Pas River. Allein in dieser nordischen Wildnis aus Fels, Wald und Wasser. Die Felsen, die Blöcke im Wasser werfen harte, steile Brecher auf. Die Wellen laufen über die Vorschiffe der schwerbeladenen Kajaks. Wir müssen aufpassen, daß nicht jetzt schon, auf den ersten Kilometern, etwas passiert.

Der Fluß wird langsam ruhiger: Nur noch alle paar Kilometer rauscht er über Felsriegel, springt eine Stufe tiefer. An beiden Ufern ist niederes Erlengebüsch, darüber schütterer Wald. Vereinzelt in Gruppen stehende Fichten, dazwischen grün-weißes Caribou-Moos. Die Landschaft ist sanft gewellt, undramatisch. Sie scheint uns zu ignorieren. Nur der Fluß ist lebendig. Er führt und trägt uns nach Norden. Aber er neckt, spielt mit uns, knufft und gibt uns in mancher Schnelle unvermittelt eine Backpfeife.

Aber wir sind auf der Hut. Wir steigen immer wieder an unübersichtlichen Stellen aus, sehen uns an, wie es weitergeht, lassen uns auf keine ernste Balgerei mit dem De Pas ein. Wir gewinnen Selbstvertrauen und Sicherheit. Nicht nur auf dem Fluß, auch in der Landschaft, nachdem wir abends das Zelt aufgebaut haben und noch ein bißchen herumlaufen. Wir fühlen uns dazugehörig, zu Hause.

Ich habe eine Schrotflinte mitgenommen. Ich hätte ein paar Haselhühner, ein Stachelschwein, eine Kanada-Gans schießen können. Doch wir haben ausreichend Verpflegung dabei. Speck, Mehl, Zucker, Haferflokken, Nudeln, Schokolade, Kaffee, Salz. Brigittes Kajak ist vollgestopft mit Verpflegung. Nein, auch in dieser Hinsicht wollten wir kein Risiko eingehen. Wir wissen, daß es in diesen Breiten für Weiße kaum möglich ist, von der Jagd zu leben. Die Jagd sorgt allenfalls für eine Ergänzung oder Abwechslung im Küchenzettel.

Anders ist es mit dem Fischen: In diesen Gewässern schwimmen starke Bachsaiblinge, Hechte, Lachse. Aufs Fischen ist viel eher Verlaß als auf die Jagd. Wenn wir Fisch zum Abendessen haben wollen, so reicht es, wenn wir eine halbe Stunde vorher mit dem Angeln beginnen. Wir wissen aber auch, daß man vom Fleisch des Saiblings kaum leben kann: Der Körper verbraucht zur Verdauung fast ebensoviel Energie, wie ihm der Fisch zuführt. Etwas günstiger ist das Verhältnis beim Hecht, recht gut ist es beim Lachs. Aber Lachse sind unberechenbar: In den meisten Fällen ignorieren sie den schönsten Spinner, die lockendste Fliege.

Die Fahrt auf dem De Pas River beginnt Spaß zu machen. Der Druck im Magen vor der Einfahrt in eine Schnelle hat sich verflüchtigt. Jetzt beginnen wir, den Fluß zu necken. Balgen ein bißchen mit ihm herum, steigen seltener aus, wechseln uns in der Führung ab, fühlen uns dem De Pas gegenüber als Partner und nicht mehr als dessen Spielball.

Wir vertrödeln und verschlafen ein paar Regentage.

Danach hat sich der Fluß verändert. Er hat ohnehin an Volumen gewonnen, hinzu kommt das Regenwasser. Wir benehmen uns wieder respektvoller, nachdem er uns ein paar Brecher um die Ohren geschlagen hat. Wir ändern unsere Taktik: Wir lassen uns forttragen, führen, leiten; suchen aber seine Schwachstellen, die toten Winkel, wo er uns nicht greifen kann.

Wir leben zeitlos. Wir essen, wenn wir hungrig sind. Schlafen, wenn die Sonne untergeht; ruhen, wenn uns die Müdigkeit in die Glieder fährt. Wir haben keinen Ehrgeiz, die Strecke schnell hinter uns zu bringen. Wir werden lange vor Einbruch des Winters die Ungava Bay erreicht haben.

Wir leben das einfache Leben. Fühlen uns frei und unabhängig. Nur uns selbst verantwortlich. Wir kommen mit dem aus, was wir haben.

Die kleinen Dinge klappen perfekt. Es ist nicht unsere erste Reise auf kanadischen Flüssen durch die Wildnis

des Nordens. Die kleinen Dinge: Das sind Feuermachen, Kochen, Zeltauf- und -abbau, Arbeitsteilung. Das ist das Gefühl, sich auf den anderen verlassen zu können.
Im Jahr davor waren wir im Westen Kanadas gewesen. Auf dem Liard River, dem Nahanni, Mackenzie und dem Porcupine River.
Oben auf dem Porcupine, jenseits des Polarkreises, hatten wir Charlie Wolf kennengelernt, hatten mit ihm die Tausend-Kilometer-Strecke quer durch den nördlichen Yukon bis tief nach Alaska hinein befahren.
Charlie Wolf hatte uns viel erzählt von seinem Leben in der Wildnis, das er mit sechzig Jahren begonnen hatte. Von seinem Ausstieg, von seiner Trapline im hintersten Alaska, von seinen Flußtouren während des Sommers.
Charlie hatte uns aber auch gesagt, daß er ein Leben, vollkommen abgenabelt von jeglicher Zivilisation, nicht für möglich halte. Seine Nabelschnüre waren: seine kleine Rente; Bücher, Musik.
Wir überlegten uns, ein ähnliches Leben einzurichten, aufzubauen. Wir waren eigentlich schon mittendrin im Einrichten.
Wir fahren durch eine Schnelle mit harten, aber problemlosen Wellen. Brigitte fährt als erste in die folgende, enge Kehre hinein. Doch auf einmal sind nur noch die Spitzen der Fichten unterhalb zu sehen; da brüllt der De Pas auf einmal los, stürzt sich in einen wahren Steingarten von Felsblöcken – nur rechts in der Außenkurve sehe ich eine freie Passage, aber Brigitte fährt direkt in den Steingarten hinein!
Mein Geschrei: »Rechts, um Himmelswillen rechts!« geht im Toben der Schnelle unter. Dann habe ich selbst genug zu tun mit den Brechern, dem irrsinnig schnellen Wasser. Brigitte ist fast durch.
Aber nur fast. Als ich unten im Kehrwasser ankomme, sehe ich, wie ihr roter Kajak quer vor einem dicken Felsblock hängt, wie sie sich aus der Sitzluke herausarbeitet, auf den Block klettert. Ich paddele zum Ufer, renne stromauf, sehe, wie der De Pas das Boot wie einen nassen Lappen um den Block gewickelt hat. Das Boot ist hin. Brigitte ist erstmal auf dem Block in Sicherheit.
Das einzige, was wir tun können, ist die Bergung des Inhaltes, der Fracht, der Verpflegung. Ich wate in den reißenden Strom. Das Wasser drückt, zieht, zerrt an meinen Beinen. Ich bin kaum bis zu den Oberschenkeln im Wasser, da stößt es mich einfach um, spült mich hinunter in den Kehrstrom. Ich probiere es nochmal, gehe weiter stromauf. Versuche mit der Leine in der Hand, zu dem Block, zu Brigitte hinüberzuschwimmen. Der De Pas reißt mich einfach nach unten, gibt mir nicht die kleinste Chance.
Ich versuche, das Seil zu Brigitte hinüberzuwerfen. Es ist zu weit. Das Wasser ist kalt. Brigitte muß von dem Block herunter. Sie zerrt noch einen Pullover, eine Kamera aus der Sitzluke, läßt sich in den Fluß gleiten und schwimmt ans Ufer.
Der Himmel hat sich mit grauschwarzen Wolken gefüllt. Wir sind zu Tode erschrocken, verfallen in hektische Tätigkeit: sammeln Holz. Im Nu brennt ein loderndes, wärmendes Feuer. Dann baue ich mit fliegenden Händen das Zelt auf. Es muß stehen, bevor sich das Gewitter herangerollt hat.
Brigitte verstaut den Schlafsack, meine Hosen, Pullover, die Unterwäsche im Zelt. Sie besitzt nur noch das, was sie auf dem Leib trägt. Auch ihr Schlafsack ist weg.
Ich sammele noch mehr Holz, decke es mit einer Plane ab. Brigitte steht am Feuer. Wasserdampf quillt aus ihren nassen Hosen. Ich unternehme noch einen halbherzigen Versuch, an das Wrack heranzuschwimmen. Es ist sinnlos.
Als der Regen einsetzt, kriechen wir ins Zelt, rubbeln uns trocken. Wir sind erschöpft; der Schock sitzt noch in unseren Gliedern. Es stößt aus dem Magen säuerlich auf.
»Was nun?«
Nun, morgen, wenn der Regen nachgelassen hat, würde ich es nochmal versuchen, an das Wrack heranzukommen. Die Chance jedoch, daß es mir gelingen wird, ist minimal. Wir versuchen, unsere Gedanken zu ordnen, gewinnen allerdings der Situation kaum positive Aspekte ab. Hier sitzen wir, mitten in jenem weißen Fleck auf der Landkarte, in einer Gegend, wo der De Pas nur noch durch eine vage gestrichelte Linie angedeutet ist. Da sitzen wir, mit nur noch einem Boot, in das nie und nimmer zwei Leute passen, mit nur einem Schlafsack, ohne Verpflegung, ohne Kochzeug, ohne Teller, Tasse, Löffel, Gabel.
Wie weit sind wir gefahren? Achtzig Kilometer oder nur sechzig oder hundert? Jedoch – zurücklaufen in das Angelcamp, von dem wir starteten – das kommt nicht in Frage, da hätten wir meinen Kajak auch noch zurücklassen müssen.

Labrador – das ist ein weiter Himmel; das ist Fels; das ist ein lichter Wald; das sind donnernde Stromschnellen – wie die des Churchill River.

Brigitte fährt mutig – zu mutig – in eine Stromschnelle ein.

Meine Rettungsversuche sind vergeblich – der Strom ist stärker.

Was bleibt, ist eine Pfanne, ein paar Handvoll Haferflocken.

Wir haben keine andere Wahl, als uns stromab zu orientieren. Irgendwo soll da ein leeres Angelcamp sein. Vielleicht ist dort etwas Eßbares zurückgeblieben. Aber wie weit ist es bis dorthin? Drei Tagesmärsche, oder fünf, oder mehr?
Wir stellen zusammen, was uns geblieben ist: Zelt, Flinte, eine Angel. Von beiden Geräten wird unsere Existenz in den nächsten Tagen – oder Wochen? – abhängen.
Was wir vor uns haben, ist nicht mehr ein Simulieren einer Situation, sondern schlichte, bittere Realität. Der Ausgang dieser Prüfung ist ungewiß. Wir sind auf uns selbst gestellt, müssen uns selbst aus dieser Situation befreien; niemand ist da, der uns helfen kann. Ob wir uns befreien wollen, darüber gibt es keine Diskussion. Wir wissen nicht erst seit Charlie, daß eine totale Unabhängigkeit auf Dauer nicht mehr möglich ist. Wir wissen, daß unsere Lage Gefahr in sich birgt.
Wir schlafen schlecht in der Nacht. Nicht nur wegen des Gewitters, des Hagels. Der säuerliche Geschmack, der aus dem Magen aufsteigt, ist geblieben. Aber die Sonne scheint.
Wir unternehmen keinen Versuch mehr, an das Boot heranzukommen. Der De Pas ist um zwanzig, dreißig Zentimeter gestiegen. Vom Wrack ist nichts mehr als ein roter Schatten unter einem sich vor dem Felsen türmenden Schwall zu sehen. Wir räumen mein Boot komplett aus: Wir finden eine Bratpfanne, zwei Pfund Haferflocken und eine Tüte Puddingpulver! Vor allem der Fund der Pfanne gibt uns Auftrieb.
Ich breche ein paar dünne, halbwegs trockengebliebene Zweige aus einer Fichte heraus, mache Feuer. Warum eigentlich? Wir haben keinen Kaffee. Haferflocken und Pudding wollen wir aufheben. Sonst trinken wir nach dem Aufstehen immer heißen, süßen Kaffee. Aber was soll's . . . Unsere Existenz hängt nicht davon ab.
Wir überdenken nochmals unsere Chancen. Entschließen uns, langsam stromab zu gehen, bis wir auf jenes Angelcamp stoßen würden. Brigitte steigt in meinen Kajak, ich gehe am Ufer entlang, um irgendwas Eßbares zu schießen: Biber, Bisam, Stachelschwein, Haselhuhn – eine Gans oder gar ein Caribou. Brigitte wird, da sie im Boot viel schneller als ich vorwärtskommt, in der Wartezeit angeln. Wir müssen töten. Ob es den gesetzlichen Bestimmungen oder unserer Einstellung zur Jagd entspricht, das spielt keine Rolle mehr. Töten heißt für uns: überleben.
Immerhin scheint die Sonne, die Mücken tanzen. Aber ich habe nur noch einen winzigen Rest Insektenöl. Zum Teufel damit, die Indianer hatten auch ohne gelebt.
Glücklicherweise ist der De Pas auf dieser Strecke unproblematisch. Die Schnelle, der Brigittes Kajak zum Opfer gefallen ist, ist die letzte vor einem langen, ruhigen Abschnitt.
Brigitte ist bewundernswert tapfer. Denn nach einer schweren Kenterung hat man einen Horror vor der harmlosesten Strömung, vor jeder Welle, vor dem Wasser ganz allgemein.
Laub und Unterholz triefen vor Nässe. Ich stolpere über Geröll, das unter der dichten Ufervegetation versteckt liegt. Am schlimmsten sind die verfilzten Erlendickichte in den Senken, an den Bacheinmündungen. Da komme ich kaum durch. Die Erlen stehen dicht an dicht, wie untergehakt. Eine federnde, kaum zu durchdringende Wand. Danach orientiere ich mich weiter oberhalb auf der trockenen Uferbank. Dort ist die Vegetation offener.
Es ist merkwürdig: Jetzt, wo wir unbedingt einen Fisch gebraucht hätten, da beißt nicht der kleinste an! Und oben auf dem Trockenen finde ich keine Spur von Hühnern, Stachelschweinen und erst recht nicht von einem Caribou. Nur einmal, in einer Bachmündung scheuche ich einen kapitalen Hecht auf, der sich am Ufer sonnt. Aber beißen – beißen will er nicht.
Es tut sich nichts bis zum Abend. Nur einmal schwirrt ein Huhn vor mir weg, verschwindet aber im Dickicht. Als Abendessen gibt's kaltes Wasser. Sonst nichts. Die Haferflocken und das Puddingpulver wollen wir aufheben. Die Angelversuche vom Ufer aus sind vergeblich.
Nichts will beißen – es ist zum Kotzen.
Wir schlafen gut und lange. Merkwürdigerweise macht uns der Hunger kaum zu schaffen. Die Haferflocken heben wir auf.
Das schöne Wetter hält an. Aber irgendwas muß heute passieren, irgendein Fisch muß anbeißen! Zwei Tage ohne Fisch in diesen Gewässern, das gibt es nicht, hat's noch nie gegeben. Ich gehe langsamer, es kommt mir nicht so sehr auf das schnelle Vorwärtskommen als auf die Suche nach Wild an.
Brigitte indessen fischt und fischt. Immer wieder blitzt der Spinner in der Sonne, doch ich höre keinen Freudenschrei, der einen Erfolg angezeigt hätte.
Es tut sich nichts den ganzen langen Tag. Und es tut

sich nichts am Abend. Wir sehen einen Bisam, doch der Nager ist zu weit weg. Er taucht zu früh.

Wir trinken klares, kaltes Wasser. Das ist das Abendessen. Die Haferflocken wollen wir weiter aufheben. Wir schlafen gut.

Am nächsten Morgen rüttelt der Wind am Zelt, da prasselt der Regen aufs Überdach; das ist kein Reisewetter. Wir müssen mit unseren Kräften haushalten. Bei solchen Bedingungen, bei dieser Nässe und Kälte braucht der Körper die dreifache Menge an Energie. Aber der Regensturm bedeutet gutes Angelwetter. Ich gehe hinaus in die graue Soße, in die Kälte, den Regen, den stürmischen Wind.

Zwischen zwei Böen werfe ich den Blinker dahin, wo die Strömung des einmündenden Baches vom De Pas mitgenommen wird, wo die Kiesbank abbricht, wo kleine Wirbel kreisen. Ich probiere hier und da, kurbele konzentriert, lasse den Köder noch tiefer sinken, ziehe ihn flacher heran, wechsele die Geschwindigkeit – und da tut es auf einmal einen Ruck, als ob sich der Haken in ein Stück Treibholz gebohrt hätte. Ich schlage an, setze den Haken. Das ist ein Lachs – ich spüre es, lockere die Bremse – gleich wird er flüchten, springen.

Das, was ich tue, ist kein sportlicher Zweikampf. Das ist nichts weiter als Beutetrieb der hungrigen Kreatur, die ich bin. Ich lasse dem Fisch keine Chance. Ich zerre ihn einfach auf die Kiesbank, trete ihn brutal weiter aufs Trockene, packe ihn hinter den Kiemen und töte ihn mit einem Messerstich ins Genick.

Der Lachs wiegt an die zehn Pfund. Damit ist für die nächsten beiden Tage gesorgt! Kurz danach fange ich den zweiten Lachs, und nachdem ich die unbrauchbaren Innereien ins Kehrwasser geworfen habe, erbeute ich noch zwei Forellen.

Meine Hände sind so klamm, daß ich es kaum schaffe, die Fische zu putzen. Trotzdem hat mich eine Euphorie erfaßt wie kaum je zuvor. Vier Fische, darunter zwei Lachse – das bedeutet Essen, Energie, Überleben!

Seitlich von einem Felsblock mache ich Feuer. Birkenrinde, darauf halbwegs trockenes Reisig. Vom Felsblock spanne ich die Plane nach unten, davor brennt das Feuer, der Wind treibt den Rauch seitlich weg, der Stein reflektiert die Hitze.

Wir fühlen uns wie im Paradies. Wir kauern unter der Plane und kochen in der Pfanne. Backen Forellen auf heißen Steinen. Räuchern Filets am Rande des Feuers. Indessen prasselt der Regen auf die Planen. Eine Handvoll Salz – und unser Glück wäre perfekt gewesen.

Von diesem Zeitpunkt hatten wir immer etwas zu essen. Fisch, Stachelschwein, Bisam, Biber, Haselhühner. Aber die Munition wurde knapp. Wir kamen nur noch ganz langsam vorwärts, da die Jagd, der Fischfang den größten Teil unserer Zeit absorbierte. Trotzdem gelang es uns kaum, Vorräte zu horten. Wir kamen gerade so über die Runden. Nur unmittelbar nach der erfolgreichen Jagd, nach dem Fang kam für kurze Zeit ein Gefühl von Sicherheit auf, das bald wieder von der Sorge um die Existenz verdrängt wurde. Wir hätten diese Form des einfachen Lebens lieber heute als morgen gegen irgend etwas anderes eingetauscht. Und sei es gegen den Platz hinter einem Schreibtisch im Mief eines Büros.

Wir waren erleichtert, befreit – wir waren glücklich, als das Flugzeug landete. Das Flugzeug, mit dem wir nicht gerechnet hatten. Es war dasselbe Flugzeug, derselbe Pilot, der uns hereingeflogen hatte. Als er über uns hinwegflog, sah er nur einen Kajak auf dem Wasser – und er hatte – zum Teufel! – doch deren zwei hereingebracht! Also wasserte er auf dem De Pas, um mal nachzusehen. Seine Maschine war besetzt, aber er sagte, am nächsten Tag käme ein Kollege vorbei, der würde uns mitnehmen . . .

Er ließ uns das Salz aus seiner Notration zurück. Das, was uns am ehesten fehlte. Als er wieder gestartet und am Horizont verschwunden war, als unsere freudige Aufgeregtheit sich ein bißchen gelegt hatte, sprachen wir über die Situation, in der wir uns knapp zwei Wochen befunden hatten. Zwar immer noch als Betroffene, doch schon aus einem sicheren Abstand heraus.

Vor allem – so fanden wir – hatte uns das Gefühl zugesetzt, daß wir nie wußten, ob wir in zwei, drei Tagen etwas zu essen haben würden. Das ist für uns Mitteleuropäer, die wir unserem übertriebenen Sicherheitsdenken verhaftet sind, etwas so Ungewohntes, daß uns das Leben von der Hand in den Mund wie ein unvertretbar hohes Risiko erscheint. Aber das und nichts anderes war die Urform des einfachen Lebens, eines Lebens, das die Indianer Labradors beispielsweise noch bis in die Nachkriegsjahre hinein praktizierten.

Es wurde uns ferner klar, daß wir uns zwar viel besser mit den so plötzlich eingetretenen, geänderten Bedingungen arrangiert hatten – bei denen es um nichts weiter als um das pure Überleben ging –, als es die allermeisten Europäer und Nordamerikaner gekonnt hätten, daß wir jedoch nie der Erfahrung, der Kenntnis und vor allem nicht dem Instinkt eines Indianers oder Eskimos paroli bieten könnten. Wir wußten jetzt, wo unsere Grenzen lagen.

Wenn wir die letzten Flintenlaufgeschosse bis zur Caribou-Wanderung aufgehoben hätten, – hätten wir wahrscheinlich auch den Winter überlebt. Wir hätten eine kleine Unterkunft gebaut, ein »Mishwap«, wie die Montagnais-Indianer sie nennen. Eine Unterkunft, die die Form eines Teepee hat. Die klein genug sein muß, um sie auch ohne Ofen beheizen zu können.

Aber was wäre nach dem Winter gekommen? Was wäre eingetreten, nachdem die letzte Patrone den Lauf verlassen hätte? Fragen, die wir uns zu beantworten scheuten.

Etwas war uns aber aufgegangen: Die absolute Form des einfachen Lebens ist für uns nicht mehr nachvollziehbar. In irgendeiner Form müssen wir einen Kompromiß eingehen. Es fragt sich nur, wie lang und wie flexibel die Schnur ist, die uns mit der Zivilisation verbindet. Und es fragt sich weiter, ob es uns gelingt, diese Zivilisation in unserem Dienst zu halten – oder ob wir soweit in sie eintauchen, daß wir zu ihren Sklaven werden. Wir nahmen uns vor, eine Zwischenlösung, einen Kompromiß zu suchen.

Als uns der Kollege unseres Retters abholte, sahen wir übrigens, daß wir in einer guten Stunde das verlassene Angelcamp erreicht hätten. Wir erfuhren weiter, daß dort bald jemand eingeflogen worden wäre, daß wir auch aus eigener Kraft unsere Situation gemeistert hätten. Ein paar Jahrzehnte früher jedoch, als es noch keine Angelcamps dort oben gab, wäre es anders ausgegangen. Jetzt jedenfalls flogen wir zu einem Menschen, der seine Unabhängigkeit auf die Hinterlassenschaften des Kalten Krieges gründete.

Wir flogen zur Radarstation am Indian House Lake, einer Verbreiterung des George River, in der Phileander Bourdon hauste. Dort würden wir sehen, wie es weiterging.

Phileander Bourdon war ein Baron, der in einem weitläufigen Schloß mit hundert Zimmern und fünfzig Betten lebte, der Herr war über Tausende von Gallonen Heizöl und Flugzeugbenzin, über eine Tonne Seife, über eine Lkw-Ladung Ananas- und Fleischklopskonserven, über eine Funkanlage, einen deutschen Schäferhund und vieles andere . . . Phileander Bourdon lebte wie eine Made im Speck, in allem nur denkbaren Komfort, als unumschränkter Herrscher mit Hunderten von Meilen Ellenbogenfreiheit.

»Ich hab' am Funkgerät erfahren, was passiert ist. Aber kein Mensch hört ja heute mehr auf einen alten Northerner wie mich. Jedenfalls gut, daß ihr rausgekommen seid, vor allen Dingen für Sie, Ma'am. Kommt rüber in mein Anwesen. Wenn ich Euch da nicht was Feines zum Essen machen werde, ich heiße übrigens Phileander Bourdon und spreche trotzdem englisch.«

Der Hund beschnüffelte uns freundlich, setzte sich dann artig vor Brigitte, gab ihr auf Phileanders Geheiß die Pfote.

»Das ist Bongo, hab ihn großgezogen, er ist ein Gentleman wie ich selbst! So, Bongo, jetzt sag der Lady ›hello‹!«

Das mochte der Hund jedoch nicht tun, beroch statt dessen meine Beine, wuffte und lief uns voraus.

»Das ist alles mein«, erklärte Phileander, nicht ohne würdigen Stolz, mit weitausholendem Armschwung.

Die Radiostation, das war eine Gruppe von geräumigen Holzbauten, überragt von einem etwa fünfzig Meter hohen Gittermast. Über einen wackligen Holzsteg führte uns unser Gastgeber durch einen Windfang in den »Salon«, wie er sich ausdrückte, einen großen Raum, von dessen Wänden die Farbe ein bißchen blätterte. Über den ärgsten Flechten klebten rosige, paradiesisch nackte Pin-up-Girls.

Doch da standen vier, zwar reichlich vergammelte, doch himmlisch bequeme Polstersessel, ein ehemals runder Tisch, den Phileander durch Auseinandersägen und Einfügen eines Brettes vergrößert hatte. In einer Nische lagerten mindestens zehn Jahrgänge von »Readers Digest«.

»Das ist meine Lieblings-Miss!« sagte Phileander zu mir und deutete auf das Bild einer Blondine mit einem überaus appetitlichen Popo.

»Ja, Ma'am«, verkündete Phileander, indem er mit uns in die sehr geräumige Küche schritt, »ich hab 'ne Menge Karnickel geschossen« und deutete auf einen ganzen Stapel abgehäuteter Vierbeiner, die tatsächlich wie Karnickel aussahen – doch die Läufe und die dicken Schwänze deuteten eher auf Bisam. Brigitte packte einen davon am Hinterbein, hielt ihn in die Höhe und betrachtete ihn sachverständig: »Die haben aber eine verblüffende Ähnlichkeit mit Bisamen, mein lieber Mr.

Bourdon, aber keine Angst, Bisame gehören zu unseren Leckerbissen!« Er grinste und sagte pardon, jedenfalls könne er uns eine Spezialität vorsetzen, von der wir sicherlich noch unseren Enkeln berichten würden. Damit zog er sein schartiges Messer und begann die dicken, langen Schwänze von den toten Tieren abzusäbeln. »Ihr hattet also Ärger, aber ich, Phileander, hab' mir schon gedacht, mit so kleinen Booten fährt man nicht den De Pas runter. Ich würde höchstens mit 'nem richtigen Boot und einem Outboarder dran fahren, aber, verdammt noch mal, am besten fliegt man drüber! Er ist 'ne gottverdammte Hölle von einem Fluß!«

In dem mächtigen, rostigen Eisenofen bullerte ein gewaltiges Feuer. Auf der Platte brodelte es in einem zerbeulten Aluminiumtopf. In dieses Gebrodel warf unser Gastgeber ein rundes Dutzend der schwarzbraunen Schwänze, nachdem er ihre hinteren Enden mit einer Beißzange abgezwackt hatte.

»Hier ist alles mit Öl geheizt!« erklärte er. »Brauch' mich um Feuerholz nicht zu kümmern. Draußen liegen noch über dreitausend Gallonen in den Tanks. Ham se alles bei der Aufgabe der Station vor 'nem Dutzend Jahren hiergelassen. Diese meine Residenz hat'n hübsches Sümmchen gekostet. Nur ein paar Geräte ham se abmontiert, alles andere ist zurückgeblieben. Hätt'n reicher Kerl werden können, wenn ich das alles rausgekriegt hätte. Bloß 'n paar Kupferdrähte hab ich ausgebaut, die verhöker ich in Schefferville! Aber jetzt, wo alles da ist, finde ich es so okay, ist ja alles mein.« Er rührte in dem Gebrodel.

»Das Zeug hier kocht allein. Kommt mal mit in mein Vorratslager!« Er führte uns an einem guten Dutzend Schlafräumen vorbei (»Jede Nacht schlafe ich in einem anderen Bett, wenn ich will.«), in ein Nebengebäude.

Dort stapelten sich angerostete Konserven mit Ananas in Scheiben, Ananas in Würfeln, Ananas zu Mus zerstoßen, Ananas gemischt mit anderen Früchten – dann: Fleischklopse in Dosen, mindestens eine Tonne Kernseife, ein Berg Waschpulvertonnen, Haufen von Dosen mit roten Rüben, gelben Rüben, Makkaroni und genug Senfpulver, um eine kriegsstarke Division fünfzig Jahre lang zu versorgen, sowie ein gutes Fuder Kondensmilch. Manche der Konserven waren zwölf Jahre alt, sie waren jedoch nach wie vor in Ordnung, wenn sich auch bei der Konsensmilch Rahm und Wasser getrennt hatten und die Rote Beete inzwischen ein bißchen zu weich geworden war.

Bongo war mit uns gekommen und streckte mir die rechte Pfote hin. Quittierte mein Ohrenwuscheln mit Schwanzwedeln. Auch er freute sich über die Abwechslung.

Wir gingen zurück in die Küche. Auf einem Teller, den Phileander nach einem raschen Seitenblick auf Brigitte flink mit einem Taschentuch abgewischt hatte, ließ er die gekochten Schwänze abtropfen. Danach kamen sie auf die heiße Ofenplatte, Rost und Staub hatte er mit demselben Taschentuch weggewedelt. In einer Minute brutzelte und zischte es, Phileander wendete, salzte, und dann knabberten wir die Knorpel blank.

Anschließend setzten wir den Rundgang durch sein Reich fort. Eine bemerkenswerte Installation war das »Rauchhaus«. Auch ohne Herzchen an der Tür sah man, zu was es einmal gedient hatte. Graublauer Qualm quoll aus allen Ritzen.

»Sollte etwa . . .?« fragte mich Brigitte, »ja, leider« schien Bongo sagen zu wollen und streckte ihr teilnahmsvoll die Pfote hin. Phileander war indessen in dem Smoke-Outhouse verschwunden. Als er hustend und spuckend herauskam, hielt er eine rot geräucherte Lachshälfte in der Hand.

»Ist sie nicht wundervoll?« sagte er zu Brigitte. Dann brach er ein Stück Lachs ab und gab es meinem Weib. Sie nahm es zwar dankend an, fragte aber bevor sie hineinbiß: »Erklären Sie mir bitte, cher Monsieur, seit wann ist der Lokus nicht mehr in Betrieb?«

»Oh, Ma'am, das weiß ich wirklich nicht, ich habe einen neuen gebaut, soll ich Ihnen den mal zeigen, wollen Sie dorthin, Ma'am?« Ich gab unserem Hausherrn zu bedenken, daß Frauen mitunter mit einem delikaten Geschmack ausgestattet seien, und daß ein Räucherlachs, der auf einem Lokus in . . .

»Sorry, Ma'am – daran habe ich wirklich nie gedacht. Ich jedenfalls habe noch nie was herausgeschmeckt«, er schob sich demonstrativ ein großes Stück von dem sattroten Fisch in den Mund und kaute prüfend – »nein, nichts, Ma'am, ich bin wirklich äußerst diffizil, was das Essen angeht!«

Es mußte rund zwölf Jahre her sein, daß . . .

Im »Salon«, zu Füßen der Pin-up-Girls, flätzten wir uns zum Kaffee wieder in die Sessel. Danach stiegen wir Männer zum Bach hinunter, der an dem Palais vorbeifließt und in den George mündet. Von dort lag schon eine Leitung bis zum Haus. Phileander bastelte an der Pumpe unten am Wasser herum, sagte, sie sei eine ver-

sehentlich aufgezogene Nachgeburt eines kretinösen Stinktieres und ähnliches mehr.
Trotz dieser Beschimpfung setzte sich der Motor prustend und blubbernd in Bewegung, wir schoben das Saugrohr ins Wasser und schauten uns triumphierend an, als weit oben auf der Böschung ein feiner Wasserstrahl aus der Leitung spritzte, so wie aus einem defekten Feuerwehrschlauch.
Die Anlage funktionierte, durch das Leck ging nicht allzuviel Flüssigkeit verloren. Während wir unser Werk bestaunten, erschien Brigitte schimpfend in der Tür. Auch Bongo kam herausgelaufen, schüttelte sich, daß die Tropfen aus seinem hellbraunen Fell stoben.
Mein Weib behauptete, das Wasser rinne nur so aus der Decke die Wände herunter und so weiter.
»Frauen übertreiben immer!« sagte ich zu dem Hausvater. Wir beschäftigen uns noch eine Weile mit der Pumpe und gingen dann endlich nach oben, um Brigittes Behauptung zu überprüfen. Unser Werk wollten wir indessen nicht so brutal unterbrechen. Also schlug ich vor, die Schelle oben an der Böschung zu lösen, das Rohr aus der Muffe herauszuziehen, dann könnte die Pumpe weiterarbeiten und das Wasser, ohne Schaden anzurichten, wieder in den Bach zurückfließen. Die Dusche war unwichtig, Hauptsache, die Pumpe arbeitete.
Phileander fand, das sei eine gute Idee. Es dauerte eine Weile, bis wir die verrostete Schelle gelöst hatten. Wir wurden dabei ziemlich naß, aber dann gingen wir endlich hinauf, um dort nach dem Rechten zu sehen.
Brigitte hatte nicht übertrieben, das Wasser stand handhoch in Küche und »Salon«, von der Decke regnete es, an den Wänden rannen dicke Tropfen. Die rosigen Girls waren ganz verquollen vor Feuchtigkeit. Phileander hatte schließlich den Einfall, Löcher in den Fußboden zu bohren, durch die das Wasser ablaufen konnte. Er bohrte hier und da, und gurgelnd verschwand die rostige Brühe durch die Abflußlöcher.
Während Brigitte schrubbte und wischte, zogen wir Männer es vor, fürs Abendessen ein paar Forellen zu angeln. Bongo blieb als Wachhabender zurück.
Wir gingen am Bach entlang und kamen nach einer knappen halben Stunde an einen kleinen, runden See, in den der Bach von der gegenüberliegenden Seite her etwa dreißig Meter hoch in wilden Kaskaden hineinstürzt. Rechts und links davon türmt sich der Fels im Halbrund wie ein griechisches Theater, unten rahmt ein etwa zwanzig Meter breiter Fichtenbestand das Gewässer ein. Rosageränderte Wolken, schwarze Fichtenwände, grau-grüne Felsen und die im Abendlicht rotschimmernde Tundra spiegelten sich im See – dahinter dehnte sich der Indian House Lake, erhoben sich Bergsilhouetten schwarz gegen den abenddunklen Himmel. Ein Platz, würdig, einem wandernden Gott als Raststätte zu dienen!
Phileander behauptete, in dem See gäbe es große, schwere Lachse. Innerhalb weniger Minuten fingen wir zwei Dutzend kleiner, gepunkteter Bachsaiblinge. Aber von einem Lachs keine Spur. Wir umrundeten den See, fingen zwar noch ein halbes Dutzend kleiner, roter Saiblinge . . .
Als wir zurückkehrten, waren unsere Bachsaiblinge verschwunden. Wir suchten eine Weile, dann fanden wir Bongo. Der leckte sich die Schnauze.
»Das war sicherlich ein Bär. Es wimmelt hier von Bären. Bongo macht so was nicht!« erklärte Phileander.

Nach ein paar Tagen der Erholung war unser Unternehmungsgeist zurückgekehrt: Aus der Luft hatten wir etwa fünfzehn Kilometer oberhalb der Station einen wilden Fluß in den Indian House Lake münden sehen, den Deal River.
Zu viert fuhren wir mit dem Motor-Kanu hin. Wir nahmen Zelt, Decken und den verbliebenen Schlafsack mit. Erst am nächsten Abend sollte uns Phileander abholen.
Der Deal ist eine fast ununterbrochene Kette von brausenden Stromschnellen, donnernden Wasserfällen, ein Fluß, der auf fünfundzwanzig Kilometern etwa dreihundert Meter fällt. Merkwürdigerweise gibt es in dem glasklaren, grünen Wasser nicht einen einzigen Fisch. Von der Radio-Station hatten wir jedoch Konserven mit.
Es war ein heller, sonniger Tag. Wir wanderten durch den lichten, bemoosten Fichtenwald stromauf, folgten den Caribou-Trails, rasteten auf sonnendurchglühten Felsbrocken, gingen immer wieder zum Flußufer, um das wirbelnde, schäumende, stürzende Wasser zu betrachten. Verirren konnten wir uns nicht, das Brausen des Flusses war allgegenwärtig.
Ein Stachelschwein kreuzte unseren Weg, blieb still sitzen, als wir näher kamen; sträubte seine Stacheln, watschelte dann weiter, verschwand im Unterholz. Ein anderes störten wir beim Lunch. Es saß in drei Metern

Höhe und fiepte mich ärgerlich an. Hätte es nicht die schwarzglänzenden Augen im Kopf gehabt, ich hätte es für ein Bündel abgestorbener Äste gehalten. Ab und zu wischte es sich unwirsch mit der linken Vorderpfote die Moskitos aus dem Gesicht.

Wir gingen weiter, vor uns schwirrte eine ganze Kette von Schneehühnern über den Pfad. Braune, rebhuhngroße Vögel mit weißen Flügeln. Sie flogen nicht weit, blieben im Geäst eines nahen Baumes abwartend sitzen. Wir hätten sie mit den Händen greifen können. Wir ließen sie unbehelligt. Ein paar Tage vorher jedoch . . .

Als der Caribou-Trail uns wieder einmal zum Flußufer führte, sahen wir auf dem gegenüberliegenden Ufer einen kugeligen, schwarzen Bären, beobachteten, wie er am Waldrand entlang trottete, unter Holz, Steinen und Felsbrocken schnüffelte, herumkratzte und um die Flußbiegung verschwand.

Wir mußten ein sumpfiges Stück Land queren, einen breiten Bach durchwaten und stiegen dann hügelan. Nach dreißig Minuten waren wir oben, sahen hinunter auf Wald, Seen und Flüsse. Über uns war blauer Himmel, segelten weiße Wolkenschiffe. Hier oben hielt sich die Moskitoplage in Grenzen.

Abends saßen wir am Feuer. Die Felswand hinter uns reflektierte die Wärme, wir sahen die Sonne in einem aufflammenden Himmel untergehen, beobachteten später, wie die weißen, gelben und grünen Vorhänge des Nordlichtes über den Zenit voller blitzender Sterne wehten, genossen die prickelnde Frische der Frostnacht. Ich legte noch ein paar extra dicke Knüppel aufs Feuer – dann krochen wir in unser Zelt und waren bald eingeschlafen.

»Wißt ihr«, sagte Phileander, als wir anderntags in der Behaglichkeit der Sessel versunken, im ölbeheizten und inzwischen wieder trockenen »Salon« saßen und Kaffee tranken, »die Ölvorräte hier langen noch für drei, vier Jahre. Dann muß ich mir was anderes suchen oder mit dem Holzhacken beginnen. Ich kenne aber noch ein paar Stationen, in denen man sich einrichten könnte – am Bienville-See beispielsweise, 600 Meilen westlich von hier, da lagert die dreifache Menge an Treibstoff, da liegen Boote, Motoren, da gibt's Verpflegung in Massen. Ich sage das keinem, das ist mein Geheimnis, aber weil ich euch beide in mein Herz geschlossen habe – laßt euch dort nieder, ihr könnt ein sorgloses Leben führen, Bücher schreiben so viel ihr wollt. Und wenn das hier mal aufhört, werde ich zu euch ziehen.«

Wir versprachen, uns das zu überlegen – allen Ernstes – vorläufig jedoch müßten wir erst mal nach George River an die Ungava Bay.

In wilden Kaskaden stürzt ein Bach in einen kleinen, kreisrunden See.

1. Rückblende

Verdammt nochmal – mußten wir wirklich nach George River, in dieses gottverdammte Eskimo-Nest an der Ungava Bay? Was hatten wir da zu suchen? Fotos wollten, sollten, mußten wir machen; Fotos von den Menschen, der Landschaft. Fotos, weil die Landschaft verschieden ist, weil die Menschen anders aussehen als in Europa. Es wäre besser, rationeller, billiger gewesen, von Montreal nach Fort Chimo mit dem Linienjet zu fliegen, dort ein Wasserflugzeug zu chartern, das uns nach einer Stunde in George River abgesetzt hätte.

Wir indessen hatten eine Anfahrt gewählt, die voller unbekannter Schwierigkeiten steckte; die Quittung war indessen ausgeschrieben.

Andererseits – da war der Erfolgszwang. Wir mußten ein Ergebnis mit nach Hause bringen. All die Eindrükke, die Empfindungen von unterwegs – das sollte publiziert werden, es mußte etwas dabei herausspringen – wie auf anderen Touren vorher schon etwas herausgesprungen war. Wie hätten wir sonst das Geld aufbringen können? Die »Prostitution heroischer Anstrengungen« hat es mal einer genannt.

Vielleicht sollten wir Phileanders Idee aufgreifen – uns zum Bienville Lake durchschlagen, alle Brücken hinter uns abbrechen, uns einen Dreck 'drum kümmern, was man von uns erwartete – einfach abhauen.

Oder wäre es richtiger gewesen, zu Hause zu bleiben? So zu leben, wie die anderen leben in ihrem komfortablen, abgesicherten Mief, statt uns dem erbarmungslos eisigen Ozon der Freiheit auszusetzen?

Jedenfalls stand weder an Brigittes noch an meiner Wiege das Orakel einer weisen Frau, das auch nur vage in Richtung Labrador gedeutet hätte. Weder Familienhintergründe, Erziehung oder Umfeld ließen eine Abkehr erahnen von dem, was die Norm ist. Nur die Wahl des Namens »Elmar« durch meinen Vater – er hatte die unsäglichen »Dreizehnlinden« des Herrn Weber gelesen – schien bedeutungsschwanger. Inwieweit jedoch, ist nicht klar:

»Elmar, Stärke ziemt dem Starken, Mut dem Manne . . .« das klingt optimistisch, ist jedoch zu allgemein, um Aufschlüsse zu geben. Indessen schien der Vers:

»Durch deine Adern braust das Blut gleich wilden Bächen, die, geschwellt von Wettergüssen, Uferdamm und Wehr durchbrechen« auf ausgedehnte Flußfahrten hinzudeuten, wogegen »Armer Elmar, irrer Waller, wirst du Heil und Hülfe finden?« eindeutig bedenkliche Aspekte beinhaltet, und endlich:

»Eine Trän' im greisen Barte, ging der Alte aus dem Saale« – was ebenfalls recht pessimistisch klingt.

Worauf mein Vater anspielte, behielt er für sich – er, der unverdrossene Laienschauspieler, verließ kurz nach meiner Geburt die Weltbühne.

Ich bin in Nunkirchen, im Jahr des Unheils 1933, auf die Welt gekommen. Nein – es ist kein Schreibfehler, Nunkirchen, nicht Neunkirchen. Trotzdem im Saarland! Heute ist es Stadtteil von Wadern – einem anderen Nest, das sich zur Stadt aufgeplustert hat. Eine »Stadt« für ein paar hornärschige Bürokraten.

Das Dorf mit seinen anderthalbtausend Einwohnern, das war der überschaubare Hintergrund der Kindheit. Es war eine gute Kindheit der bescheidenen Verhältnisse. Der Krieg war für uns Kinder in erster Linie eine spannende, aufregende Sache. Der Aufmarsch von 1939, die Material- und Munitionslager, die Einquartierung die Feldbahnen. Schule, katholische Kirche, Jungvolk, das Elternhaus spielten die gleichen Rollen wie im Leben von Millionen anderer Kinder. Nichts deutete auf etwas anderes als ein ganz normales Dasein hin.

Jedoch – am Indian House Lake – im zentralen Labrador – waren die Würfel längst gefallen.

Die Rückkehr an den Schreibtisch in ein miefiges Büro schied ebenso aus wie der Abbruch der letzten Brücke, der totale Ausstieg am Lake Bienville.

Wir charterten das Flugzeug nach George River.

Das einfache Leben der Eskimos

Regenstürme fegen von der Grande Falaise herunter, drängen über den Indian House Lake; ab und zu erscheint ein blauer Fleck am Himmel, leuchten ein paar Sonnenstrahlen den gegenüberliegenden Hang grün und hellgrau aus, darüber hängt blauschwarz die abziehende Wolke. Dann eine neue Wand peitschender Tropfen, ein harter, böiger Wind schräg zur Strömung, der das schwarze Wasser des George River zu meterhohen, schaumigen Wellen aufwirft und in der Verspannung der Radiotürme heult und pfeift.
»No plane today!« sagt Phileander. Nein, da kommt ganz bestimmt kein Flugzeug herein. Für alle Fälle sitzen wir auf der fertiggepackten Ausrüstung, hoffen aber, daß bei diesem Wetter nicht einmal die hartgesottenen Buschpiloten der »Laurentian Airways« herauskommen. Es sind fast zweihundert Kilometer Flugstrecke von Schefferville nach dem Indian House Lake und dann nochmals zweihundertfünfzig Kilometer nach George River. Doch dann, gegen alle Erwartungen, schwebt die kleine Cessna herein, oder besser gesagt: sie flattert herein, von den Böen über den See getrieben, springt ein paarmal, schaukelt, kommt zur Pier.
Wieder etwas Sonne, ein Regenbogen.
Vielleicht haben wir doch noch Glück? Aber nein, nur wenig später, kaum ist unser Gepäck eingeladen, der Kajak auf dem Schwimmer festgezurrt, da jagt schon ein neuer Schauer über uns hinweg, durchweicht den Piloten, der zum Nachtanken auf die Tragfläche geklettert ist.
»Fasten your seat belts!« sagt Hercule. »Es wird möglicherweise ein rauher Ritt!«
Das Abheben ist kein Problem – trotz vollgetankter und schwerbeladener Maschine. Der Sturm beutelt, schüttelt uns hinauf. »In diesem Lande bin ich der Boss!« soll das wohl heißen.
Rundgeschliffene Felsen huschen unter uns weg, links ragt ein riesiger, ungeschlachter Klotz; »Grande Falaise«, dahinter ein kleiner See.
Die Nase der Maschine zeigt nach Nordwesten – wir fliegen nach Norden – Abdrift durch den Westwind. Die Cessna springt plötzlich in die Höhe, die linke Tragfläche zeigt steil nach unten, aber Hercule hat die Böe schon ausbalanciert, das Flugzeug wieder abgefangen. Eine neue Regenwand hüllt uns ein, vorne ist nicht viel zu sehen, seitlich ist es besser. Hercule zieht die Maschine höher. Unter uns nasser Fels, Bäche, moosige Tundra, ein paar Fichten.
»Ich muß zum Fluß zurück!« ruft der Pilot durch das Gedröhn. »Dann können wir den Kurs nicht verfehlen!«
Es sind keine Schauer mehr – es regnet ununterbrochen, die Windböen sind härter geworden, die Sicht schlechter. Unter uns ist wieder der George River, rechts und links gewaltige Felsklötze, Turbulenzen schütteln das Flugzeug. Der Fluß selbst ist eine Folge blockgespickter Stromschnellen, Felsriegel im Wasser, weißer Schaum.
Die Seitenscheiben der Kabine beschlagen, ich stelle die Lüftung an. Irgend etwas mit den Landeklappen stimmt nicht, sie fallen immer wieder herunter, ich muß mit dem Knie den Kopf vor mir festklemmen.
Zu den optischen Eindrücken des Regensturmes erhalten wir durch die offene Lüftung auch noch die Akustik: das Heulen, Pfeifen des Windes, in der Verspannung der Tragflächen, das Prasseln des Regens, das Lärmen der Maschine.
Ich sehe zu Hercule hinüber – auf seinem Gesicht spiegeln sich Anspannung und Konzentration. Er muß ständig das Bocken, Stoßen, Durchfallen der Maschine ausgleichen, aus dem Torkeln und Taumeln ein Fliegen machen.
Trotz allem: unter und neben uns ist eine phantastische Szenerie. Der mächtige George, manchmal scheinbar glatt und dunkelschimmern nach Norden fließend, dann die Staustrecken, durch den Wind waschbrettartig gemustert, dazwischen die Stromschnellen. Felsblöcke unter und über der Wasseroberfläche, unregelmäßig im Flußbett verteilt, in der Strömung weißgischtende Löcher aufreißend, helle, spitzwinklige, stromabwärts zeigende Schaumstreifen nach sich ziehend.

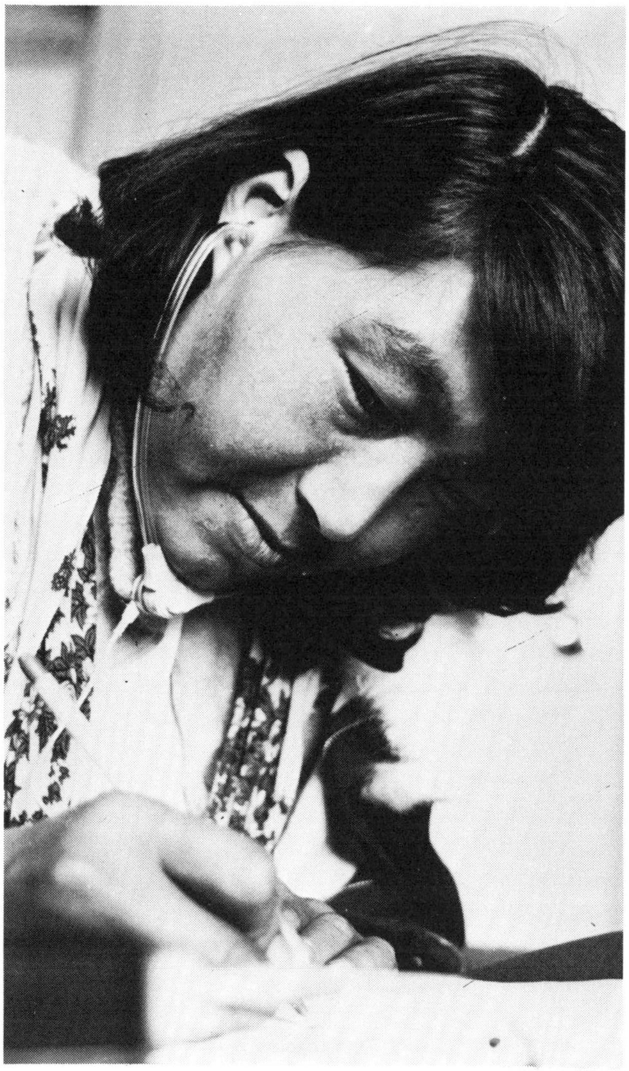

Gesichter aus dem Eskimo-Dorf George River: Menschen, die die Vergangenheit verloren und die Gegenwart noch nicht gefunden haben.

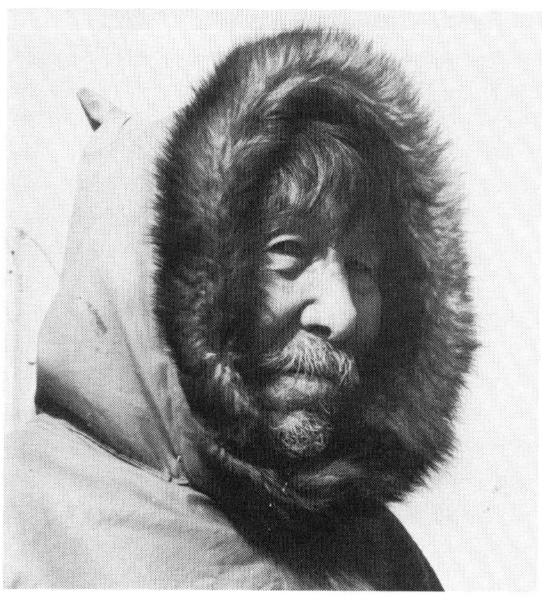

Grob zugehauene Felsklötze rechts und links: Wedge Hills, Pyramid Hills, Hades Hills; Canyons die Seitentäler, weiße Sturzbäche im dunklen Grund; Wasserfälle, die von schroffen Klippen in grundlose, felsige Bekken stürzen.
Keine feinziselierte Schönheit, keine Götterthrone die Berge, sondern sehr wuchtige, bedrohliche Ungeheuer an den Flanken des Flusses. Dazwischen eine dünne, schüttere Galerie kleiner Fichten; oben die Tundra, graugrünes, gelbes Moos und überall Wasser: Seen, Tümpel, Teiche, Rinnsale, Bäche, Flüßchen, Katarakte, Kaskaden, Fälle, der Strom, dem wir folgen; der Regen, der herunterprasselt. Wasser in jeder Form, nur noch das Meer fehlt.
Das Meer, das gottlob nicht mehr weit sein kann.
»Die Helen Falls!« schreit Hercule. Brigitte hinter uns reckt bleich und tapfer den Hals, sie sitzt auf einem Rucksack, sieht kaum etwas, zieht den Kopf wieder ein. Eine Kette von Kaskaden im Fluß, gestufte Gesteinsplatten, ein Fall – dahinter ein großes, anthrazitfarbenes Becken. »Das Tal wird jetzt weiter – wie werden weniger Turbulenzen haben!« sagt Hercule und zeigt auf die Karte. Ein heller Streifen an den Felsen über dem Wasserspiegel deutet den Einfluß von Ebbe und Flut an.
Die Sicht ist noch immer schlecht, der Wind wird bösartiger, womöglich noch härter. Wir fliegen direkt über den Mündungsschlauch des Flusses, folgen seinen Windungen. Unter uns ist rauhes, grünes Wasser mit weißen Schaumkämmen. Seit drei Stunden kämpft sich die Cessna ihren Weg nach Norden, zu dem Eskimodorf George River hin.
»Noch drei Minuten!« sagt Hercule. »Ich sehe nach links, halte du Ausschau nach rechts, damit wir das Nest auch finden! In der nächsten Bay muß es sein!«
Hercule zieht die Maschine hoch, beschreibt einen Kreis – nichts! Vielleicht in der nächsten Bay.
»Watch out!«
Wir suchen rechts, dann links – dann endlich eine Handvoll Streichholzschachteln am Ende einer Bucht, die jetzt, offensichtlich ist Ebbe, trocken liegt. Davor weitere Felsblöcke, ein wahrer Steingarten.
Einen Herzschlag lang suche ich an irgendeiner Strebe Halt, als Hercule das Flugzeug in einer steilen Kurve um 180 Grad herumzieht, während der Wind boxt, stößt, drückt, der Regen weiter gegen die Scheiben der Kabine prasselt – Mensch – das war knapp vor diesem kantigen Fels. Dann bringt er die Maschine in die Waagerechte, drosselt den Motor – gibt kurz vor dem Aufsetzen noch einmal Gas; die Nase der Cessna richtet sich auf, die Schwimmer knallen in die Wellen, springen, dann senkt sich die Motorhaube, wir schlingern, rollen auf dem Wasser. Die Böen treiben die Maschine auf die Felswand zu – Hercule wirft den Kajak ins Wasser, da hüpft ein flaches, kleines Boot über die weißaufgischtenden Wellen. »Allez, allez«, treibt uns Hercule – die Felswand kommt näher – Brigitte ist blaß. Wortlos reicht sie hastig unser Zeug nach vorn, ich nehme es an – Hercule steht auf dem wildschwankenden Schwimmer, wirft es in das Boot, das inzwischen bei uns ist. Das schwere Kamerastativ klatscht ins Wasser, verschwindet, Sturm, Regen packen uns – wir balancieren in das Boot – Hercule drückt es mit dem Fuß weg – klettert rasch in die Maschine; findet keine Zeit für Abschiedsworte.

Der Outboarder knattert los, das Dröhnen des Flugzeugmotors übertönt für einen Augenblick den Sturm – während wir uns ins Boot kauern, während der Sturm uns fast den Atem nimmt, die weiße Gischt fliegt, während ich auf Aufforderung des Eskimos schöpfe, schöpfe, so schnell ich kann, bis die steilen Wellen flacher werden und wir aufs schlammige Ufer gleiten. Wir steigen aus, werfen unsere Sachen auf den Strand. Der Eskimo dreht sofort um – birgt den Kajak; ich hätte ihn schwimmen lassen, der Teufel soll ihn holen.
Da stehen ein paar große, weiße Canvaszelte im Regen, nasse, verwahrloste Hütten, ein paar bessere Häuser, american style, vor einem zerfleddert der Sturm eine kanadische Fahne. Da ist scheinbar nichts als Trostlosigkeit zwischen triefenden schwarzen Felsen.
»Bei diesem Wetter zu fliegen – der Pilot muß nicht recht im Kopf sein, oder er ist ein Kamikaze –« sagt Wade Low, Schulleiter und Administrator von George River.
»Er schien noch recht jung – Hercule heißt er.«
»Wenn er das öfters macht, dann kommt er nie auf seine tausend Flugstunden . . .«
Der Sturm poltert, der Regen schlägt wie ein nasses Tuch an die Scheiben.
Wir bekommen Rum, trockene Sachen, heißen Tee. Erst dann erfolgt die Vorstellung, Erklärung des Warum, Weshalb.
»Das Dorf George River existiert erst seit fünf Jahren.

Die Gezeiten an der Ungava Bay gehören zu den höchsten der Welt; die Ebbe legt einen breiten Schlickstreifen frei.

Das, was auf der Karte eingezeichnet ist, das ist der alte Hudsons Bay-Posten, deshalb habt ihr den Platz nicht gleich gefunden . . .«
»Die Behörden hatten ursprünglich ihre Bedenken, ob das alles funktionieren würde, die hundertfünfzig Eskimos, die in der Gegend an verschiedenen Orten wohnten und zu verschiedenen Sippen gehörten, die sich durchaus nicht immer grün waren; all die Leute in einem Dorf zusammenzuziehen, eine Menschenzusammenballung von – für Eskimos – kaum vorstellbaren Ausmaßen. Anfangs hausten denn auch eine Reihe von ihnen weiterhin in den Zelten, direkt vor der Haustür. Aber als es dann kalt wurde, erkannten die Burschen doch schnell die Vorzüge einer Ölheizung gegenüber der Tranlampe, und sie zogen um. Sie machen sich die Annehmlichkeiten der Zivilisation rasch zu eigen . . .«
»Ja, und dann klappte es recht gut, da entstand eine Gefrieranlage für die Saiblinge und Lachse, da mußten sie schon ein bißchen zusammenarbeiten, ob sie wollten oder nicht, und dann sind sie ja alle brave Christen, alle sind Anglikaner und nur noch ein ganz kleines bißchen Heiden. Es scheint ganz gut zu gehen mit Akisakudluk – so heißt das Dorf auf Eskimo – es dauert, bis man's aussprechen lernt, aber was sage ich, es heißt jetzt offiziell Port Nouveau-Québec!«
»Von einem Hafen habe ich aber nicht die Spur gesehen.«
»Na ja, die Frankokanadier, die schneidern die Hosen für ihre Hintern oft ein paar Nummern zu weit...«
»Und wie sieht's mit dem Französischen aus?«
»Mmmh – ich muß gestehen, wir Angelsachsen tun uns da schwer, alle Welt spricht englisch – ihr ja auch; jedoch das Problem liegt eher darin, daß die Eskimos, die nur ein paar Brocken englisch sprechen, deren Kinder aber jetzt englisch lernen, daß die armen Teufel jetzt mit »oui, oui« antworten müssen, wenn die Provinzregierung was von ihnen will – Port Nouveau-Québec – es wäre zum Lachen, wenn es nur uns Weiße beträfe . . .«
Am nächsten Morgen hat ein kühler Nordwind den Regen vertrieben, da scheint die Sonne, verbreitet ein Leuchten, das sogar diesem Dorf – verdammt, wie soll man's denn nun nennen – die Trostlosigkeit abnimmt. An George River – lassen wir's mal bei dem – ist aber auch nichts niedlich, nett, da gibt's nicht einmal so etwas wie »romantische« Verwahrlosung, keinen natürlichen Zerfall wie im Süden, keinen pittoresk-exotischen Schmutz. George River, das sind Hütten aus Preßpappe, Sperrholz auf Kanthölzern: Hütten, wo die Farbe abblättert, Hütten, um die herum Blech, alte Gummistiefel, Konservendosen, Motorschlitten, Schrott liegen, wo Kinder in schmutzig-öligen Pfützen spielen, Hütten, hinter denen ruppige Hunde angekettet sind, wo zwischen Schlamm und Fels ein paar Flechten, zertretenes Gras nach Erbarmung schreien.
Auf einer Anhöhe – ein bißchen abseits – stehen die »residences«, die Häuser der Weißen. Auch sie Massenfabrikate, jedoch einer höheren, repräsentativeren Qualitätsstufe. Sie sind besser gepflegt, werden häufiger gemalt, sie dominieren schon optisch die Katen der Eingeborenen. Das riecht unverhohlen nach modernem Feudalismus.
George River liegt in einem breiten Paß zwischen zwei felsigen Bergrücken, hinter einer Seitenbucht des George-Trichters. Die Bucht fällt bei Ebbe trocken, das Meer scheint sich zurückzuziehen vor der Häßlichkeit der Siedlung, legt ein meilenweites Chaos von Schlamm und Felsblöcken frei, und da draußen, da ist der »Port«, der Hafen verankert: eine hölzerne Plattform, drei mal drei Meter im Geviert, auf einem halben Dutzend Benzinfässern.
Die Inuit kompensieren jedoch die einfältig scheinenden Versuche, die Siedlung in die Normen des amerikanischen Mittelwestens zu zwängen: Diese freundlichen, ständig lächelnden, lachenden, grinsenden Kapuzenmänner und -frauen versuchen mit uns zu reden, machen Gebärden – wir verstehen nicht, was sie meinen. Das macht nichts, wir lachen, grinsen auch.
Wir gehen zum Strand. Es ist Flut, die dicken Felsblöcke im Schlamm sind untergetaucht. Um unseren Kajak wibbelt ein Haufen Kinder, direkt am Boot steht ein würdiger alter Inuk und hält sie zurück.
Er grinst uns freundlich an, schüttelt uns die Hand, spricht ein paar Worte, die wir nicht verstehen, entschuldigt sich offensichtlich, nicht englisch zu sprechen, wir lächeln ebenfalls, sagen ihm, daß es uns leid täte, seine Sprache nicht zu verstehen, bis sich ein schlaksiger, sommersprossiger, aber schlitzäugiger Junge – der seine Existenz offensichtlich der Zuneigung einer Eskimo-Dame zu einem Iren verdankt – linkisch zu dolmetschen anbietet. Er stottert anfangs ein bißchen herum, doch dann klappt es wie geschmiert. Der würdige Herr heißt Eliah Annanaq. Er habe auf

den Kajak aufgepaßt, denn Kajaks seien nicht sehr stabil, und Hunde und Kinder müsse man von ihnen fernhalten . . .
»Das meint Eliah – das mit den Kindern!« kommentiert der Kleine. Wir bedanken uns für die Freundlichkeit und die Umsicht, und ich demonstriere durch Faustschläge, wie robust ein solcher Polyester-Kajak ist.
»Oh, oh«, staunt Eliah – und erklärt, daß er als junger Mann in einem solchen Kajak gejagt, oben in Port Burwell, in Kellinek an der Nordspitze Labradors. Jetzt sei er hier in George River zu Besuch, schon seit einem Jahr.
Ob er denn noch ein Iglu bauen könne – frage ich.
Iglu – iglu – Eliah scheint ratlos, bespricht sich mit Paddy. »Ja, welches Iglu – eins wie das oder das«, er deutet auf die Häuser im Dorf. »Ach, ja, Iglu – das ist jede Art von fester Behausung.«
»Nein – ein Schneehaus . . .«
»Ein Schneehaus« . . . Eliah denkt nach, als müsse er sich an etwas erinnern, was weit, weit zurückliegt . . .
». . . . wir bauten sie auf der Jagd« – er bleibt vage.

Wir erzählen von unserem Schiffbruch auf dem De Pas, wo der zweite Kajak verlorenging – Eliah kichert, lacht. Es ist gute Eskimoart, ein Geschehen, das ohne weiteres hätte zu einem tragischen werden können, auf die leichte Schulter zu nehmen; – nein, den George hinauf, das könnte er nicht machen und wenn da Tausende von tuktu – Caribous – wären, denn am George, da wohnen die Nascapis, und der Teufel traue einem Indianer über den Weg. Nein, sie seien den Korok-Fluß hochgezogen, – mit vielen, vielen ichalu – Saiblingen – als Hundefutter und dann hinuntergestiegen zum Nachvak-Fjord, an der Ostküste der Horns von Labrador. »Mitten durch die Domäne der throngaks, jener gefährlichen bösartigen Riesen mit überirdischen Kräften?« Er sei ein guter Christ, er sei kein Heide, er würde nicht an solches Zeug glauben, beeilt sich Eliah zu versichern.
». . . und außerdem hatten wir immer einen angagok, einen Medizinmann dabei!«
»Safety first«, kommentiert Paddy schlitzohrig.. Eliah merkt, daß er einen Fehler gemacht hat und beeilt sich zu sagen: angagoks sind üble Burschen, die Priester sind viel mächtiger und er sei wirklich ein guter Christ.
»Mit zwei Frauen«, grinst Paddy – er flüstert mir's auf englisch ins Ohr. »Rund um Killinek, da gibt's Seehunde, Walrosse, Kabeljau, wir fischen dort mit Netzen«, lenkt Eliah ab. Ich bringe, um ihn nicht in Verlegenheit zu stürzen, das Gespräch zurück auf die Kajaks; ich hätte mich gewundert, keinen einzigen mehr zu sehen: . . . ja, jetzt hätten sie Umiaks mit Motoren, die seien viel besser, da könne man viel mehr erbeutete Seehunde transportieren. »Ich glaube aber, daß Seehunde Angst haben vor dem Motor«, gebe ich zu bedenken, »und vielleicht hätte es früher mehr Seehunde gegeben, weil es jetzt so viel leichter geworden ist, die Seehunde zu töten.«
Eliah denkt nach – »vielleicht haben sie Angst, vielleicht sind sie jetzt anderswo, aber wir sind jetzt hier, früher sind wir ihnen gefolgt, aber um Killinek gibt's sehr viele, und wir fangen sie im Netz, und Seehundsfleisch ist vielleicht das beste – Killinek ist ein guter Platz«.
»Ja, und wenn sie früher unterwegs waren, dann haben wir die Hunde und Frauen und Kinder unters Deck geschoben, wenn im Umiak kein Platz mehr war«, sagte Paddy.
»Oh Gott«, entfuhr es Brigitte, während Paddy wisperte: »Seine beiden Weiber sind viel zu fett, die würden nicht mal in ein Motorboot passen!«
Ich überging die Respektlosigkeit. Und wenn ein Kajak kenterte? . . . »Dann halfen die anderen, ihn wieder aufzurichten!«
Ich beschrieb die Eskimorolle.
Eliah machte große Augen, – nein, sowas hätten sie nicht gekonnt. Davon hätte er auch noch nie gehört – wahrscheinlich, weil ihre Boote zu lang, zu schwer waren.
Jetzt waren wir wieder an der Reihe und erzählten, daß wir mit einem Dampfer den Ozean überquert hätten, einem Dampfer, größer als die alte »Nascopi« und daß wir sonst fliegen, mit einem der Flugzeuge, in die mehr Leute hineinpassen, als es Menschen in George River gibt . . .
Das klingt nach Angabe, aber mir fällt nichts besseres ein – schließlich will ich den alten Herrn nicht ausquetschen wie ein Anthropologe.
Eliah schaut zweifelnd – eine Zeit spielt sich die Unterhaltung in Eskimo ab; Paddy scheint jedoch zu bestätigen, daß wir die Wahrheit sagten . . .
. . . ja, ihre Kajaks seien vielleicht ein bißchen größer gewesen als unsere, vielleicht auch ein bißchen kleiner oder genauso groß – nein, ein Schneehaus würde er

Kajak kaputt: Wenn heute ein solches Boot am Eismeer auftaucht, dann ist es aus Kunststoff und gehört einem Weißen; das scheint jedoch niemanden zu stören.

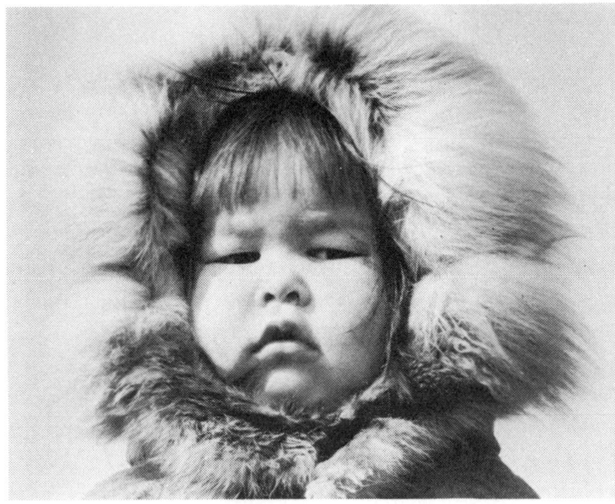

nicht mehr bauen, höchstens auf der Jagd, aber er ginge nicht mehr auf die Jagd, dafür sei er zu alt und vielleicht bald tot, die Häuser seien auch besser als die Schneeiglus, und er bekäme immer genug Schecks, warum solle er noch Schneehäuser bauen, vielleicht wisse er noch, wie es geht, aber nein, vielleicht eher nicht . . .
Eliah bedankt sich dafür, daß wir uns so lange Zeit genommen hätten, mit ihm zu reden, und Paddy ist stolz wie ein Spanier, als wir uns auch bei ihm bedanken und sein Geschick loben . . . »Nur darfst du nicht so respektlos sein, dem alten Herrn gegenüber!« schränkt Brigitte ein; doch Paddy grinst und trollt sich.
Später, als wir Wade Low von dem Gespräch berichteten, lacht dieser und sagt: »Oh ja, Eliah, ich glaube, der war ein guter Jäger, denn der konnte zwei Frauen ernähren. Der mußte schon recht tüchtig gewesen sein. Die beiden Frauen hat er immer noch. Und ihr könnt euch nicht vorstellen, was ich hier für eine Akte habe. Denn die Eskimos unterliegen den kanadischen Gesetzen. Und da ist eine Frau zuviel im Iglu. Aber die beiden Damen pochen auf ihre Rechte, und es wäre unmenschlich, eine von ihnen vor die Tür zu setzen, nur weil unsere Lebensart eine andere ist. Eliah weiß natürlich von alledem kaum etwas, was da die Himmelspiloten und die Bürokraten und Gesetzeswächter in schöner Eintracht gegen ihn im Schilde führen. Aber alle paar Monate erhalte ich eine Anfrage, was da ist mit dem polygamen Eliah. Dabei haben die drei zusammen an die zwei Jahrhunderte auf'm Buckel. Vielleicht wäre es ihm sogar recht, jetzt, wo er alt ist, seine Ruhe zu haben – eine oder gar alle beide loszuwerden – doch, no, Sir – die waren ein Leben lang gut genug – und sie sollen und wollen bleiben, alle beide!
Was dann wird – ich weiß es nicht. Nach mir kommt sicher ein Franko-Kanadier. Einer, der womöglich nicht einmal englisch spricht – vielleicht einer, der keine Ahnung hat vom Norden und seinen Menschen – von dieser Sorte gibt's schon unter uns zu viele. – Die Gefahr ist jedenfalls noch größer geworden, seit die Provinz Québec so was wie eine Souveränität hier oben manifestieren will – jetzt, nach einem halben Jahrhundert, erinnern sich die Seigneurs da unten, daß die Welt nicht in Schefferville zu Ende geht – aber es geht ihnen nur um den Machtanspruch, das Schicksal der Eskimos interessiert sie überhaupt nicht.
Es ist immer wieder die gleiche, üble Situation: Da werden irgendwelche Raster geschaffen und über ein Gebiet und dessen Menschen gelegt, ein Raster, das nach den Vorstellungen der Weißen gefertigt ist – und da sind genug Bürokraten, Techniker, Fachidioten, Büttel, die statt einer Seele im Leib, statt eines Gehirns, diesen Raster im Kopf haben und ihn den Menschen, der Landschaft aufzwingen.«
Turtle begleitete uns auf dem Marsch zur Eismeerküste. Während wir das Dorf auf dem direkten Wege verließen, hat er einen Umweg gemacht, um den Eskimos nicht in die Quere zu kommen. Jetzt stolziert er mit hochgereckten, über den Rücken gerollten Schweif um uns herum, als wolle er eine Art Hoher Schule für Hunde initiieren, rennt im gestreckten Galopp voraus, wirft sich mit einem Satz herum, rast mit wehender Rute auf uns zu, wendet vor unseren Füßen, fegt wieder über die Tundra.
Turtle ist ein »Pet dog«, ein Haus- oder Spielhund – wie die Eskimos verächtlich sagen, die anderen sind Komatik-Dogs, Schlittenhunde, die arbeiten; die eine weniger als rauhe Behandlung mit Verwunderung zur Kenntnis nehmen würden.
Mit einsetzender Ebbe fallen die Fischnetze der Eskimos trocken. Turtle inspiziert sie vom Ufer aus, ob es sich lohnt, die Pfoten naßzumachen, patscht schließlich durch das flache Wasser, balanciert auf glitschigen Steinen, bis er einen dicken Saibling mit Pfoten und Schnauze sehr geschickt aus einem dieser Netze praktiziert, ihn uns triumphierend vorzeigt und dann hinter einem Felsblock verzehrt.
»Wehe dir, wenn dich einer der Eskimos dabei erwischt, Turtle!« warnt ihn Brigitte.
Wir ersteigen eine der Höhen, gehen über die moosige, rot-grün-braune Tundra. In feuchten, moosigen Senken leuchten safrangelbe Sumpfbeeren; an trockenen Hängen finden wir Heidel- und Preiselbeeren. Der Himmel ist blau, die Luft ist prickelnd kühl, ohne den kleinsten Schimmer von Dunst.
Nach zwei Stunden stehen wir an der Nordküste Labradors, sehen weit draußen im blauen Meer ein paar Eisberge vorbeisegeln. Wir setzen uns in den Windschatten eines Felsblocks auf der Uferhöhe, betrachten die sich im Unendlichen verlierende blaue und weiße Pracht, die sich Arktis nennt.
Turtle jagt um uns herum, wälzt sich vor schierer Lebensfreude im Heidekraut.

In der Bucht ist das Postflugzeug angekommen, hat einen Passagier mitgebracht: Lillian, die Frau des Schulleiters. Vor zwei Tagen war sie noch in Calgary, drüben im Westen. Sie, die wie ein Glamourgirl aussieht, ist ebenfalls Lehrerin. Sie wirkt ängstlich und deplaciert auf der schlammigen »Hauptstraße« von George River, ringt sich aber tapfer ein Lächeln ab.

Sie hat Angst vor den großen, ruppigen Hunden. Offenbar hat sie ihre Tage – die Hunde hängen ihr wie ein Kometenschweif an.

»Beißen die Hunde?« fragt sie ängstlich einen Eskimo. »Oh no – Hunde beißen nie, Hunde beißen nur ab und zu«, war die eskimo-philosophische Antwort.

Sie weiß nicht recht, was sie anziehen soll – außer dem »Muß« der Gummistiefel – weiß nicht, was sie kochen soll. In der »Residenz des Administrators« ist zwar vom Kuchenmix bis zu sauren Gurken und gekochten Kartoffeln in Gläsern alles vorhanden – das ist aber von der Regierung bereitgestellt für die selten eintreffenden Besucher: Geologen, Völkerkundler oder »Verrückte« wie wir – oder als Notration, wenn die Jahresverpflegung verspätet eintrifft.

Und diesmal hat das Versorgungsschiff aus Montreal Verspätung . . .

»Besser – wir gehen zum Strand hinunter!« meint Brigitte, bis sich Lillian, das Kind des american way of life, etwas mit den Verhältnissen in einem Eskimodorf angefreundet hat.

»Oh ja – ich könnte mal versuchen, einen Arctic Char zu fangen!«

Ich habe Glück: nach knapp zehn Minuten geht mir ein prächtiger Saibling an den Blinker. Ein herrlicher Fisch – wenn auch sein Fang bei weitem nicht so aufregend ist wie der eines Lachses. Er erzielt jedoch in Montreal höchste Preise und rangiert für Gourmets noch vor dem atlantischen Lachs! Ein Fisch, den die Eskimos unter anderem an Hunde verfüttern – dessen Konservierung man erst jetzt durch die Co-op-Gefrierhäuser in den einzelnen Dörfern möglich macht.

Wir schenken den Lows den Fisch.

Einige Tage später, da stecken Lillians hübsche Beine in »Kamiks«, dicken, bestickten Filzstrümpfen, da trägt sie einen Parka aus »duffle«, Filz mit Popeline-Überzug.

Für Lillian bedeutet diese Zeit – sie ist zum ersten Mal im Norden – eine ganze Menge Improvisation, ein Sich-Hinein-Denken-Müssen in die Mentalität der Eskimos, das Herausfinden aus der anfänglichen Isolation. Das Einrichten auf die ungewöhnlichen klimatischen Umstände.

Natürlich gibt es immer noch eine Reihe von »entsetzlichen« Situationen für sie: so, als ein des Englischen nicht mächtiger Eskimo dringend Einlaß in ihr Badezimmer erheischt, den sie ihm verwehrt. Sie streitet sich mit dem Kerl, der gibt nicht nach, bleibt stur stehen, bis Wade kommt. Der klärt das Mißverständnis auf: Der schlitzäugige, braune Gentleman ist von der örtlichen Müllabfuhr und will die tägliche Leerung des »Honeybucket«, des Toiletteneimers, bewerkstelligen.

Neue Schrecknisse, als sie feststellt, daß das Dach ihres Hauses leckt – daß aber Isolationsmaterial, imacha, erst auf dem längst überfälligen Versorgungsschiff herbeischwimmt; daß es im Dorfladen keine so selbstverständlichen Dinge wie Reißverschlüsse und Eier gibt (»auf dem Schiff, imacha«); daß es ihr nicht gelingt, den Eskimos klarzumachen, daß Mayonnaise bei Temperaturen von minus zwanzig Grad unwiederbringlich verdirbt (die Co-op-Verkäufer hatten die von ihr im Gepäck mitgebrachte in bester Absicht in der Gefrieranlage aufgehoben!). Und vor allem, daß kein einziges der Kinder erschienen ist, als sie ihren ersten Unterricht beginnen wollte, obwohl sie die große Glocke geläutet hatte!

Wade klärt sie auf: Erstes Läuten heißt »Aufstehen«; zweites Läuten »Abmarschieren«; drittes Läuten »Unterrichtsbeginn«. Nur die Weißen haben Uhren in George River!

Auch im Unterricht gibt es für sie ungewohnte Vorkommnisse: so die Angewohnheit der ganz kleinen ABC-Schützen, normalen Körperfunktionen ungehindert ihren Lauf zu lassen; die der älteren, keinerlei Geräusche, die bei der Verdauung entstehen, zu unterdrücken, mit den Schulbüchern aus dem Süden den Eskimos Kenntnisse zu vermitteln, wo der Buchstabe C – mit »cow«, B – mit »bus« verdeutlicht werden – und welcher Eskimo hat schon mal eine Kuh gesehen, welcher einen Bus?

Lillian wird nach zwei Jahren abgelöst werden, also dann, wenn sie sich mit dem Norden vertraut gemacht haben wird und umgekehrt die Eskimos zu ihr Vertrauen gewonnen haben. Ein neuer Lehrer aus dem Süden wird kommen; ein Lehrer, der erst einmal selbst lernen muß, bis er anwendbares Wissen weiterzugeben vermag.

Doch damit hapert es. Die Kinder lernen das, was sie

für das Leben im Süden mit einer gewissen Basis für den späteren Job ausstattet, aber hier oben im Norden eignen sie sich ein Wissen an, mit dem sie absolut in der Luft hängen, das sie nur in Ausnahmefällen anwenden können. Ein kleiner Hinzugewinn trotz allem – aber ein riesiger Verlust. Die Welt der Erwachsenen und deren Fertigkeiten, in die sie quasi hineinwuchsen, ohne Bruch, ohne Zwang, diese Welt – die traditionelle Welt der Eskimos – sie bleibt ihnen verschlossen. Eine andere »lost generation« wächst heran. –
Trotzdem: Kind bei den Eskimos müßte man sein – gewesen sein. Da ist kein Schimpfen und erst recht kein Schlagen, da ist kein Stillsitzen und »iß das auf, sonst –«, und nicht »noch einen Löffel Suppe für Bekkenbauer!«; keine Anzüge, die quetschen; kein »mußt du immer rumlaufen wie ein Dreckschwein«. Da wird nicht versucht, in Kindern, ein bißchen kleingeratene Erwachsene zu sehen. Es gibt nichts Lustigeres, Netteres, als Eskimokinder und keine Kinder der Welt, die ein glücklicheres Dasein führen. Das für sie einzige Negative ist der nutzlose Zwang der Schule.
Vor nicht allzu langer Zeit, ein paar Generationen nur zurück, waren diese Eskimos Steinzeitmenschen, die das allereinfachste Leben lebten. Nicht nur ohne Elektrizität und Maschinen, ohne Pulver, Blei, Flinten, eiserne Fallen und Drahtschlingen, auch ohne vernünftige Äxte, Messer und Sägen, ohne Zündhölzer, Holz, Herde, Kochtöpfe, ohne Kleiderstoffe, wasserdichte Stiefel; sondern auch ohne Salz, Zucker, Kaffee, Mehl. Selbst mit all diesen Dingen, aber ohne die Möglichkeit des Nachschubs, wäre ein Leben in der Subarktis heutzutage für einen Weißen kaum noch durchzustehen, genauso wenig wie für einen zeitgenössigen Eskimo.
Zurückversetzt in die Steinzeit, gälte es noch mehr in Kauf zu nehmen: Ein praktisch vollständiger Verzicht auf das, was wir als Hygiene bezeichnen: Holz ist im Lebensbereich der Eskimos viel zu kostbar, um es zu verbrennen; der Blubber, der Tran, der als Brennstoff der Seifensteinlampen dient, aber auch der ist nicht in solchen Mengen vorhanden, daß er als Hilfsmittel für das Schmelzen von Schnee und Eis zu Waschwasser verschwendet werden dürfte; es sei denn, man verfiele einer Hygiene, die dem Beispiel einiger Eskimostämme in Alaska folgt, und riebe sich mit einer Mischung aus Schnee und Urin ab. Überhaupt, was Urin angeht, auch der war viel zu kostbar, um ihn einfach im Schnee versickern zu lassen, er war wichtig für die Bearbeitung von Fellen, Felle, die dann weichgekaut werden mußten, bevor die Frauen Kleider daraus nähten. Fellkleider waren aber andererseits auch eine ebenso beliebte wie sichere Tummel-Rast- und Brutstätte für Kopf- und Körperläuse; allenfalls vor Flöhen wäre derjenige, der sich in dieses Leben zurückzuversetzen gedenkt, ziemlich sicher – denn Flöhe brachte erst der weiße Mann in diese Regionen.
Dann noch etwas zum Thema: Der Leser glaube bitte nicht, er könnte das Schneehaus verlassen, wenn die Natur ruft, und draußen der Blizzard heult. Diese Geschäfte müssen im einzigen, vorhandenen Raum erledigt werden, in dem Raum, der zwangsläufig recht klein sein muß, damit ihn die Tranlampe auf eine Temperatur von 0 Grad Celsius bringt. Das wäre noch eine weitere Geruchsnuance zu den Ausdünstungen der Menschen, dem Gestank der Tranlampe, des vor sich hinrottenden Blubbers und womöglich einer Hündin, die gerade eines Wurfes junger Welpen genesen, den Raum mit den Zweibeinern teilt. Und keine Suppe ohne eine Versammlung von Caribou-Haaren; denn die lösen sich leicht von den Kleidern.
Das Essen: Fleisch, Fisch, Blubber wurde eher aufgetaut und angewärmt, denn gekocht, bevor man es hinunterschlang. Soweit die schlitzäugigen Herrschaften es nicht vorzogen, die Nahrung roh zu verzehren, womit sie sich denn auch den Schimpfnamen »Eskimo« – Rohfleischfresser – von ihren Nachbarn, den Indianern, die im übrigen kaum anders lebten, einhandelten.
Dieses Leben würde auch nicht ohne die Beachtung der Tabus funktionieren – wenn man sich auch dessen nicht bewußt war –, denn die Tabus und manche uns absolut unverständlichen grausamen Sitten wie Kindermord, sorgten dafür, daß es nicht zuviel Menschen geben konnte. Nur wenn sich verhältnismäßig wenige Zweibeiner in verhältnismäßig riesigen Räumen bewegten, mit der Ausweichmöglichkeit in ein leeres Gebiet, ermöglichte das den Bestand der Gruppe. Denn daß die Arktis und Subarktis eine Landschaft sind, in der Milch und Honig fließen, wie sie Stefansson beispielsweise gesehen hat, das stimmt ganz einfach nicht. Die primitiven Heiden waren jedenfalls klüger als wir um Stufen höher stehenden Christen, die wir nicht so sehr mit Feuer und Schwert oder der Industrie als durch unsere karnickelhafte Fruchtbarkeit die schönsten Teile des Erdballes zertrampeln. Einer Fruchtbarkeit, zu der uns unsere Leit- und Vorbilder mit den raffiniertesten Pres-

sionen aufforderten, bis sie zu einem wuchernden Krebs geriet.
Doch drehen wir die Uhr um ein paar Jahrhunderte zurück; blenden wir uns in das steinzeitliche Eskimo-Dasein ein:
Es muß vom Wind festgepackter Schnee sein, der die weißen Bausteine für das Schneehaus abgibt. Schnee, wie er vor allem am Anfang des Winters, nachdem die »tupigas« – die Zelte – abgebrochen worden sind, nicht überall zu finden ist. Und: Wozu an einer Stelle ein Iglu bauen, wo die Atemlöcher der Seehunde weit weg sind? Das Haus eines Inuk muß da sein, wo er sein Essen holt, das Essen für den Jäger, die Familie, die Hunde, an einem Platz, den die bösen Geister, die »inungas«, nicht für sich beanspruchen.
Taglavi, der Schamane, hatte getanzt und die Trommel geschlagen, und Puktukte flüsterte Nahomeq ins Ohr, er sei sogar bis zum Mond geflogen, um herauszufinden ...
Taglavi ist ein gewaltiger Zauberer, der die »inulik«, die guten Geister, für sich so einnimmt, daß sie »agiugtuks«, die »tinuit«, die »Gestaltlosen« und bösen Riesen, Zwerge und Kobolde vom Lager fernhält, meistens fernhält – doch vielleicht hatte Tikkigaq ein Tabu gebrochen, als er durchs erste Eis fiel und im kalten Wasser erfror? Er – Nahomeq – würde sie jedenfalls alle beachten, die Tabus, was nicht leicht ist für einen Inuk, bei ihrer Vielzahl... Der Schnee jedenfalls war gut, fest, jedoch nicht hart, und nicht zu kalt... Es war einfach, mit dem Holzmesser die Blöcke für das Iglu aus der Drift herauszuschneiden.
In einer sich nach oben verjüngenden Spirale setzt Nahomeq einen Block auf den anderen, während er seinen Gedanken nachhängt. Nicht alle Blöcke passen auf Anhieb, Nahomeq hat erst einige wenige Schneehäuser gebaut, nicht mehr als Finger an einer Hand... Ob er noch einen Tunnel zu Puktuktes Iglu bauen soll? Vorerst ist er müde, er wischt sich den Schweiß von der Stirn, während er den letzten Block in die Kuppel einpaßt, sie damit abschließt und ihr die letzte Festigkeit verleiht.
Von einem Frischwassertümpel hat Kujanna, seine Frau, eine zolldicke Eisscheibe gebrochen, hat die Ritzen zwischen den Blöcken mit Schnee verstopft. Nahomeq schneidet an der oberen Rundung die Fensteröffnung aus und paßt die Scheibe ein. Kujanna läuft indessen mit dem Baby in der weiten, wippenden Kapuze auf dem Rücken hin und her und gießt vorsichtig Wasser aus dem Fellsack in die Ritzen zwischen den Blökken, es friert sofort, bindet, dichtet.
Rundherum ähnliche Bilder: Puktukte, er ist der nächste, Taglavi, Ananaq, Napat, Paluk, Kudsiak – alle bauen ihre Schneehäuser, und die Kinder, die Frauen laufen geschäftig herum. Die ganz Kleinen sind in den weiten Kapuzen geborgen.
Den Windschutz rund ums Iglu, einen niederen Schneewall, wird Nahomeq morgen aufwerfen, auch den Eigangstunnel wird er dann fertigstellen – imaha – morgen oder nach zweimal Schlafen. Das Iglu liegt tiefer als die Schneeoberfläche, Nahomeq hat das Loch genützt, das durch das Herausschneiden der Schneeblöcke entstanden ist. Zwei Sockel hat er stehen lassen: der dem Eingang gegenüber dient als Bett, auf den anderen stellt Kujanna die Lampe, ein mit Tran gefüllter Trog aus Speckstein, sie schleppt die Caribou- und die Seehundsfelle fürs Nachtlager herein, verankert über der Lampe ein paar Treibholzstangen. Zwei Schwefelkiesel schlägt sie gegeneinander, immer wieder, bis endlich ein Rauchfädchen aus dem trockenen Caribou-Moos aufsteigt, bis ein Funke aufglüht, ein Funke, den sie mit ihrem Atem aufweckt, bis eine kleine, rote Flamme züngelt, die sie vorsichtig mit einigen Holzspänen füttert, so lange, bis das Feuer groß und stark genug ist, den Seehundsspeck zu schmelzen, zu verflüssigen und gleichzeitig soweit zu erwärmen, damit er selbst der Flamme als Nahrung dient.
Das Iglu sieht aus wie ein glitzernder, funkelnder Eispalast. Der Geruch des zerfließenden, brennenden Specks kitzelt Nahomeqs Nase, er schabt mit seinem Steinmesser ein paar Scheiben vom halben, gefrorenen Seehund herunter, schiebt sie sich in den Mund, kann nicht warten, bis das Fleisch, der Speck im Seifenstein-Topf aufgetaut, geschweige denn gewärmt oder gar gekocht ist...
Danach ißt Kujanna, zieht das Baby nach vorn, schiebt ihm ein paar besonders gute Stücke in den Mund, nachdem sie sie weichgekaut und mit ihrem Speichel vermischt hat. Nahomeq schnarcht indessen auf dem Lager aus Caribou-Fellen.
Noch bevor es hell wird, hat Kujanna bereits die Lampe entzündet, es war nicht genug Blubber da, sie die ganze Nacht brennen zu lassen; sie läßt das Mädchen an ihrer Brust trinken, während sie dessen Kopf nach Läusen absucht. Ab und zu zerbeißt sie eine Laus, ißt sie. Da-

Bilder aus der Vergangenheit: Eine Kajakflotte auf Jagd.

Der Schamane – so mag der Zauberer Taglavi ausgesehen haben.

Die Beute:
ein Beluga-Wal.

Aufbruch zur
Schlittenreise.

Die Sippe stellt
sich dem
Fotografen.

(Fotos: Public
Archives
Canada.)

nach holt sie sich Nahomeqs Kamiks, die Seehundsstiefel, und beginnt, deren Sohlen weichzukauen.
Nahomeq liegt indessen noch zwischen den Fellen, träumt mit offenen Augen – sein Geist befindet sich noch in der grauen Welt zwischen Traum und Schlaf. Er weiß, der Schaf soll sich unmerklich aus dem Geist wegstehlen, indessen haben die Entschlüsse, die den Tag ausfüllen sollen, Zeit, sich zu formen.
Die Tatsache, daß das Fleisch, der Speck im Steintopf zwar aufgetaut, aber noch lange nicht warm ist, weist den Inuk darauf hin, daß die Vorräte zur Neige gehen. Er erinnert sich an das Klacken, das er noch im Traum hörte, als Kujanna die Steine zusammenschlug, um die Lampe zu entzünden. Wäre genug Blubber dagewesen, hätte die Lampe die ganze Nacht über brennen können, da hätte er seine Fellhosen und den Anorak ablegen und Kujanna beschlafen können . . .
Er feilt eine Weile an der Hornspitze seiner Harpune herum, wechselt die nachtfeuchten mit den trockenen Stiefeln, holt seine Handschuhe und spannt seine drei Hunde vor den Schlitten, ruft »akh, akh« und hat im Handumdrehen das Lager hinter sich gelassen. Vor Puktukte, Ananaq, Paluk wird er die Atemlöcher der Seehunde erreicht haben; auch vor Kudsiak, aber auch vor Taglavi. Der Gedanke, daß er vor dem Zauberer, dem Angagoq, an den Seehundslöchern ist, läßt ihn einen Augenblick zögern . . .
Aber er wird dem Schamanen das beste Fleischstück bringen. Weit entfernt von der Wohnung des Seehundes pflockt er die Hunde an, verankert den Schlitten. Die Tiere legen sich in den Schnee. Sie bleiben liegen, sie wissen, daß das Durchbeißen der Felleinen von ihrem Herrn mit brutaler Härte bestraft wird . . .
Als die Sonne ihren Höchststand erreicht hat, spürt, hört der Jäger am Rande des glattgeschliffenen Eisblocks ein Geräusch; er holt aus, stößt ins Leere . . .
Nochmals die gleiche Zeit wartet er, während sich die Dämmerung übers Eis legt und seine Gedanken zu wandern beginnen; da stößt er seine Harpune in den Körper des Tieres, hält die Leine mit beiden Händen, gebraucht seinen Körper als Gegengewicht, zieht und zerrt, bis der Meeressäuger erschöpft ist, bis er das Atemloch aufmeiseln und er die Beute aufs Eis ziehen kann. Rasch schmilzt er ein bißchen Schnee zwischen seinen Handflächen, läßt ein paar Tropfen Wasser auf die Schnauze des Tieres fallen, denn ein Seehund lebt ständig im Salzwasser und leidet unter großem Durst.
Dann öffnet Nahomeq mit seinem Ulu, dem Steinmesser, den Körper, reißt die dampfende Leber heraus und schlingt sie in sich hinein, trinkt das Blut, daß sich in der Bauchhöhle gesammelt hat. Ein Stückchen Speck legt er an den Rand des Atemloches, eine Opfergabe für Sila, die Meermutter, die ihm erlaubt hat, eine ihrer Kreaturen für sich in Anspruch zu nehmen.
Vergnügt marschiert er zu den Hunden, holt die inzwischen steifgefrorene Beute, ruft »akh, akh« und gleitet auf dem Schlitten zurück ins Lager.
Die Harpune lehnt in der Nacht an der Lampe, damit es Tarneq, der Seele des Seehundes, die jetzt in ihrer Spitze wohnt, nicht zu kalt wird. Es ist Aufgabe des Jägers, ihr den besten und wärmsten Platz in seinem Schneehaus anzubieten.
Nahomeqs Sachen hängen über der Lampe, um die Körperausdünstungen, die Feuchtigkeit daraus zu vertreiben. Er liegt nahe bei Kujanna. Die Frau sperrt sich ein wenig, als er sie zu sich heranzieht – sie will es nicht eher mit ihrem Mann tun, bis Taglavi sie beschlafen hat, Taglavi, der Angagok, der ihr versprochen hat, zum Mond zu fliegen, ihr einen Zauberer mitzubringen, damit aus dem Wesen, das in ihrem Körper wächst, ein Sohn wird . . .
Bald, so sagt sich Nahomeq, wird er ein großer Jäger sein und zwei, drei Frauen haben, dann kann Kujanna ihre Beine zusammenkneifen, solange sie will, doch jetzt hat er nur eine, und das ist Kujanna. Seine Frau, die schön ist mit kurzen, kräftigen Gliedern, der weichen, braunen Haut, dem runden Gesicht. Kujanna, die so gerne und viel lacht.
Deren Abwehr macht Nahomeq nur ungestümer – auch er möchte einen Sohn – jedoch vielleicht tut es nichts, dieses eine Mal. Endlich vergißt auch Kujanna ihren Vorsatz und gibt nach. Das kleine Mädchen – vor zwei Wintern wurde es geboren – ist Puktuktes Sohn versprochen, davor hatte sie ihr erstes Kind, ebenfalls ein Mädchen, abends in den Schnee gelegt und es mit einem Fellzipfel erstickt, denn es gab niemand im Lager, dem es später zur Frau gegeben werden könnte. Jetzt sind ihre Wünsche auf den Jungen gerichtet, den sie in sich trägt. Taglavis Zauber würde so mächtig sein, daß Nahomeqs unzeitige Begierde überspielt würde. Schließlich hatte sie sich gesträubt. Zur Sicherheit jedoch würde sie dem Thorngarssuk, dem Hausgeist, ein paar Stückchen besten Blubbers beiseite legen.
Taglavi erscheint am Abend in dem Schneehaus, als

Nahomeq bereits schläft, zumindest tut er so, als schlafe er. Die Höflichkeit gebietet das dem Gast gegenüber.
So sehr er sich den Sohn wünscht, den ihm der Zauberer vom Mond geholt hat, so sehr wünscht er sich eine zweite Frau, mit der er jetzt schlafen könnte, während des Zauberers und Kujannas Atem sich zu einem Stöhnen mischen. Villeicht müsse er einen anderen Mann töten, vielleicht wird er einen anderen töten, um eine zweite Frau nehmen zu können . . .
Kujanna indessen, nachdem Taglavi das Iglu verlassen hat, wundert sich über die Kraft des alten Mannes, der doch gerade erst zum Mond geflogen war, dann denkt sie an ihren Sohn. Sie wird Eulenkrallen an die Kapuze seines Anoraks nähen, damit er starke Fäuste bekommt, Eulenkrallen und die Spitzen von Caribou-Ohren, die ihm ein besseres Gehör verschafften, als allen anderen Jägern, und aus den Bälgen des Eistauchers wird sie ihm einen Rock nähen, Amulette, die ihm die Geschwindigkeit des Vogels verleihen . . .
Nahomeq ist stolz darauf, daß Taglavi ein großes Stück Seehundsfleisch mitgenommen hat. Taglavi, der große Jäger mit dem mächtigen Zauber, hat ein Geschenk von ihm, Nahomeq, genommen, der zwar auch schon ein tüchtiger Jäger ist, aber noch lange nicht so angesehen wie Taglavi – und dann wandern seine Gedanken zu Piuk, zu der jüngeren von Ananaqs Frauen. Er würde Ananaq töten können, müßte sich aber hüten vor der Rache des Sohnes.
Selten hatten die Inuit einen besseren Winter: Die Meermutter Sila schickte ihre Seehunde so zahlreich an die Küste, daß die Lampen in keinem der Iglus ausgelöscht werden mußten; niemand war gezwungen, einen der alten Hunde aufzuessen, die man erhängte, wenn sie die Schlitten nicht mehr so recht zu ziehen vermochten. Noch nie hatte Taglavi so häufig die Trommel geschlagen, und die Schneehäuser waren wohnlich geworden, sie hatten ihre weiße, sterile Kälte eingetauscht gegen einen rußig-fettigen Belag, am Boden häuften sich Knochen- und sogar Fleischreste wie in einer Wolfshöhle, dazwischen lagen Fellstücke, standen die Urinkübel. Das Ganze roch familiär: eine Mischung aus Tran, Körper, Urin, Welpen – so wie es der Inuk am liebsten hat.
Der Tunnel zu Puktuktes Iglu war gebaut, von diesem konnte man zu Napats Haus, von dort zu Paluks und so weiter – nur Taglavi, der Schamane, lebte mit seinen drei Frauen, den Kindern und Hunden ein Stück abseits.
Keiner der Alten brauchte die Wanderung ohne Wiederkehr in die Kälte anzutreten. Sie behielten sogar die Mädchen, denn Taglavi sagte, eine Gruppe befreundeter Eskimos käme vorbei; denen könnten sie die Mädchen zu Frauen geben.
Und als die Fremden kamen, bauten sie einen großen Tanz-Iglu, und sie aßen und tanzten und schliefen mit den Frauen der Fremden, die wiederum mit ihren Frauen schliefen.
Hinterher war zwar das Seehundfleisch verbraucht, doch als sie wieder hungrig waren, sahen sie, daß die Meermutter immer neue Seehunde zu ihnen an die Küste schickte. Die Lampen brannten ständig, und die Frauen nähten Stiefel und Anoraks – und die Kinder waren rund und gesund wie junge Seehunde.
Es hätte der glücklichste aller Winter werden können – bis eines frühen Morgens der Schrei: »Nanuk, Nanuk!« durch das Lager gellte – Nanuk, der Eisbär! Nahomeq war elektrisiert: Wenn er ihn erlegen würde, dann wäre er einer der größten Jäger im Lager, dazu die Riesenmenge Fleisch, das Fell, dann . . . er dachte nicht weiter, sondern fuhr in seine Fellhosen, seinen Anorak, die Handschuhe; die Hunde gebärdeten sich wie verrückt, Nahomeq hieb mit dem Harpunenschaft auf sie ein, schirrte sie mit fliegenden Händen an und folgte den dunklen Punkten, die übers Eis glitten: den Schlitten von Taglavi, Napat, Ananaq, Kudsiak, Puktukte. Nahomeq sah, wie die Männer einen Halbkreis beschrieben, er verfolgte die direkte Linie, die Sehne des Bogens. Die Hunde hechelten und japsten und – als er zu den anderen aufgeschlossen hatte – sah er die Fährte Nanuks: Ein mächtiger Abdruck, ein starker, mutiger Bär, der sich in die Nähe des Lagers gewagt hatte.
Taglavi hebt die Hand: Die Männer springen von den Schlitten, ein paar Wortfetzen fliegen hin und her, dann binden sie die Hunde los, wie von einer Sehne geschnellt jagen diese hinter den Bären her. Die Männer steigen indessen auf den Kamm der Eispressung, sehen, wie sich der Abstand zwischen dem großen Fleck und dem Dutzend Punkten auf dem Eis verringert, sehen, wie sich die Verfolger in Wolfsmanier auffächern, wie die stärksten und schnellsten Hunde sich anschicken, den Bären seitwärts zu überholen, ihn einzukreisen. Die Männer laufen hinterher, fragen sich, ob der Bär einen Haken schlägt, um seinen Verfolgern zu ent-

kommen und ob er dann auf die Männer trifft, doch Nanuk hat zu lange gewartet, die Hunde haben nicht nur aufgeschlossen – einige haben ihn bereits überholt.
Als die Männer heran sind, sehen sie das weißgelbe Tier auf den Hinterbacken sitzen und sich mit den Vorderpranken der Hunde erwehren: diese gehen einer direkten Konfrontation aus dem Wege, umkreisen ihn, greifen mal blitzschnell an, bleiben aber aus der Reichweite der Vorderpranken. Ein Hund liegt zerfetzt auf dem Eis, ein anderer versucht heulend, sich mit den Vorderläufen aus dem Gefahrenbereich wegzuziehen, sein Kreuz ist gebrochen – um den Bären herum liegt Blut, viel Blut.
Jetzt, wo die Männer heran sind, greifen die Hunde wieder an, einer verbeißt sich in die Flanke des Gegners – wird von diesem aber wie eine lästige Fliege weggewischt und kracht auf das Eis, wo er zuckend liegenbleibt.
Der Bär ist so mit den Hunden beschäftigt, daß er die Männer unbeachtet läßt. Taglavi schleudert als erster seinen Speer. Er trifft die linke Schulter des Bären, die Spitze bricht vom Knochen ab, der Schaft klappert aufs Eis. Napat, der sich nicht zurückhalten kann, spießt um ein Haar seinen eigenen Hund auf, der Speer saust übers Eis – während sich der Bär einen anderen Vierbeiner, der ihm im Getümmel zu nahe gekommen ist, mit der linken Tatze greift und das entsetzt aufkreischende Tier mit der rechten zerfetzt.
Puktukte nutzt den Augenblick und rennt seine Lanze in die Brust des Bären, auch Ananaq sticht auf ihn ein, Napat hat seine Waffe geborgen, und während der Bär Puktukte angreift, visiert Nahomeq die Stelle hinter seinem linken Schulterblatt an und stößt zu. Die herumfahrende Bestie, von Puktukte ablassend, reißt ihn zur Seite, schleudert ihn aufs Eis, Napat sticht ebenfalls zu, trifft die Hinterbacke des Bären; Taglavi rennt ihm eine zweite Lanze in den Hals, während Nahomeq sich wegzurollen versucht, auch wieder auf die Füße kommt, aber dann über einen verendenden Hund stolpert. Da ist der Bär über ihm, beißt in seine Schulter, Nahomeq schreit – in diesem Augenblick bringt Kudsiak den entscheidenden Harpunenstoß hinter dem linken Vorderlauf an. Der Bär gallopiert todwund noch einmal weg durch den Ring der Hunde, der Männer. Die Hunde rennen hinter ihm her, er zerbricht ein paar Lanzenschäfte, taumelt dann und fällt. Er versucht weiterzukriechen, doch das Leben verrinnt auf dem Eis.
Im Lager renkt Taglavi Nahomeqs Schulter ein, die zerfetzten Muskeln, die zerrissenen Sehnen kann er nicht mehr zusammenbinden, obwohl er einen ganz großen Zauber veranstaltet.
Nahomeq ist jetzt zwar ein großer Jäger, denn er war es, der dem Bären die entscheidende Wunde beigebracht hatte. Sein Arm jedoch mußte abgeschnitten werden.
Der große Jäger Nahomeq mußte lernen, seiner linken Hand die Aufgaben zu übertragen, die vorher seine rechte ausgeführt hat. Er mußte lernen, einen anderen Teil dieser Aufgaben seinen Zähnen zu übertragen und sogar seinen Zehen. Trotz allem ist er nicht mehr wert als ein dreibeiniger Fuchs. Nicht einmal ein Schneehaus würde er allein bauen können, denn dafür braucht der Inuk zwei geschickte Hände.
Taglavi, Puktukte, Paluk und Kudsiak brachten ihm Fleisch und Blubber, denn die Seehundjagd blieb weiterhin gut. Endlich hatte er gelernt, mit der Linken die Harpune zu führen, jedoch häufig, zu häufig entkam der todwunde Meeressäuger mit der Harpunenspitze, denn Nahomeq war nicht in der Lage, mit einer Hand die Leine zu halten.
Im Frühjahr, als die Männer zu Caribou-Jagd gingen, da ließen sie ihn zurück bei den Weibern und den Alten und den Kindern. Nahomeq war gezwungen, Ogags, Dorsche, zu fischen, eine Arbeit, die des Jägers unwürdig ist. Gegen seine Bögen jedoch, die er schnitzen gelernt hatte, konnte er genug Fleisch und Felle eintauschen. Genug für ihn und Kujanna, die einen dicken Bauch hatte. Als es dann in den Schneehäusern zu tropfen begann und die ersten Kuppeln einstürzten, als sie die Zelte, die Tupigas, aufschlugen, als die Männer ihre Kajaks mit frischen Fellen bespannten, als sie auf die große Insel vor der Küste ins Sommerlager zogen, in die Nähe der Walroßherden, da mußte Nahomeq im Umiak, im Weiberboot, reisen, denn einen Kajak kann man nicht mit einem Arm paddeln.
Nachdem Kujanna wirklich einen Knaben geboren hatte, wurden die Zeiten schlechter, es ließ sich kaum ein Walroß blicken. Die Stürme brausten dergestalt über die große Insel, daß auch so gute Kajakfahrer wie Paluk oder Kudsiak keine Chance zur Jagd fanden. Das Essen wurde knapp. Zwar brachten Puktukte und Ananaq mitunter ein Stück Speck oder auch Fleisch, jedoch gaben sie sich nicht mehr damit zufrieden, als Dank Ku-

jannas warmen Schoß zu erhalten, sie verlangten vielmehr Harpunenspitzen und Bögen, mehr Gerätschaften, als Nahomeq anfertigen konnte.
Nahomeq mußte einen Hund töten, den ältesten, der ohnehin nicht mehr viel taugte.
Dann starb Puktuktes Frau, und da niemand da war, der ihm seine Kleidung instandhalten konnte, zog Puktukte in Nahomeqs Zelt. Dessen Kleider ließen bald zu wünschen übrig, seine Stiefel blieben hart, denn der Jäger, der für alle sorgt, genießt die größte Zuwendung – auch zwischen den Fellen, und das war Puktukte.
Aber es wurde immer schwieriger, alle satt zu kriegen, und sie mußten wieder einen Hund töten, einen Hund, der durchaus noch gut zu gebrauchen gewesen wäre. Taglavi versuchte einen ganz besonders schwierigen und wirksamen Zauber; er unternahm nochmals die gefährliche und anstrengende Reise zum Mond, um einen neuen Arm von dort mitzubringen, doch der Zauber blieb wirkungslos. Ein bösartiger Thorngaq hatte dem Schamanen, während er rastete, den Arm abgenommen und einem Kobold angenäht. Der Kobold hatte jetzt drei Arme – und wurde der gefährlichste aller Kobolde, denn mit drei Armen war er allemal tüchtiger als jeder andere. Das Geschenk des Kajakgerüstes, das Nahomeq für diese Anstrengungen machen mußte, war also vergeblich. Im nächsten Winter, ließ einer der Männer zu, daß seine Frau während der Menstruation ein Stück Seehundherz aß, also ein bedeutsames Tabu brach und damit den Zorn Silas auf die ganze Gruppe lenkte, so daß sie ihre Seehunde von den Inuit fernhielt, den ganzen Winter über fernhielt, trotz aller Beschwörungen und Tänze, trotz aller Opfer und allen Trommelschlagens, trotz einer neuerlichen Reise des Schamanen zum Mond. Die Reise zum Mond sollte die letzte des Schamanen sein. Die Seele des Zauberers kehrte nicht wieder, man konnte sie sehen, wie sie in den Nächten mit den anderen »tarneks« sich die Walroßschädel zuschob, daß es nur so blitzte und funkelte am nächtlichen Himmel, nur sein Körper kehrte ins Iglu zurück.

Zuerst wanderten die Alten weit hinaus aufs Meereis, und als es kaum noch Hunde zu essen gab, als sie die verhungerten Mädchen auch aufaßen, da ging auch Nahomeq. Allein mit schlechten Kleidern machte er sich auf den Weg zum Reich der Schatten. Da rafften sich Puktukte, Ananaq und Kudsiak auf. Mit den wenigen, klapperdürren Hunden und nichts anderem als Vorrat zogen sie in das Land der kleinen Stöcke, wo die Todfeinde der Inuit, die Naskapis, hausten, um Caribous zu jagen. Ein letzter verzweifelter Versuch, das Schicksal zu wenden.
Die Hunde, sie selbst, waren zu schwach, und ihre Schlittenspur führte direkt in die warmen Tiefen zu den guten Erdgeistern, in ein unendlich freudvolles Dasein mit Bergen heißen Blubbers und saftigen Robbenfleisches. Die Seele Attuioks, der das Tabu gebrochen hatte, litt indessen oben im Himmel Höllenqualen in eisiger Kälte, wo nichts vor den Stürmen Schutz bot. Wenn sie in der Kälte schauderte, wenn ihre Pein besonders groß war, dann zuckte ein heller Schein über die Iglus am Nordrand der Welt.
Kujanna überlebte als einzige, aber nicht einmal ihren Sohn behielt sie, ihre Milch war versiegt. Eine durchziehende Gruppe fremder Eskimos rettete sie, und einer der fremden Jäger führte sie in sein Iglu.

Der Wiking Bjarni Herjulfsson, den widrige Winde mit seiner Knorr nach Labrador verschlagen hatten, ging nicht an Land.
Erst Leif Eriksson setzte seinen Fuß auf den Boden der Neuen Welt – fünfzehn Jahre später, im Jahr 1000. Markland, »Waldland« nannte er Labrador. Doch der Siedlungsversuch scheiterte; die Eskimos, die »Skraelinge« der Sagas, die »Minderlinge« ließen nicht mit sich spaßen. Sie mieden den offenen Kampf, befleißigten sich statt dessen einer üblen Guerilla-Taktik. Wie unheimliche Trolle, Kobolde, gar nicht wie Wesen, denen man mit Schwert und Spieß beikommen konnte, erschienen sie den Nordmännern.
Am allerschrecklichsten war jedoch eine lange Stange, mit der sie eine blaugefärbte Seehundsblase gegen ihre Gegner schleuderten – eine Zauberwaffe, der nicht einmal die wildesten dieser Raubritter der nordischen Meere gewachsen waren. Sie wandten sich zur Flucht – und wäre nicht Fröydis gewesen, dann hätte es schon am Anfang für sie schlecht ausgesehen. Fröydis, jene schreckliche Walküre war es, die einem der Fliehenden das Schwert entriß, sich aus ihrer Bluse wand und mit der Breitseite des Schwertes gegen ihre strotzenden Brüste schlug, »daß es aus dem Wald wie von Axtschlägen widerhallte«. Das war mehr, als die Skraelinger zu ertragen vermochten – jetzt rannten sie davon, so schnell ihre Füße sie trugen.

Das Merkwürdige daran ist, daß Fröydis als »schön wie eine Göttin« von zeitgenössischen Barden besungen wird. Nun ist das Schönheitsideal mannigfachen Wandlungen in den Zeitläufen unterworfen und auf den einzelnen Erdteilen verschieden. Es ist leider nicht mehr möglich, ein klares, authentisches Bild von der Anatomie dieser Dame zu zeichnen. Da ihr aber der Ruf einer harschen Herrin vorausging – mit der Streitaxt zerhackte sie bei Gelegenheit fünf ihrer Geschlechtsgenossinnen – könnte jener Barde die Hosen so voll gehabt haben, als er ihrer ansichtig wurde, daß er ihr lieber Schmeichelhaftes nachsagte, als ihren Zorn heraufzubeschwören.

Jedenfalls: Auch dieser erste überlieferte Striptease auf amerikanischem Boden hatte eine nur kurzlebige Konsequenz – die Skraelinge begannen wieder, nachdem sie sich vom Schrecken erholt hatten, mit den fürchterlichen, blauen Bällen zu werfen . . .

Nach gut zwei Jahrzehnten zogen sich die Nordmänner endgültig nach Grönland zurück, kamen nur noch sporadisch über die Labrador-See, um Holz zu schlagen, bis sie endgültig im dunkel der Geschichte untertauchten.

Doch sie haben in der Neuen Welt Spuren hinterlassen, in L'Anse-aux-Meadows, ihrer Siedlung auf der Nordspitze von Neufundland; die uralten Baumstümpfe entlang der Küste erzählen von ihren Fahrten ebenso wie die Seezeichen an der Ungava Bay, die Ruinen des Langhauses auf derPanniok-Insel, das 25 mal 10 Meter groß war. Unveröffentlicht sind noch die Entdeckungen des Archäologen Thomas Lee: im Hinterland ein Monument, das eindeutig Thors Hammer darstellt und endlich die Grundmauern des Dorfes, der Kirche, die einst am Payne River standen.

1497 scheint John Cabot an der Labrador-Küste geankert zu haben. 1501 berichtete Corte Real von riesigen Wäldern, aus denen sich ganze Flotten bauen ließen und von den Menschen, die gleichzeitig als Rudersklaven Verwendung finden könnten. Ein halbes Hundert von ihnen brachte er mit nach Lissabon.

»Terra del Labradore« soll er seine Entdeckung genannt haben, die er fälschlicherweise für einen Teil Grönlands hielt. Anläßlich seiner zweiten Reise verschwand er spurlos im Nebelmeer, und seinem Bruder Miguel, der sich auf die Suche gemacht hatte, erging es nicht anders.

John Rut, ein Marine-Offizier Heinrichs VIII. von England kehrte 1527 um, als sein Schiff schon in der Belle Isle Strait Gefahr lief, vom Eis zerquetscht zu werden.

Jacques Cartier beschränkte sich darauf, bei seinen Reisen hier und da vor der Südküste Anker zu werfen; übrigens ziemlich genau in dem Bereich der Lower North Shore, wo wir uns niedergelassen haben. In seinen Berichten fand er »kaum eine Schubkarre voll Erde auf den Felsen«, und für ihn war Labrador, »das Land, das Gott dem Kain gab«. Allerdings – so räumte er ein, »wenn es so gut wäre wie seine Häfen, so wäre es ein gutes Land!«

Inzwischen hatten, von der Geschichte unbemerkt, baskische, spanische, bretonische und portugiesische Walfänger, ihre Stützpunkte errichtet.

Martin Frobisher, 1577 auf der Suche nach dem Seeweg zum Hinteren Orient, berichtete: »Vier Tage lang segelte ich an diesem Land entlang und fand nicht ein einziges Lebenszeichen. Das Eis liegt wie ein Festungsgürtel davor – und wer eine Landung versucht, gerät in arge Bedrängnis.« 1586 suchte Davis vier Wochen lang nach der Nordwest-Passage, ebenfalls ergebnislos. 1606 überstand Kapitän John Knight mit Mühe eine wütende Attacke der Eskimos. 1614 trieb Gibbons zwölf Wochen hilflos in der heutigen Nain Bay; das Packeis hatte sein Schiff eingeschlossen. Henry Hudson endlich stellte mit seinem Vordringen in die nach ihm benannte riesige Bucht fest, daß Labrador eine Halbinsel ist; seine meuternde Besatzung jedoch bereitete ihm ein böses Ende.

Das erste authentische Bild einer Eskimofrau stammt aus dem süddeutschen Ausgsburg – aus dem Jahre 1567! »Heimgebracht von einem französischen Schiff auf der Suche nach noch nie dagewesenen Abenteuern« – ein Schiff, daß nach Neufundland und Labrador gesegelt war und die Dame samt Kind mitbrachte. Der Mann hatte die Gefangennahme leider nicht überstanden, er hatte sich mit dem Mut der Verzweiflung gewehrt, wurde von einem Pfeil, einem Säbelhieb getroffen, wischte sich das Blut ab und focht wie ein Berserker unbeeindruckt weiter. Nachdem er nicht weniger als ein Dutzend Franzosen und Portugiesen erschlagen hatte – »um sie aufzufressen, denn sie schätzen nichts höher ein als Menschenfleisch«, erlag der »Wilde« seinen Wunden.

Über die Kontakte zwischen Basken, die wahrschein-

Frühe
Darstellung eines
verkrüppelten
Eskimo und
seiner beiden
Frauen.
(Public Archives
Canada.)

lich schon ein gutes Dutzend Jahre vor Kolumbus vor den Neufundlandbänken fischten und Wale jagten, und Eskimos ist nichts bekannt. Es waren aber sicherlich nicht immer Freundlichkeiten, die ausgetauscht wurden. Die Walfänger kamen mit ihren toplastigen Galleonen, 10 bis 20 Meter langen, an die 10 Meter breiten Dreimastern mit Sandballast über den Ozean und jagten den Sarda, den Wal. Sie waren vorerst jedoch auf die Nähe einer Küste angewiesen, brauchten einen Stützpunkt, um die gewaltigen Mengen Blubber auszukochen, um das wertvolle Öl zu gewinnen. Eines ihrer Schiffe, die »San Juan« des Senor Ramos de Arrieta y Borda aus Pasajes in Fuenterrabia ist im Herbst 1565 in Red Bay gesunken, untergegangen mit tausend Fässern Walöl an Bord. Seine Reste ruhen in 12 Meter Wassertiefe in Red Bay. Kanadische Historiker und Archäologen hoffen, daß das Wrack ihnen weitere Aufschlüsse über jene Epoche gibt.

Jede Galleone führt zwei Beiboote an Deck. Wenn der Mann im Krähennest: »sarda – sarda« schreit, dann fieren die Matrosen die Boote aus, die Männer, die Fänger, springen hinein. Sie pullen wie die Teufel hinter dem »Fisch« her, sie versuchen, so nahe wie möglich an dessen Atem- und Wasserfontäne heranzukommen. Der Harpunier steht im Bug, gespannt wie ein Bogen vor dem Schuß. Wenn er den riesigen, schwarzen Schatten sieht, der sich anschickt, die Wasseroberfläche zu durchbrechen, da legen sich die Männer noch einmal mit Macht in die Riemen, dann schnellt der Harpunier mit seinem Körper vor, wirft mit aller Kraft, die Waffe fährt bis zum Schaft durch die Haut in den Speck, das Holz bleibt zitternd stecken.

Jetzt beginnt der Kampf oder besser das Drama, dessen Ausgang in den allermeisten Fällen feststeht: der Wal taucht, die Leinen rauschen aus . . .

Der Mann im Bug muß Wasser drübergießen, muß kühlen, die Reibung würde die Leinen verbrennen, und dann gibt es einen Ruck, der entscheidende Augenblick ist gekommen: Hält die Harpune? In den allermeisten Fällen hält sie, denn die Basken sind die besten, die erfahrendsten Walfänger, die es gibt. Jetzt kommt es auf den Steuermann der Schaluppe an, den Kurs des verwundeten Tieres vorauszuahnen und so nahe an es heranzupullen, daß die Männer beim Durchbruch durch die Wasseroberfläche ihre scharf geschliffenen, sensenartigen Lanzen mit aller Kraft in den Körper des Tieres stoßen können, durch die Speckschicht hindurch, damit der Wal noch mehr Blut verliert und sich erschöpft. Indessen hat wohl auch der Harpunier des zweiten Bootes seine Harpune in dem mächtigen Körper versenkt, es quillt mehr und mehr Blut aus den Wunden des Liviathan. Vielleicht gelingt es ihm noch einmal, ganz tief zu tauchen. Es gelingt ihm, eins oder auch zwei Fangboote auf den Kopf zu stellen, ein Stück mit in die Tiefe zu reißen, so daß die Männer prustend und fluchend im Wasser treiben bis sie von einer anderen Schaluppe oder vom Mutterschiff herausgefischt werden. Die Boote jedoch, die wird der Wal nicht mehr los. Dunkle Wolken von Blut quellen aus seinen Wunden, schließlich legt er sich nur ein paar Meter unter die Wasseroberfläche, muß aber wieder auftauchen, muß Atem schöpfen, entläßt aber dann mit einer letzten Wolke Blut, das aus seinem riesigen Maul quillt. Er gibt mit einem letzten Klatschen der Fluke den Kampf auf und stirbt.

Der »right-whale« wie er später heißt, sinkt nicht im Tode, sondern schwimmt; dann sind eins, zwei der Schiffe heran, die Männer hacken, schneiden und sägen die Fluke ab, damit sich der Wal beim Schleppen nicht wie eine Schraube dreht. Nachdem die Beiboote wieder an Bord sind, laufen die Schiffe eine der Speckkochereien an der Küste an. Dort beginnt dann die üble Arbeit des Flensens und Trankochens mit Dreck, seifigem Glitsch, Schmier, Sudel, Gestank, Glibber – ein höllischer Schlachthof.

Schlachten, das ist die einzig richtige Bezeichnung für das Töten und Verarbeiten des Wales, von einem Kampf, vom Abenteuer, da kann nur in den Berichten der nicht direkt Betroffenen die Rede sein. Aber jene Männer hatten kaum andere Möglichkeiten, ihr Leben zu fristen.

Der Gestank, der über den Trankochereien von Brador, von Red Bay lag, verzog sich erst, als Kapitän Sopite Zamburu aus St. Jean de Luce Ende des 17. Jahrhunderts die schwimmende Walkocherei erfand, als er gemauerte Öfen und riesige, eiserne Bottiche auf dem Oberdeck der Schiffe installieren ließ, in denen die Blubberblöcke von einem halben Meter Kantenlänge zischten, zieselten, brutzelten, prasselten und dann selbst den Brennstoff abgaben für die nachfolgenden Speckwürfel, die die Männer aus den Walen heraufholten. Es muß fürchterlich gewesen sein: der Gestank, das rutschige, ölig-fettige Geschmier, speckig, glibbrig und die im Rauch trantriefenden hängenden Segel.

Beim Versuch der Dänen und Briten, die Nordwestpassage zu finden, kam es zwangsläufig zu Begegnungen mit den »esquimaux«. Wobei im Dunklen bleibt, wer überhaupt diesen Namen erfunden hat. Die Algonquin-Indianer nennen jemanden einen Eskimo, der rohes Fleisch ißt – frißt – wie man will. Die Inuit haben diese Vorliebe bis heute noch nicht ganz abgelegt.
Der britische Seefahrer Martin Frobisher jedenfalls berichtet anno 1576, als er sich auf Baffin Island von einer Bergkuppe herunter einen Überblick verschaffen wollte, wie er seltsamer Wesen ansichtig wurde, die er erst für Seehunde oder Tümmler hielt – bis er dann zu seinem nicht geringen Schrecken feststellte, daß die vermeintlich friedlichen Meeresbewohner Männer waren, Männer, die in kleinen fellbespannten Booten steckten und ihre Arme wie Windflügel bewegten und nicht nur das – die Wilden schnitten den Briten den Zugang zu ihren Beibooten ab. Trotzdem gelang es Frobisher, der Begegnung einen freundschaftlichen Charakter zu geben. Diese Eskimos hatten bereits Weiße gesehen, ein paar besaßen eiserne Nägel, Pfeilspitzen usw.
Gut Kirschen essen war mit ihnen jedoch nicht: sie kaperten ein Beiboot mit fünf von Frobishers Leuten. Der Kapitän setzte alles daran, die Männer vor dem Schicksal des Aufgefressenwerdens zu bewahren, fing seinerseits einen Eskimo und versuchte diesen gegen die Seinen einzutauschen, doch vergeblich. Der Eskimo reiste, als der Versuch der Briten, weiter nach Westen vorzudringen durch das Eis vereitelt wurde, samt Kajak mit nach England, wo er eine gewisse Berühmtheit erlangte und das Dasein eines von allen Seiten bestaunten Exoten genoß.
Im folgenden Jahr kehrte Frobisher nach Baffin Island zurück, denn er glaubte, dort goldhaltiges Erz entdeckt zu haben und versuchte nochmals etwas über das Schicksal seiner Leute zu erfahren – jedoch vergeblich. Geiseln zu nehmen und auszutauschen, erwies sich wieder als undurchführbar: er selbst wurde durch einen Pfeilschuß im Hintern getroffen, eine Reihe Eskimos fiel den überlegenen Musketen der Seeleute zum Opfer und die Verwundeten stürzten sich in den Tod. Der Rest entkam. Bis auf zwei junge Frauen und einer älteren, die akurat aussah wie eine Hexe. Prompt mußte sie ihre Seehundstiefel ausziehen, denn die Seeleute wollten es genau wissen, ob das Fell nicht doch einen Bockfuß verbarg. Obwohl der Fuß in Ordnung war, verzichteten die Briten darauf, die alte Dame mitzunehmen. Ihre Kollegen blieben verschollen. Was ihr Schicksal angeht – so besteht zu befürchten, daß das Allerschlimmste eingetroffen ist. Die beiden jüngeren Frauen nahm Frobisher mit nach England.
Übrigens, das mit dem Gold, das war nichts. Das Erz war wertlos. Aber darauf kam man erst später.
Diese noch sehr sporadischen Kontakte mit den Weißen änderten nach und nach die Lebensform der Eskimos: Sie kamen in Besitz der ersten eisernen Werkzeuge, Waffen, Gerätschaften. Dabei spielt es erst einmal keine Rolle, auf welche Art und Weise, ob durch Tausch, Geschenk, Diebstahl, Raub, Mord oder Kriegsbeute. Es bedarf keiner großen Phantasie sich vorzustellen, was ein eisernes Messer für einen Steinzeitmenschen bedeutet, eine Pfeilspitze aus Metall oder gar eine Donnerbüchse – oder aber ein kupferner Kochtopf für die Dame des Iglus! Umwälzungen in der Rangordnung waren die Folgen, obwohl bei den Eskimos die Demokratie der allerbescheidensten Verhältnisse sich automatisch praktizierte, jedoch der Besitzer eines Messers – der war plötzlich wohlhabend, nein, reich, er erhob sich um Klassen über die anderen, er befand sich in einer ähnlichen Situation wie der, der heute im Lotto gewinnt.
Als später mehr und mehr Schiffe im Norden auftauchten, als schließlich die Walfänger in den arktischen Breiten kreuzten, da gab's für die Inuit kein Halten mehr: jetzt brauchte man nur seine Frau – nicht zu verkaufen, nein – für ein paar Nächte herzuleihen, eine Frau, die man unbeschadet zurückerhielt, oft sogar noch gut genährt und – wenn sie Glück hatte – nochmals beschenkt! Die Eskimos fanden das einfach toll von den Kablunats, daß sie für einen Service bezahlten, der ansonsten Freunden, Geschäftspartnern und Gästen gratis gewährt wurde. Daß sie später erst ein merkwürdiges Jucken und endlich große Pein an den allerprivatesten Körperteilen verspürten, bedeutete eine gewisse Beeinträchtigung, doch daran mag ein böser Geist, den der Neid dazu getrieben hatte, die Schuld getragen haben. Die Angagoqs, die Zauberer, die Kräuterweiblein, hatten Hochkonjunktur und schöpften wohl einiges vom Überfluß ab. Ansonsten waren und blieben die Inuit frohe Heiden. Den Seeleuten auf dem Weg nach Westen, den Walfängern war es schnuppe, wen sie anbeteten und an was sie glaubten.
Doch auch diese Zeiten sollten sich bald ändern, denn es tauchten Missionare auf, Männer, die Kostbarkeiten

wie Messer, Nadeln, Töpfe einfach herschenkten, die die Gesellschaft der Frauen ablehnten und die anders als die Walfänger mit den Inuit sprechen konnten, wenn auch in einem merkwürdigen Dialekt. Unfaßbar: einige dieser Männer redeten in ihrer Zunge, obwohl sie echte Kablunats waren. Darüber hinaus trugen sie keine Waffen. Sie schienen sich überhaupt weniger mit Jagd und Essen, mit Schlafen und Frauen zu beschäftigen, als mit dem Bau eines riesigen Iglus. Die Inuit standen dabei und bekamen die Mäuler nicht zu vor lauter Staunen.

Doch da waren andere Dinge, Dinge, die sie nicht herschenkten: Breitäxte und Sägen, die man gerne gehabt hätte; Kleider, die sie am Leibe trugen.

Wenn man einen der Weißen gewissermaßen zur Probe erschlüge, dann könnte man, wenn sich nichts Schreckliches ereignete, sich in den Besitz aller seiner Sachen bringen und dann die anderen ebenfalls . . ., dachten die Eskimos. Jedenfalls probierten sie es, und da das göttliche Strafgericht ausblieb, machten sie auch den anderen den Garaus. Labrador konnte seine ersten christlichen Märtyrer ausweisen. Das war 1752. Die Missionare dagegen, die nicht an Land gegangen waren, segelten flugs nach Europa zurück.

Doch sie waren Herrnhuther, zum größten Teil Deutsche, die, wenn sie sich was in den Kopf gesetzt hatten – wie in diesem Fall den Eskimo das wahre Wort oder was sie dafür hielten zu predigen –, es auch hielten.

Daß die Eskimo auch manchen Maat aufaßen, zeugt von erheblichem Mangel an Delikatesse – die Südsee-Insulaner bevorzugten bei solcherlei Anlässen eindeutig die besser genährten Gottesmänner. Die Frage, ob diese direkt in den Himmel auffuhren, wie es Märtyrern versichert wird, kann ich ebensowenig beantworten wie Auskunft über das Schicksal ihrer Mörder geben, die eigentlich für ihre Untat auf ewig in der Hölle braten müßten. Dabei ist zu berücksichtigen, daß bei den Eskimo alles umgekehrt war. Bei ihnen war die Hölle oben, in der Kälte der Höhe, während sie es unten, da also, wo wir Christen die Hölle angesiedelt haben, warm und gemütlich zu haben glaubten. Oder es fielen alle gemeinsam in das große, schwarze Loch, aus dem es kein Entrinnen gibt.

Den zweiten ernsthaften Versuch, den der Herrnhuther Missionar Jens Haven unternahm, um die wilden Heiden auf den rechten Weg zu bringen, scheiterte unter anderem daran, daß die Besatzung seiner irischen Smack nicht von der altvertrauten Gewohnheit lassen konnte, auf jeden nur erreichbaren Eskimo-Kajak zu schießen.

Dann jedoch zahlte sich die Tatsache aus, daß er sich von seiner Missionstätigkeit in Grönland her in der Eingeborenensprache ausdrücken konnte, daß er Eskimo-Kleidung trug.

1771, als er mit der »Amity« unter Kapitän Mugford im heutigen Nain festmachte, gelang es den Herrnhuthern, sich endgültig in Labrador zu etablieren. 1776

Kirchenn
à la Eskin

gründet Jens Haven Okak, 1782 Avertok – Hoffnungsthal – wo dreißig Jahre vorher Ehrhardt und die Seinen das Schicksal ereilt hatte.

Die Herrnhuther erwiesen sich als Patriarchen im wahrsten Sinne des Wortes, die die Eskimos als unmündige Kinder betrachteten. Sie schützten sie zwar vor den Walfängern, Dorschfischern, den Piraten und Ausbeutern, doch irgendeinen Respekt vor der Kultur, der anderen Moralauffassung, der Religion ließen sie nicht erkennen. Sie verkörperten schlicht die Arroganz der weißen Rasse, wie es die Art aller Missionare ist.

Was man ihnen zugute halten muß, war, daß sie die Verbreitung ihres Glaubens aus einer tiefwurzelnden Überzeugung, aus einer absoluten Uneigennützigkeit heraus nachkamen. Darüber hinaus waren sie Deutsche. Gute Deutsche. Handwerklich geschickt und äußerst effizient.

Jeglicher diesseitiger Spaß war ihnen ein Greuel. Sie verboten den Eskimos das Tanzen und Singen, sie verbrannten ihre Trommeln. Sie steckten die Eingeborenen in Uniformen für den Kirchgang, unterwiesen sie im Bootsbau und in der Zimmermannskunst. Sie hielten die freien Jäger zu geregelter Arbeit an. Sie duldeten keine Zweit- und Drittfrauen, unterbanden Mischehen, wo immer es ging. Sie zimmerten sich einen klerikalen Feudalismus zurecht, von dem zwar die Missionarsfamilien kaum, von dem ihre Organisation, aber auch ihre Schutzbefohlenen profitierten. Jedoch trotz aller Freudlosigkeit, trotz der Unfreiheit: Für die Eskimos waren die Herrnhuther große Schamenen, die ihre materielle Existenz sicherten – etwas, das für einen nomadisierenden Inuk alles andere als selbstverständlich war. Die meisten zahlten nur zu gerne den Preis der Freiheit, ihre Unabhängigkeit.

Nur einige wenige blieben unbekümmert frohe Heiden, trotzten den Verlockungen des Christentums, lebten ihr risikovolles Leben, das vom Heute bestimmt wird, das sich einen Dreck um das Morgen kümmert, in dem das Gestern heute schon vergessen ist. Sie waren die, die sich auf sich selbst verließen, die niemandem untern Rock krochen. Aber auch diese letzten freien Jäger landeten in der Abhängigkeit.

In dieser Entwicklung liegt eine ungeheure Tragik. Sie zwingt allen Völkern dieser Erde letztlich die Lebensweise unserer – der weißen – Rasse auf. In Polynesien, am Amazonas, in Kamschatka. Sie hat die Welt ärmer gemacht, ärmer an Individuen, an Kultur, an Freiheiten – sie stempelt alle die, denen es an unserer dynamischen Aggressivität fehlt, zu Menschen zweiter Klasse. Menschen, die heute von unserem Wohlwollen abhängig sind, abhängig von Arbeitslosen- und Welfare-Schecks. Und wenn einmal die geplanten Ölstädte an der Labradorküste gebaut sein werden, dann werden sich rasch die Slums entwickeln, in denen die einstigen Herren dieses Landes, die Nachkommen der freien Jäger und Fischer, dumpf dahinvegetieren. Wie das heute schon in Seven Islands, in Schefferville und anderswo der Fall ist. Eine Entwicklung, zu der Missionare den Anstoß gegeben haben; die Umkehrung des Wortes »ein Teil von jener Kraft, die stets das Böse will und stets das Gute schafft«.

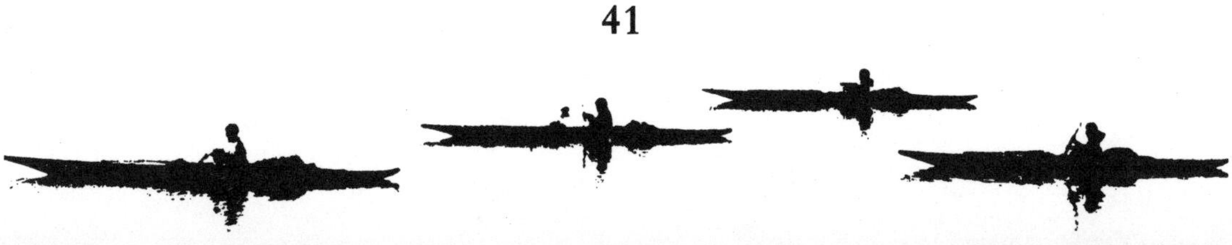

2. Rückblende

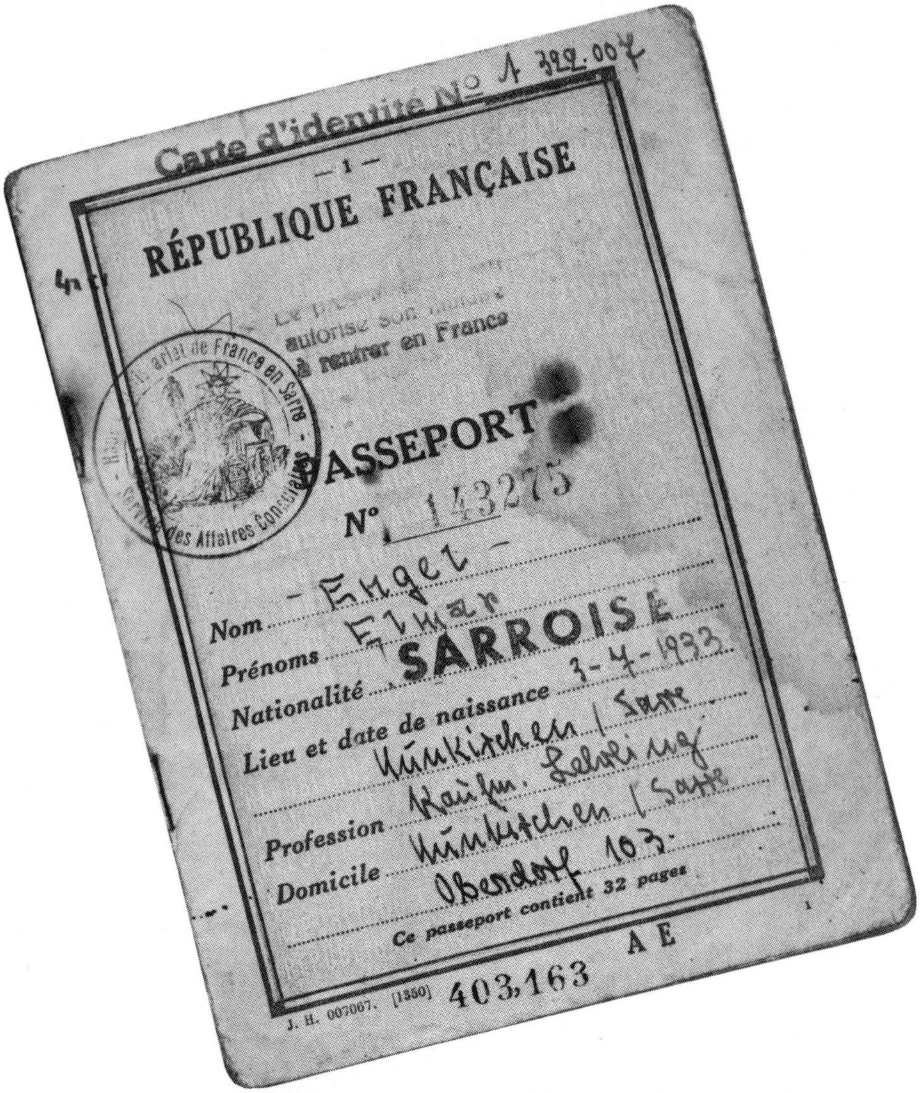
Carte d'identité N°

— 1 —

RÉPUBLIQUE FRANÇAISE

à rentrer en France

PASSEPORT

N° 143275

Nom

Prénoms Elmar

Nationalité SARROISE

Lieu et date de naissance 3-7-1933 Neunkirchen / Saar

Profession Kaufm. Lehrling

Domicile Neunkirchen / Saar Oberdorf 103.

Ce passeport contient 32 pages

A E

J. H. 007067. [1350] 403,163

Meine Kindheit endete 1944. Im selben Jahr wurde Brigitte geboren. Nicht etwa, daß ich mit elf meine ersten sexuellen Erlebnisse gehabt, daß ein Unhold mich mißbraucht hätte – auch nicht, weil es keine Apfelsinen, Schokolade, Butter, Schuhe, Spielzeug, Bananen, Kaffee gab – weil alles andere knapp war – das störte mich nur wenig, den anderen erging es ja nicht besser. Die kleinen Landwirtschaften, die jeder der Berg- und Hochofenleute nebenbei betrieb, die paar Äcker und Wiesen, die jetzt die Frauen, die alten Männer und wir Kinder bestellten, die Schweine, die Ziegen – einige hatten sogar Kühe – die sorgten für das Notwendigste.

Die Schule, den Sadismus des einen, die Dummheit des anderen Lehrers, die Bigotterie der Lehrerin – das empfanden wir als gerechte Strafe für die unentdeckten unserer Untaten. Es war sinnlos, sich dagegen zu wehren, so wie es in Labrador sinnlos ist, sich gegen Sturm, Hagel, Kälte und Regen zu stemmen. Vor allem war es sinnlos, weil unsere Eltern die Verdikte der Institution Schule als Gottesgesetz hinnahmen, weil die Institution Kirche mit der Institution Schule auch während der Nazi-Herrschaft eng zusammenarbeitete, weil die Jungvolk- und HJ-Führer –, weil sich die Dorfnazis nicht ernsthaft gegen die Kirche aufzumucken trauten.

Jedoch – die Institutionen hatten ausgespielt, als es ums nackte Überleben ging, als die Amerikaner im Herbst 1944 den Westwall erreichten, als Nunkirchen in die Reichweite ihrer Artillerie geriet, vor allem aber, als sie Tag für Tag ihre Jagdbomber von der Kette ließen. Ich weiß nicht, was sich die Piloten der »Thunderbolts« und »Mustangs« dachten, als sie wie die Habichte herunterstießen und mit ihren schweren Maschinengewehren auf alles schossen, was sich bewegte; als sie im Sturzflug ihre Bomben einfach ins Dorf hineinschmissen – in ein Dorf, in dem es weder Gegenwehr noch strategisch Wichtiges zu zerstören gab.

Das war kein Spiel mehr – das war der lebensgefährliche Ernst des Krieges. Wir lernten, uns zu ducken; wir lernten, was Angst ist, wie Brand riecht, wie verkohlte Leichen aussehen.

Glücklicherweise war der Widerstandsgeist der deutschen Truppen im Frühjahr 1945 gebrochen; der Einmarsch der Amerikaner kostete nur noch wenig Blut. Sie waren eigentlich mustergültig gutmütige Eroberer, die GI's. Sie ließen sich von uns bestehlen und anbetteln.

Wir besaßen eine Menge Kriegsgerät: Panzerfäuste, Karabiner, Handgranaten, Maschinengewehre, mit denen wir Krieg spielten. Die Amis lachten – obwohl die Geschosse scharf, die Handgranaten entsichert waren. Anderswo sind Kinder in unserem Alter kurzerhand erschossen worden, weil sie »Spielsachen« wie wir sie besaßen, gesammelt hatten. Erschossen von deutschen Soldaten.

Im Herbst 1945 mußte ich wieder zur Schule. Nach Merzig – in die 25 Kilometer entfernte Kreisstadt. Die Bahnlinie zwischen Brotdorf und Merzig war zerstört; die restlichen sieben Kilometer liefen wir zu Fuß, einmal am Vormittag, einmal am Nachmittag. Mitunter mußten wir die ganzen fünfundzwanzig Kilometer nach Nunkirchen zurücklaufen, wenn die eine der beiden zusammengeflickten Lokomotiven nicht einsatzbereit war. Doch das störte uns ebensowenig wie das fehlende Dach über der Schule, wie die fehlenden Fensterscheiben, wie die fehlenden Schulbücher, wie die mangelnde Zahl und die fachliche Qualifikation der Lehrer – von der menschlichen redete sowieso niemand (die meisten waren Nazis und standen auf dem Abstellgleis).

Was uns störte, war die Tatsache, daß uns mit einemmal eine fremde Sprache, eine fremde Kultur aufgepfropft werden sollte – eine Kultur, die noch vor einem Jahr als dekadent, als minderwertig, verabscheuenswert apostrophiert wurde. Die Kultur des Erbfeindes im Westen – die Kultur Frankreichs.

Die Pauker – die waren auf einmal so frankophil und -phon, daß sie die Ansprachen in französisch hielten, daß sie uns französische Schulbücher andrehten. Entgegen der landläufigen Ansicht spricht jedoch niemand im Saarland von Hause aus französisch, und wir befanden uns in der Situation des Ochsen-vorm-Berge.

Unsere Bücher kauften wir – soweit es was zu kaufen gab – bei M. Regler, Merzig, in jenem Haus, aus dem Gustav Regler stammt. Gustav Regler, der kommunistische Schriftsteller, der vor den Nazis bis nach Mexiko flüchten mußte. Aber Gustav Regler erwähnten die Pauker nicht einmal. Wir erfuhren nichts von ihm – obwohl seine Schwester bei uns unterrichtete.

Statt dessen paukten wir lateinische Vokabeln und riefen im Chor »amo, amas, amat, amamus, amatis, amant«. Und die Bibel, die Katechismussprüche mußten wir auswendig hersagen können – denn, eine Fünf in Religion war sehr gefährlich.

Noch absorbierte der Fußball, dem ich mich mit aller Leidenschaft verschrieben hatte, das revolutionäre Potential, das in jedem steckt. Daß ich nicht, wie bei den Kleinbürgern, fashionable Handball spielte, sondern dem von den Paukern verachteten »Proletensport« anhing, wurde als Aufsässigkeit gedeutet.

Ich wäre gerne Fußballer geworden, doch das lag fern in Utopia – nicht ganz so weit zwar wie der »Schriftsteller« –, wenn man bedenkt, wieviele gute Fußballer es im Saarland gab und noch gibt und wie wenig gute Schriftsteller, obwohl letztere ihre Form viel länger erhalten können als ein Fußballer.

Mein Verein war die schwarz-weiße Borussia aus dem rußigen Neunkirchen, die eine große Rolle im Südwesten spielte. Ich hing ihr an mit Leib und Seele, freue mich immer noch über ihre Siege, betraure nach wie vor ihre Niederlagen. Mit dem FC Saarbrücken dagegen wollte und will ich nichts zu tun haben.

Die Indianer: Nomaden in endlosen nordischen Wäldern

Noch 1970, als wir mit unseren Kajaks auf dem De Pas River im nördlichen Labrador scheiterten, mußten wir auf unserem Törn ein Gebiet von ein paar tausend Quadratkilometern durchqueren, wo der Flußlauf auf den Karten 1 : 500.000 zwar andeutungsweise eingestrichelt war, das sich aber sonst als »unmapped« vorstellte. Das störte uns bei der Planung weiter nicht, denn Flüsse sind Wege, die – zumindest in jenen Breiten – totsicher zur Küste, zum Meer führen.
Problematisch wurde Brigittes Schiffbruch und der Verlust des Kajaks mit der Küche jedoch erst durch die Tatsache, daß er inmitten dieses letzten weißen Fleckes auf Kanadas Landkarte passierte und wir wirklich nicht wußten, in welche Richtung wir uns zu wenden hatten. Inzwischen ist aber auch jene Ecke luftbildvermessen, inzwischen winden sich braune Höhenkonturen, schlängeln sich blaue Flüsse und breiten sich blaue Flecke in dem allgegenwärtigen Grün aus, das für nordischen Wald aufgedruckt ist. Da weiß sogar der Moonia, das Greenhorn, wo er dran ist, wo einst nur Naskapi und weiter südlich Montagnais-Indianer Trails und Portagen kannten.
Für diese Nomaden jedoch – sie gehören zur großen Nation der Algonquin – war das Geflecht der Wasserläufe, waren die Seen, Granithügel und Wälder ein offenes Buch, in dem sie lasen und sich orientierten, in dem sie den Caribou-Herden auflauerten, fischten und Fallen stellten. Fischen und Fallenstellen war jedoch nur Zubrot; ihre Existenzgrundlage waren die wilden Rentiere, die Caribous, so wie sie die Büffelherden für die Sioux und Blackfoot, der Elch für die Cree und Chipewyan darstellten. Sie waren – genau wie jene – echte Nomaden. Das harsche Land Labrador, auf den ersten Blick wenig attraktiv als Wohnstätte von Tier und Mensch, ließ ihnen keine andere Wahl, als das nur scheinbar ziellose Umherschweifen.
Sie waren eher schmächtige, aber drahtig-zähe Gestalten, bei denen sich Verstand und Instinkt noch nicht auseinanderentwickelt hatten, die mit ihren kleinen Jagd- und den größeren, abenteuerlich geformten »krummen« Reise-Kanus vom Barren River im Norden den Mushaunau Chibou (heute George River) nach Northwest River an der Goose Bay im Osten Labradors paddelten, die über den Winnekapau (heute Churchill River) zum Menehek fuhren und über den Moisie nach Sept-Iles drifteten.
Oder aber sie zweigten vorher ab, überwanden die Wasserscheide mittels einer Reihe von Portagen zwischen größeren und kleineren Seen und glitten den Natashquan oder den wilden Alinum (heute La Romaine) hinunter bis zum Nordufer des St. Lorenz-Golfes. Vorausgesetzt, sie orientierten sich nicht weiter westlich, zu ihren Vettern, den Cree, deren Sprache sie verstanden, und kamen über das Binnenmeer des Mistassini in die Einzugsgebiete der mächtigen Ströme, die in die James Bay entwässern. Die Indianer reisten leicht, lebten unterwegs vom Lande; sie standen weder unter Zeit- noch Termindruck, und sie sahen keine Veranlassung, hinterher mit der Zahl der zurückgelegten Meilen oder Kilometer zu renommieren.
Sie lebten nach einer scheinbar einfachen Formel; sie waren ausgerichtet auf die extreme Form des einfachen Lebens, des schlichten Überlebens. Doch die Einfachheit ist eine scheinbare, denn die Indianer waren zwar Primitive, jedoch suchten sie nach Erklärungen für die Phänomene, die ihnen begegneten und – nicht anders als bei uns – suchten sie das Nicht-Wissen durch die Existenz von übersinnlichen Wesen und Kräften zu erklären. Wesen, die ihnen durchaus beeinflußbar erschienen. Sie versuchten also, jene Hohen Herrschaften in ihrem Sinne gewogen zu stimmen – mithin waren sie religiös.
Jedoch: handhaben es die Gläubigen unter den Christen etwa anders? Auch sie versuchen, dem Allmächtigen zu suggerieren, gerade ihnen eine Extrawurst zu braten oder zumindest jenes illusionäre Fangnetz zu spannen, das sie vor dem Sturz ins schwarze Loch bewahrt. Während die modernen Christen jedoch diesen

Beeinflussungsversuch sowohl räumlich wie auch zeitlich abgrenzen und sofort wieder einsteigen in triviale oder gar kontroverse Aktionen, war die »Religiosität« des Indianers mit tausendundeinem Faden unlösbar mit seiner schieren Existenz verbunden.

Das Mystische, Transzendentale, Metaphysische oder wie wir es auch nennen mögen, war um ihn, auf Schritt und Tritt. Trotz aller scheinbaren Ungereimtheit und aller Inhumanität waren Animismus oder Schamanismus, wie es die klugen Leute nennen, diese »Vorstufen« zu den »wahren« Religionen, ökologisch-realitätsbezogener, also »richtiger«, als unser Christentum, das sich selbst mit dem Attribut der Unfehlbarkeit ausstattet, das Aufforderung, Rechtfertigung und Alibi beinhaltet, die Natur und letztlich uns selbst zu vernichten.

Ich kann tun, was ich will – es ist mir nicht gegeben, die Hand der göttlichen Vorsehung zu spüren, wo deren Propagandisten der hemmungslosen Vermehrung, des fatalen »und macht sie euch untertan!« immer noch das Wort reden.

Den Indianern dagegen verlangte die Welt, in der sie lebten, enormen Respekt ab. Sie waren bescheidener als wir Christen, denen das Wort »Demut« nicht mehr ist als ein Lippenbekenntnis, soweit es überhaupt noch zum Sprachschatz gehört. Die Indianer sahen sich nicht als Herrscher über Land, Fluß, Pflanze, Tier, sondern höchstens als gleichrangig. Sie erkauften sich mittels Zeremonien und Opfern ein gewisses Nutzungsrecht an alledem.

Genau wie wir brauchten sie einen Spezialisten in der Herstellung des Kontaktes mit den »ewigen Mächten« – den Priester oder den Schamanen. Die Schamanen waren es denn auch, die die Einhaltung der Tabus überwachten. Tabus, die auf den ersten Blick unverständlich und grausam erscheinen, in vielen Fällen aber die Aufgabe hatten, die karnickelhafte Vermehrung der Menschheit abzubremsen oder gar zu stoppen. Den primitiven Indianern jedenfalls sagten Instinkt und Religion, daß das Raumangebot auf der Erde, daß deren Ressourcen nicht unerschöpflich sind. Etwas, was uns klugen Weißen immer noch nicht aufgegangen zu sein scheint. Jene eiskalte, nüchterne Sachlichkeit, unsere beängstigende Effektivität, die nicht einmal uns selbst ausspart, war ihnen fremd. Dafür spielte die Phantasie eine unendlich größere Rolle, eine Phantasie, die die bei uns so streng beachtete Trennungslinie zwischen sinnlicher Wahrnehmbarkeit und Übersinnlichem mit Leichtigkeit überspringt.

Zu einem Jagdzug brachen sie nicht einfach auf, sondern da waren neben den praktischen Vorbereitungen auch religiöse Zeremonien erforderlich. Die Gesellschaft sammelte sich zuerst einmal in Tabaquen, in der Nähe des heutigen Snuffbox City. Der Schamane schlug die Trommel, entzündete ein heiliges Feuer aus dem trockenen Holz der Berglärche, tanzte, und hielt endlich den Schulterknochen eines Caribous über die Flamme. Es galt für ihn herauszufinden, wohin Atikwapeo, der Rentier-Gott aus dem Fernen Norden, seine Tiere zur Weide geschickt hatte. Atikwapeo gestattet es den Indianern und Eskimos, jedes Jahr eine gewisse Anzahl seiner Tiere zu töten und zu essen, bevor er sie wieder sammelt und hineintreibt in sein riesengroßes, aus Stein und Haar erbautes Haus, in das Haus, das von zwei Bergen bewacht wird, die bis weit in die Wolken ragen. Kein Indianer oder Eskimo darf sich an diese Berge heranwagen, und wenn er es dennoch tut, fällt er tot um.

Wenn der Schulterknochen zu knacken und zu knistern beginnt, wenn Linien und Flecken über seine Flächen laufen, dann spricht Atikwapeo zu dem Schamanen, dann zeichnet er ihm eine Karte, zeigt ihm auf, wo die Weidegründe seiner Tiere liegen; die Flüsse, denen es zu folgen gilt, die Trails und Seen, die gequert werden müssen; oder aber er gibt dem Schamanen zu verstehen, daß er nicht gestattet, daß die Indianer auch nur eines seiner Tiere töten.

In jedem Falle muß der Zauberer einen noch größeren Zauber ersinnen oder durch neuerliche Opfer und Beschwörungen versuchen, Atikwapeo umzustimmen; vielleicht, indem er denjenigen bestrafen läßt, der das Tabu gebrochen hat.

Eine recht uneffektive Methode würden wir heute sagen, jedoch: Auch wir, die wir fast alles wissen, fast alles ausgeforscht und enträtselt haben, können nicht mit Bestimmtheit voraussagen, in welche Richtung sich der alljährliche Zug der Rentiere bewegt. Andererseits lassen wir Weiße uns nicht abhalten, die Jagd trotzdem zu unternehmen, weil es wahrscheinlich auf dieser oder jener Route Caribous geben wird. Und die inzwischen aufgeklärten Indianer und Eskimos tun es uns gleich. Mit dem Resultat, daß die Herden auf den Bruchteil ihres ehemaligen Bestandes geschrumpft sind, daß rigoroser Schutz erforderlich geworden ist. Die ökologi-

Es gab in Kanada nie Indianerkriege – die Weißen waren auf die Rothäute als Jäger und Trapper angewiesen. Wer jedoch das »kürzere Ende des Steckens« in der Hand hielt, ist leicht zu erraten. (Fotos: Public Archives, Canada.)

NORTHERN TRADING Co. Ld
OFFICE

schen Zusammenhänge sind im subarktischen Norden delikat. Die Wachstumsperiode ist kurz; Respektlosigkeiten, Beschädigungen, Zerstörungen lassen tiefe Wunden zurück, die unendlich langsam vernarben.

Doch begleiten wir die Montagnais-Sippe auf ihrem Zug, im späten wactesin, dem »Mond, der die Blätter wechselt«, im Oktober also. Nehmen wir an, daß es sie den Mishou-Chibou-Fluß hinaufführt, eine der wichtigen, relativ leichten Routen hinauf auf das Plateau Labradors, in das Weideland der Caribous.

Der Schamane wußte die Risse im Knochen, die Winke Atikwapeos, richtig zu deuten – Mißgünstige würden es als »corriger la fortune« bezeichnen – indem sie nicht den bösartigen Mecatina-Fluß als Reiseroute benutzten, sondern den freundlichen Mishou-Chibou. Sie luden ihre geringe Habe in die Birkenrinden-Kanus, die Waffen – Bögen, Pfeile, Speere – Pemmican-Vorräte für ein paar Tage; eine Rolle Birkenrinde, um die Kanus reparieren zu können, gleichzeitig ein Regenschutz für die Frauen; Karnickelpelze für die Kinder; ein paar Caribou-Felle, Sehnen zum Nähen; Netze und Haken für den Fischfang.

»Iß und reise leicht, dann kommst du sehr weit!« sagte der Sachem, der Jagdhäuptling, und sie paddelten los.

Mit drei, vier Kanus, zwei großen Reisekanus mit hochgezogenem Bug und Heck, sechzehn Fuß lang, drei Fuß breit; zwei kleinen Jagdkanus, zwölf Fuß lang, drei Fuß breit – das war die Flottille, die den Mishou-Chibou hinaufzog, die noch am Abend die lange Schnelle paddelnd, am Ufer treidelnd, mit einer Stange stakend überwand.

Der Sachem hatte für Tambequilmu, den Flußgeist, eine Handvoll Pemmican ans Flußufer gelegt, um ihn freundlich zu stimmen. Indessen begleiteten zwei Wikkadjahucs, zwei Häher, die heute »Whisky-Jacks« heißen, die Gruppe, was der Medizinmann als ein sehr gutes Zeichen deutete. Denn wenn der kluge Wickadjahuc dem Jäger folgt, dann weiß er, daß Beute zu erwarten ist, daß auch er zu einer guten Mahlzeit kommt. Nur wer ein Nest dieses Vogels findet, für den hat es eine ganz fatale Bedeutung: Er wird bald sterben müssen! Glücklicherweise versteckt der Häher sein Nest so gut, daß es kaum jemand zu Gesicht bekommt.

Der Mishou-Chibou führte wenig Wasser, die Frauen und Kinder konnten leicht und bequem am Ufer entlanglaufen – während die Männer die Boote die Schnellen hinaufarbeiteten. Die jungen Jäger in den Jagdkanus paddelten voraus, speerten hie und da einen Lachs, der zum Laichen stromauf schwamm, schossen Schell-Enten. Auf den hellen Sandstreifen am Ufer sahen sie vereinzelte Caribou-Spuren, auch die von Namucum, vom »Großvater«. So heißt der Schwarzbär, denn es wäre unhöflich, dieses stärkste und klügste aller Tiere beim Namen zu nennen. Sie hielten sich jedoch nicht lange auf, denn die Caribous warteten an den drei großen Piakwagami-Seen, auf der flachen Wasserscheide zwischen Mishou-Chibou und dem mittleren Mecatina.

Nachts fror es – doch solange es trocken blieb, war das Reisen angenehm. Nach einer Woche war die Gruppe an der langen Portage zum Aticonipi-See. Wenn sie den Mishou-Chibou noch eine Tagesreise weiter hinaufgezogen wären, dann wären sie zur wilden Schlucht gekommen, wo der Fluß so bösartig wird, daß auch die besten und mutigsten Kanufahrer scheitern würden.

Hier springt das Wasser vom Zentralen Plateau herunter in das tiefe, breite Tal, das es zur Küste leitet. In der Schlucht leben die Memegwedigo mit den ganz schmalen Gesichtern. Ihnen ist nicht zu trauen, denn sie können ihre Körper verlassen, die wie abgestorbene Baumstümpfe aussehen und eine Menge Unheil anrichten.

Am großen Aticonipi-See mußten sie drei Tage am Feuer sitzen, denn der Sturm jagte mit solcher Kraft aus Nordwesten heran, daß er die Kanus wie totes Herbstlaub zurück zum Ufer geblasen hätte. Aber sie hatten Netze gesetzt, sie fingen Hechte, Forellen und Weißfische; sie waren jetzt fünfzehnhundert Fuß über dem Meeresspiegel, saßen sicher und geborgen im Schoß des dichten Schwarzfichtenwaldes; dem Nachtfrost begegneten sie mit großen, wärmenden Feuern.

Auch der Zwerg, der Aptchimitch, den der Sachem im Dickicht verschwinden sah, beunruhigte ihn nicht weiter, denn die Aptchimitch sind harmlos, soweit man die Kinder vor ihnen warnt. Denn die Aptchimitch stehlen häufig die Kleinen, um sie zu Aptchimitch zu machen, weil sie keine Frauen haben.

Als sie am zweiten Abend um die Feuer saßen und auf den Schlaf warteten, erzählte der alte Tekuapmagau die Geschichte von Wapoalalou, dem großen Zauberer und Medizinmann, dem »Kitcho Okima«, Wapoalalou, dem gewaltigen Häuptling, Jäger und Krieger, wie nach ihm keiner mehr war. Sein Reichtum war so groß, daß er nicht weniger als sieben Frauen besaß. Sieben starke, breithüftige Frauen mit schweren Brüsten, die, prall vor Milch, tief herabhingen.

Morgens, wenn Wapoalalou aus dem Schlaf erwachte, rieb er sich die Augen und aß drei Gallonen Blutsuppe mit einem fetten Biber als Einlage. Bei Neumond mischte er die getrockneten Hoden eines starken Wolfsrüden in die Suppe und veranstaltete eine große Zeremonie, bevor er das Mahl zu sich nahm – und niemand durfte davon essen – außer ihm. Doch darüber beklagten sich die Frauen nicht. Denn gewisse Speisen sind dem Jäger vorbehalten, und wiederum andere dem Häuptling und Medizinmann.

Neumond ist zudem nur zwölfmal im Jahr, und sonst war immer Fleisch im Topf, und öfter als die anderen Jäger warf Wapoalalou seinen Frauen einen Markknochen hin, den auszusaugen Männersache ist — denn nichts auf der Welt ist besser als das heiße Mark aus einem Caribou-Röhrenknochen, und nichts gibt dem Jäger mehr Kraft zur Verfolgung des Wildes. Die Frauen ihrerseits sorgten dafür, daß seine Mokassins immer weichgekaut und seine Lederhemden immer trocken waren und nie scheuerten. Niemand besaß wärmere Hosen als Wapoalalou.

Es waren sieben Frauen, und sie teilten sich die Arbeit. Trotzdem fielen ihnen mitunter beim Kochen der Speisen oder beim Felleschaben vor Müdigkeit die Augen zu. Denn Wapoalalou hatte das Vermögen, jede seiner sieben Frauen während einer Nacht siebenmal zu beschlafen. Schließlich lamentierten und klagten die Frauen darüber. Manchmal dachten sie, es hätten sich womöglich andere Männer in das Mushwap geschlichen. Doch Wapoalalou hatte ein Kennzeichen, das ihn von allen anderen Männern unterschied, das war ein Leberfleck unter der linken Brust, und den spürten die Frauen, wenn er mit ihnen schlief.

Was sie aber nicht gesehen hatten, war, daß der Kitchi Okima während jener dunklen Neumondnächte sieben winzige Stücke seines Gliedes abgeschnitten, die Stücke mit Bibergeil und getrocknetem, zerstoßenem Farnkraut vermischt, ein klein wenig von getrockneten Wolfshoden darübergestreut, mit seinem Samen besprengt und daraus sieben kleine, menschliche Figuren geformt hatte.

Er schlug die Trommel, sang, tanzte und murmelte geheime Beschwörungsformeln. Sobald das Feuer im Mushwap heruntergebrannt war, wurden aus den sieben Figuren sieben junge, starke Männer, die ihm aufs Haar glichen und den Leberfleck unter der linken Brust hatten.

Wenn der Morgen dämmerte, schrumpften die sieben Krieger zurück zu den kleinen Figuren, und Wapoalalou steckte sie in den Lederbeutel, den er am Hals trug und nie ablegte.

Wapoalalou hatte viele Kinder – mehr als er zählen konnte – mehr als Finger an beiden Händen. Es gab immer genug Fleisch in seinem Mushwap, denn die sieben Geschöpfe halfen ihm nicht nur bei den Frauen, sondern – wenn es notwendig war – auch bei der Jagd. Und nie brauchte er eines der kleinen Mädchen in den Schnee zu legen, um es zu töten. Vielmehr vermehrte er seinen Reichtum durch den Brautpreis, den er später einstrich.

Doch eine seiner Töchter – sie hieß Pekako – sah er einmal, als sie unten am Fluß, nicht weit vom Mushwap badete, und Wapoalalou erkannte, daß aus ihr eine junge Frau geworden war. In ihm erwachte sofort eine große Begierde, die eine so gewaltige Erektion im Gefolge hatte, daß die Frauen sich entsetzt im Gebüsch versteckten. Wapoalalou dachte an nichts anderes mehr, vernachlässigte die Jagd und warf den Beutel mit den sieben kleinen Figuren in den Fluß.

Die Frauen wunderten sich sehr und begannen lauthals zu lamentieren, nachdem sie zurückgekehrt waren, denn es fehlte ihnen sowohl an der gewohnten nächtlichen Aufmerksamkeit wie am Essen. Und hätten nicht ein paar junge Jäger Fleisch gebracht, weil sie merkten, daß die Frauen ihnen jetzt wohlgesonnen waren, so wäre die Brühe sehr dünn gewesen, die über dem Feuer brodelte. Aber Wapoalalou kümmerte sich nicht darum, mit wem seine Frauen schliefen – er dachte nur und an nichts anderes als an das Mädchen Pekako.

Während des nächsten Neumondes machte er einen starken Zauber und verwandelte sich in einen jungen Otter. Als das Mädchen wieder einmal badete, schwamm der kleine Otter auf Pekako zu und begann, sie an den zartesten Stellen zu streicheln und zu liebkosen. Das kleine Mädchen dachte zuerst, das kleine Tier wollte mit ihm spielen, doch dann merkte es, auf was der kleine Teufel aus war, packte ihn und warf ihn aufs Ufer, um ihn zu töten und sein Fell mit nach Hause zu nehmen. Doch der kleine Otter raffte sich auf und schwamm langsam davon.

Am nächsten Tag konnte Wapoalalou sein Lager nicht

Montagnais-Indianer: Szenen aus ihrem Leben, Gesichter. (Fotos: Paul Provencher.)

verlassen, sondern rief die alte Kokomesh, damit sie ihm den Rücken reibe und ihm einen Trank aus zerstoßenen Wurzeln der blauen Iris und Umschläge aus Weidenbast bereitete. Danach schleppte er sich in das Schwitzhaus, um gesund zu werden.

Danach ersann er einen anderen Zauber und verwandelte sich in einen winzig-kleinen Biber. Als Biber schlüpfte er dann in der Nacht auf Pekakos Lager. Sie erfreute sich an dem kleinen, zutraulichen Tier und ließ es gewähren. Und als das Mädchen schlief, nahm der kleine Biber ihre Brustspitzen zwischen die Lippen und saugte solange daran, bis sie groß und hart wurden und das Mädchen im Schlaf laut aufstöhnte.

Danach wandte er sich ihrer Muschel zu, und das Mädchen schrie vor Lust – es dachte, es würde träumen. Doch was konnte ein kleiner Biber sonst noch mit einem großen Mädchen machen? Was der Zauberer wollte, das gelang ihm nicht – der Biber war zu klein und das Mädchen zu groß.

Schließlich erwachte Pekako, packte das Tier, um ihm das Fell über die Ohren zu ziehen und es in den Kochtopf zu werfen, denn es gab nicht viel Fleisch zu essen. Der kleine Nager wehrte sich und strampelte und biß und kratzte, bis es ihm gelang, dem Mädchen zu entschlüpfen.

Wapoalalou lag am nächsten Morgen unten am Flußufer und stöhnte. Sein Arm war ausgerenkt, und er war über und über mit blauen Flecken bedeckt. Diesmal mußte die alte Kokomesh einen ganz großen Zauber machen, um Wapoalalou wieder auf die Beine zu bringen.

Aber seine Begierde war so groß, daß er nicht ruhte, bis er einen noch stärkeren Zauber gefunden hatte. Drei Tage und Nächte aß und trank er nichts, dann verschwand er für eine volle Woche, und als er wiederkehrte, war er mager wie ein alter Schwarzbär im Frühling. Er legte sich auf sein Lager und war so schwach, daß auch die alte Kokomesh ihm nicht mehr helfen konnte. Den roten Lachsrogen, den seine Frauen neben sein Lager stellten, ließ er unberührt. Seine Arme und Beine wurden kalt und steif wie Treibholzknüppel. Wapoalalou war tot.

Wie es sich ziemt, jammerten und schrien die sieben Frauen, denn wenn ein so großer Krieger und Zauberer sich zu seinen Ahnen versammelt, ist großes Geschrei etwas, was der Brauch erfordert. Sie wickelten ihn in eine frische Rentierhaut und legten ihn, vom Lager entfernt, in die Astgabel einer mächtigen Birke – zusammen mit seinen Waffen, dem Speer, Messer und Axt. Auch eine Handvoll Pemmican vergaßen sie nicht, ihm mitzugeben für die letzte Reise.

Doch nach wenigen Tagen entdeckten sie, daß das Fell zerrissen, die Waffen zerbrochen waren und sahen Spuren eines gewaltigen Wolfes, die sich von der Birke entfernten und im dichten Gebüsch verschwanden. Sie erkannten, daß die Seele Wapoalalous in den Körper eines starken Wolfsrüden geschlüpft war, und daß sie sich nun vorsehen mußten und in der nächsten Zeit keine Wölfe behelligen durften.

Nur kurze Zeit später erschien ein junger, fremder Krieger im Lager, in dem die Frauen immer noch jammerten und – wenn auch nur noch leise – weinten. Sie gaben ihm zu essen und zu trinken und fragten ihn, ob sie sich in der Nacht zu ihm legen und ihn wärmen sollten. Doch der junge Krieger antwortete, er sei von weither gekommen, er sei sehr müde, und er legte sich in eine Ecke des Mushwaps und schlief ein.

Die Frauen seufzten, sahen noch einmal zu dem Krieger hinüber, und dann schliefen auch sie ein. Doch der hatte sich, bevor er die Augen schloß, den Platz eingeprägt, wo Pekako, die schon Wapoalalous Begierde entfacht hatte, auf ihrem Lager ruhte. Als er das ruhige und gleichmäßige Atmen der Frauen hörte, stand er auf und schlich lautlos hinüber zu Pekakos Lager, liebkoste ihre Brüste, bis die Spitzen hart und groß wurden, und das Mädchen den Kopf hin und her zu werfen begann und ächzte und stöhnte. Und als er merkte, wie sie wärmer wurde und sich wand und die Beine öffnete, drang er in sie ein. Pekako öffnete die Augen und sah im Mondenschein den jungen Krieger über sich. Auf dem Höhepunkt ihrer Lust rollte sie zur Seite und weckte den kleinen Bruder auf. Der sah den fremden Krieger auf seiner Schwester liegen und begann lauthals zu schreien. Davon wurde seine Mutter wach, und sie richtete sich auf und sah das Mädchen und den fremden Krieger, wie sie zusammen waren. Sie wollte sich schon, den kleinen Jungen beruhigend, wieder brummelnd hinlegen und weiterschlafen, da gewahrte sie unter der linken Brust des fremden Kriegers einen großen, schrundigen Leberfleck. Flüsternd weckte sie die anderen Frauen. Ohne daß der Fremde etwas gewahrte, suchten sie Knüppel und Stecken und begannen, auf den Mann, der immer noch in dem Mädchen war, einzuschlagen. Auf Kopf und Arme und Rücken und

Beine schlugen sie so hart sie konnten, denn sie wußten: Der Fremde war kein anderer als der alte Wapoalalou. Sie schlugen mit aller Kraft zu, und voll Entsetzen sprang der Zauberer auf und rannte hinkend und stöhnend vor Schmerz davon, während die Frauen ihn mit schrillem Geschrei verwünschten und ihm die Knüppel und Steine nachwarfen.

Und seit jener Nacht hat niemand mehr etwas von dem großen Krieger und gewaltigen Zauberer Wapoalalou gehört oder gesehen. Das Mädchen Pekako ging weg nach Norden und lebte am Winekapau mit einem alten Jäger zusammen und brachte ihm noch einmal Licht und Wärme in seine alten Tage.

Am dritten Tag legte sich der Sturm, und es wurde so still, daß sich die Boote im Aticonipi spiegelten, als bestünde die Oberfläche des Sees aus frischem, schwarzem Eis.

Die Portagen zu den Piakwagami, den »Drei Seen mit den flachen Ufern« sind nur noch wenige. Zweimal schlafen, und sie waren am Ufer des südlichsten dieser Seen angekommen, wo sie Rentiere antrafen und eine ganze Reihe beim Durchschwimmen der Passage zum mittleren der drei Seen speerten.

Die Frauen gerbten die Felle mit Holzkohle, dem Hirn der Tiere und Urin, nähten Hosen und Hemden, denn der Winter kündigte sich mit Schneeschauern und scharfen Frösten an. Doch das war kein Grund zur Eile oder gar Panik: Das Reisen jedenfalls wurde bequemer, auch die Jagd. Nach dem Zufrieren der Seen verstellten sie die Eingänge der Biberburgen, vor denen das Eis offenblieb, mit Pflöcken und gruben die großen Nager einfach aus.

Die Alten hatten indessen die »Tabanask« – leichte Schlitten für den lockeren Schnee aus Birken- und Lärchenholz – gefertigt, hatten Schneeschuhe, die »Bear Paws« – die Bärentatzen geflochten. Dann brachen sie die Fellzelte ab, beluden die Schlitten, legten sich das Lederzugband über die Stirn, griffen in die Seile und zogen los. An die zehn Meilen schafften sie pro Tag, denn die Dämmerung setzte zu jener Zeit früh ein, und selbst die bescheidene Habe eines Steinzeitmenschen der nordamerikanischen Subarktis belief sich auf ein paar hundert Pfund: Die Felle, die Bett und Behausung bedeuteten, die Steinaxt, der Topf aus Birkenrinde, die Speere, Pfeile, Bögen, der Verpflegungsvorrat aus Pemmican, dem getrockneten, zerstoßenen und mit Talg vermischten Caribou-Fleisch.

Die dreizehn- bis fünfzehnjährigen Knaben liefen voraus, brachen den Trail; dann kamen die Männer, danach die Frauen, schließlich die Alten und die Kinder. Sie gingen einsichtigerweise nicht nebeneinander wie wir, sondern sie liefen im »Indian file« im Gänsemarsch einer hinter dem anderen.

Für die Indianer wars der Alltag, sie fanden weiter nichts dabei. Für uns, die wir uns einer ausgetüftelten Technik bedienen können, die Aufwand an Kraft und vor allem Geschick weitgehend reduziert, ist es kaum möglich, die Reisen und Fahrten der Indianer nachzuvollziehen. Und alle, die mit einem wohltemperierten Glas Cognac in der Hand in der wind- und wettergeschützten Höhle eines zentralgeheizten Wohnzimmers von der Freiheit und Unabhängigkeit, überhaupt vom Leben in einer intakten Umwelt schwärmen, die Leute, die vom edlen, stolzen, unabhängigen Wilden reden, die reden, reden und reden – alle die, die das Unrecht beklagen, das ihnen widerfahren ist – alle die sind herzlich eingeladen, dieses Leben für ein, zwei Wochen nachzuvollziehen. Nachzuvollziehen mit Leichtzelt und Kunststoffkanu, mit scharfgeschliffener Axt und wetterfester Expeditionskleidung, mit modernem Angelgerät und zielfernrohrbestückter Präzisionsbüchse.

»Halt!«, sagen sie, »die Jagd, das Hinschlachten von Tieren zu eigenem Frommen, das fällt für mich flach. Auch das Fischen. Ich ernähre mich statt dessen von dem, was das Land hervorbringt, von wilder Kresse und Pilzen, Birkenbast und Blaubeeren, den jungen Trieben des Farnes und Fichtennadel-Tee.«

Okay, wenn's eine radikale, medizinisch nicht zu vertretende Hungerkur werden soll und wenn's auf ein oder zwei Wochen begrenzt bleibt – wobei alle Tätigkeiten auf das absolut mögliche Minimum reduziert werden müssen. Ein Dasein jedoch, währenddem der Mensch Tag für Tag fünf- oder sechstausend Kalorien verbrennt, verbrennen muß, um sich fortzubewegen und sich zu versorgen; ein Dasein, in dem der Metabolismus nur aufrechtzuerhalten ist, wenn der Kandidat entsprechend ißt. Und nicht nur die Kräuter und Früchte des Waldes und der Tundra . . .

Es geht kein Weg daran vorbei: Diese absolute Art des Lebens »vom Lande« ist nur möglich auf Kosten anderer Kreaturen, deren Evolution der des Menschen am nächsten kommt – Vierfüßler, Caribou, Hase, Biber usw. die unter Einsatz aller Mittel, unter Außerachtlas-

sen jeglicher Fairneß und Mitgefühl, koste es was es wolle, getötet werden müssen.
Genau das taten die Indianer.
Bevor sie in Kontakt mit den Weißen kamen, trugen sie schwere, oft nasse, kratzende und schabende Fellkleidung – ein Hemd aus der Haut eines noch ungeborenen Caribou-Kalbes, Leggins aus Caribou-Fell und einen Überwurf mit Kapuze aus demselben Rohstoff, dessen unfreiwilliger Lieferant ebenfalls das Rentier war, Mokassins, die die Frauen abends weichkauen mußten, damit ihr Herr und Meister am nächsten Morgen sie überhaupt über seine ungewaschenen Füße streifen konnte. Kleidung, in der sich ganze Kolonien von Läusen tummelten. Soviele, daß die Eskimos sie »Ergrilit« nannten, »das Volk mit den Läuse-Nissen«. Flöhe dagegen kannten sie nicht, die Indianer. Auch dieses Übel haben ihnen die Bleichgesichter aufgehalst.
Wer je im Sommer in Labrador unterwegs war, weiß, warum die Rothäute ihre Mokassins wegwarfen, als sie Gummistiefel bekamen, was für die Frauen ein kupferner oder gar gußeiserner Kochtopf bedeutete, warum die Jäger sich das letzte Fell vom Leib rissen, um eine Flinte dafür einzutauschen. Von Metalläxten, Messern, Sägen – von Stoffen, von Mehl, Fett, Tee, Salz und Zucker einmal ganz abgesehen.
Jedoch, sie zahlten einen hohen, den höchsten Preis überhaupt: den der Unabhängigkeit. Einen Preis, den wir längst auf den Tisch der Pfaffen, Krämer, Politiker, Supermärkte, Werbeagenturen – des ausgeklügelten Systems menschlichen Zusammenlebens – gelegt haben. Das ist aber schon solange her, daß wir uns nicht mehr an die Anfänge erinnern können.
Vielleicht hätte es irgendwann einmal eine Chance gegeben, innezuhalten, den Dynamo auf derselben Umdrehungszahl zu belassen, der Humanität zu Lasten der Technik und der Ideologien den Vorzug zu geben. Diese Chancen haben wir – wir Weiße in erster Linie – längst vertan.
Wir haben unsere Meßlatte angelegt, die Eigennutz, Ausbeutung, Machtstreben, Intoleranz bedeutet. Wir: das waren zuerst die Missionare, die Pelzhändler. Die einen lockten mit dubiosen Begriffen wie der »wahre Glaube« und »Leben nach dem Tode«, die anderen mit weltlichen Schätzen; letztlich war ihr Werben jedoch nur Spiegelfechterei; die Macht besaßen sie allemal, die Streiter mit dem Kruzifix und die Bataillone Merkurs – und diese wie jene wußten sie zu gebrauchen.
Zwar wäre die indianische Welt auch nicht mehr in Ordnung, wenn diese beiden Gruppen mit ihrer »Fürsorge« nicht allzu verschwenderisch umgegangen wären, doch waren sie die Initiatoren der ersten Schritte der Urbevölkerung in weiße Abhängigkeit; gleichzeitig leiteten sie die Vernichtung der Umwelt ein.
Die Indianer lebten zwar in »Einklang« mit der Natur – aber sobald die Entwicklung zu einer höheren Kulturstufe einsetzt, gerät zwangsläufig die Umwelt in Mitleidenschaft, die bei einem zwanghaft weiterführenden Prozeß zur Vernichtung führen muß.
Jedenfalls versuchten Kleriker und Händler, die Indianer für ihre Zwecke zu nutzen – wofür durchaus das Wort »Ausbeutung« stehen darf. Den geistlichen Herren ging es um die Ausdehnung ihres Machtbereiches, den Händlern nur ums Geschäft.
Jedoch – Zweck und Hintergrund einmal außer acht gelassen – die Angestellten beider Institutionen unternahmen Expeditionen ins Landesinnere, die bewundernswerte Leistungen darstellten. Die teilnehmenden Indianer hatte zwar den Löwenanteil der Last zu tragen, doch war das Ganze für sie weder etwas Ungewohntes noch eine außergewöhnliche physische Herausforderung, wogegen die Weißen bis an die Grenzen ihrer Leistungsfähigkeit gezwungen wurden.

Erland Erlandson – ein Mann der Hudson's Bay Company, der geholfen hatte, den Posten Fort Chimo an der Ungava Bay einzurichten, engagierte 1834 zwei Naskapis, die ihn quer durch die unerforschte Halbinsel an die Südküste Labradors führen sollten, eine Strecke von nicht weniger als tausend Meilen.
Seine Auftraggeber gedachten im Rücken der an der Küste sitzenden Herrnhuther Missionare eine Kette von Handelsposten aufzubauen, um zu vermeiden, daß die frommen, aber auch sehr tüchtigen Deutschen sich nicht noch den Handel mit den Indianern unter den Nagel rissen . . . Dummerweise gab es Verständigungsschwierigkeiten zwischen Erlandson und den beiden Rothäuten. Die kleine Expedition landete in Northwest River (Hamilton Inlet) an der Ostküste, statt wie vorgesehen in Mingan im Süden, im St. Lorenz-Golf. Sie war an die fünfhundert Meilen vom Kurs abgekommen, weil Erlandson das Naskapi-Wort für Mingan nicht kannte. Um das Unglück vollzumachen, mußte der HBC-Mann feststellen, daß an dem Ufer der großen Bucht bereits die Konkurrenz saß. Erlandson

kehrte auf dem Fuße um – und reiste in demselben Sommer noch zurück nach Fort Chimo!
Den »Oblaten der Allerheiligsten und Unbefleckten Jungfrau Maria«, die nach den Seelen der »armen, noch ungetreuen Wilden, die ungeduldig darauf warten, das wahre Wort Gottes zu hören« gierten, war ebenfalls nicht der rechte Erfolg beschieden. Auch ihnen war die effektive Konkurrenz der Herrnhuther ein Dorn im Auge. Ihnen ging es darum, den Einfluß dieser anderen Christen auf die Küste zu beschränken, und jene zu isolieren. Kein Wunder, daß sich zwischen den Managern der HBC und dem katholischen Oblaten-Orden eine gewisse Zusammenarbeit entwickelte, nachdem die deutschen, protestantischen Labrador-Missionare dem Werben der Company die kalte Schulter gezeigt hatten. Der Oblat Pater Babel jedenfalls dachte, von Mingan her das Terrain zu sondieren.
Mit den Indianern Xavier Maskuaro und dem jungen Jean-Marie bricht er am 18. Juli 1866 auf. Die Regale des HBC-Postens Mingan sind praktisch leergeräumt, der Versorgungsdampfer ist in diesem Sommer noch nicht aufgetaucht. An Verpflegung für den Tausend-Meilen-Trip können die drei lediglich achtzig Pfund Fett, acht Pfund Tee, fünfundzwanzig Pfund Zucker, ein paar Schiffs-Zwiebäcke, eine lächerliche Menge Mehl und je eine Handvoll Salz und Pfeffer mitnehmen.
Obwohl Babel mit dem Plan gespielt hatte, den Natashquan stromauf zu paddeln, entscheidet er sich letzten Endes für die Normalroute, den St. Jean River.
Am ersten Tag schaffen sie dreizehn Meilen. Der Pater muß erkennen, daß Jean-Marie eher Ballast ist als Stütze. Am zweiten Tag beginnt das hüglige Gelände, und während die beiden Indianer die schwierige, anderthalb Kilometer lange Loup-Marin-Portage dreimal gehen, reist der Pater noch in der Sahib-Manier: Er bewegt sich lediglich selbst über den Pfad. »Walking Baggage« – laufendes Gepäck heißt das bei den Indianern. Doch das soll sich bald ändern.
Am 22. Juli verlassen sie, dreiundsechzig Meilen von der Mündung entfernt, den St. Jean, und kreuzen hinüber zum La Romaine, eine hundertvier Meilen lange Strecke, die die Indianer »Washekanui« nennen. Auf diesen hundertvier Meilen passieren sie neun verschiedene Flüsse, dreiundzwanzig Seen und achtundzwanzig Verbindungs-Trails zwischen den Gewässern.
Die Indianer kennen diesen Knochenbrecher-Abschnitt und wollen das Gepäck reduzieren. Nach einigem Hin und Her ist Babel einverstanden: Sie vergraben einen Koffer des Paters und Xaviers Büchse. Die Moskitos und Schwarzen Fliegen setzen ihnen arg zu, aber sie brauchen jetzt nur noch jede Portage zweimal zu gehen. Auch der geistliche Herr ist inzwischen schwerbeladen: Er schleppt Rucksack, Pulverhorn, Blei, Gewehr, eine tragbare Kapelle, Schlafunterlage, Brevier, Regenschirm, Angel, einen Fünf-Gallonen-Kessel mit allerhand Geschirr und Verpflegung. Insgesamt fünfundsiebzig Pfund trägt er »schnellen Schrittes«, denn die Insekten treiben ihn durch dieses Gewirr von uralten Vulkanen, Sümpfen, Seen, Wasserläufen, Dickicht.
Beim Überqueren der Seen liest er sein Brevier. Immerhin braucht er jede Portage nur einmal zu gehen und schlägt sich dann schnell in den Busch, um den Insekten zu entkommen. Trotzdem schafft die Gruppe fünfzehn bis zwanzig Meilen pro Tag! Es ist härteste Arbeit für die drei Männer und nicht nur das: Um den Eingang eines Trails zu erreichen, müssen sie auf dem Washekamish River zwei gefährliche Schnellen hinunterfahren; im Auslauf der letzten muß der Vordermann ein paar Meter vor einem gewaltigen, bodenlosen Fall in der reißenden Strömung blitzschnell das Paddel in einen Felsspalt klemmen, damit sich das Kanu dreht und im Kehrwasser anlegen kann. Verpaßt er den Spalt, dann ist nicht einmal Zeit für ein Ave Maria . . .
Da ist die Matshi Pakatagan – die »schlechte Portage«, und noch schlimmer, die »Portage der Marter«, die fast ständig am Rande eines Abgrundes entlangführt, wo der Fuß kaum eine andere Stütze findet, als ab und an eine bemooste Wurzel, während der Fluß unsichtbar unter riesigen Felstrümmern drohend grollt.
Am 30. Juli endlich sind sie auf dem La Romaine, in »zivilisiertem« Gelände, mit einem Fluß, der tief und still in einem sandigen Bett dahinfließt und einer Landschaft hinter beiden Ufern, in der sich ein Pferdegespann ohne Schwierigkeiten bewegen könnte.
Am letzten Tag des Juli legen sie eine Distanz von einunddreißig Meilen zurück.
Der Monat August führt sich mit strömendem Regen ein, und zu allem Unglück beginnen die bösen Portagen wieder. Die zum Tshinikomau (Lac Long) ist nicht weniger als drei Meilen lang. Babel schreibt: »Ich bin dem La-Romaine-Fluß an die vierhundert Meilen weit gefolgt, und ich habe ihn nirgends als angenehm empfun-

den, er ist zweifelsfrei der schwierigste Strom Quebec-Labradors. Akzeptabel ist er allenfalls auf dem Labrador-Plateau; weiter unten, zum Meer hin, vertrauen sich selbst die Wilden ihm nicht an, da ist er zu ungebärdig, und die Portagen sind zu schlecht. Sie gehen lieber die Washekanui-Route, trotz der entsetzlichen Portagen!«

Nun müssen sie sich mit einem anderen Problem auseinandersetzen: Die Karte, die ihnen der Montagnais Meshkana aufgezeichnet hat, endet hier, und sie haben nichts weiter als eine hastig hingeworfene Skizze eines Naskapi. Am 9. August sind sie einen Tag lang damit beschäftigt zu suchen, in die falsche Richtung zu gehen, umzukehren, nochmals zu suchen . . . Erst am Abend finden sie den Trail.

Maskuaro schlägt vor, Zelt und überhaupt alles nicht Lebenswichtige zurückzulassen, damit Jean-Marie die Kapelle tragen kann, deren Gewicht den Pater offensichtlich überfordert. Der ist einverstanden, möchte ebenfalls schneller den Mückenschwärmen entkommen, während der Regen weiterrinnt . . . Am 13. August sind sie endlich im Tal des Winokapau (Churchill River) und erreichen aufatmend am selben Abend den Posten der Hudson's Bay Company.

Jedoch – die Enttäuschung hätte kaum größer sein können: Die Handelsstation ist verlassen, alle sind unterwegs nach Northwest River, um Vorräte zu holen. Die hungrigen Männer finden weiter nichts als ein bißchen Butter und Getreide; sie sind über fünfhundert Meilen von Mingan entfernt!

Um das Unglück vollzumachen, weigern sich die beiden Indianer, sich noch weiter von dem Ausgangspunkt zu entfernen. (Sie wären in zwei Tagen nach Northwest River gepaddelt. Die Rückreise – gegen den Strom – hätte jedoch die fünffache Zeit in Anspruch genommen.) Dem Pater bleibt nichts weiter übrig, als einen Brief zu hinterlassen und den Chef des Postens zu bitten, den Indianern seinen Besuch fürs nächste Jahr anzukündigen und sich in Geduld zu üben, bis sie dann der Gnade des wahren Glaubens teilhaftig würden . . . Am 15. August treten sie die Rückreise an.

Wie könnte es anders sein: es regnet. Ein Feuer hat das zurückgelassene Schieß-Pulver vernichtet. Die Verpflegung ist mehr als knapp, und die Indianer beginnen zu allem Unglück, sich über den Pater lustig zu machen, sich ihm gegenüber aufsässig und gemein zu verhalten. Babel sagt nichts, aus Angst, sie könnten ihn aussetzen in dieser Wildnis. Was das Ende wäre . . . Er sagt auch nichts zu Jean-Marie, dem Koch, dessen Kopf als Folge der Mückenstiche eine einzige Schwäre ist. Ständig kratzt er darin herum und steckt dann die Finger ins Essen.

Maskuaro ist zwar ein kompetenter Mann, aber roh und gefräßig und kein angenehmer Reisebegleiter. Er führt eine Sprache, die dem frommen Pater Schauder des Entsetzens den Rücken herunterjagen läßt.

Maria, Josef, alle vierzehn Nothelfer ruft der Pater in seiner Not an – und doch hätte sich das Schicksal der kleinen Gruppe am 19. August um ein Haar besiegelt, als Maskuaro im Boot eine Schnelle hinunterschießt – eine Schnelle, die er besser gemieden hätte. Er kentert und kann sich und das Boot nur mit viel Mühe retten. Als er jedoch hinterher einen Biber erbeutet – sind alle zufrieden. Ohne Maskuaro wären sie der Wildnis hoffnungslos ausgeliefert.

Am Atikonac-See treffen sie auf fischende Indianer, halten sich aber nicht weiter auf, sondern ziehen weiter. Der Pater schwingt jetzt ebenfalls das Paddel. Am 23. August schaffen sie nicht weniger als siebenundfünfzig Meilen! Indessen regnet es ohne Unterlaß. Die Portagen werden zu Bächen mit Schlammlöchern dazwischen, die Stiefel des Paters lösen sich auf, ihr Verlust wäre die Katastrophe . . . Er hat Läuse, zieht sich aber nur aus, wenn seine Begleiter weit weg auf Biberjagd sind. Am 27. August stehen sie am Ufer des St. Jean, erreichen das Meer am Abend des 28. August.

Babel zieht das Resümee: »Ein Sechs-Wochen-Bart, an den Füßen zwei Trümmerhaufen, ehemals Schuhe, eine Kutte, durch die der Wind pfeift.«

1020 Meilen haben sie im Boot zurückgelegt, 71 Portagen sind sie auf dem Hinweg gegangen, 75 auf dem Rückweg. 221 Meilen ist der Pater mit Last gelaufen, 37 Meilen ohne. Warum? Letztendlich um nichts weiter, als dem Faktor des Handelspostens einen Brief zu hinterlassen. Babel nimmt sich vor, bei der nächsten Reise weniger Gepäck mitzunehmen. Dann – so schätzt er – ist die Strecke zum Atikonac-See in acht, sind die fünfhundertzehn Meilen zum Winokapau in zwölf Tagen zu machen. Versuche das mal einer heutzutage – mit allen modernen Hilfsmitteln – nachzuvollziehen; er wird sich wundern!

Babel kam nicht dazu, das Ganze auszuprobieren; im kommenden Jahr reiste er per Schiff nach Hamilton Inlet. Jedoch, hélas, die armen Wilden waren dort schon

bekehrt, wenn auch von den »falschen Propheten«, den Anglikanern. Das sind zwar auch Christen, doch nicht die wahren. Den Indianern hatten die Protestanten Unglaubliches über die Katholiken erzählt: Die Roten glaubten allen Ernstes, der wackere Pater halte unter seiner Kutte einen Bocksfuß verborgen . . .
»Dafür strafe der Herr die Angelsachsen in seinem Zorn!« mag Babel gedacht haben, als er weiterzog nach Northwest River, wo es noch wirkliche Heiden gab, mit denen er etwas anfangen konnte.
Mit ihnen zog er den Churchill aufwärts, umging die Fälle des Churchill River über eine Seenkette – und erreichte nach neununddreißig Tagen die HBC-Station Petitsekapau. Die Abende der Flußreise nutzte er, um die Wilden im Katechismus und in den wichtigsten Gebeten zu unterweisen.
Wenn ich daran denke, wie schwer bei mir jene Weisheiten, deren Bedeutung – mitunter auch Anmaßung – eingingen, wo die Voraussetzungen viel günstiger waren, wo der Boden schon bereitet war; und wenn ich mir vorstelle, was in den Köpfen der verlausten Indianer vorging, wie sie alle ums Feuer saßen und der Pater die fundamentale Frage stellte: »Wozu bist du auf Erden?« . . . Ein Gedanke jedenfalls, der eines gewissen Reizes nicht entbehrt.
Daß der Streiter des Herrn nach Kräften taufte (49 Kinder, 4 Erwachsene) und auch Ehen schloß oder besser: nach seinen Begriffen sanktionierte (12) scheint weniger bedeutsam als die Tatsache, daß er zwanzig Biga- zu Monogamisten machte. Das war zumindest kurzsichtig oder schlicht dumm. Denn: Was sollte aus den aus dem Mushwap verstoßenen Squaws werden? Wer sollte für sie aufkommen? Wer ihnen das Fleisch für die Suppe verschaffen, – in einer Gesellschaft, in der nur der Mann für den weitaus überwiegenden Teil des Unterhaltes, die Jagdbeute sorgt, in der es aus einleuchtenden Gründen so gut wie keine Junggesellen gibt? Was sollten sie tun, die alten Weiber, die in mehr oder weniger gewohnter Bi- oder Polygamie lebten, für die aber das miserabelste Zelt und der übelste Fraß Leben bedeuteten? Sollten sie auf den Strich gehen?
Das dürfte der Pater wohl kaum gewollt haben.
Die Jäger behielten die jüngeren und attraktiveren Squaws. Wahrscheinlich schlüpften die Verstoßenen nach und nach zurück an das heimische Lagerfeuer und den Mulligan-Topf, und zur ursprünglichen Lebensart.
Der Missionar jedenfalls verschwendet kein Wort, wahrscheinlich auch keinen Gedanken an jene Frauen. Wie überhaupt die katholische Kirche in den Frauen, lediglich das Fußvolk sah, das zwar als Gebärmaschine für den Bestand, die Ausbreitung und zahlenmäßige Macht zu sorgen hatte, das ihnen leichter beeinflußbar erschien, das die Ideologie reflektieren sollte; das jedoch nach wie vor Fußvolk und von jeder verantwortlichen Entscheidung ausgeschlossen war. Dies fiel jedoch nur zum geringen Teil der Verantwortung des Paters anheim.
Und uns interessieren in erster Linie seine Unternehmungen als Kanu-Mann und Waldläufer. Jedenfalls verläßt er Petitsekapau sehr spät in der Saison: am 19. September 1867. Seine Begleiter: ein Greis und ein halbes Kind. Einunddreißig Tage dauert das Martyrium, fünfhundertfünfundsiebzig Meilen weit ist der Leidensweg. Über die großen Seen des Plateaus, die Ashuanipi-Route ziehen sie, ohne daß die beiden Indianer irgendwelche Sehnsucht nach der Weite des Meeres zeigen, das nun einmal das Ziel des Paters ist.
Der Weiße ist es, der morgens Feuer macht, den Tee aufsetzt, seine beiden Begleiter weckt, die sich zwar nicht direkt widersetzen, jedoch eine hinhaltende Dickköpfigkeit und ein mürrisches Wesen an den Tag legen. Sie wollen nicht weiter – sondern zurück in die Geborgenheit der vertrauten Seen und Wälder des Plateaus. Regen, Schnee und Sturm wechseln sich ab, der Pater holt sich eine schrecklich-schmerzende Nervenentzündung im Arm.
Endlich – am 4. Oktober erreichen sie den La Romaine River; hier kennt sich Babel aus, hier ist er Chef im Ring. Der Sturm am 6. Oktober bringt zwanzig Zentimeter Schnee, dann kommt die Höllenstrecke, die Washekunui-Portagen zum St. Jean mit einer Eisdecke auf den kleineren Gewässern, die noch nicht trägt, mit noch mehr Schnee. Den letzten Kanten Brot haben sie gegessen, als es endlich gilt, die letzten dreiundsechzig Meilen auf dem St. Jean zu überstehen. Sie laufen zuguterletzt einem Trapper in die Arme, der sie gründlich abfüttert. Dann, am folgenden Tag, erreichen sie Mingan.
Auch im Jahr 1868 dampfte Babel nach Northwest River, ging den Churchill hinauf bis nach Petitsikapau, predigte das Wort Gottes, taufte, traute, schied, hatte aber endlich das Vergnügen, mit zwei kompetenten Naskapis die Rückreise diesmal nach Sept-Iles zu be-

Die Fahrzeuge der Montagnais: Birkenrinde-Kanus.

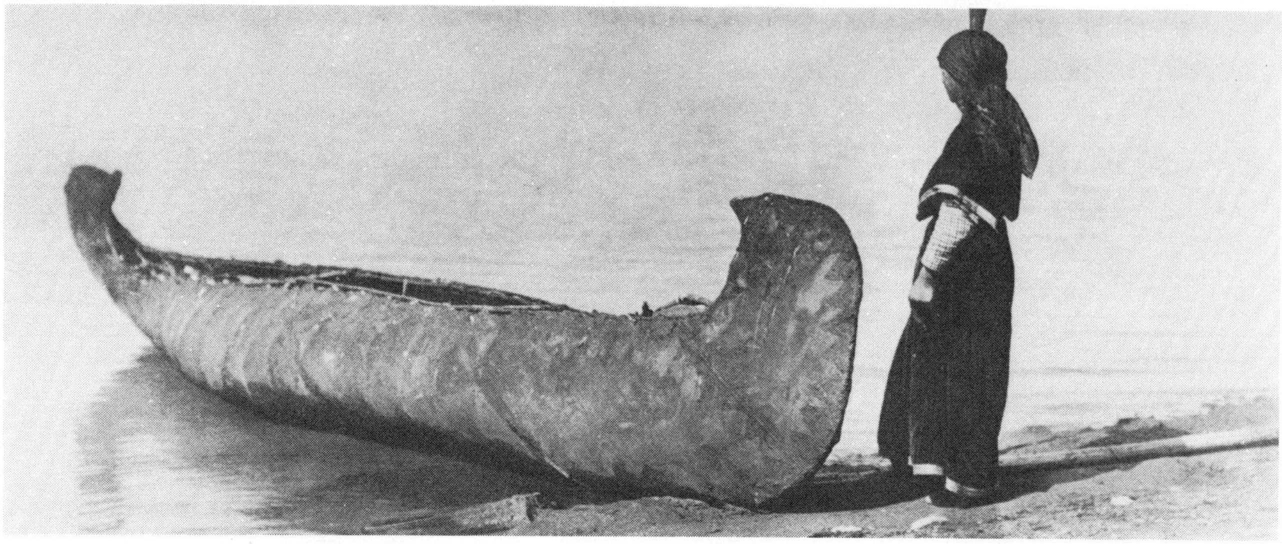

Ein Mushwap, der »Wigwam«.

Eine Frau bereitet
Pemmican. (Fotos:
Public Archives
Canada.)

werkstelligen. In nicht mehr als acht Tagen hatte er (vom 26. September bis 3. Oktober) die Mündung des Moisie erreicht!
1870 unternahm der Pater seine letzte Labrador-Expedition, wieder über den St. Jean River, die Washekunui-Portagen, den Alimum (La Romaine River), den Churchill hinauf.
Erst am Sandgirt Lake trifft er auf zwei indianische Familien; die sind aber schon getauft, und er zieht weiter. Wenig später am Birch Lake kampieren wilde, ungetaufte Rothäute; die aber befinden sich in heller Aufregung. Sie glauben, ein Überfall von Regierungssoldaten und ihr Massaker stünden bevor.
Wahrscheinlich mißlingt es dem Pater, diesen Rothäuten klarzumachen, daß sie gerade dadurch, ohne Wartezeit gewissermaßen, in den Zustand ewiger Freuden gelangten, doch die Roten scheinen – hélas – dem Erdenwandel zu sehr verbunden zu sein, als auf den Pater zu hören. Er zieht weiter, findet Petitsekapau verwaist und den Zweck der Reise wieder einmal vertan. Babel kehrt über die Moisie-Route zurück.
Es scheint in der Folge Unstimmigkeiten gegeben zu haben, zwischen dem Pater und seiner Obrigkeit; er wird von der Front abgezogen. Die Unterlagen lassen keine eindeutigen Schlüsse zu. Wie sollten sie denn auch! Das Buch »Explorateur pour le Christ« von Gaston Carrière O. M. I., das über das Geschehen Auskunft gibt, ist gleich dreimal zensiert:

- nihil obstat = kein (Publikations-)Hindernis,
- imprimi potest = es kann gedruckt werden,
- imprimatur = Druckgenehmigung.

Vielleicht war Babel einer der wenigen katholischen Missionare, dem die Arroganz zu ungeheuerlich schien, die »einzig wahre« Lehre zu verkünden. Vielleicht sogar war er der einzige, dem die Religiosität der Heiden ein Licht aufgehen ließ – ein Licht, daß es ihm verantwortungsgerechter erschien, sich selbst zum Heiden zurück zu orientieren, als umgekehrt – jenen eine Lehre aufzuzwingen, die ihnen und ihrer Welt nicht gerecht werden konnte.
Heute – nachdem die Indianer Wohlfahrtsempfänger geworden sind – spielt es keine Rolle mehr, welcher Religionsgemeinschaft sie angehören.

Den alten Mattawashish (er erhielt den Taufnamen Baptiste) riefen sie immer noch mit seinem Kindernamen »Spielender Bär«, als er schon alt und wunderlich geworden war, so wunderlich, daß sich die anderen Jäger nacheinander ängstlich wegstahlen und ihn mit seiner Familie allein ließen am Ufer des oberen Napetipi-Sees inmitten des endlosen Waldes. Denn Old Mattawashish hatte zu singen begonnen, lang und unermüdlich; alte, heidnische Gesänge, in denen er vom Windigo sang, von dem Caribou-Mann, dem Unterwassermann und von Atcen, dem Alten Mann, dem Riesen.
Das hätte Papouch, seinen Sohn, der bei ihm geblieben war, nicht weiter gestört, aber die Gedanken seines Vaters begannen, noch weiter zu wandern; der Alte zog sich nackt aus, wollte sich ins Feuer setzen. Als Papouch ihn daran hinderte, riß er sein silbernes Kreuz von der Brust und warf es mit irren Augen in den Busch hinter dem Lager.
»Tshitshitna an nikauinan aiamitonan – Heilige Mutter Anna, bitte für uns!« flüsterte Papouch und suchte lange, bis er das heilige Kreuz gefunden hatte und seinem Vater umhängen konnte; doch der Alte riß es sich erneut vom Hals, spuckte es an, verfluchte es und wollte es ins Feuer werfen. Papouch konnte es gerade noch herausziehen und in die Tasche stecken, als der Alte

Father Babel.

nach seiner Büchse griff und auf ihn zielte. Mit einem entsetzten Satz war der Junge draußen; die Kugel pfiff über ihn hinweg. Kein Zweifel, der Mann war vom Teufel besessen!
Papouch überlegte lange, was er tun konnte. Sollte er seinen Vater zurücklassen, hier am Napetipi-See? Das ist ein guter Platz, für Fuchs und Luchs, für Marder und Biber. Aber der Alte der würde womöglich die Gegend für immer unsicher machen, auch dann, wenn sein Körper zerfallen sein würde, seine Seele, die würde womöglich zu einem Loup Garou, zu einem Werwolf . . .
Am Abend kehrte Papouch zum Mushwap zurück. Vorsichtig spähte er durch den Eingangsspalt. Das Feuer war niedergebrannt, glimmte nur noch. Der alte Mattawashish schlief an der Seite der Glut. Die Büchse lag hinter ihm an der Rückwand des Zeltes. Papouch schlich um das Zelt herum, schlitzte mit seinem Messer die Leinwand auf und nahm die Waffe an sich, versteckte sie im Unterholz. Dann holte er seine eigene Büchse, seine Kugelform, einen kleinen Topf, ein paar Decken, etwas Nahrung, und ging in den Busch, um nachzudenken und zu ruhen. Er atmete auf – sein Leben war nicht mehr gefährdet; trotzdem schlief er unruhig. Am nächsten Morgen zermarterte er sich den Kopf: Er mußte etwas tun. Er mußte den Alten unschädlich machen, ihn also töten – eine andere Möglichkeit gab es nicht. Seit urdenklichen Zeiten haben die Söhne ihre Väter getötet, wenn ihr Geist den Körper vor der Seele verlassen hatte, wenn sie zu eine Gefahr oder untragbaren Belastung für die Sippe wurden. Doch in diesem Fall – der Alte war vom Siebenschwänzigen Teufel besessen, und ihn einfach zu erschießen, das wäre zu gefährlich. Weggehen, ihn seinem Schicksal überlassen – das war sehr bedenklich, nirgendwo würde er sich mehr sicher fühlen, überall konnte der Alte auftauchen, ihm Übles zufügen.
»Tshitshitna an nikau – Heilige Mutter Anna . . .«
Da kam ihm die Idee: Er hatte doch das Kreuz des Alten in der Tasche, er hatte einen kleinen Topf, er hatte die Kugelform . . .
Papouch stieg bergan, dorthin wo die zähe Berglärche wächst. Er suchte sich einen der uralten, trockenen Bäume, fällte ihn, trug ihn herunter zu seinem Lager. Er spaltete den Stamm, baute ein großes Feuer. Kein Holz gibt mehr und bessere Hitze als das der Berglärche. Nachdem die Blöcke heruntergebrannt waren, stellte er den kleinen Topf in die Glut, den Topf mit dem Kreuz seines Vaters.
Das Silber beginnt sich zu verformen, das Kreuz zerfließt.
»Tshitshitna an nikau . . .« betet Papouch, als er das Silber des Kreuzes in die Kugelform gießt – zwei Kugeln erhält er aus dem Silber des Kreuzes.
Papouch sitzt da, die Kugeln in der Hand; wirre Gedanken kommen und fliegen. Er hat Angst – »tshitshitna ana« – flüstert er; dann geht er mit der Büchse seines Vaters weg, wirft sie in den See. Danach schleicht er sich zum Mushwap; der Alte sitzt am Feuer, hat sich wieder nackt ausgezogen, murmelt, irre, wirre Worte, Unverständliches aneinanderreihend.
Papouch zittert vor Angst, es gelingt ihm kaum, das Gewehr zu laden.
»Tshitshitna ana«, wispert er, schiebt den Lauf durch den Riß im Mushwap, durch den er dem Alten die Büchse weggenommen hat. Der kauert am Feuer, wiegt den Oberkörper vor und zurück. Raunt und zischt unwägbare Worte.
»Tshitshitna an nikauinan aiamitonan!«
Die Kugel reißt den Alten nach vorn, neben das Feuer, Papouch lädt nach, schießt ein zweites Mal, rennt in blutiger Panik davon. Am Abend kommt er wieder, halb wahnsinnig vor Angst. Der Alte liegt neben dem erloschenen Feuer, es riecht nach verbranntem Fleisch. Papouch wickelt seinen toten Vater in die umherliegenden Felle, trägt ihn nach draußen.
Die ganze Nacht sitzt er am Feuer, hat Angst vor der Dunkelheit. Erst als der Morgen dämmert, läßt das Entsetzen nach; da weiß er, was er tun muß. Er schlägt trockenes Holz, trägt dürre Stämme zu einem mächtigen Holzstoß zusammen, legt seinen toten Vater in seinen Decken darauf, seine Kleider, sein Mushwap über ihn, entzündet das Holz. Eine auflodernde Flamme verzehrt den Körper; Funken sprühen gegen Himmel; es riecht nach verbrannten Haaren, nach verkohltem Fleisch. Papouch flieht erneut; er glaubt, den Alten im Feuer, in den Flammen auf sich zukommen zu sehen. Es dauert lange, bis er zurückkehrt, bis er neues Holz über das zu einem Klumpen geschrumpfte Etwas, das einmal sein Vater war, häufen kann.
Papouch schläft tief und traumlos, bis ihn die Kälte weckt. Dann geht er zu der Einäscherungsstätte; sie glimmt noch, es stinkt immer noch. Papouch glaubt, ein paar nichtverbrannte Knochen zu entdecken; er

sammelt sie in der Mütze seines Vaters, die liegengeblieben ist. Er schüttet alles Schwarzpulver, das er noch in dem Lederbeutel hat, dazu – legt ein paar trockene Reisigstücke auf die Glut, legt die zugebundene Mütze des Vaters obenauf. Die dürren Äste beginnen aufzuflackern, eine dumpfe Explosion wirbelt Aschewolken auf; eine weiße Stichflamme verzehrt die letzten Reste des alten Mattawashish, frißt seine besessene Seele, verschlingt den Teufel, der von ihr Besitz ergriffen hat.

»Tshitshitna an nikauinan aiamitonan!« flüstert Papouch, während er mit fliegenden Händen seine wenigen Sachen packt, sein Kanu besteigt und, ohne sich umzublicken, den Napetipi hinunter zur Mündung paddelt.

Die Morgensonne bricht durch den Nebel.

3. Rückblende

Daß ich mit 17 kaufmännischer Lehrling in einem Stahlbaubetrieb wurde, geschah nicht aus Neigung, ganz bestimmt nicht, sondern weil mir nichts anderes übrigblieb. Meine Mutter war zufrieden – mein Vater hatte andere Sorgen. Aus dem Stein – so waren zumindest die Aussichten – würde zwar kein Berg, aber doch wenigstens ein Fels werden. Konkret: meine Mutter, deren Vater Bergmann war, deren erster Mann Bergmann war, deren zweiter Mann Bergmann wurde, sah den Aufstieg eines Familienmitgliedes in die Kaste der Angestellten greifbar nahe vor Augen.

Doch das Schicksal hatte anderes mit mir im Sinn. Mit achtzehn Jahren begann ich mein zweites Lehrjahr. Dafür schon ein bißchen alt, doch das waren wir alle, die wir den Jahrgängen 1928 bis 1936 angehörten. Die halbe Welt war aus den Fugen, und als sie wieder zusammengeschustert wurde, geriet manches nach rechts, was links hingehörte, einiges, was unten sein sollte, wurde nach oben geschwemmt und umgekehrt.

Nach oben geschwemmt, das dürften auch die Herren, die sich meine »Ausbilder« nannten, für sich in Anspruch nehmen. Dementsprechend mißachteten sie die von Studienräten gesteckten Wertmaßstäbe und ersahen mich dazu aus, auf ihre Kosten einen längeren Aufenthalt in Paris zu nehmen und dann, nach meiner Rückkehr mit den entsprechenden Kenntnissen ausgestattet, technische Übersetzungen anzufertigen und womöglich zu dolmetschen.

Paris, dieses Glitzerding, verbarg wie jede Großstadt hinter den großartigen Fassaden der Illusion schonungslosen Wettbewerb, existenzielle Bedrohung. Das waren Realitäten, mit denen ich mich nach den beschränkten, aber solidarischen Verhältnissen der Kindheit und den ersten Jugendjahren, trotz aller Schwierigkeiten und Entbehrungen der Kriegs- und Nachkriegszeit erst auseinandersetzen zu lernen hatte.

Ich kapierte sehr schnell, daß in den Kreis der wirklich Priviligierten nur derjenige aufsteigt, dem bereits ausreichend Materielles in die Wiege gelegt wurde. Eine Handvoll Genies, ein paar beschränkte Heilige bestätigen als Ausnahmen die Regel. Ich war damals kein Heiliger, und ich wußte, daß ich nie einer werden würde. Schon damals war mir klar, daß ich die beste Zeit meines Lebens würde drangeben müssen mit Schuften und Streben, mit Buckeln und Treten, mit Absondern und Anscheißen, vorausgesetzt, ich wollte es zu etwas bringen.

Als ich aus Paris zurückkehrte, war ich technischer Übersetzer mit Lehrlingsbezügen von DM 50,— pro Monat. Ja, pro Monat! Man hatte in mich investiert und wollte, daß sich die Investitionen amortisieren. Doch wir Lehrlinge hatten keine andere Wahl als »Vogel friß oder stirb«.

In meiner Ohnmacht engagierte ich mich politisch und – symptomatisch für mich – damals schon auf der »falschen Seite«; das heißt, für den Wiederanschluß der Saar an die Bundesrepublik. Denn meine Bosse waren dagegen – sehr dagegen. Sie hatten wirtschaftliche und familiäre Bindungen, die in andere Richtung wiesen.

»Der Dicke muß weg!« brüllten wir Lehrlinge und meinten damit den Joho, den voluminösen Ministerpräsidenten des Saarlandes, der die Separation repräsentierte. Ich kam mit einer Ermahnung davon. Andere nicht. Wo sollte denn die Firma auch einen Übersetzer hernehmen, der es für fünfzig Mark im Monat machte?

Der »Kaufmännische Handlungsgehilfenbrief« – dieses fürchterliche Wortmonster für ein Stück Papier und wenig respektierlichen Befähigungsnachweis gab mir die Möglichkeit, mein Schicksal in eigene Hände zu nehmen. Ich ließ in bunter Folge andere Firmen und Körperschaften von meinen Fähigkeiten und Kenntnissen profitieren; die Bosse dagegen waren der Ansicht, von Profit könne im Zusammenhang mit meiner Tätigkeit nicht die Rede sein.

Mal war ich Buchhalter, mal Dolmetscher, Bierverleger, Kameramann, Versicherungsinspektor, Filmvorführer, Außenhandelskaufmann, Filmothekar, Kontorist und sogar einmal Verkaufsleiter. Das war das hoch-

karätigste aller von mir innegehabten Ämter, leider auch das kurzlebigste.

Verliehen wurde mir der Titel von einem Obersten a. D. der ehemaligen Großdeutschen Wehrmacht, der sich auf die Produktion von Kunststoff-Artikeln geworfen hatte und Klosettdeckel herstellen ließ. Leider stand er einer nur kleineren Firma vor, die seine Führungsqualitäten nur teilweise auslasteten. Meine Order lautete, aus dem engen Brückenkopf vorzustoßen, tief in den Markt einzubrechen, die Konkurrenz abzuriegeln, die Front auszurollen und dann in einem blitzartigen Feldzug die wichtigsten Marktpositionen im Handstreich zu nehmen.

»Geschäfte, das ist eine Art Krieg, wobei es zwar weniger Tote, aber mehr beklagenswerte Opfer gibt«, resümierte ich. Der Oberst drückte mir eine Liste von Installateuren und Händlern für sanitäre Einrichtungen in die Hand, ließ drei Dutzend Klodeckel in einen altersschwachen Peugeot 203 laden, beauftragte den Buchhalter, mir zweihundert Franken Spesen auszuhändigen, neben einer Preis- und Rabattliste, versteht sich, und verabschiedete mich in militärisch knapper Form mit dem Auftrag, nicht wiederzukommen, bevor der letzte Lokusdeckel verkauft sei.

Kurz bevor ich das tief in seinen Federn hängende Fahrzeug bestieg, hatte ich den glücklichen Einfall, den Buchhalter um einen Vorschuß in der Höhe des für den nächsten Letzten vereinbarten Gehaltes zu bitten.

Da ich das Elsaß sehr schätze, war ich glücklich und bedankte mich bei dem Obersten und meinem Schicksal. Saargemünd ist zwar noch lothringisch, trotzdem machte ich Station, ging in den »Charrue d'Or«, bestellte mir eine Flasche Gewürztraminer und ein halbes Pfund Münster-Käse, um mich für die Offensive zu fouragieren. Wenig später, auf der Höhe, vor der alten Garnison Zabern, legte ich mich zum Rekognoszieren in eine sommerlich warme Wiese, mit Blick auf die im Dunst verschwimmende Oberrheinische Tiefebene und genoß die letzte Zigarre vor dem Angriff. Unten, in der Stadt, sollte die Offensive beginnen.

Ich musterte meine Reserven, lind- und resedagrüne, hellviolette, azurblaue Klodeckel. Andere waren mandelblütenrosa. Freilich gab es auch einfach weiße für weniger poesievolle Naturen und billige schwarze für Truppe, Behörden und Bahnhofstoiletten. Meine mit viel Elan vorgetragene Offensive blieb im feindlichen Abwehrfeuer stecken: zu teuer, kein Bedarf, keine Zeit, kommen Sie ein anderes Mal wieder, nicht da, schlechte Qualität, wir kaufen nichts von den verdammten Boches, gerade bestellt, tut mir leid.

Wütend, aber nicht resignierend, sammelte ich die versprengten Kräfte, fuhr nach Straßburg, aß und trank, restaurierte mein Ego und stürzte mich am nächsten Morgen erneut in die Schlacht. Das Resultat war das gleiche, die Franzosen hatten aus den verlorenen Feldzügen gelernt. Ich hatte bis zum Mittag des zweiten Tages noch nicht einen einzigen Klosettdeckel verkauft.

»Erste Zweifel am Endsieg«, schrieb ich in den Tagesrapport. Dann aß ich ein Pfund Münster-Käse mit Butter und frischer, knuspriger Baguette, trank zwei Flaschen Gewürztraminer und – so leicht lasse ich mich nicht unterkriegen – warf mich in den Peugeot. Ich lenkte das Fahrzeug nach Colmar. Parkplatz und Hotel – die Bereitstellungsräume – waren gefunden; ich überprüfte meine Taktik und entwickelte eine neue. Doch da war das Büchsenlicht nicht mehr ausreichend, die Geschäfte hatten geschlossen, weitere Operationen mußten auf den nächsten Tag verschoben werden. Also erinnerte ich mich an eine alte Brieffreundin und stand bald Nicole gegenüber. Die Mühe mit dem Hotel hätte ich mir sparen können. Nicole war so schön und so lieb, daß ich ihr einen mandelblütenrosafarbenen Klodeckel schenkte.

Tags darauf rief ich den Herrn Obersten a. D. an, erklärte ihm die schwierige, undurchsichtige Frontlage – und daß es mindestens noch eine Woche dauern würde. Bevor er noch ein Wort sagen konnte, hatte Nicole auf die Telefongabel gedrückt.

Als ich die Rückreise antrat, hatte ich immer noch keinen Klosettdeckel verkauft. Trotzdem widerstand ich der Versuchung, die Klodeckel in Ill, Moder, Saar oder Bleis zu werfen.

In gegenseitigem Einvernehmen lösten der Herr Oberst a. D. und ich den geschlossenen Arbeitsvertrag. Zum Abschied sagte ich ihm, ich würde meine Fertigkeiten einer Firma angedeihen lassen, die respektablere Dinge als Klodeckel, in diesem Fall Orden und Ehrenzeichen, herstellen und vertreiben würde. Die entsprechenden Kontakte hatte ich längst geknüpft. Dem Manne verschlug es die Sprache; er glaubte wohl, ich wolle ihn verarschen. Doch das mit den Orden stimmte. Denn auch Fastnachtsorden sind Orden, und Vereinsnadeln mit einem silbernen oder goldenen Lorbeerkranz sind Ehrenzeichen – oder etwa nicht!?

Das Ende der Welt-
oder die
Ostküste Labradors

Nicht etwa, daß ich die Ostküste Labradors für das Ende der Welt halte – nein, ich halte sie eher für eine Art Anfang – während das Ende der Welt für mich in New York oder Frankfurt/Main sich sichtbar ankündigt. Da jedoch Labrador in Nordamerika als ein Ende der Welt gilt und es im landläufigen Sinne auch ist, scheint mir die Kapitelüberschrift auch ihre Berechtigung zu haben. Eine Ausnahme davon ist jedoch Goose Bay.
Gäbe es Flüge ins Blaue – so wie es Bus- und Zugfahrten dorthin gibt –, und würde man die Gesellschaft in Goose Bay/Labrador absetzen, dann könnte auf Anhieb kein Mensch sagen, wo sich dieses Goose Bay befindet, in Nebraska, in Saskatchewan oder Iowa. Nordamerikanische Kleinstädte gleichen sich wie ein Ei dem anderen. Die staubige Main Street, die kleinen weißen Kirchen, die riesigen Supermärkte, Tankstellen, die zwei, drei Hotels, die bunten, und doch uniformen Sperrholz- und Spanplattenhäuser, bei denen ich mich frage, wie es wohl sei, wenn man nachts und womöglich betrunken sein trautes Heim ansteuern möchte und bei irgendeinem Nachbarn landet, dessen Haus sich nur durch den anderen pastellfarbenen Anstrich vom eigenen unterscheidet.
Goose Bay verdankt seine Existenz dem Vater sovieler Dinge – dem Krieg. Es besitzt eine der längsten und breitesten Rollbahnen der Welt; es sieht aus, als hätten sich die Amerikaner seinerzeit daran gemacht, ganz Labrador zu asphaltieren, und seien nur durch eine für sie (und Labrador) günstige Wendung des Schlachtenglücks daran gehindert worden, weiterzumachen. Heute sind die Amerikaner abgezogen, und es gäbe für die meisten Einwohner kaum noch einen Sinn, in Goose Bay zu bleiben – wenn nicht der monatliche Scheck der Wohlfahrtsbehörde ein angenehmes, sorgenfreies Dasein ermöglichte.
Vorerst hatte ich jedoch keine Zeit, mir darüber Gedanken zu machen, denn am nächsten Morgen um sechs – so hieß es – ginge das Flugzeug mit den Ölleuten hinauf zum Saglak-Fjord, meine Passage sei reserviert, aber das eigentliche Camp sei streng »off limits« für mich. Ich mußte einen Zettel unterschreiben, daß ich in jeder Hinsicht für mich selbst aufzukommen hätte: für Unterkunft, Verpflegung, Rücktransport. Dann gab es noch einen Extra-Passus, daß ich für den Fall, daß das Flugzeug in einen Unfall verwickelt würde – also abstürzte – keine Regreßansprüche gegen die Ölgesellschaft geltend machen dürfe.
Selbstverständlich unterschrieb ich voll Dankbarkeit – wie hätte ich wohl sonst nach Saglak kommen sollen? Die Sache hatte einen einzigen Haken – ich besaß zwar ein kleines und federleichtes Nylonzelt, einen Schlafsack – aber keine Verpflegung und kein Kochzeug. Auch keine Waffe, kein Angelgerät, keine Axt, und es war bereits 17.30 Uhr, als ich mit den Formalitäten soweit war. Glücklicherweise kam das Taxi sofort.
»Tempo!« rief ich dem Fahrer zu, »zum Hudsons's Bay Store – es pressiert!« Das Wort »Tempo« hatte der Mann seit Jahren nicht mehr vernommen. Der Wagen schoß davon wie eine Rakete.
Um 17.40 Uhr hielten wir mit prächtigem Schwung vor dem Store.
Ich rannte hinein – Lebensmittelabteilung, die Mädchen an der Kasse saßen über ihrer Abrechnung. Ich riß Mehl, Kaffee, Zucker, Salz, Ölsardinen, ein paar Dosen mit Huhn, Fett, Spaghetti, Streichhölzer, Corned Beef aus dem Regal. Den Wagen mit dem ganzen Zeug ließ ich bei den Mädchen.
17.55 Uhr. Haushaltswaren, Werkzeuge. Der Clerk kämmte sich die Haare. Das Mädchen an der Werkzeugkasse zog sich die Lippen nach.
»Wartet!« rief ich. »Ich brauche ganz schnell einen kleinen Topf, eine kleine, leichte Pfanne, Seil, Teller, Löffel, Gabel, und vor allem eine Axt!«
Der Clerk sah mich entsetzt an, das Mädchen hörte auf zu malen. Um 18.05 Uhr – die Tür war schon zugeschlossen – ließ mich der Clerk aus der Bay heraus, ich warf die Pakete auf den Rücksitz, keuchte »Liquor Board, schnell!« Mit kreischenden Reifen startete der

Fahrer, den Staub und Kies hinter sich aufwirbelnd. Er riß den Pontiac durch die Kurven; die Passanten schauten verstört, ein Mann schüttelte die Fäuste hinter uns her; er stoppte, daß es mich fast durch die Windschutzscheibe schleuderte.

Hélas – zu spät.

Also ab ins Hotel. »Goose Hotel« – ein Loch.

»Dreißig Dollar pro Nacht!« flötete das Mädchen an der Rezeption. »Verdammt teuer,« knurrte ich. Aber was tat's – eine Nacht. Dann sah sie die Axt. »Um Gotteswillen, was wollen Sie mit der Axt?« »Bäumefällen, Feuerholzmachen ...« antwortete ich, »was sonst?« »Wir haben Heizung, Air condition, Mister. Schuß- und andere Waffen dürfen Sie nicht mit aufs Zimmer ...« »Okay, ich lasse Ihnen die Axt da, hole sie mir morgen früh ab.«

Das Zimmer war noch schlimmer als die Rezeption. Vor mir hatte ein Vandale dort gewohnt; es war drekkig, es stank. Glücklicherweise konnte ich das Fenster öffnen. In dem Loch, das »Goose Hotel« heißt, hatte ich eine Bar erspäht. Ich verstaute meine Pakete, steuerte die Stätte der Labsal an. Sie entsprach dem übrigen Hotel. Auch die Besucher. Ich ging an die Bar, bestellte ein Bier. Der Keeper ignorierte mich. »Jesus,« rief ich. »Ich nehme an, daß Sie mit dem Verkauf von Bier ihr Geld verdienen – also bitte.« Der Kerl sah mich mit ausdruckslosem Gesicht an, deutete wortlos auf ein Schild:

»Keine Bedienung in Arbeitskleidung.
Kein Kredit.
Nicht auf den Boden spucken!«

Ich schaute an mir herunter. Ich trug ein Cordhemd, Jeans, Lederschuhe, ein sauberes Hemd, saubere Jeans, halbwegs saubere Lederschuhe – so sauber, wie das auf den Schlammwegen von Goose Bay überhaupt möglich ist. Ich sah zu den anderen Gentlemen hinüber. Sie trugen helle, blumige, kurzärmelige Hemden mit blumigen Krawatten. Es schien mir, als hätten sie die Hemden speziell bei Eaton's für den Barbesuch bestellt. Die Beinkleider der Herren schienen von der Imagepflege nicht betroffen. Einer sah mich bedauernd an, zuckte mit den Achseln. »Fuck you...« murmelte ich, als ich hinausging. Jedoch die Dame an der Rezeption besorgte mir ein halbes Dutzend »Blue Star«. Auf Neufundland gebrautes Bier. Was mich halbwegs mit Goose Bay aussöhnte.

Damit war das Geschehen des Tages, besser des Abends, noch nicht abgeschlossen. Vielmehr erhob sich in beiden Nachbarzimmern trunkener Lärm. Da waren offensichtlich zwei Parties im Gange, oder eine Party in mehreren Räumen, und mein Zimmer lag dazwischen. Es war offensichtlich ein Eingeborenenfest. Indianer oder Eskimos – oder beides. Ein Fest mit Damen, wie ich aufgrund schriller Töne schließen konnte. Zwischen den Zimmern war reges Kommen und Gehen. Auf einmal schwang sich eine Gestalt durch mein Fenster – da stand einer in meinem Zimmer. Ich hieb auf die Schalter der Nachttischlampe, da stand ein Indianer, glotzte blöde oder betrunken oder beides.

»Fuck off!« brüllte ich, und behende schwang sich die Gestalt übers Sims ins Dunkel der Nacht. Es dauerte keine Minute, da ertönte homerisches Gelächter aus dem Raum rechter Hand. Mein Besuch hatte sich also im Fenster geirrt und gab jetzt sein Abenteuer zum besten. Ich schloß das Fenster trotz des Gestanks; versuchte, den Fernseher anzuwerfen. Der Vandale hatte sowohl die Steckdose wie auch das Anschlußkabel herausgerissen. Nach dem Lärm zu urteilen, näherte sich die Party ihrem Höhepunkt. Ich jedoch wollte schlafen. Ich tat, was ich in deutschen Hotels auch tue, wenn morgens im schönsten Schlaf eine Putzmaid zum Staubsaugergesumm andalusische Volksweisen trällert – ich warf einen Schuh gegen die Wand und schrie »Ruhe«. Einen Augenblick war betroffene Stille, dann jedoch schwoll der Lärm wieder an. Schließlich folgte auf meine Würfe und mein »Ruhe!«-Gebrüll nur noch Gelächter.

Fast hätte ich das Fugzeug verpaßt. Man hatte mich natürlich nicht geweckt, und ich hatte die Axt vergessen. Doch dann stand ich mit meinen Pappkartons unter der Tragfläche eines Fugbootes, eine »Goose«; um mich herum stand eine Handvoll stummer Herren der Ölgesellschaft. Die Tragfläche schützte uns vor dem herunterprasselnden Regen.

Saglac liegt auf 58°30′ nördlicher Breite. Hier wollte ich – auf dem britischen Segler »Groais« anmustern – und auf ihm an der Küste Labradors entlang nach Süden segeln. Saglac – das ist einer der tiefsten, in das Land einschneidenden Fjorde Labradors; – einschneidend in ein bergig-felsiges, kaltes, karges Land, weit nördlich der Baumgrenze. Sogar die Eskimos haben sich aus dieser Gegend zurückgezogen.

Wir flogen in ein weites Tal, zwischen zwei runden,

braunen Bergrücken; vor uns war der Fjord, unter, hinter uns wich das Meer zurück. Die Männer, die mit mir gekommen waren, verschwanden sofort in einem häßlichen, halbverfallenen, barackenartigen Bau. Ich stand da – allein – und tat mir ein bißchen leid, wie ich so verloren dastand. Vor dem Bau, der für mich »off limits« war. Ich packte, nach und nach, Rucksack, Kameratasche, die Pappkartons aus der Bay, schleppte sie einen halben Kilometer hinunter zum Strand, zu dem monumentalsten Autofriedhof, den ich je gesehen hatte. Autofriedhof – ist untertrieben für das, was da alles herumstand: Lkw, Pritschenwagen, Autokrane, Schneepflüge, Motorboote, Bulldozer, Stapler, Kettenfahrzeuge. Das Merkwürdigste an dem Autofriedhof war jedoch, daß es hier nur zwei Meilen Straße gibt. Da waren noch ein paar Bauten, in allen Stadien der Auflösung – da lag noch eine Menge Gerümpel herum – die Dächer schienen jedoch intakt. Also machte ich es mir in einem kleinen Raum gleich neben dem Eingang einer Art Portiersloge »bequem«. Das heißt, ich stellte eine der Sperrholzplatten, die herumlagen, vor das zerbrochene Fenster, warf den Bauschutt vor die Tür, legte eine saubere Sperrholztafel auf vier Backsteine: mein Lager für die Nacht – mein Tisch am Tag.

Es wäre natürlich zünftiger gewesen, im Zelt, etwas weiter weg zu schlafen. Doch mein Zelt, das war eine ganz leichte Hundehütte – und ich fürchtete, es hätte einem Labrador-Regensturm kaum etwas entgegenzusetzen gehabt. In meiner Portiersloge war es zwar nicht warm – es war jedoch trocken. Sie war meine Höhle, mein Unterschlupf. Und es lag Holz herum – am Strand hingegen sah ich kein einziges Stück Treibholz.

Draußen schien die Sonne. Was weiter zu tun war, war mir im Augenblick nicht klar. In solchen Situationen koche ich meist Kaffee. Also ging ich hinaus in die blendende Helle – da – ein Prusten, ein Schnauben – ich erschauerte bis ins Mark, dann klapperten Hufe. Aus dem schwarzen Schatten des gegenüberliegenden Gebäudes brach eine Herde Caribous hervor – rannte wenige Schritte an mir vorbei, hügelan. Die Caribous, denen ich ziemlich perplex nachsah, blieben stehen und schauten zu mir herüber, wie es Art der Caribous ist, wie ich so dastand mit der Axt in der Hand.

Nachdem ich meine Fassung wiedergewonnen und die Caribougang sich endgültig getrollt hatte, sammelte ich Holz, ging zum Bach, schöpfte Wasser – und kochte meinen Kaffee. Ein Schnaps im Kaffee wäre mir sehr willkommen gewesen, um mein Inneres, das durch den Flug, das angesichts dieser mächtigen, grobschlächtigen Berge, des hinfälligen Menschenwerks, meiner Einsamkeit, ein wenig aus dem Gleichgewicht geraten war, zu restaurieren. Wenn es überhaupt aufkommt, so ist ein solch depressives Gefühl bei mir nicht von langer Dauer. Ich habe es gelernt, mich mit ungewöhnlichen Situationen abzufinden, ganz einfach, weil mir keine andere Wahl blieb, weil niemand weit und breit da war, der sich meines Seelenschmerzes hätte erbarmen können.

Die Sonne knallte indessen von einem inzwischen wolkenlos-blauen Himmel, ohne daß es eigentlich warm war; das Licht war von einer Intensität, so durchsichtig, wie ich es nur in der Arktis erlebt habe, und die Transparenz der Luft rückte auch die weiter entfernten Fels-Leviathane näher heran, löste sie aber gleichzeitig in allerhand Details auf, ihnen ihre Bedrohlichkeit nehmend.

Die lichte Atmosphäre jagte schließlich die letzten dunklen Schatten aus meinem Gemüt – es war einfach nicht möglich, in dieser Helligkeit, in dieser kühlen, prickelnden Luft sich dem Weltschmerz anheimzugeben, und ich erstieg den nächsten Hügel. Als ich oben war, sah ich, daß hinter diesem Hügel ein zweiter Hügel war und daß sich hinter dem zweiten Hügel ein Berg erhob. Weiter konnte ich nicht schauen, denn die Schatten wurden länger – der Tag neigte sich, und mein Magen erinnerte mich daran, daß ich, außer dem Kaffee, für heute noch nichts zu mir genommen hatte.

In der Nacht klapperte hier ein Brett, dort seufzte, stöhnte es zum Gottserbarmen, es polterte und rumpelte. Ich redete mir ein, daß das der Wind war, der in meinem Heim herumfuhr, jedoch bevor es richtig unheimlich werden konnte, schien schon wieder die Sonne – vertrieb die riesigen Thorngaks, die verwachsenen Stallos und eselschwänzigen Huldras, und ich saß nackt in der warmen Morgensonne vor meinem Etablissement, rührte einen Teig aus Mehl, Wasser, Backpulver und einer Prise Salz zu einem Bannock, der bald in der gutgefetteten Pfanne golden bräunte. Süßen, starken, heißen Kaffe hatte ich längst fertig.

Ich fühlte mich als Pfundskerl; ich beschloß, einen Erkundungsgang zu machen. Drei, vier Kilometer weiter oben, knappe achthundert Meter über der kalten Labrador-See steht die eigentliche Radarstation; da ragen die Riesenschilde der Reflektoren, da wölbt sich auf

dem Hügel gegenüber der gigantische Pingpong-Ball der eigentlichen Anlage.
Diese Reliquien des Kalten Krieges, Relikte einer immer perfekter und gigantischeren Kriegstechnik sind die einzigen Fixpunkte in dieser Landschaft, die trotz aller Größe und Erhabenheit stumpf ist, an der das Auge, der Blick abgleitet. Eine Landschaft, der es gleichgültig ist, ob sie dem Menschen gefällt. Um die Schirme und Kuppeln liegen die Unterkünfte für die dreitausend Mann des Bedienungspersonals, ein hoffnungsloses Labyrinth mit rundum verkleideten Verbindungsstegen. Bei Windgeschwindigkeiten, die 200 Stundenkilometer erreichen, konnte sich kein Mensch mehr auf den Beinen halten.
Der Fels neben dem Pingpong-Ball fällt senkrecht ab, 800 Meter weit in die grausige Tiefe. Eine ganze Reihe junger US-Soldaten ist da hinuntergesprungen, hoffnungsvolle, junge Männer, die am Norden zerbrachen. Am gleichen Norden, der andere aufrichtet. Wir, die wir normalerweise unbeeindruckt bleiben von menschlichem Tun, von technischen Anlagen, von Zweckbauten, die unsereins geschaffen hat, fühlen uns jedoch auf einmal gestört, sind verstört, ein solch riesiges Werk unbelebt und leer zu sehen, leer, erstarrt, nutzlos. Ein Werk, das Kälte ausstrahlt, die einen schaudern läßt. So würde die Welt wohl aussehen, wenn die Neutronenbombe, die »nur« Menschenleben vernichtet, aber deren Werk unbeschadet läßt, zum Einsatz käme. Ein grausiger Gedanke. All die, die über eine solche Waffe reden, diskutieren, als sei sie ein besseres Fernkampfgeschütz, sollten nach Saglak pilgern, um sich dort ein Bild zu machen.
Ich indessen schaute von dieser Ruine einer modernen Zwingburg hinunter auf das endlose, stille und doch durchaus lebendige Meer. Es war tröstlich, das Meer zu sehen, wie es blau und still dalag und in weiter Ferne erst grau verschimmerte. Einen Segler sah ich jedoch nicht, obwohl ich sicher dreißig, vierzig Meilen weit blicken konnte.
Beim Abstieg kreuzte ich den Weg eines Caribous. Es war ein mächtiger Bulle, der keine Anstalten machte, vor mir, dem Zweibeiner wegzulaufen. Er – der Caribou – stand da und glotzte. Sehr unvorsichtig von ihm, so dazustehen und den Weg nicht freizugeben. Wenn ich nun ein Eskimo gewesen wäre und eine Büchse gehabt hätte .... Also machte ich lediglich ein paar Fotos von dem glotzenden Caribou und sagte: »So, jetzt ist's genug, hau ab, alter Caribou!« und verstaute die Kamera in meinem Rucksack. Andererseits: Ausweichmöglichkeiten hatte ich mehr als genug – nach allen vier Himmelsrichtungen –. Also setzte ich zu einer Umgehung des Hindernisses an. Der Caribou dachte aber nicht daran, sich umgehen zu lassen. Glücklicherweise war es ein Caribou und kein Schwarzer Bär, und ein Caribou ist kein fleischfressendes Wesen. Wer weiß jedoch, ob er wie ein Elchbulle – beispielsweise – auch Menschen als vermeintliche Nebenbuhler auf die Schaufeln nimmt – oder noch schlimmer, diese mit den Vorderläufen zu Brei zerstampft. Der Caribou ergriff ebenfalls die Initiative und begann, mich zu umkreisen. Ich bewegte mich inmitten dieses Kreises bergab. In 10 Meter Entfernung, so schätzte ich, trabte der nordische Hirsch um mich herum. Er betrachtete mich wohl als einen Rivalen um die Gunst seines Harems. Oder der Harem war ihm abhandengekommen. Und er hielt mich für dafür verantwortlich.
Ich fand das Ganze gar nicht so lustig, und wenn ich husch machte und einen Stein nach ihm warf, dann blieb er einen Augenblick stehen, und glotzte ausgesprochen böse. Mich als Rivalen zu sehen, war doch lächerlich – solange war ich doch noch nicht weg von zu Hause. Das war nun wirklich eine Fehlinterpretation dieses vierbeinigen Gentlemans, der mich weiter umkreiste.
Irgend jemand hat gesagt, in der Stunde der Gefahr solle man wilden Tieren begütigend zureden, dann würden sie von dem wehrlosen Menschenkind ablassen. Probieren konnte ich's mal. »Mein lieber Caribou«, (ich vermied bewußt das Schimpfwort »Bulle«), »sei so freundlich und gib mir den Weg frei. Ich will dich weder totschießen noch ein Mitglied deines Harems bespringen; ich trage nichts als lautere und friedliche Absichten in meinem Herzen!« Ich kehrte meine Handflächen nach außen – ein anerkanntes, internationales Friedenszeichen – und fuhr fort: »Steh nicht so blöd rum und hau endlich ab, du Depp!« Doch der Caribou zeigte sowohl für die Genfer Konvention wie auch für das Erheben meiner Stimme nichts als Verachtung.
Jetzt erst ging mir auf, daß ich mit nackten Beinen, in Unterhosen herumlief. Ob das der Grund war? Doch eine Schlagzeile in »Bild«: »Deutscher Abenteurer von Caribou-Bullen geschändet« – *den* Gedanken weiterzudenken, das war einfach zu blöd. Der Caribou zog

Caribous vom Saglac-Fjord.

Skipper Chris mit einem stattlichen Saibling.

Die aufgegebene Missionsstation von Hebron.

den Kreis etwas enger und ließ sein Fortpflanzungsorgan bedrohlich hervortreten.
»Um Gotteswillen«, dachte ich und zog verwirrt meine Jeans über. »Die Angst des Torwarts beim Elfmeter«, »Artisten ratlos in der Zirkuskuppel« – gar mancherlei schießt einem in solch ebenso lächerlichen wie gefährlichen Situationen durch den Kopf und was da durchschießt, ist nicht immer Passendes.
Doch da erinnerte ich mich an jenes Rentier-Roundup vor langen Jahren im fernen Lappland; daß Caribous nichts weiter sind als wilde Rentiere – und damals bewegten wir uns ganz unbeschadet in einem Strom von Tierleibern im Dickicht der Geweihe. Doch das war im Frühsommer, und jetzt war die Saison fortgeschritten. Bis hin zur Brunft!
Immerhin – jetzt in Hosen, fand ich die Fassung wieder. So konnte es ja auch nicht endlos weitergehen. Ich ermannte mich und ging auf den Bullen zu, bückte mich nach einem Stein, warf diesmal gezielt und traf – wobei ich »hohoho« und andere Kriegsrufe ausstieß. Ich fuchtelte außerdem mit meinen Armen und schrie »husch!« und »mach dich weg! Du geiler Bock!« Im gleichen Augenblick zog oben am Hang eine Gruppe anderer Caribous vorbei. Mein Bulle hob den Kopf, schaute zu den ziehenden Rassegenossen oder -genossinnen hinüber; endlich ließ er von mir ab.
Ich eilte kopfschüttelnd in tiefere Lagen. Ich war erleichtert, diesen komischen Heini von einem Caribou loszusein. Ganz unten, nicht weit von der Landepiste, stieß ich auf ein einfaches Beton-Monument mit einem Kreuz.
Und während ich mehr und mehr der Begegnung mit dem Caribou eine humoristische Seite abgewann, verging mir das Lachen – da wurde ich mit einem Schlag mit der Tragik eines vergangenen Ereignisses konfrontiert:
Auf einer Tafel war in der Übersetzung zu Lesen:
»Der unglücklichen Besatzung der B 26 gewidmet, die nahebei bruchlandete – im Dezember 1942. Eine Würdigung ihres heroischen Versuches zu überleben.«
Später erhielt ich eine Abschrift des Tagebuches, Zeugnis einer Tragödie, wie sie im Norden ungewöhnlich ist.

Das Tagebuch berichtet:
30. November 1942
»Endlich Start nach Goose Bay (ab Grönland). Gegen 13.15 Uhr hüllten uns Wolken ein. Ich änderte den Kurs, um da herauszukommen und wies die Formation an, das gleiche zu tun. Ein Flugzeug kam heraus. Ich verlor den Kontakt mit den anderen, als ich nach unten drückte, um unter die Wolken zu kommen. Im Süden fanden wir ein Loch von 600 m, und dann brachen wir durch. Aber wir mußten wenig später zurück auf 13 000 Fuß Flughöhe. Lt. Josephson gab mir die neue Marschzahl, um auf den alten Kurs zu kommen, doch wir wußten, daß wir ihn nicht mehr korrigieren konnten. Etwa in der Hälfte der zurückzulegenden Strecke erwischte ich das Funkfeuer von Goose Bay, doch es erstarb wieder, da nach wenigen Minuten die Anlage ausfiel.
Es war jetzt zu spät zurückzufliegen, also probierten wir, uns nach einem Kompaßkurs zu orientieren – doch wir schafften es nicht.
Endlich erreichten wir die Küste. Wir glaubten, südlich von Goose Bay zu sein, flogen also nordwärts, bis wir merkten, daß wir uns doch nördlich von der Basis befanden. Der Treibstoff war fast alle, ich mußte einen Landeplatz suchen. Ich wollte irgendwohin, wo es Bäume gab, doch die Motoren begannen zu stottern, also ging ich herunter. Die Crew zuckte mit keiner Wimper, als ich ihnen sagte, daß es eine Notlandung werden würde.
Es wurde eine gute Landung. Wir rammten einen Felsblock, der den Bombenschacht aufriß, und eine Propellerspitze splitterte durch den Rumpf hinter mir. Davon abgesehen blieb die Maschine intakt. Sie dreht sich um 90 Grad, was einen guten Windschutz ergab. Nachdem wir eine kalte Ration gegessen hatten, gingen wir in die Maschine schlafen.
Wir schliefen sehr gut. Lt. Josephson schoß die Sterne. Er stellte fest, daß wir 300 Minuten von Goose entfernt waren.«

Was in etwa stimmte. Sie wußten, sie waren nicht weit von Hebron entfernt, wußten weiterhin, daß Hebron in südlicher Richtung lag.
An Bord waren als Notausrüstung vorhanden:

17 Wolldecken, 1 Steppdecke, 1 Nackenrolle; 7 Dosen Fleisch, 3 Dosen Erdnüsse, 8 Dosen Huhn, 2 Dosen Ananas, 3 Dosen Fruchtsalat in Sirup, 2 Dosen Dattelbrot, 1 Dose Roggenbrot, 3 Schachteln Schokolade, 28 Riegel Schokolade, 4 Pakete Datteln, 1 Pfd. Cracker, 4

Pakete Feigen, 1 Pfd. Käse-Cracker, 1 Flasche Coca-Cola, 2 Dosen Lachs, 3 Pfd. Kaffee, 20 Packungen Karamel-Bonbons.

Die letzte Eintragung ist vom 3. Februar 1943:
»Lagen eine ganze Woche fest in den Wolldecken. Heute starb Waywrench, nachdem er geistig verwirrt war. Wir sind alle sehr schwach, dürften es noch ein paar Tage aushalten.«
Zwischen diesen Tagebucheintragungen lagen die ersten Tage der Erleichterung, so gut davongekommen zu sein bei der Notlandung; Hoffnung, als sie Seehunde sahen; auch Hoffnung, daß Suchflugzeuge sie finden würden. Dazwischen lag der vergebliche Versuch, das Funk-Aggregat in Betrieb zu setzen. Am 23. Dezember unternahmen drei Männer, mit einem kleinen Schlauchboot Hebron auf dem Wasserwege zu erreichen. Sie sind bis auf den heutigen Tag verschollen – sind Opfer von See, Wind und Kälte geworden. Danach kamen die ersten Frostschäden und die Eintragung:
»Es ist erstaunlich, wieviel einem Menschen ein einziger Karamelbonbon bedeuten kann.« Die ersten Todesängste. Die Gespräche drehen sich nur noch ums Essen. Die Kräfte lassen nach. Unwetter und Kälte setzen den Männern zu. Sie beten. Aber sie unternehmen keinen Versuch, Seehunde zu jagen. Sie spielen statt dessen Rommé.
Alle tragen Bandagen – Frostbeulen, Brandverletzungen, verursacht durch unsachgemäßen Umgang mit Spiritus und den Kerosene-Resten. Die Rationen werden immer kleiner. Sie fangen einen kleinen Vogel, machen ein Stew daraus. Sie halten einen Gottesdienst. Es wird Kälter. Sie haben am 16. Januar noch etwas Bouillon-Pulver und ein paar Kaugummi. Das Motoren-Öl gefriert und brennt nicht. Sie werden immer schwächer. Eskimos aus Hebron entdecken das Wrack der Maschine, die Leichen, Anfang März desselben Jahres.
Man hatte diesen Airforce-Männern beigebracht, zu gehorchen, zu schießen, Bomben zu werfen – nur, ihnen zu sagen, in ungewöhnlichen Situationen den Verstand zu gebrauchen – das hatte man vergessen.
Wie am Tag zuvor, saß ich nackt auf meiner Sperrholzplatte und frühstückte. Ich saß da, von einer kaum spürbaren Brise umfächelt, im schieren Sonnenschein. Die Caribous standen im schweren Schlagschatten der gegenüberliegenden Halle und schauten mir zu, wie ich dasaß und frühstückte.
Hin und wieder sah ich auf den Fjord hinaus, und da kam sie heran, die »Groais« – unverkennbar mit ihrem grün abgesetzten Rumpf, mit der rostbraunen Genoa. Ich raffte meinen Kram zusammen, zog mich hastig an und begann, mit meinem orangeroten Zelt zu winken. Der Segler änderte den Kurs und hielt auf mich zu.
Die Gummiwurst, ein Zodiac-Schlauchboot, holte mich an Bord, brachte gleichzeitig Freund Fritz, der hier abmusterte, an Land. Als sich von Westen her Gewölk über die Berge heranschob, als eine kräftige Brise in den Wanten zu singen begann, als kleine Wellen gegen den Rumpf patschten, gingen wir Anker auf, um einen besseren Platz für die Nacht zu finden. Wir dampften mit dem Diesel gegen Wind und Wellen, liefen in den Pangertok-Fjord, einen nach Süden abzweigenden Seitenarm des großen Saglak, der sich zwanzig Meilen tief zwischen die Berge zwängt.
Diese Fjorde sind durchaus mit denen Norwegens vergleichbar; auch hier ragen die Bergwände zu beiden Seiten himmelhoch, auch in Labrador fühlt sich der Mensch ganz klein und ganz mies. Allerdings sind die Fjorde Norwegens im Vergleich zu denen Labradors trotz aller felsigen Ungeschlachtheit direkt lieblich. Hier an der nordöstlichen Spitze des nordamerikanischen Kontients ist die Landschaft noch elementarer, gröber; hier – so scheint es – hat der Mensch aber auch gar nichts zu suchen. Es war fast vermessen von uns, von Chris, dem Skipper, Anni, seiner Frau, der kleinen Hündin Mutti und mir, mit der 31-Fuß-Sloop »Groais« in dieser Zyklopenwelt herumzuschippern.
Mit der Gummiwurst fuhren wir zwischen die Blöcke, die das Flüßchen, der Eisgang, in den Fjord hereingeschoben haben. Hier sollte es arktische Saiblinge geben. Wir mußten den Höchststand der Flut abwarten, denn die »arctic chars« können nicht springen wie ihre Vettern, die Lachse; sie müssen warten, bis die Flut hoch genug ist, bis sie die Hindernisse überflutet, die sich diesen silbernen Torpedos in den Weg stellen.
Das Flüßchen kommt aus einem weiten, kilometerbreiten, leeren Tal; ein Gletscher hatte es in grauen Vorzeiten ausgehobelt. Ein eisiger Wind wehte von den Höhen, ein Wind, der uns in die Gesichter biß. Auf dem Weg stromauf sahen wir Zeltringe; Steinkreise ehemaliger Eskimo-Behausungen. Eine Gruppe Caribous

Ein Segler in Bedrängnis an der Nordküste.

Im Hafen von Battle Harbour.

Eine Schoner-Brigg unter vollem Tuch. (Fotos: Public Archives Canada.)

rannte, verbellt von der kleinen Mutti, entsetzt stromauf. Das Flüßchen rauschte nicht mehr, die auflaufende Flut hatte es wie ein Mühlenwehr aufgestaut, die Mündungsschnelle erstickt. Wir ließen die Spinner fliegen, und die Arktischen Saiblinge bissen zu mit aller Konsequenz. Da war kein nervöses Zappeln wie bei einer Forelle, kein vorsichtiges Probieren wie bei der Äsche – sondern die starken Fische nahmen den Köder und weigerten sich erstmal, ihren Standort zu verlassen. Dann – als wir kräftiger zogen – wechselten sie hinüber auf die andere Seite. Die Ruten bogen sich, es dauerte eine ganze Weile, bis die Fische müde waren, bis wir sie stranden konnten.
Wir fingen ein halbes Dutzend »Chars«, hängten sie für die Nacht über Bord ins eisige Wasser des Fjords. Doch am nächsten Morgen, als wir den Anker lichteten, vergaßen wir die Tüte, und als wir uns endlich ihrer erinnerten, da hingen nur noch ein paar Fetzen an den Tampen.
Der Wind hatte gedreht – er kam jetzt aus Nordost, blies uns direkt ins Gesicht. Der Skipper jedoch sagte, die »Groais« sei ein Segler, und lehnte es ab, den Diesel anzuwerfen. Es dauerte bis zum Abend, bis wir ankern konnten, gegenüber meinem Schlafplatz, auf der anderen Seite des Fjords. Wir hatten unzählige Schläge, unzählige Wenden gemacht – hatten einen ganzen Tag gebraucht, um zehn Meilen zu machen; hatten aber die zehnfache Strecke zurückgelegt – so schien es mir – immer im Zickzack gegenan. Meine Begeisterung fürs Segeln hatte einen gewaltigen Dämpfer erfahren. Diese Yacht, diese »Groais«, war eine komplizierte Maschine. Der Skipper betrachtete die Segelei als Selbstzweck. Zu Kompromissen schien er kaum bereit. Vielleicht mußte das so sein, denn die »Groais« war ganz oben gewesen, noch hundert Meilen weiter nördlich, an der äußersten Spitze Labradors, am subarktischen Gegenstück des Kap Hoorn, am Cape Chidley.

Mutter Natur hat dafür gesorgt, daß der Sailor am Eingang der Hudson Strait nicht zu übermütig wird: Er muß ständig auf der Hut sein vor Pack- und Drifteis, aber auch vor den mächtigen Eisbergen, die im Zuge des Labradorstromes nach Süden schwimmen. Hinzu kommen starke Strömungen, bedingt durch die gewaltigen Gezeitenunterschiede in der Ungava Bay, die an die fünfzehn Meter betragen und damit nicht genug: Die Hudson Strait ist eines der schlimmsten Nebellöcher überhaupt. Während des Sommers, der sich auf den Juli und die erste Hälfte des August beschränkt, ist die See die meiste Zeit nebelverhangen; hinzu kommen schwere Regenfälle, tiefhängende Wolken; Sturmböen, die achtzig Knoten Geschwindigkeit erreichen. Acht Monate im Jahr gilt die Straße als »nicht passierbar«. Kleinere Fahrzeuge mogeln sich durch die McLean Strait (ein Gegenstück zur Maghellan Straße), soweit sie sich gegen einen Acht-Knoten-Strom behaupten können.
Eine trostlosere Landschaft als zu beiden Seiten des Kanals ist kaum vorstellbar: nackter Fels, ein bißchen Moos, ein paar Gräser, weiter oben kleine, feuchte Moore. Dieses »Lands' End« scheint die Verkörperung der Hoffnungslosigkeit, der kälteste, rauheste, unglücklichste aller Plätze.
»Killinek« heißt die Insel, was nichts anderes bedeutet als das »Ende der Welt«, das Eiland, das die McLean Strait vom Festland trennt; dahinter kommen nur noch die Tutjat-Schären, die Tretsteine der »tunnits«, der Riesen, die von hier hinüberspringen nach »Tutjarluk«, dem »Dicken Stein«, womit Resolution Island gemeint ist – Baffin vorgelagert – wo eine neue Welt beginnt.
Weiter südlich, an der Ostseite des »Horns« von Labrador, gewinnt die Landschaft an Dramatik: Abgesehen von den Rocky Mountains gibt es kaum etwas, was einen Vergleich mit den Torngat Mountains aushält; diesen Kolossen, die tausend, fünfzehnhundert und gar zweitausend Meter hoch aus den Fluten des Nordatlantik aufragen. Fjorde winden sich tief in das Land hinein, unzählige Inseln, Schären, Untiefen und Riffe – auf keiner Seekarte eingezeichnet – bewahren ihre Unversehrtheit, und kein Feuer, kein Seezeichen hilft dem Skipper bei der Orientierung, kein Mensch lebt hier, kaum ein Hinweis auf seine Existenz ist erhältlich.
Nachvak ist der Ausgangspunkt für eine Erkundung dieses »Torngat« genannten Gebirgszuges; dreißig Meilen tief schiebt sich der Fjord in Richtung Ungava Bay. Meilenweit begleiten beiderseits an die tausend Meter hohe, senkrechte Abfälle das Boot, auch hier ist eigentlich nur nackter Fels, ein paar Schleierfälle, Wasser, das in den Abgrund stürzt.
Vom Ende des Fjordes führt ein unmarkierter Weg durch eine enge Klamm, die »porch« zum Pass, dem Ursprung des Korok Rivers, der seinen Weg jenseits der Wasserscheide in die Ungava Bay nimmt. Es ist eine kaum begangene Route und nur im Winter passierbar.

THE GREAT FISHERIES OF NEWFOUNDLAND.

A SKETCH ON THE COAST OF NEWFOUNDLAND. — VESSELS FISHING.

THE NEWFOUNDLAND FISHERIES.

In the last papers received from Newfoundland we find a report of the St. John's Chamber of Commerce on the present state of the fisheries. It states that the British Bank Fishery has been nearly ruined by the encroachments of the French fishermen, who, from the encouragement given by their government to the trade in fish, are enabled to conduct it in a manner more profitable, though more expensive, than that practised by British subjects. The report says — "Whilst on the subject of the fisheries, the chamber would refer to the Bank Fishery, which formerly employed 100 sail of vessels out

THE COD.

of St. John's and Petty Harbour, besides a number of others, from Bay Bulls, Cape Broyle, Ferryland, Fermews, Renews, and other places, now reduced to three small vessels out of this port, and not one from any other in the island. This great reduction in the number of British bankers, during the same period that the French have increased the number and size of theirs, calls for the serious consideration of the society, whether some steps should not be taken at the next meeting of our local legislature to obtain a bounty for the encouragement of the fitting out some large sealing vessels, that now lie by during a

THE FISH TRIMMED FOR SALTING (BACK VIEW).

great part of the summer, for want of profitable employment, to prosecute the Bank Fishery on the French plan — viz. by bultoes. It is well known to our banking masters that it is almost useless to follow the British plan of fishing from the deck of the vessel with any prospect of success, but no sooner are they seen taking fish in any quantity, than the French bankers bear down upon them, and set their bultoes in all directions around them. These bultoes cover many miles of ground, and from the quantity of hooks and bait attached to

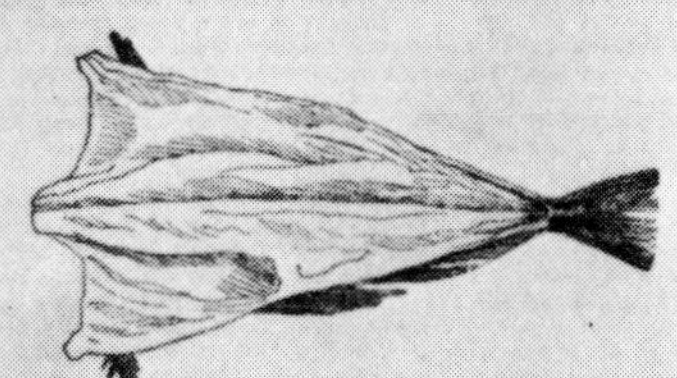

THE FISH TRIMMED (INTERIOR).

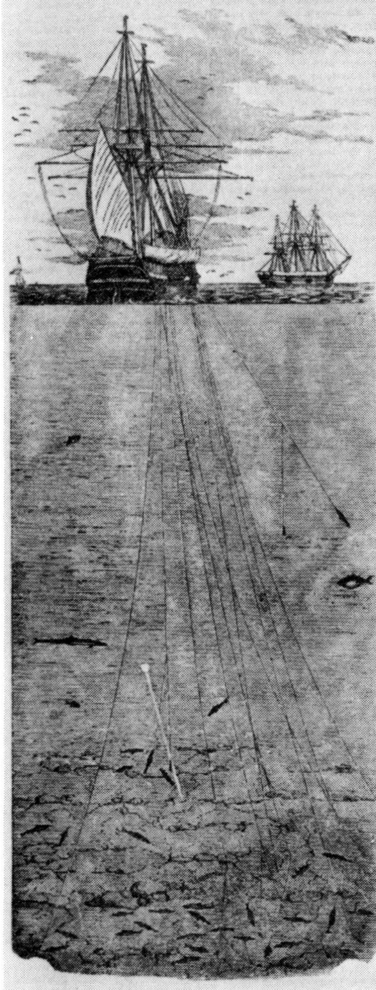

FISHING WITH DEEP SEA LINES.

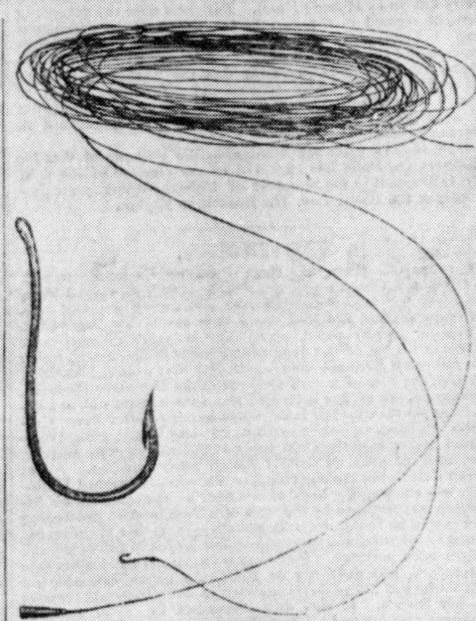

COD HOOK AND LINE.

A FRENCH FISHERMAN HAULING HIS LINES.

Die »Groais« passiert einen riesigen Eisberg. (Foto: Chris Law.)

Vorbei an gewaltigen Felstrümmern, eingezwängt zwischen kahle Wände, Felsklötze und Türme. Überall Fels und Schutt – Schnee und Eis. Nur die tapfersten Eskimos gingen diese Route, die mitten durch das Reich der Torngaks führte, der Herren über Sturm und Nebel, Hagel und Eisdrift.

Castle, Tower, Precipice, Razorback, Cirque, Quarzite, Blowme-down, Man-of-War heißen einige dieser Berge – viele jedoch ragen auf wie schon immer, namenlos, sie scheinen unbeeindruckt von menschlicher Anwesenheit und menschlichem Tun. Auch eine Namensgebung würde ihnen nichts von ihrer abweisenden Fremdheit nehmen.

Es sind uralte Berge. Auch erdgeschichtlich gesehen. Tausendmal älter als die Rockys, die Alpen, der Himalaja. Granite und Gneise, einst begraben unter kilometerdicken Sedimenten und Vulkanasche. Unvorstellbar gigantische Kräfte falteten sie auf und knüllten sie wie nichts weiter als ein Stück Papier zusammen und preßten sie nach oben.

Regen und Wind, Frost und Eis transportierten die lokkeren Massen, die Sedimente, in die Täler hinunter, aus diesem Schutt ragten die blanken Urgesteingipfel heraus. Es waren Berge, so hoch und mächtig, daß sie während der letzten Eiszeit die frostige, über Labrador liegende Decke überragten, daß ihre Häupter und Schultern den hobelnden Gletschern Widerstand leisteten. Lediglich an den Sockeln, den Betten der Urströme folgend, gestatteten sie den Eisströmen die Abtragung des Schuttes, des Gerölls und Gesteins, das wie von riesigen Schneepflügen geschoben in dem Atlantik abgelagert wurde. Dann als die Gletscher abschmolzen – nur einige wenige, kleine und isolierte Reste sind geblieben – drang Wasser in die Täler – umspülte die Klötze, Zinnen, Mesas und Pyramiden – während an den Steilküsten die Brecher ganze Felsblöcke aus den Ufern herausrissen, zermalten und anderswo als Geröll, Kies und Sand wieder anspülten – in Form von breiten Terrassen; Terrassen, die heute sechzig, siebzig Meter über dem Wasserspiegel liegen, denn als der Druck des Eises von ihm gewichen war, hob sich das Land. Und zwar um etwa hundert Meter bis jetzt – ein Vorgang, der noch nicht abgeschlossen ist und der seine Parallele im skandinavischen Raum findet. All das ist auch für den Laien gut sichtbar, denn hier oben fehlt die Pflanzendecke und vor allem der Wald, der anderswo die Sicht verstellt.

Vielleicht hatte jener britische Marineoffizier, der im 17. Jahrhundert an der Labradorküste entlang segelte, mit seiner Charakteristik den Nagel auf den Kopf getroffen: »Ein Land, bestehend aus furchterregenden Bergen und unfruchtbaren Tälern; ein ungeheurer Haufen kahler Felsen, das ist Labrador!«

Nicht immer war dieser Küstenstrich so menschenleer wie heute. Eskimo-Sippen hausten im Winter in ihren Schneehäusern in geschützten Buchten, während sie im Sommer ihre Fellzelte oder Erdkohten direkt an die offene See bauten, von wo aus sie Seehunde und Walrosse harpunierten.

Sowohl die Hudson's Bay Company unterhielt hier oben eine Handelsstation (am Nachvak-Fjord) wie auch die Herrnhuther (an der Ramah Bay), die einen,

Labrador-
Fischer.

um aus der Existenz der Eskimos Profite zu erwirtschaften, die anderen, um ihnen das zu bringen, was sie unter Seelenheil verstanden; indessen ohne den Profit ganz aus den Augen zu lassen.

Wir gleiten zwischen Kap Uivuk und Bluebell Island hindurch; rauschen vor der steifen Brise nach Süden. Dunkles, schwarzes Wasser, eine lange Dünung schiebt nach; der Skipper hat zwei Spieren ausgesteckt, wir fahren einen »Schmetterling«. Dünung und achterlicher Wind versuchen die »Groais« aus dem Kurs zu drängen. Hinter uns breitet sich ein schwarzblaugraues, ausladendes Federbett über den Himmel, als wolle es die ungeschlachten Felsen, das Meer, uns, ersticken.

Die Radarkuppel ist immer noch zu sehen, obwohl wir schon zwanzig Meilen weit weg sind – ein weißer Stecknadelkopf auf einem schwarzen Berg, um den graue Wolkenfetzen wehen. Ich versuche, die Küste, die Felsen, die Berge zu fotografieren, die Kolosse, die wie die Zähne einer gigantischen Säge schwarz gegen den grauen Himmel stehen, diese sich aus dem Meer aufbäumende, wagnerianische Kulisse, tausend Meter hoch und höher, absoluter, klarer Fels, kompromißlos, schroff und stark. Ich gebe es gleich wieder auf. Es ist hoffnungslos. Wie soll ich so etwas im Bild einfangen? Wie kann ich einen Löwen in eine Pappschachtel stekken? Wo schon das Wort nicht mehr ausreicht – von einer ähnlichen Küste hat der Tscheche Karel Capek einmal gesagt, man könne sie nicht einmal auf der Geige spielen. Wie soll ein Bildchen das alles wiedergeben?

Vor Hebron sind wir erstmal gut aufgehoben, auch wenn das Unwetter, das sich im Norden zusammenbraut, uns ereilt. Ganz gleich, aus welcher Richtung der Wind blasen mag . . . Es bedarf nicht einmal dieser Bedrohung durch Regen, Sturm oder Eis, die dem Menschen klarmachen, daß er hier oben allenfalls eine kurze Gastrolle spielen darf – im Prinzip aber »persona non grata« ist.

Was die Siedlung Hebron angeht, so hat man das eingesehen, hat sich zurückgezogen, hat dem Caribou das Feld überlassen – obwohl es scheint, als hätten die Herrnhuther das Missionsgebäude für alle Ewigkeit gebaut. Der Zerfall jedoch ist eingeleitet, scheint unabwendbar. Der Sturm hat sich irgendwohin verzogen.

Wir haben Appetit auf frischen Fisch. Als wir mit der Gummiwurst herumfahren, erbeuten wir nichts außer zwei kleinen Dorschen. Jedoch – was soll's! Die »Groais« ist vollgestopft mit Dosenwurst und Dosenhummer, mit Spaghetti und Trockenkartoffeln, mit Räucherspeck und Schweineschmalz. Auf diesem Schiff fehlt es dem Körper an nichts. Außerdem ist da elektronisches Gerät, das fast die gesamte Steuerbordseite einnimmt: Lorran-System, Tiefen- und Windmesser (Einfallswinkel und Geschwindigkeit), elektronische Steuerung und Selbststeueranlage, HAM-Funkgerät und ein CB-Radio, Geschwindigkeitsmesser, Kompaß, Notfunkgerät, Walkie-Talkies. Das Merkwürdige ist, daß alles funktioniert. Des Skippers liebstes Kind jedoch ist der HAM-Funk, das Morsegerät, vor dem er stundenlang hockt und mit aller Welt Belanglosigkeiten austauscht. Wichtigster Kontakt – das »andere Ende« – ist in Cartwright.

Ich fürchte inzwischen, daß ich zur »Groais« nie eine ehrliche Zuneigung empfinden werde – sie ist mir zu kompliziert. Ich spüre, daß sich die Seele dieses Schiffes mir nicht offenbart – vielleicht auch, weil das eigentliche Wesen der »Groais« versteckt ist unter all diesem Hilfsgerät.

Am Abend kommen die Caribous wieder vom Hügel herunter, nehmen Hebron wieder in Besitz.

Die Temperatur ist in der Nacht auf unter 0 Grad Celsius gesunken; auf den Aufbauten liegt Reif. Es ist Mitte August. Und wieder kommt der Wind von achtern, als wir nach Süden laufen; wieder scheint es, als braue sich ein Unwetter hinter uns zusammen – doch es ist nur ein Hagelschauer, der die Atmosphäre reinigt. Im Norden ist immer noch der Stecknadelknopf, ist die Radarkuppel von Saglac zu sehen – obwohl wir schon fünfzig Meilen weit weg sind.

Über 700 Meter steigt der Finger Hill fußlos aus der kalten See, »Bishop's Mitra«, nicht weniger als 1200 Meter. Die »Mitra« sieht aus, als hätte in grauen Vorzeiten ein Riese den Berg mit der Axt aufgespaltet. So wie man einen Holzklotz zerhackt.

Als wir durch den Mugford Tickle segeln, mit den himmelhohen, senkrechten Felsen an beiden Seiten, da kann ich mich nicht erinnern, angesichts dieser übermächtigen Natur, mich jemals so klein und unbedeutend gefühlt zu haben. Nachdem wir in Amity Harbour unsere Tanks mit Frischwasser gefüllt haben, laufen wir in die Bucht von Okak ein, ankern vor der einstigen Siedlung der Herrnhuther. 1920/21 verheerte die Spanische Grippe diese Gegend, tötete alle Einwohner –

Missionare, getaufte und ungetaufte Eskimos bis auf ein einziges kleines Mädchen.
Von der Siedlung selbst ist nichts mehr zu sehen, außer den mächtigen Felsquadern, aus denen die Fundamente der Kirche, der Lagerhäuser gefügt waren; ein paar verrottete Balken der einstigen Pier, eine kleine, rostige Kanone, die im Gras liegt. Auf den Grabplatten im Friedhof deutsche Namen – weiter weg stehen die Grabsteine für die »Pentecostals«, – die Pfingstler, die Rivalen im Streit um die Seelen, und schließlich die schlichten, verwitterten Holztafeln auf den Gräbern der Eskimos – mit nichts weiter als Nummern versehen. Nach der Katastrophe mieden die Eingeborenen den Platz – Okak war das Opfer eines grimmigen Fluches geworden.
In der Okak Bay fangen wir beim Auslaufen endlich soviele Dorsche, daß wir uns sattessen können. Pilotwale kreuzen unseren Kurs, und dann sehen wir wieder Menschen. Inuit, die um die Zelte – weiße Flecken am Ufer – herumstehen, hören das Putputput der Trap-Boote. In Cutthroat-Harbour gibt's ein regelrechtes Gedränge, denn die Kinder springen in kleine Ruderboote, pullen zu uns herüber. Sie freuen sich über die Abwechslung, doch der Skipper scheucht sie weg. Sie könnten mit ihren Kähnen die Bordwand verkratzen. Mit mächtigem Tuten erscheint die »Silver Star« auf der Bildfläche – ein Kutter, der den frischen Fang der Eskimos, die Lachse und die Arctic Chars einsammelt und nach Nain in die Fischfabrik transportiert. Es kommen noch mehr Trapboote, beim Wiegen gibt's fröhliches Geschrei. Das ist ansteckend, ich rudere mit der Gummiwurst hinüber.
Die »Silver Star« ist ein solider 45-Fuß-Kutter, ein fröhliches Schiff; die Besatzung albert mit den Fischern herum – und als es mir gelingt, zum Skipper durchzukommen, frage ich ihn, der kaum englisch spricht, nach ein paar einleitenden Höflichkeiten, ob der Port Manvers Run, der gewundene Sund, der nach Nain führt, bei ab- oder auflaufendem Wasser zu fahren sei. Da antwortet er mir heiter nach guter Eskimo-Art:
»Vielleicht besser bei auflaufendem, vielleicht auch besser bei ablaufendem Wasser – aber ich glaube, es ist doch besser bei auflaufendem Wasser.«
Vor der Reise nach Nain wollen wir noch irgendwo fischen. Klarschiff machen, herumstromern. Den idealen Platz finden wir hinter der Tikkigatsiagak-Insel. Über einer Barre wimmelt es von Federvieh – Tausende von Enten, Gänsen. Der Skipper schießt zwei Schell-Enten.
In der Mündung eines aus den Kiglapait-Bergen herausströmenden, namenlosen Flusses fangen wir ein paar große Saiblinge. Am Abfluß eines größeren Seensystems werfen wir endgültig Anker. Am Ufer breitet sich lichter Nadelwald aus, die Bucht ist gegen die vier Winde geschützt; dahinter erheben sich felsige Hügel, vielleicht vier-, fünfhundert Meter hoch. Im Abfluß der Seen fangen wir Saiblinge, soviel wir nur wollen, sehen auch Lachse. Wir baden im Süßwasser. Grillen Saiblinge – da kläfft Mutti wie verrückt.
Der Bratenduft hat wohl einen Bären angelockt – auf dem Rückweg zum Schiff sehen wir seine frische Losung. Ein Caribou stakst am Strand entlang, als wir herüberrudern.
Als wir am nächsten Tag am Fluß entlang zum See hochmarschieren, beobachten wir drei, vier Entenfamilien, wie sie sich die Schnellen, die Stufen heruntertreiben lassen. Ein Lehrfilm für Wildwasser-Kanuten, wie die kleinen Kerle die Stromzungen heruntergleiten, ins Kehrwasser paddeln, sich mitnehmen lassen von der Strömung.
Ein Felsriegel bildet eine natürliche, mannshohe Staumauer; der Überlauf sprudelt auf der gegenüberliegenden Seite. Das Wasser schießt durch eine fünf Meter breite Kerbe im Granit. Lachse springen über die Stromzunge – wir sitzen, schauen – über uns dehnt sich kilometerweit der See. Wir fangen ein paar kleinere Saiblinge, mit dunkelrotgefärbten Bäuchen, farbenfrohen Tupfern. Da bellt Mutti wieder, und im gleichen Augenblick sehen wir den großen, schwarzen Bären, wie er heruntersteigt zu der Kerbe, durch die das Wasser schießt. Er ist nicht weiter als zehn Meter von uns weg. Balanciert am Steilufer entlang, grabscht sich einen großen Fisch zwischen den Steinen heraus – einen Lachs, der aufs Trockene gesprungen ist. Der Bär zieht sich mit seiner Beute hinter einen Felsblock zurück, aber es dauert nur eine Minute, dann hat er seine Mahlzeit beendet und kommt wieder zum Vorschein. Jetzt hat er uns gesehen, gewittert, gehört. Mutti bellt hysterisch.
Der schwarze Kerl will auf unsere Seite herüber; wenn er das tut, sind wir abgeschnitten, denn er würde den Felsriegel hinter uns erreichen. Doch er zögert, geht zwar einen Schritt ins Wasser, stellt sich auf einen Felsbrocken, wittert zu uns herüber. Ich schreie, fuchtele

mit den Armen. Das veranlaßt ihn, zum Ufer zurückzugehen. Nochmals unsere Witterung aufzunehmen, und die scheint ihm zu gefallen. Er patscht wieder ins Wasser. Wenn er wirklich kommt, wird's ungemütlich. Ich habe längst meine Stiefel wieder angezogen. Aber der Bär traut sich auch nicht so recht – endlich trabt er hügelan, verschwindet. Wir gehen rasch zum Boot zurück. Als wir auf der »Groais« in Sicherheit sind, sehen wir ihn am Ufer stehen, sich an einem Baum den Rükken kratzen.

Der Wind schiebt uns immer noch, schiebt uns an den Kiglapaits entlang nach Süden. Eine ungeheuer eindrucksvolle Bergwelt – doch wir sind verwöhnt. Wir nehmen die Kiglapaits als selbstverständliche Kulisse hin. Außerdem: Ich habe ein flaues Gefühl im Magen, Dünnpfiff – vielleicht bin ich seekrank.

Stundenlang kreuzen wir in der Medusa Bay herum, um in den Port Manvers Run hineinzukommen. Der Skipper will ihn ohne Motorkraft machen. Ich flüchte mich in die Krankheit. Er und seine Frau sind ein eingespieltes Team, die das eher zu zweit schaffen. Das Schiff ist mir immer noch nicht vertraut. Es wird schlimmer, als ich es mir vorstellte: Die Landschaft, der Sund sind in ein kaltes, nasses Grau gehüllt; der Wind pfeift mal aus diesem, mal aus jenem Loch, und mal bleibt er ganz weg. Der Gezeitenstrom erreicht fünf Knoten. Da sind die engen »rattles«, durch die sich der Strom preßt, dahinter kreisen Kehrwasser. Der Sund ist mal fünfhundert Meter, mal zwei, drei Kilometer breit. Jeder vernünftige Mensch würde hier die Maschine benutzen. Doch der Skipper hat den Ehrgeiz, diese Häufung von Mißhelligkeiten ohne Motorkraft zu überwinden. Er hat den Atlantik mit der »Groais« einhand überquert; dort jedoch hatte er Platz.

Er schafft es tatsächlich. Obwohl es dauert. Obwohl es böse Worte gibt – obwohl es mitunter um Zentimeter geht. Seine Qualifikation als Skipper – was seine Bootsbeherrschung angeht, nicht unbedingt Behandlung der Crew – ist über jeden Zweifel erhaben . . . Britannia rules the waves . . .

In Nain jedoch, in der Nursing Station, schleppt sich die Unterhaltung zwischen den gastgebenden Krankenschwestern und den Eignern der »Groais« dahin – Briten unter sich . . . Wir gehen, als das Essen aufgetragen wird. Ein Berg dampfender, duftender Koteletts – oh Gott, was habe ich für einen Hunger! Ich opponie-

Der Schwarzbär, der auf unsere Flußseite wollte.

re, frage, warum wir denn gehen, wo man uns doch so herzlich eingeladen und offensichtlich auch die Portionen besonders reichlich bemessen hat? »Eine Einladung ist eine Form der Höflichkeit – die Absage die konsequente Folge dieser Höflichkeit!« Dafür gibt es an Bord ein Stew, das alle Vorurteile über die englische Küche bestätigt.
Fünfzig Meilen weit müssen wir bei totaler Flaute mit Hilfe des Motors hinausfahren, bis wir auf dem offenen Atlantik schwimmen. Erst in der Nacht kommt Wind auf, dreißig bis achtunddreißig Knoten Windgeschwindigkeit, Windstärke 6 bis 7. Die »Groais« rauscht durch die Dunkelheit; ich stehe im Cockpit und habe Eiswache.
Am Tag zuvor haben wir Eisberge gesehen, nicht nur Eisberge, sondern auch »growler«, Trümmer zerbrochener Eisriesen – die man erst bemerkt, wenn's kracht. Die Dreistundenwache ist teuflisch. Es ist eiskalt, ich starre in die Finsternis. Werde ich einen Eisberg auf Kollisionskurs überhaupt ausmachen können? Und vor allem: Werde ich ihn rechtzeitig ausmachen können? Einmal, zweimal glaube ich, einen helleren Schimmer querab zu sehen.
Die Kälte greift nach mir, trotz der vier Pullover; die Angst, mit einem Growler zu kollidieren, läßt mich nicht los.
Einmal, als wir direkt in die Sonne gefahren sind, ruft mich der Skipper – nachdem ich nach Beendigung meiner Wache ihm das Ruder übergeben habe – zurück ins Cockpit. Ich traue meinen Augen nicht: Hundert Meter querab schimmert ein mächtiger, prächtiger Eisberg in all seinem Glanz in der untergehenden Sonne! Und ich – auf Wache und verantwortlich für Crew und Schiff – ich habe ihn nicht gesehen . . .
In Cartwright ist »das andere Ende« des Funkkontaktes zu Hause. Es heißt Thomas Baily.
Die Häuser, der Ort, ist absolute Konfektion einer billigen Handelsklasse, die zweitbilligste von unten her gerechnet, die billigste ist den Eingeborenen vorbehalten – Cartwright könnte irgendwo in Ohio oder Ontario liegen; da ist genauso wenig Individualität im Bau wie in Schwaben oder im Saargebiet. In Cartwright hat man auf die falschen Alibis der bunten Glasbausteine und der äsenden Rehfamilien an den Hauswänden verzichtet. Statt dessen prangen Pfaue und Schwäne an den vorfabrizierten Alu-Türen aus dem Versandhaus.
Thomas Baily hat uns mit nach Hause genommen. Es ist merkwürdig: Jetzt, wo der Kontakt ohne technischen Umweg über Funk und Schlüssel – also unmittelbar – geschlossen ist, da klappt er nicht mehr, da erschöpft er sich in Floskeln und Banalitäten.
Ich indessen unterhalte mich mit Selma, der Mutter »des anderen Endes.« Sie zeigt mir das Fotoalbum.
»Das bin ich mit 20.« Eine schöne, kräftige hochgewachsene Frau – Halbindianerin. »Heute bin ich 72.«

»78, Mama«, sagt Thomas Baily sanft. »72 oder 78, was ist da für ein Unterschied; wir haben uns nie drum gekümmert.«
Da sind farbige Polaroid-Aufnahmen, Postkarten mit Palmen aus Florida; ein braunes Foto, das zeigt einen Soldaten aus dem Ersten Weltkrieg. »Das ist mein Cousin Willy – der war so klein, daß ihn keine Kugel getroffen hat und dann ist er doch gestorben, niemand weiß warum.«
»Hier meine Tante, die starb im November, und das Eis war so schlecht, daß wir sie erst im Januar zum Friedhof bringen konnten.«
»Der da – das ist Pat Pike, der hat auch nichts getaugt; die Flasche und sonst nichts im Kopf. Oben am Cape Chidley ist er im Nebel verschwunden. Nach drei Tagen fanden sie ihn, da saß er auf einem Stein, ganz steif, festgefroren an dem Stein! In der Hölle wird er wohl braten.«
»Ist der Garten nicht schön mit all den Blumen, früher haben wir nicht gewußt, daß es überhaupt so was gibt!«
»Das war unser Boot, das größte Boot in der ganzen Gegend, das war 33 Fuß über alles – eines morgens, nach einem Sturm, da war es weg. Nach Wochen fanden wir es wieder – ein Wrack, nicht mehr zu gebrauchen.«
»Die da – die ist eine Schande für ganz Cartwright. Sie, die Tochter eines Pastors, geht hin und heiratet einen Katholiken! Und das mit aller Pracht und Herrlichkeit! Sie ist dann auch gestorben – im Kopf fing's an – kein Mensch wußte, was es war. Sie haben sie dann aber doch auf dem Friedhof begraben. Der Friedhof in Cartwright – da möchte ich beerdigt werden, über dem Dorf.«
»Die Uniformen, die die Eskimos trugen, heißen Ukkulik; daß die Brüder es hinbekamen, daß sie wenigstens am heiligen Sonntag saubere Kleider trugen, das kann ich heute noch nicht glauben.« »Selma – hast du

Ein Seehunds-
fänger müht sich
durchs Packeis.
(Foto: Public
Archives
Canada.)

kein Bild vom »moonshine Brennen?« frage ich zwischendurch.
»Paß auf, Freundchen«, antwortet sie scharf, »wenn mein Mann noch lebte, hätte er dich hier und jetzt rausgeworfen! Nicht einmal das Wort kam über unsere Lippen! Das ist gegen Gottes Gesetz – und Gottes Gesetz gilt – und nichts anderes, so war es immer bei uns!«
»In dieser Hütte, in der hausten die drei Flieger, die heruntergehen mußten mit ihrem Flugzeug. Die Hütte ist keine fünfzehn Meilen von unserem Haus entfernt. Ein Kind hätte in einem halben Tag zu uns gefunden – drei ausgewachsene Männer mußten elend verhungern – Oh Misericordia! In ein Einweckglas haben Sie 150 $ getan. Das hing in der Hütte, und einen Zettel hatten sie geschrieben, daß das Geld demjenigen gehört, wer sie in geweihter Erde bestattet. Wir hätten ihnen ein gutes Begräbnis verschafft – auch ohne das Geld.«
Sie blättert weiter um. Da ist ein Wildschwein; ein mächtiger, borstiger Keiler mit gewaltigen Hauern. »Oh, dieses schreckliche Tier – norwegische Walfänger brachten es mit; wir waren sehr verängstigt, denn solch ein entsetzliches Ungetüm hatten wir noch nie gesehen. Es lebte in Packs Harbour vor der Küste; die Norweger hatten da einen Stützpunkt. Es war wild und fraß nur Walspeck. Ich war froh, daß Packs Harbour acht Meilen weg ist von hier.
Dann kaufte ihn Mr. Douglas von Muddy Bay, der hatte Schweine, Hühner und eine Fuchsfarm. Aber als sie ihn fangen wollten, rannte er gleich durch die Hinterwand der Kiste durch, in die er gesperrt werden sollte. Erst lange danach fingen sie ihn in einem Netz, und dann brachten sie ihn nach Muddy Bay. Aber das Untier riß sich los und sprang ins Wasser. Es wollte zurückschwimmen nach Packs Harbour, glaube ich. Unsere Männer hatten schon ihre Flinten fertig, denn das schwarze Schwein war wirklich wild und sah gefährlich aus mit seinen Zähnen. Und im Wasser wäre es leichter gewesen, es zu töten.
Doch Mr. Douglas wollte davon nichts wissen. Er ruderte ihm in seinem Dory nach und schlug ihm ein paarmal mit dem Ruder auf die Nase und brachte ihn so an Land. Aber das Ungetüm rannte in dem Pferch auf einer Seite hinein und auf der anderen wieder raus. Durch den Zaun – durch alles. Es war stärker als fünf der stärksten Männer. Es lief in den Wald. Ich ging abends nicht mehr vor's Haus – denn von Muddy Cove

bis hierhin sind es nur drei Meilen, wer weiß, wo es sich herumtrieb, ich hoffte jedenfalls, daß es im Wald blieb. Ich hätte es dagelassen – je weiter weg, je besser. Aber Mr. Douglas legte Walspeck aus, und das Biest kam wieder, denn es fraß nichts lieber als Blubber. Aber dann rannte es wieder weg . . .
Und ich glaube, daß sogar Mr. Douglas die Hoffnung aufgegeben hatte, den Keiler zu zähmen. Eines Tages war er aber wieder da und konnte nicht mehr weglaufen, ein Schwarzbär hatte ihn übel zugerichtet. Das erste Mal, daß ein Schwarzbär was Gutes getan hat! Aber er kam wieder auf die Beine und wurde ganz zahm – so sagen die Leute, aber trotzdem, ich wollte mit dem greulichen Vieh nichts zu tun haben.
Mr. Douglas züchtete dann auch Ferkel von ihm. Er war überhaupt ein Mann mit vielen Ideen. Er hatte Hühner, Füchse, Nerze, und den geräucherten Schinken, den er machte, das war das beste, was ich je gegessen hatte. Er zahlte unseren Männern das Doppelte für einen lebenden Nerz oder Fuchs als für ein Fell. Er sperrte sie in Käfige und züchtete Füchse und Nerze. Und verkaufte sie nach Winnipeg. Später ging er dann weg, wurde versetzt, er gehörte zur Hudson's Bay.«
Sie wiegte den Kopf.
»Vielleicht waren es keine schlechten Ideen, die Mr. Douglas hatte, nur – wir haben es nicht verstanden. Wir hätten immer Eier gehabt und Fleisch, auch im Sommer – und damals gab es keine Wohlfahrt, nichts. Geld haben wir nie gesehen. Nur Kredit in der Bay. Und wir mußten nehmen, was die uns gaben – und waren froh, überhaupt etwas zu kriegen. Aber heute sagen die Leute, sie brauchen das alles nicht mehr. Da haben sie ihr Arbeitslosengeld und ihre Wohlfahrt, und ich habe meine Pension.«
Auf dem nächsten Blatt – eine Armada von Flugbooten, Vorkriegsmodelle. Sie blickte sich um und raunte: »Das war im Sommer 1933 – da kamen dreiundzwanzig Flugzeuge hier an – direkt von Italien und ein Schiff, so fein und schön und so vornehm, wie wir es noch nie gesehen hatten. Weiß und alles Messing blankpoliert, schade, daß von denen nur ein paar englisch konnten, es waren Männer, prächtiger als die aus dem Eaton's-Katalog, und wir jungen Frauen – nein, das erzähle ich dir nicht – es war sündhaft, und ich habe das Bild auch erst eingeklebt, als mein armer Mann schon tot war.«
»Sie waren auf dem Weg nach Chicago – zur Weltausstellung. Sie luden uns an Bord ein, und ich bin mit meinem Mann hingegangen, und Mad Moll war so betrunken, daß er aus dem Dory fiel, und die Männer mußten ihn rausfischen, das hat ihn dann wieder zu sich gebracht. Wir haben es alle sehr bedauert, als diese Gentlemen wieder abflogen, ein richtiger General war ihr Boss – ein junger Mann noch, Balbao hieß er, doch jetzt wird er wohl auch alt sein. . .«
»Er ist im Krieg abgeschossen worden, soviel ich weiß«, schob ich ein, »er war Luftmarschall . . .« »Ach ja, es waren nette Männer, glattrasiert, ganz anders als du in schönen sauberen Uniformen – sie blieben wirklich nur kurze Zeit.« Sie seufzte.
»In jenem Jahr war aber auch alles los – da kam noch ein Dampfer, extra für einen Amerikaner, Charles Lindbergh hieß er, aber der redete mit niemandem – nur seine Frau, die sprach mit uns, – aber er machte nur ein finsteres Gesicht und gab nicht einmal einem die Hand.«
Das einzige, was Charles Lindbergh in seinem Buch über Cartwright schrieb (fand ich später heraus), war: »Wegen Maschinenschadens kam unser Versorgungsschiff zu spät nach Cartwright; während der Wartezeit langweilte ich mich zu Tode in diesem schläfrigen Dorf an der Labrador-Küste.« Anne Lindbergh dagegen, die mit den Einwohnern sprach, ihnen die Hand schüttelte, äußerte sich etwas präziser über Cartwright: »Landeten am 17. 7. 1933 um 21.15 Uhr in C. Wir gingen hinauf zum Friedhof, weißer Zaun, rotes Tor, liegt auf dem Hügel und überblickt den Hafen. Das niedliche Frühlingsmoos blüht überall, dazu Blumen. Das Denkmal George Cartwrights, ›der den Weg zur Einführung des Christentums bei diesen umnachteten Menschen ebnete‹. Die Fliegen sind schlimm. Die Eskimo-Hunde sind überall, liegen in Vorgärten, unter den Treppen an den Hauseingängen, laufen am felsigen Ufer herum, trinken das Wasser aus den Rinnsalen zwischen den hölzernen Gehsteigen. Sie haben arrogante Gesichter, doch vielleicht liegt das an ihren gesträubten Nackenkrausen. Die ›jelling‹ liegt in dichtem Nebel. Der Weg zum Dock: sumpfiges Gras, dann Unmengen blauer Iris. Hartriegel, purpurrote Wicken, wilde Geranien und Senf.«

Auf dem Weg nach Grady Harbour passieren wir die »William Carson«, einen mächtigen 12 000-Tonner, für Fracht und Passagiere, der zwei Jahre später bei ruhiger See vor Battle Harbour urplötzlich sinken sollte

mit fünfzehntausend Kästen Bier an Bord. Kein Mensch weiß warum. Niemand kam bei dem Unglück zu Schaden.
Grady Harbour ist eine menschenleere Geisterstadt – wie es an der Labradorküste so viele gibt. Um die Leute besser verwalten zu können, haben die Behörden sie in größeren Orten zusammengefaßt, umgesiedelt. Sie haben damit ihre Existenz als Fischer vernichtet und sie zu Wohlfahrtsempfängern gemacht. Eine ganz banale Frage bleibt auch hier zu klären: Ist der Mensch für die Behörde da – oder die Behörde für den Menschen?
Wir segeln durch den Domino Run, laufen durch den American Tickle, ankern abends im Seal Harbour. Danach kommen wir kaum noch vorwärts – ein schwacher Südwest bläst uns ins Gesicht. Wir versuchen, dagegen anzukreuzen. Doch die »Groais« kommt nicht hoch genug an den Wind, es dauert. Endlich wirft der Skipper den Diesel an. In Red Bay legen wir noch einmal an, nachdem uns in der Belle Isle Strait eine Reihe von Frachtern auf dem Weg von Europa zu den Großen Seen passiert hat. Wir beenden die Reise in Bradore Bay. Am nächsten Tag treffe ich Linus in Last Chance, am übernächsten schließe ich Brigitte in Kecarpoui in die Arme. Ich bin wieder zu Hause.

Das einfache Leben auf einem Boot, auf See war bis dahin eine Vorstellung, die mich faszinierte. Denn niemand liebt die See so sehr wie der, der weit im Binnenland geboren ist. Diese Art von Leben wäre ohne großen Aufwand zu bewerkstelligen, wenn die Anfangsinvestition – das Boot – einmal getätigt ist. Doch damit hat's bis jetzt gehapert – und so ist die Verlockung eine solche geblieben.
Denn: Das habe ich auf all diesen Touren mit solch abenteuerlichen Seelenverkäufern wie »Little Onion«, »Cauliflower« und auch der »Pumpkin« erfahren, daß diese Schiffe allenfalls Küstenfahrzeuge sind und nichts auf dem offenen Meer taugen. Für größere Fahrten, für Ozean-Überquerungen gar, ist das Beste an Qualität gerade gut genug. Und Qualität hat ihren Preis. Meine Begeisterung für die Christliche Seefahrt auf der »Groais« hatte einen Dämpfer erfahren. Vielleicht, weil ich da eine Menge seglerische und elektronische Technik vorfand, mit der ich mich nicht in drei Wochen anfreunden konnte. Vielleicht aber auch, weil der Skipper das Fahrzeug und dessen Einrichtung nach Vorstellungen konzipiert hatte, die von meinen abwichen. Er sieht die Segelei als l'art pour l'art an, als Selbstzweck also, während ich sie – so sehr sie mich auch fasziniert – als Mittel zum Zweck betrachte. Simpel ausgedrückt: Um vom Punkt A zum Punkt B zu gelangen. Vor allem sollte mir aber ein Segler die Möglichkeit geben, schwer erreichbare Plätze zu besuchen und unabhängig zu sein. Gewiß ist die Vorstellung verlockend, sich nur mit der Kraft des Windes fortzubewegen – dahinzufliegen wie ein Vogel. Da aber ein solches Boot – selbst wenn zwischendurch Ozeane überquert werden – sich meist an irgendwelchen Küsten aufhält, glaube ich, daß ein Motorsegler der rechte Kompromiß ist. Ein ehrliches Schiff, wie es früher die Berufsschiffahrt benutzte, ein bauchiger Trawler-Typ beispielsweise mit viel Platz, mit einem starken, zuverlässigen Dieselmotor. Ein Schiff, das nicht Selbstzweck ist, sondern das einen »wo hinbringt« und gleichzeitig beherbergt. Solch ein Schiff würde ich kaufen, wenn . . .
Aber, wie gesagt, es hat nicht dazu gereicht. Indessen hatten wir etwas gefunden, was dem Leben auf Schiffsplanken mindestens gleichwertig ist. Wir hatten an einer Bucht eine Blockhütte gebaut, waren zwar nicht ganz seßhaft geworden, sondern hatten einen festen Stütz- oder Ausgangspunkt für neue Unternehmungen geschaffen.

4. Rückblende

Politisch hatte ich mich bei der Deutschen Friedens-Union, kurz DFU, engagiert. Das war eine Gründung linker, pazifistischer, integrer und respektabler Leute, die aber bald dem Organisations- und Infiltrationsgeschick der im Untergrund herumwühlenden Kommunisten nicht gewachsen war. Die Folgerung war: DFU = kommunistisch = illegal.
Doch ich blieb dabei. Obwohl die DFU meiner Karriere als Industrie- und Großhandelskaufmann – so firmierte ich jetzt – genauso wenig förderlich war wie die Tatsache, daß sowohl der Markt für Karnevalsorden wie auch für silberumkränzte Vereinsnadeln sich letztlich als begrenzt erwies. Ein Krieg, der ein viel größeres Verkaufspotential geschaffen hätte, war trotz großen Geschreis der Politiker nicht in Aussicht.
Selbstkritisch, wie ich in raren Momenten bin, erkannte ich, daß es mir einfach an Ernst im Umgang mit Zahlen und Ziffern fehlte, mit Strategien und Feldzügen, Umsätzen und Aufträgen – mit Bossen und Bonzen. Die christlich-abendländische Geschäftsmoral war und wurde für mich kein hehrer Begriff. Ich fürchte allen Ernstes, daß es ein Geburtsfehler ist, so wie manche bedauernswerten Menschen mit zwölf Zehen, nur einem Ohr oder mit Hasenscharte auf die Welt kommen. Ein Psychiater, den ich in Not befragte, bestätigte mir diese Vermutung und riet mir, es im kommunalen oder staatlichen Dienst zu versuchen. Eine entsprechende Bescheinigung könne er mir aber leider nicht ausstellen.
Viel wichtiger und zukunftsträchtiger als meine Tätigkeiten innerhalb des Erwerbslebens war das, was ich an den Wochenenden und vor allem während des Jahresurlaubs trieb: ich paddelte! Auf Saar, Mosel, Nied, Prims, Sauer, Our, Blies, Prüm, Lieser, Nahe, Alf, Dhron, Rhein, Nims, Wiltz, Clerf, Kyll und Ruwer an Wochenenden, und auf Inn, Ziller, Ache, Enns, Drau, Var, Ardèche, Rhône, Tarn, den Älven Schwedens und Norwegens, auf Spey und Tweed in Schottland, auf Jokis und Järvis in Finnland. Paddeln, so fand ich, ist nicht die bequemste Art des Reisens, doch die unkonventionellste und erlebnisreichste, die aufregendste und abenteuerlichste! Das Paddeln wurde mir zur liebsten Beschäftigung.
Es war nicht der sportliche Selbstzweck wie beispielsweise das Fußballspielen, sondern das kleine Boot läßt die Schiffe aus Papier, die wir sonst zu besteigen pflegen, überraschend real werden. Ich weiß nicht, wie viele Stunden ich sinnend an irgendeinem Schreibtisch hockte, bemüht, einen Dreh zu finden, wie ich Job, Existenz und Neigung miteinander verbinden könnte. Herbert Rittlinger, der Dichter im Paddelboot, hatte den Weg gewiesen, ich gedachte, es ihm nachzumachen.
Ich war jedoch eingefangen im Sicherheitsdenken, wollte den ungeliebten Job nicht aufgeben und ganz allmählich in die neue Existenz hinübergleiten. Es tröpfelten zwar ein paar publizistische Resultate aus Norwegen-, Schweden- und Lappland-Reisen heraus, doch es fehlte mir der Mut zur letzten Konsequenz, ohne die es nicht klappen konnte. Daß ich in der Zwischenzeit geheiratet hatte, machte alles noch komplizierter. Also bewarb ich mich mal wieder, diesmal als Filmothekar mit Einstufung nach »B-sowieso«. Aufgrund eines absurden Irrtums hielt man mich für einen frommen Kirchgänger und der CDU nahestehend, was mich ausreichend für den Job qualifizierte.
Übrigens: wenn Sie nicht wissen sollten, was ein »Filmothekar« ist, so ist das kein Zeichen mangelhafter Bildung. Ich wußte es vordem auch nicht. Es ist das Gegenstück zu einem Bibliothekar, und was das ist, das wissen Sie ja, sonst hätten Sie dieses Buch nicht in die Hände bekommen (oder haben Sie es gar gekauft?). Jedenfalls beschäftigt sich der Filmothekar mit Filmen, die er sortiert, technisch überprüft und an Interessenten verteilt.
Die Filmothekars-Zeit war eine schöne und helle Episode meines Lebens. Der Schauplatz des Geschehens war eine Stadt, in der froher Sinn schon von Berufswegen gedeiht. Ich fand zwei Kollegen, die ihre Arbeit mit leichter Hand verrichteten; das heißt, sie erkannten

durchaus deren Unvermeidlichkeit an, ließen aber nicht zu, daß mehr als ein Broterwerb daraus wurde. Zu diesem Zeitpunkt bestand für mich durchaus die Gefahr, mich zu verlieren in der Geborgenheit des warmen Miefs, den meine Mutter so beschrieb: »Mach's wie die Leute, dann geht's dir wie den Leuten!«

Doch da war einer, »der hatte die Sache unter sich«, einer, der von Statistiken und Tabellen ungeheuer viel und von Filmen gar nichts verstand; das heißt, Filmlänge, Verleihfrequenz, Filmgewicht (»wichtig für die Portokosten, meine Herren!«) hatte er im Kopf und das prädestinierte ihn für einen Chefposten. Darüber hinaus war er ein äußerst dynamischer Mensch, sauste durch die Gegend wie ein Kater, dem böse Buben eine Blechdose an den Schwanz gebunden haben, war entschlossener Katholik, CDU-Mann und von wildem Ehrgeiz besessen. Er störte das Idyll empfindlich! Er war ein unerträglicher mieser Zeitgenosse, doch da er wie von Furien gejagt in der Gegend herumtobte, war er nur selten anwesend. Also konnten wir unbesorgt morgens um neun (ein glücklicher Zufall hatte es so gefügt, daß sich unten im Erdgeschoß eine Gaststätte etabliert hatte) anrufen und uns von der Kellnerin drei große, schäumende, frischgezapfte Biere und ein paar Gurken heraufbringen lassen. Und wenn am Wochenende ein Filmseminar mit der weiblichen Landjugend oder der Pädagogischen Hochschule auf Schloß Krähenkralle stattfand, wurde es meist eine überaus vergnügliche Sache – für die Seminaristinnen und für uns.

Leider kam das alles heraus, auch daß wir »Rote« waren – obwohl die SPD (der DFU hatte ich inzwischen den Rücken gekehrt) sich nur noch dunkel daran erinnert, was es mit dieser Farbe auf sich hat. Mich erwischte es zuerst, als ausgerechnet ein Adenauer-Propaganda-Film und – absurderweise – eine Bratpfanne fehlten; ich sollte beides unterschlagen haben. Mit Recht wird man nun fragen: was hat eine Bratpfanne in einer Filmothek zu suchen?

Nun, eben jener Vorstand war nicht nur ehr-, sondern gemeinhin geizig und hatte sich ausgerechnet, daß es billiger für ihn war, wenn er sich selbst ein paar Eier in die Pfanne haute, anstatt sich das unten vom Wirt besorgen zu lassen. Die Pfanne jedoch war nicht sein persönliches Eigentum, sondern das der Körperschaft und entsprechend inventarisiert. Ich muß zugeben, ich hatte – um ihn zu ärgern – die Pfanne hinter einem Stapel Filmdosen mit Heinrich-Lübke-Streifen versteckt.

Aufgrund dieser Pfanne entwickelte sich später ein eingeschriebener Briefwechsel, den ich wahrscheinlich einmal veröffentlichen werde, der aber in diesem Buch nichts zu suchen hat. Mir wurde nahegelegt zu kündigen. Ich kündigte frohen Herzens. Der zweite Kollege hatte vergessen die Türe abzuschließen, als er die Mittagspause (also seine und ihre Freizeit) dazu verwandte, mit einer Kollegin auf dem Sofa zu kopulieren. Auf dem inventarisierten Sofa, das der Körperschaft gehörte, und angeschafft worden war zwecks Einsparung von Hotelkosten. Da nur noch einer von dreien übrigblieb, mochte der auch nicht mehr weitermachen – er eröffnete ein Restaurant.

Das Blockhaus am Kecarpoui

In den frühen siebziger Jahren sind wir seßhaft geworden – an jener Küste, die der Franzose Jacques Cartier »das Land, das Gott dem Kain gab« nannte; an einer rückständigen (oder ursprünglichen) Küste, je nach dem Blickwinkel des Betrachters – mitten im »Nirgendwo«.

Selbstverständlich ist dieses »Nirgendwo« nicht wirklich nirgendwo, sondern durchaus irgendwo. Da aber dieses »Irgendwo« für die meisten Menschen nirgendwo ist, segelt das aufgeschriebene Geschehen durchaus legitim unter der Titelflagge. Es ist also beileibe keine Fiktion, weder was die Orte des Geschehens angeht, noch dessen tragende Figuren, noch das Geschehen selbst.

Wer es ganz genau wissen will: Irgendwo-Nirgendwo liegt auf 51° 8′ nördlicher Breite und 58° 51′ westlicher Länge innerhalb der Grenzen der französischsprachigen kanadischen Provinz Quebec, achtzig Meilen oder einhundertachtundzwanzig Kilometer von deren Ostgrenze entfernt, an der Südküste der Halbinsel Labrador, die sogar bei einem so berühmten Schrifsteller wie Henry Miller Erwähnung findet. Beim Vergleich – sage und schreibe – mit Paris: »Ein scheußlicher Ort im Winter, dieses Paris. Ein Klima, das sich einem in die Seele frißt, das einen so kahl zurückläßt wie die Küste von Labrador!« Henry Miller kannte Labrador nur vom Hörensagen – sonst hätte er anders geurteilt. Doch das nur nebenbei – oder vorweg.

Von und nach Irgendwo – Nirgendwo gibt es weder Telefon-, Post-, Funk-, Eisenbahn- noch Straßenverbindung zum großen Rest der Welt, für den es wirklich »Nirgendwo« ist.

Doch ist es existent, wenn auch in keinem Adreß-, Telefon- oder Katasterbuch eingetragen. Es hat sogar einen sehr guten Naturhafen, und an dem steht ein kleines Blockhaus. Der Naturhafen, eine kleine, fast geschlossene runde Bucht von fünfhundert Metern im Durchmesser, öffnet sich da, wo die Seekarte aufhört, wo der Entdeckergeist der Kartographen nicht weitermachen mochte. Das hat Vorteile, denn große Boote und Nicht-Ortskundige trauen sich kaum hinein in die Bucht, haben Angst, auf Grund zu laufen. Sogar die berühmte kanadische RCMP – die rotberockten und sonst ganz unerschrockenen Mounties – sind einmal bereits vor dem Eingang zur Bucht mit ihrem Kutter umgekehrt, weil sie dem nicht kartographierten Fahrwasser mißtrauten. Vielleicht auch, weil die Mounties eher im Sattel zu Hause sind, wie der Name ja schon sagt – oder, weil auch diese Polizeitruppe nicht mehr das ist, was sie einmal war.

Das Blockhaus ist klein genug, um mit seinem Moosdach zwischen den Bäumen nicht aufzufallen und groß genug, daß sich die beiden Bewohner darin bewegen können. Wir hatten es, mehr schlecht als recht, selbst gebaut. Erst drei auf fünf Meter, dann wurde es mittels eines Anbaues auf vierzig Quadratmeter erweitert – unter Mithilfe von Linus Carter.

Linus – dem aufgetragen war, Werkzeug des Schicksals zu werden und der alle Dämme brechenden Geburtenflut an dieser Küste gewissermaßen den Hahn abzudrehen.

Von diesem Naturhafen aus fährt man bei Nordwind in zwei Stunden ins Dorf Snuffbox City, bei Ost- oder Westwind in drei Stunden, und bei Süd- oder Südwestwind fährt man überhaupt nicht nach Snuffbox City, sondern in die Siedlung Mishou-Chibou, die man ebenfalls nach zwei Stunden erreicht.

Snuffbox City hat etwa fünfhundert Einwohner, eine Fischfabrik mit fünfzig Beschäftigten, eine Schule, einen Kindergarten, je eine katholische und anglikanische Kirche sowie eine Gospel Hall, drei General Stores, betrieben von der Hudson's Bay Company, von Joe Padlock und Little Lenny – weiterhin Fat Daniel's »Polar Restaurant und Hotel«; eine Krankenschwester und eine Posthalterin.

Snuffbox City wird im Sommer einmal in der Woche von der »Prince du Fort« (Fracht und Passagiere), von der »Prince de la Baie« (nur Fracht) und dreimal in der

Woche von der Fluggesellschaft »Les Ailes de la Providence« mit einem einmotorigen Wasserflugzeug vom Typ De Havilland-Otter (neun Passagiere) angeflogen, soweit die Wetterbedingungen eine Landung auf dem See hinter der Fischfabrik zulassen. Zu der sechs Meilen weiter südlich gelegenen Gemeinde Sheep Cove (zweihundertfünfzig Einwohner) besteht eine Straßenverbindung, befahrbar nur während des Sommers und auch dann nur nach längeren Schönwetterperioden.

Im Winter landet die »Otter« auf dem Eis vor der Fischfabrik auf Kufen; die Straße nach Sheep Cove ist dann absolut unpassierbar, und weder die »Prince du Fort« noch die »Prince de la Baie« frequentieren die im Eis erstarrte Lower North Shore, also den Teil des Nordufers des St. Lorenz-Golfes, der der Ausgangspunkt des Geschehens ist.

Mishou-Chibou dagegen hat neunhundert Einwohner und ist der größte Ort zwischen der Ostgrenze der Provinz und dem zweihundertfünfzig Meilen westlich liegenden Havre St.-Pierre. Ob die hundert Indianer, die auf der anderen Flußseite des Mishou-Chibou-River leben, zur Einwohnerzahl hinzugerechnet werden müssen, darüber besteht keine Klarheit. Ich habe sie, da sie ohnehin weitgehend ein Eigenleben führen, nicht hinzugezählt.

Die Verbindung zur Außenwelt wird hier durch dieselben Verkehrsmittel wie in Snuffbox City sicher- und manchmal in Frage gestellt. Allerdings ist Mishou-Chibou noch weniger autofreundlich als Snuffbox City: Die einzige Straße, im Volksmund »Spoon Cove Highway« genannt, mündet eine Meile außerhalb der Siedlung am Müllplatz.

Neben dem Hudson's Bay Store betreiben Johnny Bullfrog, Jerry Huntington und Victor Sugarloaf »General Stores«, Slim Halfpenny eine Sägemühle, Patrick O'Sean ein Café-Restaurant mit einer Music-Box und einem Billard-Tisch. Das »Kulturzentrum« und die katholische Kirche (unten im Keller Tanz und Filmvorführungen, oben Gottesdienst) sind leider vor einigen Jahren abgebrannt. Die Kirche wurde wieder aufgebaut, auf das Kulturzentrum hat man aus den verschiedensten Gründen verzichtet. Da auch eine Gospel Hall fehlt, hält außer der katholischen Kirche nur noch die anglikanische das religiöse Leben aufrecht, während zwei Krankenschwestern für das physische Wohlbefinden der Bevölkerung sorgen.

Die beiden Gemeinden Snuffbox City und Mishou-Chibou, – die über eine Vermittlung in Blanc-Sablon Telefonanschluß zur übrigen Welt haben, sofern es die Technik zuläßt und die Telefonistin nicht unabkömmlich mit anderen Dingen beschäftigt ist – sind die dünnen Fäden jenes erdumspannenden Netzes, das »Zivilisation« heißt, und dazwischen hausen wir – meine Frau Brigitte, unter dem Namen »Schnubbel« in die »Erlebnisliteratur« eingegangen, und ich – in einer ziemlich breiten Masche des oben zitierten Netzes.

Wir hausen an der Mündungsbucht des Kecarpoui River, der eigentlich gar kein richtiger Fluß, sondern eine Seenkette mit ein paar Stromschnellen dazwischen ist, auf – wie bereits gesagt – 51° 8′ nördlicher Breite und 58° 51′ westlicher Länge. Sechs, sieben, auch mal acht Monate pro Jahr leben wir hier, haben Übernachtungshütten im Landesinnern gebaut, haben die »Portagen« eingerichtet. Trails oder Pfade, die an den unpassierbaren Stromschnellen entlangführen.

Wir haben auf den bedeutendsten Seen des Landesinnern Kanus deponiert, so daß das Reisen weniger beschwerlich ist, als in den ersten Jahren nach unserer Ankunft. Wir haben aber nicht den Versuch gemacht, der Natur unseren Willen aufzuzwingen, sondern haben uns demütig gebeugt, haben den hier noch unumschränkten Herrschaftsanspruch dieser Natur anerkannt.

Mitunter kommen Fischer aus Snuffbox City oder Mishou-Chibou zu uns in die Bucht; manche kommen in die Hütte gestiefelt, hocken sich wortlos auf den Boden an die Wand gelehnt, nicken auf die Frage, ob sie einen Kaffee haben möchten, schlürfen schweigend den Kaffee und gehen nach einer Weile wieder, ohne ein Wort gesagt zu haben. Darüber haben wir uns nur im ersten Jahr gewundert, später nicht mehr. Andere sind gesprächiger, fragen, wie das in Deutschland sei, mit dem Fischen und der Seehundsjagd, mit der Arbeitslosenunterstützung und dem illegalen Schnapsbrennen, sie fragen, ob wir keine Angst vor den Kommunisten hätten.

Merkwürdig oft kommen sie genau zu dem Zeitpunkt, wenn für uns eine Sendung vom Liquor Board in Sept-Iles eingetroffen ist. Vorsichtig, als gälte es, ein Neugeborenes zum Taufbecken zu tragen, heben sie den Karton aus dem Boot, bringen ihn in die Hütte und stellen ihn sachte auf den Tisch. Dann reden sie vom Fischen, vom Wetter, vom Entenjagen und dem neuesten Tratsch, bis wir den Karton geöffnet und eine Flasche aufgezogen haben, um zu probieren, ob der Inhalt nicht durch den Transport gelitten hat. Ja, nur einen kleinen Tropfen möchten sie sich schon genehmigen, bevor sie die nasse und kalte Heimreise im offenen Boot antreten . . . wohl wissend und erwartend, daß es Tradition und Sitte an der North Shore gebieten, eine einmal geöffnete Flasche nicht mehr zu verschließen und wegzustellen.

In den letzten Jahren sind die Besuche ein bißchen seltener geworden, der Glanz des Neuen ist verblaßt, in dem wir uns ein, zwei Sommer lang sonnen durften. Wir gehören jetzt dazu, wenn auch unser Status in mancherlei Gesprächen durchhechelt und durchleuchtet wird. Denn daß da einer nur für den eigenen Bedarf fischt, nicht nennenswert jagt, keine eigene »Trapline« unterhält, weder Arbeitslosen- noch Wohlfahrtsunterstützung bezieht, das will nicht so recht in die Köpfe der North-Shore-Fischer hinein. Und mit sowas Abstraktem wie mit dem Schreiben – da kann man durchaus Geld verdienen, aber nur, wenn man Postmaster oder Lehrer oder Geistlicher ist oder Regierungsbeamter in einem Büro, und in Sept-Iles oder gar in Quebec City residiert.

Alle acht oder zehn Tage fahren wir zum Einkaufen; in den ersten Jahren mit der beschriebenen »Zwiebel«, dann mit der »Cauliflower«, später mit der »Pumpkin« – oder gar mit einem schnellen Outboarder.

Der Leser wird also einsehen, daß eine Fahrt ins Dorf in den meisten Fällen einer Tagesreise gleichkommt, daß an eine Rückreise nach Kecarpoui erst am nächsten Tag zu denken ist. Abends machen wir dann Besuche, trinken mit den Fischern Bier, Homebrew, Whisky und hören zu, was Uncle Jack und Linus Carter, was Horac Robin oder Mulligan Fitzpatrick erzählen.

Mit Interesse vernehmen wir das neueste Geschehen, was nur böswillige Naturen als Klatsch bezeichnen – die Gerüchte über geplante Straßen-, Sägewerks- und Dammbauten an den Flüssen; hoffen inständig, daß es damit noch seine Weile hat. Wohl hören wir auch von den Vorgängen in der Großen Welt »outside«, die an der North Shore immer noch drittrangige Nachrichten sind . . . und oft eine sehr eigene Tönung haben, je nachdem wie die Brille des Berichterstatters bzw. Kommentators beschaffen ist.

Nach Uncle Jacks oder Horaces oder Linus' oder Mulligans Yarn kehren wir zurück in die Masche des Netzes, die Kecarpoui heißt, befreien uns von den Fädchen, die Snuffbox City oder Mishou-Chibou heißen und die, zunehmend an Stärke und Zahl, weiterlaufen rund um die Welt. An der North Shore noch kaum, aber schon spürbar, sich rasch zum Netz immer enger zusammenziehend . . .

Zurück am Kecarpoui, atmen wir auf, schauen uns um, sehen unfruchtbares, zerklüftetes Urgestein mit krüppligem Galeriewald in den Senken zwischen den Hügeln, entlang des Flusses und rund um die Seen.

Da ist nichts zu holen, nichts auszubeuten und abzubauen, zu investieren oder zu kapitalisieren: zu wenig Holz von schlechter Qualität, keine Möglichkeit für die Stromerzeugung, erst recht nicht für irgendwelchen Ackerbau; kein Grund zum Siedeln, keine Möglichkeit für ein Tourismus-Business größeren Stils. Da »lohnt« sich nichts – außer: dort zu leben. Für diese sieben, acht Monate im Jahr ist uns der Kecarpoui River, seine Mündungsbucht, seine zwölf größeren und Hunderte von kleineren Seen, die Stromschnellen und die zweihundert Quadratkilometer hügliger Tundra zum Lebensraum und Lebensinhalt geworden. Nicht, daß wir uns auch geistig in dieses Schneckenhaus zurückgezogen hätten, beileibe nicht. Wir beobachten sehr genau die Welt »draußen« und versuchen immer, über die höchsten Hügel – die hier die Kirchtürme ersetzen – hinauszusehen. Doch ist das Geschehen in der Welt bereits durch Abstand und Zeit gefiltert, wenn es mit den ein paar Wochen verspätet ankommenden Zeitungen bis zu uns vorstößt.

Am Kecarpoui haben wir Wurzeln geschlagen, es ist unser Zuhause geworden – dafür haben wir die entsprechenden legalen Voraussetzungen erfüllt. Wir führen ein gesundes, einfaches Leben, das manchem primitiv erscheint.

Während des Aufenthaltes in Deutschland fragen uns die Leute – ja, wie ist denn das so in Kanada in der Wildnis, ohne dies und jenes? Viele betrachten uns als Exoten, manche als Paradiesvögel und andere als nicht ganz richtig im Kopf. Oft klingt Kritik an, wegen dieses Lebensstiles. Eine Kritik, die merkwürdigerweise aus zwei sich diametral gegenüberliegenden Ecken kommt. Die einen werfen uns vor: Ihr seid nicht konsequent genug, ihr müßt das »einfache Leben« absolut leben, ohne technische Hilfsmittel, müßt euern Lebensunterhalt durch Jagd mit Pfeil und Bogen, Fischfang, durch Sammeln von Beeren, Kräutern und Wurzeln fristen, und das nicht nur im Sommer, da ist das einfach, auch

im Winter müßt ihr dableiben, Vorräte anlegen für die kalte Jahreszeit usw. usw.
Diese Leute fordern die absolute Konsequenz, den Abbruch aller Brücken. Das ginge allenfalls – muß ich entgegnen – als befristetes Experiment, doch auf die Dauer schafft das niemand, nicht einmal mehr ein Indianer oder Eskimo, und ich kenne niemanden, kein Beispiel, daß es jemand in neuerer Zeit fürs ganze Leben durchgestanden hätte.
Es wäre ein selbstmörderisches Vorhaben, mit höchsten physischen Risiken, von eventuellen psychischen Schäden einmal abgesehen. Ich glaube, es wäre ein Rückschritt. Die Kritik aus der anderen Ecke lautet: Ihr da, ihr haut einfach ab, wenn euch die Probleme, die wir hier haben, zum Halse heraushängen oder über den Kopf zu wachsen drohen – während wir den Kopf hinhalten und versuchen, das Beste draus zu machen.
Okay, wir halten auch den Kopf hin, wenn wir in Europa sind, wir haben ihn hingehalten, bevor wir nach Kanada gingen, haben uns engagiert, haben gesagt – so geht das nicht weiter mit dem technischen Fortschritt, mit den alles verschlingenden Dynamismen, die der Kontrolle des Individuums längst entglitten sind, denen auch die Staatsmacht hilflos gegenübersteht.
Doch was nützt alles Protestieren gegen die Belastung der Umwelt beispielsweise, wenn wir nicht selbst gewillt sind, uns einzuschränken, ein bißchen weniger an dem Ast herumzusägen, auf dem wir alle sitzen. Und selbst wenn es gelänge, alle davon zu überzeugen, daß nur Bescheidung der Menschheit eine Chance auf Dauer einräumt, dann würden sich alle Räder langsamer drehen, da würde das eine oder andere mal ganz stehenbleiben und womöglich die gesamte Maschinerie, hunderttausendmal komplizierter als eine Four-Atlantic-Maschine, aus dem Takt bringen. Auch dann würden neue Egoismen aufbrechen. Das ganze kapitalistische oder meinetwegen auch christlich-abendländische System, das zu einer unbeschreiblich zähen Masse verklebt ist und das nur funktioniert, weil tausend Egoismen und tausend Einzelinteressen sich gegenseitig neutralisieren, würde zusammenbrechen.
Denn dieses System kann nur funktionieren, wenn es weiter – wenn auch langsamer als bisher – wächst, bis es so groß und umfassend geworden ist, daß es den letzten Rest von Individualität an der Wand zerquetscht wie eine Laus. Erst wenn wir statt dessen etwas ganz Neues wagen, etwas, dessen Grundlage Bescheidung, die Erhaltung des Verbliebenen und Solidarität ist, haben die Generationen nach uns noch eine Chance. Doch sind Bescheidung, Erhaltung und Solidarität ferne, ganz ferne Utopien.
Es tut mir leid – ich sehe der Zukunft mit großem Pessimismus entgegen, eine Wendung zum weniger Gefährlichen oder gar zum Besseren scheint mir nicht wahrscheinlich. Es sei denn, irgend jemand hat die Vernunft und das Durchsetzungsvermögen, der Menschheit »common sense« zu verordnen, von selbst wird sie nicht darauf kommen. Sollte sich am Horizont einmal der Hoffnungsschimmer auf eine Verwirklichung dieser Utopie abzeichnen, bin ich bereit, mich voll in ihren Dienst zu stellen.
Solange aber das Gegenteil droht, nehmen wir uns die Freiheit uns zurückzuziehen, zeitweilig oder für immer, auf den kleinen, überschaubaren Organismus des Kecarpoui, wo wir uns ohne Not weiter einschränken können und wo wir eine gewisse Distanz zu den Verrücktheiten der Menschheit haben. Denn vorläufig gibt es noch Oasen, einige wenige, in denen die Selbstverwirklichung möglich ist – ob die Generation nach uns solche noch findet, ist zweifelhaft.
Wir nehmen uns weiter die Freiheit, auf Vermögensbildung, Altersversicherung, auf das ganze Netz der »sozialen Sicherheit« zu verzichten. Weil uns der Preis, den man dafür zahlt, zu hoch erscheint. Wir versuchen, soweit und solange das möglich ist, uns selbst zu helfen.
Aber selbst, wenn man wie wir sechs Meilen vom nächsten Nachbarn und zwanzig Meilen von den nächsten Dörfern entfernt lebt, haust man nicht im menschenleeren Raum und erst recht nicht in der Anonymität. Vielmehr ist das, was »zwischenmenschlicher Kontakt« heißt, hier viel intensiver als zum Beispiel in einer Großstadt. Deshalb soll in erster Linie von den Menschen in Labrador die Rede sein, von ihren Eigenheiten, von ihren und unseren Erlebnissen.
Kecarpoui heißt in der Sprache der Montagnais-Indianer »Stachelschwein«, oder Baumstachler. Das Kecarpoui ist ein sehr sympathisches Tier, es wird viel größer als ein Igel, dreißig oder gar vierzig Pfund schwer, doch ist das nicht so wichtig. Vielmehr scheint mir bedeutsam, daß es langsam und behäbig ist, weder aggressiv noch kompetitiv, sich mit dem Verzehr von Baumrinde begnügt, niemand die Butter vom Brot nimmt, sich aber aufgrund seiner Stacheln in einer Welt behauptet,

Unsere Blockhütte am Kecarpoui.

Unten rechts: Linus Carter – der »Baumeister«.

Die Kecarpoui-Bucht mit dem Segler »Cauliflower«.

die es liebend gerne mit Haut und Haaren auffressen würde.

In der Kecarpoui Bay ist nichts als feuchte Watte. Nur steuerbords ist das Grau eine Idee dunkler – da zeigt sich hinter einem tristen Gazeschleier mitunter ein Stück Fels, Tundra, mit der einen oder anderen nassen Krüppelfichte. Das ist die meilenweit nach Süden laufende Felsnase, nach der wir uns orientieren müssen.
Eine Stunde lang begleitet uns der Schatten, dann passieren wir Narrow Tickle, die Meerenge. Die Felsnase läuft auf der Backbordseite weiter. Die Felsnase – das ist der Schemen, den nur der erahnt, der diese Gewässer besser als seine Hosentasche kennt.
Das Grau wird heller, lichter, mutiert in das Weiß frischgefallenen Schnees; im Südosten gewinnt eine leuchtende Scheibe klare Konturen. Noch zwei, drei Minuten, und dann entläßt uns die graue Watte, die Enge, wir treten aus dem Inneren des düsteren Balles in die schrankenlose, leuchtende Weite, in eine Welt von unverschämt strahlendem Blau, während die schmutzige, braunschwarze Watte vorm Narrow Tickle liegenbleibt.
In all dem Blau schwimmen – von der Wasseroberfläche losgelöst – dunklere, scharfkonturierte Gebilde, die Schären weiter draußen. Das alles ist schrecklich schön, viel schöner noch als im Kino auf Eastman-Color. Mitunter bringt die Natur, bringt Labrador überhaupt keinen Sinn auf für Stil und Geschmack, für das, was sich gehört. Sich so zu präsentieren, ist niveaulos, ist reiner Kitsch und zudem pure Heuchelei. Glücklicherweise dauert die Heuchelei nie lange an, sonst wäre es vor Licht und Wonne kaum zum Aushalten an dieser Labrador-Küste.
Die ersten Atemzüge der Südwestbrise wandern als dunkle, tintenblaue Flächen über das Wasser zu uns herauf. Sie löschen die Spiegelbilder der Schären, riffeln die See, pusten um die »Zwiebel«. Kein Zweifel, das ist die Mittagsbrise. Sie ist ein bißchen früh dran, um acht am Morgen.
Das kleine Boot stemmt sich gegen Wind und Wellen, stampft, patscht und torkelt in Richtung Snuffbox City nach Süden. Wenn Spritzwasser überkommt, zischt, brodelt es um den Auspufftopf, dann reißt der Wind einen hellen Dunstfetzen ab und verschlingt ihn auf der Stelle.
Brigitte sitzt an der Ruderpinne, ich hocke mittschiffs

vor der Maschine, lasse die »Four Atlantic« keinen Augenblick unbewacht. Ruppes hatte sich aufgerollt, seine Vorderbeine neben mich auf die Ducht gestellt, macht ein besorgtes Gesicht. Dabei ist es eine ganz normale Fahrt nach Snuffbox City. Eine außergewöhnlich normale sogar – denn die Maschine donnert und poltert, treibt die »Zwiebel« nach Süden, ohne sich einen einzi-

gen Schnaufer zu gönnen. Ein Muster an Solidität und Zuverlässigkeit.
Die »Four Atlantic« – »Four« steht für die Anzahl der PS – ist ein bewundernswertes Beispiel neuschottisch-kanadischer Ingenieurkunst. Durch die Zeitläufte und vielleicht auch durch die räumliche Entfernung zu den übrigen Maschinenbauzentren bedingt, ist die Evolution der »Atlantics« bei einem Zylinder stehengeblieben. Etwa so, wie sich das Prinzip der Ein-Ehe beim aufgeklärteren Teil der Gesellschaft – schon aus praktischen Gründen – durchgesetzt hat.
Es gab zwar Versuche, eine Sechs-PS-Maschine mit zwei Zylindern auf den Markt zu werfen. Doch der Versuch mißlang. Denn bei den »Atlantics« fesselt ein Zylinder die volle Aufmerksamkeit des Maschinisten, Ingenieurs, Skippers oder was auch immer – ähnlich, wie es bei den meisten Ehen mit einer Frau der Fall ist.

Eine Four-Atlantic-Maschine wird dem Ruf zur einfachen, soliden Technik wie kaum eine andere gerecht. Sie gehört nicht zu den Wegwerfgeräten unserer Konsum-Gesellschaft, dafür ist sie einfach zu schwer. Ihre Schöpfer, die sie noch vor den amerikanischen Unabhängigkeitskriegen konstruierten, hielten technischen Firlefanz wie Anlasser, Generator, Getriebe für überflüssig. Eine Atlantic-Maschine arbeitet so, daß auch ein Laie sofort kapiert: Ein eisernes, mächtiges Schwungrad hebt über die Kurbelwelle den einzigen dicken Sechs-Zoll-Kolben. Der verdichtet das Benzin-Luft-Gemisch, eine Batterie liefert den Funken über eine Zündanlage, die »Ignitor« heißt; es knallt, der Schlag treibt den Kolben nach unten, das Schwungrad herum; es knallt, bellt, poltert, der Kolben kommt hoch, der Ignitor zündet, und so fort . . .

Verdammt einfach, nicht wahr? Nun, nicht ganz: Kurbel- und Schraubenwelle sind starr miteinander verbunden, einmal angelassen, nimmt das Schiff unverzüglich Fahrt auf. Leider weiß kein Mensch – in welche Richtung! Der kluge Skipper hält sich beide Möglichkeiten offen . . . vor- und achteraus!
Aus mysteriösen Gründen funktioniert das geniale System nur bei ständiger, fachmännischer Überwachung. Die Verhältnisse von Luft-Benzin/Öl-Gemisch herauszufinden, ist das Resultat gewiefter Tüftelei – und zwischen den einzelnen Exemplaren verschieden und beileibe nicht gleichbleibend.
Eine »Atlantic« ist ein starkes Individuum. Ähnlich wie im Zusammenleben von Menschen verschiedenen Geschlechts dauert es mitunter ein halbes Lebensalter, bis man den einfachen und übersichtlichen Mechanismus erforscht hat, und nochmals dieselbe Zeit, bis man dessen Kapricen im voraus erahnt. Ideal ist, wenn sich die Erfahrungen stufenlos vom Großvater auf den Vater, vom Vater auf den Sohn und so fort... übertragen.

Leider besaßen weder mein Vater noch mein Großvater einen Atlantic-Bootsmotor der Firma im neu-schottischen Lunenbourg – was sollten sie auch damit im nördlichen Saarland, im Hochwald zwischen Saar und Mosel.
Ich kann mir nicht mehr als die Erfahrungen dreier Sommer zunutze machen, und das ist entschieden zu wenig. Deshalb spielt mir der »Four Atlantic« auf jenen Fahrten nach Mishou-Chibou oder Snuffbox Sity manchmal dreiste, mitunter verrückte, meistens aber raffiniert ausgeheckte Streiche.
»Sprit und Funke – das ist alles, was du brauchst«, sagen die Fischer. »Sprit und Funke«, dachte ich, »bis jetzt läuft's ja hervorragend!«
Wir haben den Schutz der breit vor der großen Kecarpoui Bay liegenden Whaleback-Insel verlassen, und auf den letzten acht Meilen wird's bewegt. Doch auch das ist ganz normal. Auf dieser Strecke ist auf der Karte nur »Fliegendreck« zu sehen, ganz wenige, kleine Schären. Im Windschatten von Mrs. Horsenail Rückseite ist mehr Lee als hinter all diesen Felsbuckeln.
»Horsenail Island« heißt eine jener zu dreiviertel ertrunkenen Kuppen. Wie von einer Riesenaxt aufgespalten, sieht sie von weitem aus, wie die mächtigen Hinterbacken einer bäuchlings im Bade liegenden, dunkelhäutigen Walküre. Kein Wunder, daß diese Insel lediglich auf der Karte Horsenail Island heißt. An der North Shore kennt sie kein Mensch unter diesem Namen.
Und wenn der Fremde danach fragt, so erhält er als Antwort allenfalls ein bedauerndes Achselzucken. Erst wenn er die Position genauer beschreibt, dann verstehen die Fischer: »Ah – 'The Buttocks' – das meint er wohl!« Buttocks – das sind auf gut deutsch – Hinterbacken.
Die »Zwiebel« und die »Four Atlantic« legen sich mächtig ins Zeug. Ein tapferes Schiffchen, eine verläßliche Maschine. Selbst von diesen eindrucksvollen Rollern lassen sie sich nicht ins Bockshorn jagen . . . Die

»Four Atlantic« arbeitet wie ein Dampfhammer, legt sich mit jeder ihrer vier Pferdestärken in die Sielen, daß es eine Freude ist. Nur wenn das Schiff die Nase ein bißchen zu tief in das Wellental vor ihr steckt, wenn die Schraube freikommt, dann rast die Maschine los, als werde sie von allen sieben siebenschwänzigen Großmüttern Scheitans gehetzt, dann erbebt die »Zwiebel« bis hinunter in den Kiel . . .

Nachdem wir die »Buttocks« passiert haben, macht sich das Lee des Festlandes bemerkbar. Die Pier der Fischfabrik, die Männer, die dort stehen, sind gut auszumachen. Doch Wind und Wellen nehmen uns jetzt von Backbord her an. Die »Zwiebel« torkelt von einer Seite auf die andere, als hänge sie als Pendel an einer Standuhr. Die »Buttocks« bleiben hinter uns zurück. Sie sehen wirklich aus wie die Hinterseite einer im Schaumbad schnorchelnden schwarzen . . . Bei diesem Gedanken erstirbt die Maschine. Ich tauche sofort nach unten: Spritzufuhr okay, Zündfunke okay, also muß es der Zündbolzen sein. In ein paar Sekunden habe ich die Frontplatte abgeschraubt. Habe mir am heißen Zylinder die Finger verbrannt. Habe die Schlacke mit dem Messer vom Bolzen weggekratzt. Ein Blick nach Steuerbord zeigt mir, daß die »Zwiebel« langsam, aber stetig ins Luv der felsigen Schäre treibt, die mich vor ein paar Augenblicken zu dem Abschweifen meiner Gedanken verleitet hat. Mit fliegenden Händen passe ich die Frontplatte an, ziehe die beiden Muttern fest, stecke das Zündkabel auf. Mit allen mir innewohnenden Elan werfe ich das Schwungrad herum – »flupp-flupp, --flupp, flu-u-up, fluu--« sagt die Maschine, läßt einen unfeinen Ton hören, der dann ebenfalls erstirbt.

Ich werfe das Schwungrad herum, nochmals und nochmals – nichts passiert. Ich arbeite wie besessen. Ich verfluche den Erfinder des gußeisernen Monstrums, stoße Ruppes beiseite, der sich rat- und auskunftsuchend neben mich gestellt hat, fülle einen Fingerhut voll Benzin aus der bereitstehenden Flasche oben in den Zylinder – was unter jenen Bedingungen genauso schwierig ist, wie während eines Erdbebens ein Tablett voller Biergläser zwischen einer Horde polkatanzender Kirmesgäste hindurch zu balancieren, verbrenne mir nochmals die Finger.

Darauf ein neuerlicher, gewaltiger Armschwung, und zwanzig Meter vor dem riesig aufragenden Arsch des felsenen Meerweibes hämmert der Motor los, nimmt die »Zwiebel« wieder Fahrt auf, entfernt sich gemächlich von den Weiß am Felsen hochgischtenden Wellen; Brigittes Züge entspannen sich, Ruppes stubst mich anerkennend an und – da erstirbt der Lärm.

Wieder wird es still. Unheimlich still. Und ein Augenblick nur, bis das Rauschen und Brausen der Seen, das Pfeifen der Stille füllt. Während Wind und See uns auf diese gottverdammten Buttocks zuschieben, öffne ich die Vergasernadel um eine Vierteldrehung, werfe das Schwungrad herum, einmal, nochmal, und »fluu-up« macht es, dumpf und zögernd, und nochmals »fluup«. Fünfzehn Meter von der aufbrausenden Gischt entfernt, hält die »Zwiebel« die Position, kommt langsam, unendlich langsam von dem Felsen frei; ich drehe die Vergasernadel auf Normalstellung, jetzt hämmert die Maschine los – und erstirbt.

Der Fels scheint uns erst mit unsichtbaren Tauen festzuhalten, dann wie ein Magnet zu sich heranzuziehen. Ich verfluche Pius Pike, der uns den Kahn angedreht hatte, gieße wieder Sprit in den Zylinder, was diesmal so schwierig ist, wie an Bord einer Schiffschaukel einen Wollfaden ins Öhr zu fädeln. Ich werfe das Schwungrad herum und nochmals herum und nochmals. Beim fünften Versuch knallt es entsetzlich, die blaue Explosionswolke hüllt mich für den Bruchteil eine Sekunde ein und läßt Ruppes erschreckt zurückfahren, doch die Maschine poltert los – leider läuft sie rückwärts. Ich verfluche Labrador, mich und meine Erzeuger, brülle zu Brigitte hinüber, daß ich nicht auf Vorwärtslauf umstellen könne: »Wir müssen sehen, daß wir übers Heck freikommen!« Tatsächlich schrappen wir Meter um Meter an dem Gestein, an den daran hochschäumenden Brechern vorbei, während ich lenze, was das Zeug hält, denn jetzt steigt grünes Wasser übers Heck ein. Ich verspreche der Maschine, sie in Snuffbox City mit dem dicksten Vorschlaghammer, den ich auftreiben kann, in Stücke zu zerschlagen, aber vorläufig muß ich pumpen, pumpen, um des Wassers Herr zu werden, das an Bord kommt, muß pumpen, was meine Arme hergeben. Ich werfe die Öljacke, die mich behindert, nach vorn, und schon die nächste See steigt voll ein, steigt mir in die Hose, Salzwasser verzischt auf dem Zylinder, am Auspuff, ich pumpe.

Jetzt runden wir – ich pumpe – immer noch achteraus laufend – die rechte Huk – ich pumpe – Brigitte am Steuer dreht langsam das Heck herum, dreht den Bug in die anlaufenden Seen – ich pumpe, wir laufen ein Stück achteraus vorm Wind – ich pumpe –, jetzt sind wir frei

Mit der »Kleinen Zwiebel« auf dem Weg nach Snuffbox City.

von den verteufelten »Buttocks«; jetzt kann ich das Zündkabel wegnehmen, warten, bis das gußeiserne Rad den letzten Schwung einleitet, das Zündkabel wieder aufstecken. Es gelingt – wir machen wieder Fahrt, ich pumpe ein letztes Mal, wir machen volle Fahrt voraus – wie es sich gehört.

»Bei einer solchen Brise auf Dorsch zu pilken – das ist nur den Angehörigen des deutschen Volkes gegeben!« rief einer aus, als wir triefend auf die Pier der Fischfabrik stiegen. Es war ein Franko-Kanadier, der Akzent war nicht zu überhören. Er trug kurze, unten ausgefranste Jeans, einen dicken, blau-weiß-roten Ski-Pullover mit Ahornblättern auf den Schultern, und quer über der Brust stand rotgestrickt »Canada«. Sein Gesicht war sommersprossig, ein mächtiger Schnauzbart der Blickfang. Der Wind fuhr in seinem struppigen, falben Haarschopf herum.

»Verdammt nochmal – da war nichts mit Pilken, das war der Hundesohn von Motor, den Jacques Cartier bei der Entdeckung Kanadas über Bord geschmissen und den ein gewissenloser Neufundländer gefunden und mir angedreht hat!« »Four Atlantic – schätze ich?« sagte der Mensch mit einem wissenden Grinsen. »Doch Madame, Sie triefen ja vor Nässe, Sie Arme!« Dabei ging es Brigitte gut – unter ihrem Ölzeug war sie mollig verpackt, während mir der kalte Labradorstrom aus den Hosenbeinen troff.

»Kommen Sie mit, das Haus ist warm und trocken, da gibt's eine Toilette, eine mit Wasserspülung . . . « er legte eine bedeutsame Pause ein. »Die Toilette ist auch warm, im Haus ein heißes Bad, einen Drink für Monsier vielleicht . . . « Er wandte sich an mich.

»Ich bin Horace Robin, sicher haben Sie schon von mir gehört, wie ich auch von Ihnen gehört habe; es gibt ja nicht viel zu erzählen hier an der Küste; und wenn sich da mal ein Fremder niederläßt, dann ist das ein Jahrhundertereignis. Doch ist sie nicht phantastisch, die North Shore, ich liebe sie – eine Schönheit, die mich weinen macht – die Felsen, das Meer, die Wälder, weiter im Landesinnern . . . doch jetzt kommen Sie! Kommen Sie herauf zu meiner Residenz!«

Der Mann hatte jedenfalls ein Gespür, sagte ich mir, Gespür für das, was wir brauchten, nachdem wir bei der Brise mit einem Boot wie der »Zwiebel«, mit einer Maschine wie der »Four Atlantic«, eine Fahrt wie die unsere hinter uns gebracht hatten.

Die »Residenz« war eines jener nordamerikanischen Standard-Häuser, wie aus dem Eaton's Katalog gepellt; geräumig, praktisch, preiswert, schnell und unkompliziert zu bauen, aber ohne den geringsten Anspruch auf Originalität und geschmackvolles Interieur, ohne die Spur eines Respektes für das Individuum. Jedoch für North-Shore-Verhältnisse der höchste nur vorstellbare Luxus. Nach der Balgerei mit dem St.-Lorenz-Golf schien uns Horace' Residenz der schönste aller Paläste.

»Betrachten Sie diese bescheidene Behausung als die Ihre!« sagte Monsieur Robin, raffte ein paar Wäschestücke beiseite, »Madame, die Toilette ist da, ein richtiges, funktionierendes Wasserklosett – das System brauche ich Ihnen, Madame, nicht zu erläutern . . .« Brigitte verschwand.

Die beiden Salzwasserlachen unter meinen Füßen vergrößerten sich zusehends. »Ich muß den Kerlen hier immer erklären, wie das mit der Toilette funktioniert – kürzlich hat mir doch einer in die Badewanne gestrullert, so ein Ferkel . . . « Brigitte erschien wieder, jetzt konnte auch ich aus dem nassen Zeug heraus. »Ich bewundere Ihre Frau, ein Toast auf Madame Brigitte! Ich bewundere ihre Tapferkeit, wie sie das Leben in der Wildnis meistert – und wenn ich in irgendeiner Form mit meinen bescheidenen Mitteln . . . so zum Beispiel mit einer Dusche – es ist alles bereit. Ich liebe ja auch das Leben in der grandiosen Freiheit, wie sie einzig und allein die Wildnis bietet – doch alle zwei, drei Tage eine Dusche, eine zivilisierte Toilette, das wären Voraussetzungen . . . «

Nach einer halben Stunde, nach dem dritten Whisky, waren wir von innen her restauriert, hatten wir uns mal wieder mit dem Schicksal ausgesöhnt, das uns an jene North Shore, an die Küsten dieser unwirtlichen Halbinsel, die Labrador heißt, verschlagen hat. Die Frage, warum gerade dorthin, warum nicht in den Yukon oder nach Alaska oder British-Columbia, in die Karibik oder die Südsee, stellte Horace nicht. Genau wie für uns war die North Shore für ihn der optimale Platz.

Ja, wie war es dazu gekommen – die Frage ist uns so oft gestellt worden, daß wir müde geworden sind, sie zu beantworten, von neugierigen Fragern ins Kreuzverhör genommen zu werden. Doch hier war es anders, denn auch Horace Robin hatte eine Geschichte zu erzählen.

Nichts ist schöner als ein ruhiger Hafen nach stürmischer Fahrt.

5. Rückblende

Ich hatte es längst eingesehen, daß es mir nicht vergönnt war, in dem großen Heerhaufen mitzulaufen, geschweige denn, voranzustürmen. Ich blieb hinten bei den Bummlern – bei denen, die nicht mehr konnten oder wollten, beim Troß; und endlich blieb ich einfach stehen, ließ auch die Letzten an mir vorbeiziehen.
Ich begann, mein Gehirn zu entrümpeln und meine Gefühle. Legte Tradition und Glauben beiseite und Freunde, Verwandte und Bekannte. Geld hatte ich längst keines mehr. Danach war mir leichter zumute.
Dann schlug ich mich seitwärts ins Feld, marschierte in die Richtung, die mir mein Instinkt wies. All dies traf mich nicht wie Saulus auf dem »trail« nach Damaskus, und nicht immer folgte ich meinen Erkenntnissen und einem gradlinigen Kurs. Rückfälle und Zweifel ließen mich zeitweilig abdriften. Kein Wunder, daß meine erste Frau die Nase voll hatte und sich scheiden ließ, um sich endlich in gesicherte wirtschaftliche Verhältnisse zu begeben. Ich nannte mich jetzt Publizist – denn außer einer Dia-Serie hatte ich in Lappland mit zwei Kollegen einen 16-mm-Farbfilm gedreht. Es gelang jedoch nicht, dieses epochemachende Werk beim Fernsehen unterzubringen. Drang ich wirklich einmal zu einem der Gewaltigen vor, so hob der kaum das müde Auge – »ist ja ganz nett, vielleicht mal fürs Jugendprogramm – aber vorläufig nicht, leider.«
Mit dem Hörfunk hatte ich nicht viel mehr Erfolg. »Sie müssen die exzeptionelle Situation der ethnischen Minoritäten an der kontinentalen Peripherie und ihre soziologischen Strukturen komparativ zum urbanen Behavior exemplifizieren . . . « Verstehen Sie, geneigter Leser, daß ich von dannen ging und bitterlich weinte?
Also warf ich mich auf Zeitungen und Zeitschriften. Doch statt abenteuerlicher Artikel über mutige Wildwasserfahrten in gefährlichen Landstrichen, schrieb ich als freier Mitarbeiter der Lokalblätter Berichte von der Jahreshauptversammlung des Taubensport-Vereins »Heimatliebe« oder vom CDU-Kreisdelegierten-Tag, wo ich natürlich meinen Mund nicht halten konnte und herausflog.
Also hielt ich Vorträge. Das wenigstens klappte. Morgens sprach ich in Schulen, dreißig Pfennig pro Schüler, Geschwister zahlen die Hälfte. Da quetschten sich oft an die hundert Kinder in ein Klassenzimmer, schrien, plärrten, furzten, stanken. Und ich redete. Wo der Sauerstoff herkam, ich weiß es nicht, ich fiel nicht um, redete. Mittags dann in Altersheimen: Honorar zwanzig Mark – ich redete. »Sie bleiben doch noch zum Kaffee, Herr Engel?« »Ja, wenn ich statt Kaffee ein Bier bekommen kann«. Abends großer Bahnhof beim Volksbildungswerk: Honorar fünfzig Mark plus Fahrtspesen. Ich redete. Und anschließend an den Vortrag:
»Wie schwer wird denn so ein Rentier?
Stimmt es, daß die Lappen einem die Frau anbieten?
Sie hätten mehr Bilder von Kiestinki bringen müssen, da haben wir gelegen, 1942/43, vor uns der Iwan, warum haben Sie keine Bilder von Kiestinki?
Gibt's Schlangen oder Krokodile in diesen Flüssen?
So am Anfang Ihres Films, nein, mehr zur Mitte zu, da haben Sie eine Blüte kurz gestreift, eine Steinbrechart, wahrscheinlich war das eine . . . «
Ich redete. Und dann in der Kneipe, da kamen noch ein paar mit auf ein Bier, und da redete ich weiter, goß mir einen auf die Lampe und redete, und dann gerieten wir ins Politische, und dann gab's Krach, mitunter, weil die anders dachten und ich ein Ventil brauchte für die Aggressionen von tagsüber.
Was ich verdiente, ging wieder drauf: Autos, die ich zu Schrott fuhr, Bier, täglicher Kleinkram.

In diesem Wellental meines Daseins trat Brigitte – »Schnubbel« – auf und kreuzte den Kurs meines in der Kreuzsee schlingernden Lebensschiffes. Im Gegensatz zu meiner eigenen war ihre Lebenslinie gerade angelegt – bei, bis zu diesem Zeitpunkt, glatter See. Wir beschlossen, im Convoi zu dampfen. Sie brachte Ordnung ins Chaos, änderte ihren Kurs in die von mir eingeschlagene Richtung, und ehe wir es uns versahen, schwammen wir zusammen, ganz real, auf jenen Strömen, die zur Ursprünglichkeit und zu uns selbst führen.

Der Autor
– als »Jungfilmer«, der nicht weiter weiß, in Lappland,
– als Fußballer,
– als hoffnungsvoller Knabe.

Drei Männer und das Schiff »Peribonca«

Die drei Männer – das sind Linus Carter, Horace Robin und last not least Cäpt'n Carbonneau, die alle drei eine wichtige Rolle in der zivilisatorischen Entwicklung – oder was auch immer unter dieser Flagge segelt – an der North Shore spielen.
Die »Peribonca« war nicht etwa das Schicksal dieser drei, aber sie war die Verkörperung einer Epoche. Und nach ihrem Abgang brach eine neue an.
Jedenfalls: Lange vor der »Prince du Fort« durchpflügte die »Peribonca« die rauhen Gewässer des nördlichen St. Lorenz; ihr Käpt'n, Carbonneau, war ein echter Kauffahrer im besten Sinne der Tradition. Er kaufte in Quebec City die Früchte der Tropen und Subtropen, Tomaten aus dem Okanangan Valley und Weintrauben aus Süd-Ontario; er kaufte die Spezereien des Orients, Pfeffer, Vanille und Ingwer, sowie Hosen und Röcke von Bourdon Frères, Vêtements en gros et en détail, Canvas-Tuch und graue Farbe zum Malen der Fischerboote, Nägel und Werkzeug, sowie mitunter – was, da illegal, nicht herauskommen durfte – auch mal Schnaps, dem der Käpt'n – wen wundert's angesichts der unfreundlichen Witterungsverhältnisse in diesen Gewässern – zum Aufwärmen des Körpers und Hochstimmen des Gemütes selbst zusprach. Ihm war das alles ein wenig über den Kopf gewachsen: Denn nicht nur die Schiffsführung oblag ihm, eine Aufgabe, die die volle Kraft eines gestandenen Seemannes für sich beanspruchte, sondern er nahm auch die Abwicklung der Handeslgeschäfte wahr. Seine Geschäfte wurden dadurch verkompliziert, daß die Zahlungsmittel an der North Shore beileibe nicht, wie sonst üblich, Schecks, Wechsel, Schuldverschreibungen oder gar Bargeld sind, sondern: Eine Hose etwa, Serge, 1a-Qualität, hat den Gegenwert von achtzehn Pfunddosen bester Scallops, oder dreiviertel Kiste Hummerfleisch in Dosen, oder sieben Achtel eines Quintals getrockneten Kabeljaus.
Leider fielen die Wochen, in denen es Hummer oder Jakobsmuscheln (Scallops) gibt, nicht immer mit der Bedarfssituation der Bevölkerung zusammen. Bedlam Pike brauchte jetzt oder nie die Hosen; doch die Verarbeitung der Scallops konnte nicht vorgenommen werden, da die hierfür zuständige Kraft – Madame Pike – gerade ihr achtes Knäblein gebar.

Und Irving Lessard hatte ausgerechnet ein paar Gallonen »Moonshine« in Produktion und einfach keine Zeit, sich um die Hummer zu kümmern! Aber auch er brauchte dringend Hosen! Der Käpt'n, was sollte, was konnte er tun? Er händigte den Herren die Hosen aus und notierte Betrag, Gegenstand und Datum zu seinem dicken schwarzen Hauptbuch auf der linken, der Debet- oder Sollseite.
Doch lag das Buch manchmal auf der Brücke oder in seiner Kajüte oder auf seinem Schreibtisch, und er selbst stand unten auf der Pier im Sheep Cove, und Prunella, Willards junge, propre Frau war dicht neben ihm, hielt seinen Arm und tuschelte ihm – während sie sich auf die Zehenspitzen hob und ihre rechte, straffe Brust zwischen des Käpt'ns linken Oberarm und Rippen drückte: »Bringen Sie mir das nächste Mal wieder ein Paar von diesen schönen Strümpfen aus Quebec mit, ja, bitte?« Und sie sah den Käpt'n dabei mit abgrundtief dunklen Augen an – wie wohl Potiphars sündiges Weib den armen Joseph angesehen haben mag, nur mit dem Unterschied, daß Carbonneau bereit war, der Botschaft zu folgen. Pii-En, der Indianer, stand währenddessen im Hintergrund mit seinen schwarzglühenden Augen im erdbraunen Gesicht. Er stand da mit der unendlichen Geduld seiner Rasse, mit einem Kartoffelsack voller Biberfelle unterm Arm und wartete auf die Kiste mit dem Aufdruck »Carnation Milk«, die aber – er mußte unauffällig vorgehen, dieser illegale Handel, doch jeder an der Pier wußte Bescheid – mit Schnaps gefüllt war.
Währenddessen drängte sich Theodora, des alten Abrahams Witwe, an den Käpt'n heran, schob Prunella beiseite und murmelte, indem sie ihm zwei Dollar zusteck-

te: »Als mein armer Braham im letzten Sommer starb, sagte er mir, er schulde dir noch zwei Dollar, es sei schon acht Jahre her, es ist eine Schande von diesem alten Hundesohn, aber hier sind sie, er hätte nicht so viel trinken sollen . . .«
Wen wundert's, daß diese Vielzahl verschiedenartigster Geschäfte – neben der eigentlichen Schiffsführung – auch einem Mann wie Kapitän Carbonneau zuviel wurden, ihm regelrecht über den Kopf wuchsen. Es hätte eines Kontoristen mit einem Hirn aus Zahlen und einer Seele aus Salden bedurft, alle diese Geschäfte minutiös abzuwickeln. Aber wie sollte ein solcher die »Peribonca» ohne Schaden in die vertrackte Einfahrt von Mishou-Chibou Tickle hinein- und wieder von der Pier wegbringen?
Bei diesem Stand der Dinge kreuzten sich die Kurse von Käpt'n Carbonneau und unserem Horace Robin. Beide hatten nebeneinander an der Mole der »Bar à l'Orignal« in der Unterstadt von Quebec festgemacht, und als sie, Arm in Arm auf dem schwankenden Deck – nein, es war die Rue du St. Laurent – sich gegenseitig stützend, in Richtung Oberstadt hinaufstiegen, hatte Horace Robin den Heuervertrag eines »Purser«, eines Zahlmeisters, auf der »Peribonca« in der Tasche.

Horace Robin, vormals Steward auf einem amerikanischen Kreuzfahrer, hatte diesselbe Vorstellung von der North Shore wie der Rest seiner Landsleute, nämlich gar keine. Diese Küste, die schöner sein kann als eine Primadonna des italienischen Films und häßlicher als die älteste Hafenhure der Montrealer Docks, präsentierte sich ihm – eine ganze Woche lang – als Primadonna, doch ohne die kleinste Szene, Laune oder Verstimmtheit.
Es war eine Woche, wie sie nur noch ein paar steinalte Männer in Erinnerung hatten; Männer wie Uncle Jack und noch älter, und die wußten auch nicht mehr so recht, waren sie selbst es gewesen, die es erlebt hatten, oder waren es ihre Großväter gewesen, die davon berichtet hatten.
Eine ganze Woche lang wehte ein leichter Nordwind, der die Atmosphäre reinigte, den letzten Rest Feuchtigkeit weit auf das Meer hinaustrieb, der die Felsen, das Wasser, den Himmel und die Wolken, ja, sogar den dunklen Fichtenwald leuchten ließ, ein Wind, der wärmte und die ganze Küste in einem Licht badete, daß selbst die armseligen Katen der Fischer von weitem wie bunte, in die grauen und braunen Felsen hineingetupfte Bauklötzchen aussahen.
Und das Phantastische war, daß diese leuchtende Herrlichkeit anhielt, nicht nur ein, zwei Tage, um dann von einem brüllenden Sechzig-Knoten-Nordoster und diluvialen Regengüssen ins Gegenteil verkehrt zu werden, was allerdings eher der normalen North-Shore-Atmosphäre entspricht, nein, acht Tage lang schien die Sonne, die Kinder badeten in den Tümpeln, Teichen und im Mishou-Chibou-River – auch Big River genannt; die jungen Mädchen gefielen sich und den Fischern als frivolités d'été, und der Händler Osim unkte, der Weltuntergang stünde bevor. Denn mit rechten Dingen konnte das nicht zugehen. Erst nach dieser Woche sprang der Wind auf Südwest um, nach dem allerschönsten und allerwärmsten Tag, erst dann rollte der Nebel herein, verjagte die Mädchen von der Straße, trieb die Kinder in die Stuben und ließ die Ängstlichen, die schon das Schlimmste befürchtet hatten, ob dieser Normalisierung der Zustände befreit aufatmen.
Doch zu diesem Zeitpunkt lag die »Peribonca« schon längst wieder auf ihrem Liegeplatz am Shed Nr. 17 in Quebec, und der Käpt'n stand mit Horace am Tresen der »Bar à l'Orignal«, und Horace hatte Tränen in den Augen, so sehr spiegelte sich die Erinnerung der »wilden Schönheit« dieser Küste in seiner Seele, die Freundlichkeit der Fischer, von denen der eine ihm eine Flasche Homebrew mit auf den Weg gegeben, der andere einen lebenden Hummer geschenkt hatte, und der dritte war mit drei Salzfischen, in die Rudimente eines Halbzentner-Mehlsackes gewickelt, dagestanden: »for your lady in Quebec«.
Willards Prunella war in Sheep Cove mit wogendem Busen ganz dicht an ihn herangekommen, hatte ihn am Arm genommen und ihm ins Ohr geraunt, sie habe das Geld für die Strümpfe noch nicht, ob er es sich nicht selbst nächste Woche abholen könne? Willard sei womöglich zum Makrelenfischen auf den Natashquan Banks. Davon allerdings sagte er dem Käpt'n nichts, sondern fragte lediglich, wie lange man denn beim nächsten Trip vor Sheep Cove ankern werde? Der schon etwas trübe Blick des Käpt'n klarte auf: »Ich meine, das nächste Mal werden wir ein paar Tage dort liegenbleiben, es ist ein guter Platz, und es sind verdammt viele Geschäfte dort abzuwickeln, für die müssen wir uns endlich mal Zeit lassen.«
Dann wechselten sie das Thema, und Käpt'n Carbon-

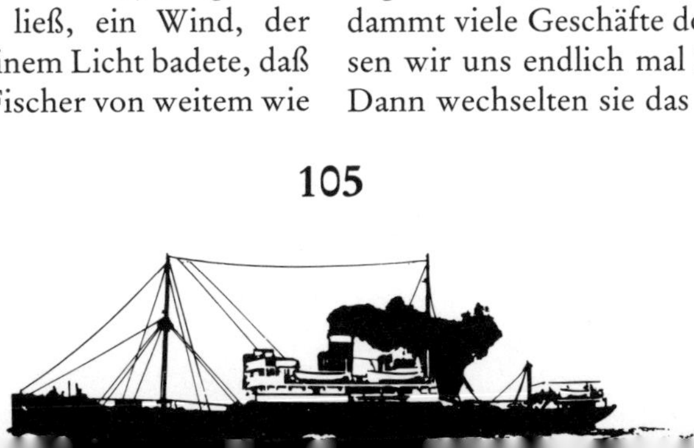

neau fragte Horace, wer das mit den Salzfischen gewesen sei. Tommy Morency war es gewesen, der hatte noch ein paar Platten Tabak vom vorigen Herbst zu zahlen, und Josuah Wellman, der den Hummer angebracht hatte, so stellte sich heraus, hatte noch eine Kiste Kondensmilch auf der Debet-Seite im Hauptbuch vermerkt, während Paddy Maloney sein schlechtes Gewissen mit dem Homebrew beruhigen wollte, denn er stand noch mit achtunddreißig Fuß Canvas für ein Zelt fürs Winter-Trappen in der Kreide. Trotzdem: Horace Robin war bereits der Küste verfallen, diesem sonnenüberfluteten Paradies, der Freundlichkeit und Herzlichkeit der Fischer – »die sicher ihr letztes Hemd mit dem Fremden, den sie in ihr Herz geschlossen hatten, teilen würden« –, da rülpste der Käpt'n zu Horace's Hohelied in der »Bar zum Elch« in der Unterstadt von Quebec und wußte nichts einzuwenden; und Horace träumte, aber das behielt er für sich, von einem Meer der Leidenschaft und Sünde, das in Prunellas dunklen Augen schimmerte.

Danach versank alles um den Käpt'n und Horace in der »Bar à l'Orignal« hinter der Pier von Quebec; der Whisky hatte Erinnerung und Erwartung, Traum und Wirklichkeit zu einem letzten Cocktail verquirlt...

Obschon der Wind bei der nächsten Reise von Südwest auf Nordost gedreht und um ein Vielfaches an Stärke zugenommen hatte, obwohl der Sturm eisige Regenschnüre fast waagerecht durch das alles einhüllende Grau trieb, obwohl die »Peribonca« die letzten Reserven aufbieten mußte, um gegen den Sturm anzudampfen, während die Gischt übers Deck fegte und Horace, der in seiner Koje lag, bereits die dritte Tüte vollgekotzt hatte, so daß ihm nur ein rascher Tod die herbeigesehnte Erlösung bedeutet hätte, und obschon Willard nun doch nicht – wie von Prunella angedeutet – auf den Natashquan Banks fischte, blieb er dem Banne der North Shore verschrieben, verfallen.

Der große Rest der Welt schien fürderhin ohne Horace Robin auskommen zu müssen!

Die Geschäfte des Käpt'n Carbonneau ließen sich mit Horace Robins Hilfe recht gut an. So gut, daß die Manager der Hudson's Bay Company Stores an der Küste vertrauliche Berichte zum Superintendenten schickten, mit Vorschlägen, wie der Konkurrenz des Kauffahrers zu begegnen sei.

Doch bei rechtem Licht besehen, war das »Peribonca«-Unternehmen ein mehr oder weniger auf tönernen Füßen ruhendes Gebilde. War doch Harce's Herz womöglich noch weiter als das des Käpt'n – nicht nur in bezug auf Prunella, sondern ganz allgemein auf die Bewohner dieses Fünfhundert-Meilen-Küstenstriches. Zwar waren die Außenstände schwarz auf weiß, sauber und gut leserlich auf der linken Seite des voluminösen Hauptbuches eingetragen – doch einzutreiben, was da zu Buche stand, war ein anderes Paar Schuhe. Mit Mahnbriefen, womöglich eingeschrieben, unter häufiger Verwendung des Wörtchens »binnen« und »wenn nicht bis«, wie es die Herren von Carbonneaus Bank in Quebec dringend angeraten hatten – oder überhaupt mit Papieren vorzugehen, war an der North Shore so unsinnig wie die Fuchsjagd im Sommer, wenn das Fell von Meister Reineke keine 5 Cent wert ist.

Außerdem hätten schriftliche Mahnverfahren jeglicher Tradition widersprochen und allemal nichts genützt. Solche wirklichkeitsfernen Vorschläge konnten überhaupt nur von jenen breitärschigen Bürohockern der Bank (wie Käpt'n Carbonneau sie zuweilen in der »Bar à l'Orignal« nannte) ersonnen werden, denen die Praxis des Lebens abging, die Kenntnis der ökonomisch-sozialen, noch stark traditionsgebundenen Struktur eines Küstenstriches wie der Lower North Shore, an der Soll und Haben in Regen und Sturm schwanken, von Frost und Schnee eingefroren werden, unter Sonne und Wind verderben können. Denn auch in der Ökonomie spielt sich Mutter Natur vor den Fischern und Trappern als Boß auf . . .

Überdies sind die braven Fischersleut' durchaus zahlungswillig, leider höchst selten zahlungsfähig. Und wo nichts ist, da hat nicht nur Seine Majestät der Kaiser, sondern auch der Master der »Peribonca« und mit ihm die First City Bank of Quebec sowie die Firma Bourdon Frères, Vêtements en gros et en détail, das Recht auf Inkasso verloren.

Wohl zahlten die Passagiere (fast) immer bar. Da ließ sich der Käpt'n auf nichts ein, allenfalls mal bei einem gewissen Linus, der sich die Passage durch Aussortieren fauler Kohlköpfe und Orangen verdiente – und bei Prunella, wenn sie (was selten genug vorkam) ihre Tante in Rivière-au-Tonnerre besuchte. Mitunter überließ es Horace dem Käpt'n, allein mit der Crew nach Quebec zu dampfen, damit er »Recherchen nach weiteren Absatzmöglichkeiten vornehmen könne«. Wenn Willard ausgerechnet zu diesem Zeitpunkt draußen auf den Natashquan Banks fischte, so war das Zufall. Und

Horace ging auch nie in Sheep Cove von Bord der »Peribonca«, sondern in Whale Head oder in Snuffbox City, also nördlich, bzw. südlich von Sheep Cove. Diesen Respekt schuldete er seinem Kapitän! Carbonneau indessen überwachte das Ölbunkern, die Aufstockung der Handelswaren, die Abwicklung der Bankgeschichte und stattete der »Bar à l'Orignal« in der Unterstadt von Quebec einen Besuch ab – wie stets beim Festmachen der »Peribonca» in Quebec.
Doch bei der Abwicklung der Bankgeschäfte kündigte sich Unheil an. Der Käpt'n spürte es, da zog ein Wetter auf. Der Büromensch hinter dem Tresen hatte ihn gebeten, sich anderntags gegen neun Uhr wieder einzufinden.
Eine Dame, ebenso makellos schön wie ungriffig, verborgen hinter einer Maske aus Make-up und Sprechpuppencharme, aseptisch, kalt und steril wie ein blankes Operationsbesteck, kurz – das akkurate Gegenstück zu Prunella – bat Carbonneau in ein Vorzimmer, bat ihn herein. Und da saß einer, fingerte in den Papieren, bohrte einen Blick in die Akte, seine Züge wurden ernst – sogar feierlich ernst –, er wandte sich an den Käpt'n: »Sehen Sie, mein lieber Carbonneau, da ist der Betrag, den Sie uns schulden, das ist Ihr Sollsaldo – unser Habensaldo, versteht sich – und das sind neunundzwanzigtausendachthundertdreiundvierzig Dollar und sechsundzwanzig Cent«, er sah seinen Gegenüber bedeutungsschwer an, »und auf der anderen Seite, auf Ihrer Haben- und unserer Sollseite, – also Ihr Kredit und unser Debet –, wenn Sie mich bitte recht verstehen, da wird ein Betrag ausgewiesen von dreihundertvierundachtzig Dollar und zweiundsiebzig Cent, das macht einen Saldo zu unseren Gunsten«, er tippte auf ein Addiergerät – »von genau neunundzwanzigtausendvierhundertachtundfünfzig Dollar und vierundfünfzig Cent«.
Er sagte nicht »Angeklagter, was haben Sie zu ihrer Entlastung vorzubringen?«, doch drückte sein Gesicht genau das aus.
»Das ist mir nichts Neues, so klug war ich gestern schon, Sie haben dafür die Hypothek, die Versicherungspolice und außerdem – ich bin noch niemals jemandem etwas schuldig geblieben!« knurrte der Kapitän.
»Bei aller Wertschätzung, mein lieber Monsieur Carbonneau, bei aller Wertschätzung für ihr Schiff . . . wie war der Name nochmal, ach so, ›Peribonca‹, ähh, die angespannte Kreditsituation auf dem Kontokorrentsektor zwingt unser Institut zur Liquidierung eines Teiles der Debitorensalden und dementsprechend zu Maßnahmen . . .«
Der Kapitän begriff zwar, was gemeint war, aber die Tragweite dessen, was sich abzeichnete, erfaßte er nicht. Also schwieg er, ließ den anderen reden, ließ ihn ein Blatt Papier herausnehmen – »und wenn wir uns künftighin in der Lage sehen wollen, Ihre Schecks zu honorieren, so können wir das nur noch, wenn Sie diese Verpflichtungserklärung unterschreiben, künftig zum Ultimo eines jeden Monats mindestens dreitausend Dollar aufzubringen . . .«
»Geben Sie's her, das Papier«, sagte Carbonneau, warf einen Blick darauf und unterschrieb.
»Hier – da haben Sie's wieder, werd's schon schaffen, irgendwie, und wenn Joey Wellman mit nacktem Arsch . . .«
»Wie bitte?« »Ach – nein – nichts.« »Übrigens, cher Monsieur le Capitaine, ich weiß nicht, ob Sie es sich genau durchgelesen haben, ähh, ob Sie sich der Bedeutung bewußt sind, dieses Passus, der sagt ›im Falle der Nichterfüllung verzichte ich auf jeden Eigentumsanspruch hinsichtlich des als Sicherheit dem Kreditgeber übereigneten Objektes‹ . . .«
Der Banker sah den Kapitän ernst und erwartungsvoll an. »Was soll das schon, irgendso eine von euren Bankklauseln, die nur ihr versteht.«
». . . die bedeutet, daß wir im Nichtbeitreibungsfall Ihr Boot, ähh, Ihr Schiff, wie war der Name nochmal, ähh, ›peribonca‹, als Eigentum der First City Bank betrachten müßten, das wir zu liquidieren hätten. Der Erlös würde natürlich Ihrem Konto kreditiert – Monsieur Carbonneau!«
Der Käpt'n saß da wie vom Donner gerührt.
»Was soll das – Sie wollen mir die ›Peribonca‹ abnehmen, verkaufen, womöglich verschrotten . . . Sie . . .«
»Nur im Nichtbeitreibungsfall, natürlich, aber dann sähen wir uns gezwungen, so leid es uns tut. Aber sehen Sie, Sie brauchen nur dreitausend Dollar pro Monat abzuzahlen – nicht mehr und nicht weniger, obwohl mehr natürlich in beiderseitigem Interesse wäre, ähh, das ist alles, dann passiert Ihrem Schiff gar nichts.«
»Die ›Peribonca‹ kriegen Sie nicht, darauf können Sie sich verlassen, das ist so sicher wie das Amen im Gebet!«

Der berühmteste aller kanadischen Schoner, die »Bluenose«, unter vollem Zeug. (Foto: Public Archives Canada.)

Ein Cäpt'n aus Labrador. (Foto: Eva Repschläger.)

»Wir wollen sie auch gar nicht, ähh, cher Monsieur, Sie wissen, da ist die Montreal Steamship, die zwischen Quebec und Trois-Rivières pendelt. Ich könnte mir vorstellen, durchaus vorstellen . . .« er machte eine bedeutungsvolle Pause, . . . »daß die Montreal Steamship eventuell bereit wäre, Ihre Linie über Sept-Iles hinaus auszudehnen und die Lower North Shore effektiver und weniger wetterabhängig zu versorgen, als das mit Ihrem Boot, pardon, Schiff möglich ist.« Beide schnappten nach Luft, der eine, weil ihm aufging, was gespielt wurde, der andere, um seinen Redefluß fortsetzen zu können:

»Und ich könnte mir weiterhin vorstellen, durchaus könnte ich das, daß die Montreal Steamship sich bereit erklären könnte und würde – möglicherweise, versteht sich, ohne daß diese Andeutung von Ihnen als verbindliche Zusage verstanden werden soll – ja, also bereit erklären würde, Ihnen einen gewissen Betrag als Abstand auf Ihr Konto zu überweisen . . .«

Über die Reaktion des Käpt'n Carbonneau gibt es weder schriftliche Aufzeichnungen noch einen neutralen Augenzeugenbericht. Abgesehen von einigen Fragmenten, die an die Öffentlichkeit drangen. Die Sprechpuppendame will ein gräßliches Gebrüll gehört haben und Ausdrücke – Ausdrücke, sage ich Ihnen, – die sowohl aus dem zoologischen, theologischen wie auch pornographischen Bereich stammten, ehe sie das Weite suchte.

Der Gentleman erschien eine Woche lang nicht in seinem Büro, in dem ein paar Möbelstücke ausgewechselt, neue Gardinen angebracht und kleinere Beschädigungen an der Wandverkleidung ausgebessert wurden.

Rauhreif fiel auf den einst so blühenden Handel, nachdem der Kapitän seinen Purser, Horace Robin, von der Situation in Kenntnis gesetzt hatte. Diesen Reif mochten weder Versprechungen, Beteuerungen noch Schwüre »beim Grabstein meiner verstorbenen Großmutter Alphonsienne« auftauen. Da mochte Joey Wellman jammern und wehklagen, daß ausgerechnet jetzt, zur Hochzeit seiner Tochter Emily, eine neue Jacke zu den kürzlich für eine Kiste Jakobsmuscheln erstandene Hose unerläßlich sei – »eine ganze Kiste Muscheln – die besten!« beteuerte Joey. Worauf Carbonneau barsch erklärte: »Solange die Muscheln noch auf dem Grunde der Spoon Cove Bay herumliegen, gibt's keine Jacke! Zahl' erst einmal für die Hose!«

Da wurde dem Tommy Morency beschieden, er müsse sich das Vergnügen, Tabak in jeder Lebenslage zu kauen, so lange versagen, bis er den Gegenwert an Stockfisch gefangen, getrocknet und an die Pier gebracht habe.

Unerbittlich packten Käpt'n Carbonneau und Horace, ganz gegen ihre frühere Gewohnheit, bereits ausgelegte Waren wieder weg und verstauten sie unerreichbar im Bauch der »Peribonca«. Das verdroß die North Shore-Fischer, die die Zusammenhänge nicht kannten und denen Bankgeschäfte ferner lagen als dem Kamelreiter der Haifischfang. Noch mehr verdroß es die Frauen der Fischer.

Und als der Kapitän und Horace nach Beendigung der Reise in der »Bar à l'Orignal« in der Unterstadt von Quebec anlegten, schien ihnen die Zukunft finsterer als der Himmel über der North Shore bei einem aufziehenden Nordoster im Oktober. Nach dem sechsten Scotch murmelte Horace düster: »Die kommenden Dinge hängen über uns wie der Ring des Polykrates!« Nach dem zwölften Whisky erkundigten sie sich beim Bartender, ob er ihnen mit ein paar Pfund Dynamit aushelfen könne. Doch ließen sie den Plan bald wieder fallen, da der Bartender zur Zeit nichts auf Lager hatte. Und sie fragten sich obendrein, ob ein paar Pfund Sprengstoff genügen würden, die First City Bank von der Bildfläche verschwinden zu lassen.

Vielleicht war es, indirekt gesehen, die Schuld der Bankleute und ihrer schamlosen Manöver, daß der Kapitän fürderhin mehr an Zinszahlen und Rückzahlungsverpflichtungen dachte als der Schiffsführung zuträglich sein sollte.

Vielleicht war es das einlullende Gefühl, das ständige Wiederholung und Gewohnheit aufkommen läßt, das den gefährlichen Eindruck hinterläßt, man könne einen Kurs erahnen. Eine Versuchung, der ein Skipper an der North Shore noch weniger erliegen darf als anderswo.

Jedenfalls war es nicht Prunella, die Carbonneau ablenkte. Sie hatte zwar den Umweg über Blanc-Sablon in Kauf genommen, um ihrer Tante in Rivière-au-Tonnerre einen Besuch abzustatten, was ihr den Genuß bescherte, in schwerelosem Zustand erfüllter Sehnsucht in des Käpt'ns Kajüte ruhen zu können. Carbonneau hatte sich ihr bereits zwischen Bedlams Bank und den Old Burnt Shoals gewidmet – in dieser Hinsicht befand er sich in einem Zustand absoluter Entspannung. Auch ist der weitere Ablauf des Geschehens kaum auf die

drei, vier Scotch, auf das Glas Gin zurückzuführen; die Carbonneau zu sich genommen hatte.
Es passierte ohne Vorwarnung, bei ruhiger See und guter Sicht. Ein gewaltiger Stoß ließ die »Peribonca« bis in die letzten Rippen ihres hölzernen Rumpfes erzittern. Sylvester Meaghers Schnapsglas zerschellte »mit mindestens vier Unzen Gin«, wie er später empört versicherte, auf dem Boden; Sylvester selbst landete in den Armen von Isadore Lessard, der diesem Anprall ob der Plötzlichkeit, mit dem er kam, nicht gewachsen war – zwar instinktiv sein Schnapsglas festklammerte, aber nichtsdestotrotz den darin befindlichen Gin ebenfalls verschüttete.
Von Father Grimaud, Oblatenpater in St. Paul-de-Bonne-Espérance, hieß es später, er sei aus der Koje gefallen, wohin er sich mit seinem Brevier zurückgezogen hatte; Horace Robin war mit dem Kopf an die Tastatur der Registrierkasse geraten, wobei sich ein paar Tasten verbogen und ihm einige Kratzer im Gesicht zugefügt hatten; während Linus, der es sich zwischen Aussortieren von faulem Kohl und verdorbenen Orangen inmitten von Kisten mit Bananen und Äpfeln bequem gemacht hatte, von einer Obst- und Gemüselawine begraben wurde, aus der er sich allerdings mit eigener Kraft befreien konnte.
Nur Prunella, glücklicherweise äußerlich unversehrt, erlitt einen Schock; hysterisch kreischend hetzte sie auf die Brücke, stieß dort mit Horace Robin zusammen, der im selben Augenblick aus dem Kontor wankte und auf der Bildlfäche erschien, und wurde von diesem beim Umsinken aufgefangen, in eine Ecke hinter den Kartentisch geschleppt und vorläufig dort abgelegt. Käpt'n Carbonneau hatte jetzt anderes zu tun als sich darüber zu wundern, warum Prunella sich in Horaces Arme statt in die seinen geworfen hatte. Er stellte unverzüglich den Maschinentelegrafen auf »stop«, dann auf »volle Fahrt achteraus«.
Obwohl die Schraube unter dem Heck das Wasser zu einem wahren Mahlstrom aufwirbelte, hing die »Peribonca« wie angewachsen auf dem Riff, denn – das merkten auch die Nicht-Seeleute wie Father Grimaud inzwischen – auf ein solches war das Schiff aufgelaufen. Während der Kapitän nach vorne zum Bug eilte, schleifte Horace Prunella in seine Kajüte. Indessen war auch Linus erschienen mit einem grünen Salatblatt im Hemdkragen und den zerquetschten Resten einer überreifen Tomate in den Haaren.
»Nichts zu machen«, sagte der Käpt'n, als er wieder auf die Brücke keuchte, »sie hat sich hoch auf den verdammten Felsen raufgeschoben!«, und stellte den Maschinentelegrafen auf »stop«. Der Gezeitenkalender wies für die fragliche Zeit auflaufendes Wasser aus, was für die »Peribonca« hoffen ließ, das beteuerten Linus, Joey und Sylvester. Übereinstimmend versicherten sie, es sei der Horse-Ass-Sinker in Nancy's Tickle, dem das Schiff zum Opfer gefallen sei. Als Prunella, immer noch schluchzend, aus Horaces Kabine kam, prallte sie im Niedergang auf Linus. Sie erlitt einen neuerlichen Schreikrampf, denn Linus hatte noch keine Zeit gefunden, Salat und Tomantenmark zu entfernen. Er packte die Frau und sperrte sie in die nächstbeste Passagierkajüte. Es war die von Father Grimaud.
Nachdem es dem geistlichen Herrn gelungen war, das schreiende, schluchzende Weib halbwegs zu beruhigen, wies er flugs mit ein paar Worten auf die Gefahr hin, in der sie alle schwebten, empfahl ihr auf alle Fälle eine Beichte, damit sie – wenn schon nicht aus der körperlichen – so doch (was ungleich wichtiger sei) von ihrer seelischen Not und Last befreit werde. Was Father Grimaud zu Ohren kam, drang – da unterm Siegel des Beichtgeheimnisses anvertraut – naturgemäß nicht an die Öffentlichkeit. Auf informative und pikante Details mußte er, entgegen seiner sonstigen Gepflogenheit, angesichts des womöglich bevorstehenden Schiffsuntergangs verzichten. Er tat gut daran, flink die Absolution zu erteilen, denn Maschinist Jérôme wie Erster Ingenieur Adelard Levesque berichteten über Lecks in Maschinen- und Laderäumen, deren die Pumpen nicht mehr Herr wurden.
Die »Peribonca« legte sich auch schon deutlich nach Backbord über, als Father Grimaud und die in ihr Taschentuch schniefende Prunella auf der Back erschienen. Dem Käpt'n blieb keine andere Wahl, als Passagiere und Mannschaft zum Verlassen des Schiffes aufzufordern. Das Backbord-Rettungsboot wurde von Jérôme und Adelard ausgefiert, von den fünf Passagieren und den sechs Besatzungsmitgliedern bemannt. Als Letzter, wie sich das für einen Skipper gehört, sprang Käpt'n Carbonneau von dem sich schon stark neigenden Deck hinunter ins Boot und überließ die »Peribonca« ihrem Schicksal.
Linus und Adelard auf der Steuerbord-, Jérôme und Sylvester auf der Backbordseite pullten das Boot aus Nancy's Tickle über die Goose Bay hinaus, in den Old

Fort Tickle hinein, und schließlich an die Pier von Old Fort, wo die Passagiere noch vor Mitternacht bei Cousins ersten und zweiten Grades, beim Kirchenvorstand und – was Prunella betraf, bei Cousine Esther-Jeane unterkamen, während der Kapitän und seine Crew vom Händler Pilgrim und dessen fünf in Old Fort ansässigen Brüdern für die Nacht versorgt wurden. Noch in ebendieser Nacht war das Wrack Ziel aller Outboard-, Trap- und Motorboote aus Old Fort, St. Paul's, Spoon Cove, L'Anse-au-Portage, Canso und Shekatika Tickle, um zu retten, was noch zu retten war.
Leider war die »Peribonca«, als sie sich auf die Seite gelegt hatte, vom Felsen hinunter in tieferes Wasser geglitten, und das einzige, dessen die vereinigte Flotte der Strandräuber habhaft werden konnte, waren ein paar Kohlköpfe und ein bißchen aufgeweichter Salat, einige wasserdicht verpackte Säcke mit grobem Fischereisalz und ein paar driftende leere Sprittonnen – und nicht, wie die Gerüchte vor dem Ausschwärmen hatten glauben machen wollen, die dreitausend Kisten Bier für St. Paul's, Middle Bay und Blanc-Sablon, die tief unten in den Ladeluken ruhten.
Das Rettungsboot, ein formschöner, geklinkerter, in Schottland gebauter Eichenrumpf, überließ der Käpt'n der Obhut des Händlers Pilgrim, der es auf den Strand zog, umdrehte und vorerst liegenließ.
Einige Tage später befanden sich Carbonneau und Horace in Quebec City, meldeten der Versicherung den Verlust des Schiffes und leiteten die üblichen Formalitäten in die Wege. Dorthin hatten sie sich mit der Otter der Fluggesellschaft »Les Ailes de la Providence« begeben; Prunella war mit einem zur Fischfabrik fahrenden Kutter nach Sheep Cove heimgekehrt, Linus mit einem Trap-Boot nach Spoon Cove, während Father Grimaud seine Reise nach Blanc-Sablon im Flugzeug der anglikanischen Mission fortsetzte – eine, durch die sich allgemein durchsetzenden, ökumenischen Bestrebungen, auch in der Provinz Quebec gerechtfertigte Lösung.
Joey und Sylvester blieben noch eine Weile bei ihren Cousins in Old Fort, da die »Ailes de la Providence« ohnehin nicht auf einmal solch einen Andrang von Passagieren bewältigen konnte – während sich der Rest der Besatzung in seine Heimatorte Sept-Iles, Port Cartier und Havre St. Pierre, ebenfalls mit der Otter, zurückbegab.
Die »Peribonca« hatte sich endgültig und für immer den Schiffsabdeckern entzogen. Die Intrigen der Montreal Steamship und der First City Bank in Quebec hatte sie nicht vereiteln können – doch ihre letzte Ruhe war ebenso würdig wie wohlverdient.
Nur noch ganz selten – bei tiefster Hohlebbe nach Neumond im Oktober und November, bei glatter See vor einem aufziehenden Herbststurm – zeigt sich ihr Rumpf wie die Haut eines muschelbewachsenen uralten Wales an der Wasseroberfläche. Der Käpt'n soll nach der Schadensregulierung seitens der Versicherung und dem Ausgleich seiner Verbindlichkeiten gegenüber der First City Bank nach British Columbia gegangen sein, wo er – wie gerüchteweise verlautete – im Holzgeschäft tätig wurde.
Maschinist, Ingenieur und die Deckhands fanden Arbeit bei der Iron Ore Company im Busch nördlich von Sept-Iles; Linus Carter wird uns noch mehrfach im folgenden begegnen. Prunella waren all die Aufregungen zuviel geworden – sie zog sich aus dem Verkehrswesen der North Shore in die Eintönigkeit ihres Ehelebens mit Willard zurück. Horace Robin verließ Quebec City bei erster Gelegenheit und siedelte an der North Shore.

»Dieses Land, diese Küste«, erklärte Horace, »ist was anderes als eine Stadt, als ein Covergirl, das man einen Augenblick interessiert betrachtet und dann vergißt.« »Die North Shore«, dabei reckte er sich hoch auf und beschrieb mit seinem Arm einen weiten Kreisbogen, »ist ein breithüftiges, starkbrüstiges, ein gutes Weib, eine Frau mit Seele und Gefühl. Ist und bleibt mir, Horace, Mutter, Gattin und Geliebte . . .«
Wir hoben die Gläser.
»Tja«, sagte Horace, »und jetzt sitze ich hier in meinem Heim in Snuffbox City und verkaufe den Fischern Fernseher, und wenn's erst überall Elektrizität gibt, dann komme ich ganz groß heraus. Ich lebe ja bescheiden, doch wie gesagt, so wie ihr direkt in der Wildnis – ohne Dusche, Toilette, Fernsehen, Elektrizität – das hielte ich nicht aus. Jedenfalls – Kompliment, Kompliment!«
Wir hoben wieder die Gläser.
Ob wir nicht aus Sicherheitsgründen wenigstens ein Funkgerät installieren wollten . . .? Gut, entgegneten wir – gegen ein Funkgerät wäre nichts zu sagen, auch wenn's Geld kostet. Doch: zu einem Funkgerät braucht man eine Batterie. Und eine Batterie braucht Elektrizität, um sich wieder aufzuladen. Selbstver-

ständlich ließe sich das alles bewerkstelligen und besorgen, mit Hilfe eines Generators, der aber wiederum Brennstoff benötigt und Reparaturen und Ersatzteile. Vielleicht ein »CB«, ein ganz kleines, irgendwann mal . . .

Auch ein chemisches Klo wäre schön, man könnte einen von Insekten ungestörten Schiß genießen, seinen Gedanken nicht nur im Frühjahr und Herbst nachhängen können, auf jenem Thron, auf dem jedenfalls vielfältigere und nützlichere Lösungen gefunden werden als auf jenen, die von gekrönten Häuptern besetzt sind, ohne daß diese dabei den Erfordernissen der Verdauung nachgeben.

Doch es geht auch so, mit Mücken-Spray über dem Loch oben im Wald, das – wenn es voll ist – durch ein anderes Loch ersetzt wird, und den transportablen Thron, den heben wir einfach hinüber aufs neue Loch und schütten das alte zu. Zumindest eine umweltfreundlichere Lösung als all das chemische Zeugs, das ja leider nicht einfach ohne Rückstände verdampft.

Daß elektrisches Licht, fließendes Wasser aussortiert wurden, versteht sich von selbst, aber es gibt noch eine Menge technischer »Errungenschaften«, die nicht mehr durch die Schablone hindurchschlüpfen, die wir uns für Kecarpoui zurechtgeschnitten haben. Tucholsky hat einmal geschrieben: »Erstaunlich, wie gut wir ohne die Erfindungen des Jahres 2500 auskommen!« und das vor vier Jahrzehnten! Denn wohin die Technik führt, wird uns jedesmal während der Monate demonstriert, die wir »zivilisiert« verleben. Es erschrickt uns jeden Winter wieder neu, zu sehen, welche Eigendynamik der »Fortschritt« entwickelt hat, und wieviel des schon enggeschrumpften Freiraumes er besetzt, sei es direkt oder indirekt, und wie wenig wir uns von den Errungenschaften noch lösen können. Wie vom Auto beispielsweise, dem Ding, dem wir schlicht, brutal und simpel ausgeliefert zu sein scheinen, das uns erpreßbar macht.

Damit wir uns recht verstehen: die Abschaffung des Autos würde die Probleme nicht lösen, mit denen sich der Mensch herumzuschlagen hat, im Gegenteil – es würde, wie bereits gesagt, den Zusammenbruch herbeiführen. Außerdem ist es nur eines von vielen Symptomen, wenn auch das offenkundigste. Eine Amputation ist nicht mehr möglich. Doch die Wucherungen, den krebsartig-krampfhaften Aufbau immer neuer Zellen, den sollten wir stoppen. Wir sollten uns bescheiden, sollten die Jagd nach dem falschen Hasen, der uneinholbar vor unserer Nase herumtanzt, der »Konsum« heißt und hinter dem wir wie abgerichtete Windhunde immer atemloser herjappen, aufgeben und statt dessen versuchen, wieder mit uns selbst etwas anzufangen.

Am Kecarpoui können wir die technische Entwicklung vorläufig steuern, kontrollieren, können – eine einmalige Chance – noch einmal von vorne anfangen. Und zwar mit dem Beispiel vor Augen, was man alles falsch machen kann. Dabei gedenken wir nicht, das Kind mit dem Bade auszuschütten. Wir wollen uns durchaus eines Motors bedienen, wenn es gilt, nach Snuffbox City oder Mishou-Chibou zu fahren, doch es muß nicht eines jener Fünfzig-, Sechzig- oder Achtzig-PS-Outboard-Ungetüme sein, die teuer, störanfällig und spritdurstig sind. Ein langsamer Diesel schafft's auch oder jener vorsintflutliche »Four Atlantic«, der schon Generationen von Outboards überlebt hat, immer noch läuft und mithin weitere Generationen überstehen wird.

Daß ein Kutter ein Segel haben muß, versteht sich eigentlich von selbst – aus Gründen der Sicherheit, der Sparsamkeit. Weil es einfach angenehmer ist, bei entsprechendem Wind ein Segel zu hissen und ohne Lärm und Gestank übers Wasser zu gleiten! Im Binnenland erfolgte der Antrieb mittels Muskelkraft, umgesetzt übers Paddel. Doch die Boote, die wir benutzen, sind durchaus Polyesterboote.

Die Öfen, die uns wärmen, sind aus Gußeisen; die Dächer unserer Hütten haben wir mit Plastikfolie gedeckt; wir kochen in Gußeisen-Kesseln und Kasserolen und Aluminiumtöpfen, tragen Gummistiefel und hüllen uns nicht in Felle, sondern tragen Kleidung aus Baumwolle, Wolle und modernen synthetischen Materialien, die sich als Wind- und Regenschutz bewährt haben. Wir trinken Bier, Wein und Schnaps, essen Gemüse und Konserven und Reis und Pasta, die aus der Außenwelt kommen. Doch konsumieren wir nicht ein Viertel dessen, was wir während des vergleichbaren Zeitraumes in Deutschland konsumieren – und selbstverständlich »produzieren« wir: Stockfisch, Kultur und Erholung.

Stockfisch, den wir in Netzen, draußen vor der Küste, fangen und verkaufen an Gesellschaften, die ihrerseits den »salt cod« in die dritte Welt exportieren. Kultur in Form von Büchern und Vorträgen für das deutschsprachige Europa, und Erholung für unsere Sommergäste, die zum Fischen und Kanufahren aus Europa zu uns

kommen. Und das vermittelt uns die Einnahmen, auf denen wir unsere materielle Existenz gründen.
Wir begnügen uns mit einer minimalen Altersversorgung, mit dem Allernötigsten an Krankenversicherung. Das wenige materielle Gut, das wir besitzen, ist nicht versicherbar. Wir leben in einem kalkulierten Risiko – ich selbst mit noch vorhandenem Appendix. Doch ist meines Erachtens das Risiko geringer als das, das der Autofahrer eingeht, der mit einem schnellen Wagen von Frankfurt nach Düsseldorf fährt.
Unser Dasein ist durchaus nicht parasitär. Und wir führen es leichten Herzens und ohne Skrupel, freuen uns, eine Nische gefunden zu haben, von der aus wir das Weltgeschehen von ferne beobachten können, ohne in seinen Sog mithineingezogen zu werden. Es sei denn, es käme zu einer globalen Katastrophe, in welcher Form auch immer. Doch wenn der Himmel runterfällt, sind die Spatzen alle tot. So lautet ein gutes altes saarländisches Sprichwort.
»Faszinierend, faszinierend«, sagte Horace Robin, »aber nicht jedermanns Sache, meine, wie gesagt, sicherlich nicht – obwohl ich schon einen Schritt getan habe, der all meinen Bekannten und Freunden unendlich groß und unverständlich erscheint. Doch da war die Rede von Linus Carter, nehmen wir ihn als Beispiel, ich kenne ihn ja so gut wie ihr, er hat euch doch beim Bau eurer Blockhütte geholfen!« »Oh ja, deshalb hat sie wenigstens die Größe einer Hütte, denn Linus hatte seinerzeit als Maß den Axtstiel genommen, der Axt, die wir aus Neufundland mitbrachten, und die war länger als die hiesigen Äxte – sonst hätte die Hütte die Maße eines Hundehauses, wenn es nach diesem Herrn«, Brigitte deutete auf mich, »gegangen wäre! Ihr Männer wollt das Absolute, und es ist gut, daß eine Frau euch mitunter bremst!« »Ja, sonst würden wir die Schablone doch zu eng anlegen . . .«
Doch zurück zu Linus.
Linus stammt aus Pikes Nose Bay, östlich von Mishou-Chibou; in den letzten Kriegsjahren geboren, war er zu einem Manne gereift. Das heißt, er war bereits siebzehn Jahre alt und hatte der Lilly Duchène in Snuffbox City, wie gerüchteweise behauptet wurde, ein Kind gezeugt. Die Mutterschaft Lillys ist so zweifelsfrei nachgewiesen, wie es bei Mutterschaften nun einmal ist – doch ging sie selbst hinsichtlich des Erzeugers ihrer Leibesfrucht nicht über vage Andeutungen hinaus, Andeutungen, die zwar durchaus in Richtung Pikes Nose Bay hinzielten, aber weder dementiert noch bestätigt wurden. Eine letztendliche oder amtliche Klärung der Angelegenheit ist jedenfalls nicht erfolgt, liegt offensichtlich auch nicht im Interesse der Beteiligten und ist an der North Shore ohnehin nicht Usus.
Immerhin zweifelte Old Carter nach dieser Begebenheit nicht mehr an der Fähigkeit seines Erstgeborenen, auch im Erwerbsleben seinen Mann zu stellen, gab ihm fünfzig Dollar für die Passage nach Sept-Iles und erwartete, daß Linus sowohl seinen eigenen Unterhalt zu bestreiten in der Lage, wie auch einen Beitrag zum Bestand der achtköpfigen Carter-Familie zu leisten bereit und imstande sei.
Linus fand in Sept-Iles eine Anstellung bei der Iron Ore Company, die seinerzeit jene berühmte Erzbahn dreihundertfünfzig Meilen weit nach Zentral-Labrador vortrieb, um die Eisenerzlager rund um Knob Lake abzubauen. Linus arbeitete brav und fleißig, ohne nach dem Warum und Weshalb zu fragen. Mit der Wildnis, in der sich die Baustelle befand, war er seit seiner Kindheit vertraut – mit harter Arbeit ebenso – nur, daß er diesesmal viel Geld dafür bekam.
Alle vierzehn Tage war ein Wochenende frei, das Linus, wie die meisten seiner Arbeitskollegen darauf verwandte, seinen Salär in Sept-Iles, das von dem Bahnbau und nachfolgendem Erzboom profitierte, zu verhuren und zu vertrinken. Ab und an stopfte er fünfzig Dollar in einen Briefumschlag, ließ sich von einem seiner Freunde die Cartersche Adresse in Pikes Nose Bay draufschreiben und schickte das Ganze nach Hause. Worauf dort große Freude herrschte, denn fünfzig Dollar in Pikes Nose Bay, das sind weit mehr als zweihundert in Sept-Iles.
Ansonsten sorgte die Company für die Verpflegung, die Unterkunft, die Arbeitskleidung, das Werkzeug; alle vierzehn Tage für den Hin- und Rücktransport nach Sept-Iles, und ermöglichte so Linus und seinen Kumpanen ein von existentieller Not freies Leben. Das funktionierte den gesamten Sommer über und auch noch im Herbst. Doch dann stellte sich Frost ein, statt eines Heeres von Bau- und Erdarbeitern brauchte die Company nur noch eine Handvoll Spezialisten und schickte die anderen nach Hause.
Linus und ein paar seiner Freunde fuhren nach Sept-Iles, und nach drei Tagen schon warf man sie aus dem Hotel, denn ihr Geld war alle, restlos. »Kein Geld – kein Zimmer«, hieß es. Denn hier wird, anders als an

der North Shore, lediglich die kommerzielle Gastfreundschaft praktiziert. Da hockten sie nun, unten an der Beach, rund um ein Treibholzfeuer, verkatert und deprimiert, hungrig und durstig; wie es Männern nun einmal zumute ist, die aus einem fürchterlichen Rausch aufwachen und feststellen, daß ihr Geld weg ist – futsch! Irgendwie wollten sie sich schon durchschlagen, vielleicht sogar einen neuen Job finden, und bis dahin wohnten sie unter einem alten, umgedrehten Boot am Strand. Doch nach zwei Tagen wurde ihr Hunger übermächtig; die paar Schollen und Makrelen, die ihnen ein mitleidiger Fischer geschenkt hatte, waren bald weg, das schimmlige Brot aus dem Abfall des Hundon's Bay Store war auch aufgegessen; da standen sie eines Abends vor einem hellerleuchteten Laden, und da waren alle Herrlichkeiten ausgebreitet: Wurst und Fleisch, Brot und Butter – ganz hinten erhob sich wie eine Fata Morgana ein Berg von Bierkästen, und lockte wie die blanke Sünde.

Die Scheibe zerklirrte – ohne ein Wort zu sagen stand Linus inmitten der Herrlichkeit, griff, was er nur greifen konnte und als er herauskam mit dem Zusammengerafften, waren seine Kumpane verschwunden und statt dessen wurde er gegriffen. Die ergatterten Schätze nahmen ihm die Polizisten wieder ab, steckten ihn in ein Auto, fuhren ihn zum Gefängnis und sperrten ihn in eine Zelle.

»War viel wärmer und nahrhafter als unterm Boot, unten an der Beach«, erzählte er später. Drei Wochen mußte er sitzen, dann drückte man ihm ein Billet für die »Peribonca« in die Hand, von Sept-Iles nach Mishou-Chibou (die »Peribonca« kann in Pikes Nose Bay nicht anlegen, da die Little Rapid, eine Meerenge, die vor dem Ort liegt, für ein Schiff ihres Kalibers zu eng und zu seicht ist).

Linus verkaufte das Billet, zog mit Glanz und Gloria in dasselbe Hotel ein – wenn auch nur für zwei Tage –, aus dem er kurz zuvor herausgeflogen war, ging Käpt'n Carbonneau, als die »Peribonca« in Sept-Iles festmachte, um einen Job an, mittels dessen er sich die Überfahrt abverdienen konnte. Die »Peribonca« hatte jetzt im Spätherbst viel Fracht an Bord, um die Menschen an der Lower North Shore mit dem Nötigsten für den Winter zu versehen, denn dann würde das Eis jeden Zugang versperren. Also ging der Käpt'n auf Linus Vorschlag ein und überstellte die Aushilfskraft seinem Purser – das war Horace Robin. Linus sortierte Orangen und Äpfel, Bananen, Kohl und rote Rüben, und aß so viel von diesen langentbehrten Köstlichkeiten, daß er zwischen Rivière-au-Tonnerre und Baie Johan Beetz nicht von der Toilette herunterkam. Danach arbeitete er fleißig, wie er es gewohnt war, malte ein O für Orange, ein A für Apfel und ein B für Banane in die Liste, half beim Ausladen des Flaschenbiers und der Fässer mit Pökelfleisch und ging nach vier Tagen, mittellos zwar, aber durchaus restauriert, in Mishou-Chibou von Bord.

Das Ereignis der Verhaftung und seines Einsitzens war ihm natürlich bereits nach Pikes Nose Bay vorausgeeilt. Nicht, daß dies seinem Ruf geschadet hätte – ganz im Gegenteil. Jetzt hatte er was erlebt. Jetzt war er wer, nicht nur, daß er bei der »Company« gearbeitet hatte, sondern er hatte im Gefängnis gesessen! Wer, zum Teufel, zwischen Blanc-Sablon und Kegaska konnte das von sich behaupten?

Und Linus erzählte seine Geschichte, und er erzählte sie immer wieder, und die Fischer saßen um ihn herum und lauschten, wie das so war, im Gefängnis von Sept-Iles. Old Carter verzieh ihm denn auch, daß er nicht einmal eine Flasche Schnaps aus dem Liquor Board mitgebracht hatte. Diane war ohnehin überglücklich, ihren Linus wieder in die Arme zu schließen, und letztlich waren beide auch nicht wenig stolz auf ihren Erstgeborenen. Ganz mit leeren Händen war Linus wiederum nicht nach Hause heimgekehrt.

Doch das Mitbringsel hielt er versteckt, vorläufig versteckt, weil er nicht so recht wußte, wie er es anbringen, bzw. herzeigen konnte. Er hatte ein Gros, oder zwölf Dutzend, jener Gummipartikel mitgebracht, die in Kanada »french safe«, in Frankreich »capot anglais« heißen und in Deutschland vom Volksmund nach den Einwohnern der Hauptstadt Galliens benannt sind. Nicht, daß das Geschehen in Snuffbox City Linus zu dergleichen Maßnahmen bewogen hätte – viel eher waren es die Erfahrungen, die ein Mann von Welt nun einmal macht, wenn er nach vierzehn Tagen in einem Männercamp die entsprechenden Etablissements in Sept-Iles aufsucht und wo es ohne nicht gemacht wird – wo kämen wir denn hin, sagen jene Damen. Jedenfalls sprachen sich nicht nur die Geschehnisse rund um Linus' Mundraub herum, sondern auch die Tatsache, daß er eine Unmenge jener sagenhaften Dinger besaß, von denen ein paar Weitgereiste an der North Shore zwar schon berichtet hatten, die aber selbst noch unbekannt waren.

Dieses Faktum und das sich daraus ergebende Resultat – eine wimmelnde Kinderschar in allen Familien, in allen Dörfern, war nicht zu übersehen. Und die Mehrzahl der Fischerfamilien wußte nicht, wie sie die vielen hungrigen Mäuler stopfen sollten, während die Geistlichkeit von den Kanzeln herunter dem »Wachset und mehret euch« das Wort redeten.

Victor Cillian's Betsy zum Beispiel war erst vierundzwanzig, und da füllten schon sechs Bälger mit ihrem Geschrei die armselige Kate; und Victor spürte mit wachsendem Entsetzen, daß nicht nur jedes Jahr sein Lebensraum durch die wachsende Kinderzahl kleiner wurde, sondern, daß auch Betsy, die er als ein properes Hundert-Pfund-Mädchen zum Altar geführt, mit jeder der jährlich anstehenden Geburten sich unaufhaltsam dem Doppelten jenes Gewichtes näherte – und ein Ende war mit 24 noch lange nicht abzusehen. Victor und Betsy wohnten mit ihren Kindern ebenfalls in Pikes Nose Bay, und Linus war mit ihnen befreundet, wie er auch mit Joey Wellman, Leslie Boland und Steve Cillian, dem Bruder Victors, befreundet war.

Als Linus abends bei ihnen so herumhockte und zum achtundsiebzigsten Mal die Geschichte seiner Einbuchtung in Sept-Iles erzählte, beschloß Victor, ihn nach jenen Gummidingern, jenen »french safes« zu fragen; womöglich würde Linus ihm ein paar abgeben . . . Leider kam dann aber noch der Händler Osim zu der Runde hinzu und der hatte das alles, was sich in Sept-Iles ereignet hatte, noch nicht gehört, zumindest noch nicht aus erster Hand vernommen, und Victor mußte – wohl oder übel – sein Begehr so lange verschieben, bis Osim gegangen war, denn den ging das Ganze ja nun wirklich nichts an.

Wie es nun einmal ist mit Geschichten, die man öfter erzählt, und da geht's nicht nur Linus so, sondern mir selbst auch schon mal – da schmückt man ein bißchen aus, setzt einen Akzent hier, einen anderen da, läßt Unwichtiges weg, dramatisiert ein wenig, damit die Zuhörer was davon haben:

> »da kam ich he-heraus aus dem F-Fenster, in der rechten Hand eine Baloney, m-mindestens fünfzehn Pfund, in der linken einen Eimer mit g-gepökeltem Schweinefleisch, f-fünf Gallonen, i-in der a-a-anderen einen Kasten Bier. Brot hatte ich auch noch, so Sandwich-Brot aus der Bäckerei, kein selbstgebakkenes wie hier an der North Shore, Butter, ein paar

Die Skyline von Snuffbox City.

Gallonen Melasse, ei-ein Karton Scho-Scho-Schokolade und Z-Z-Zigaretten, fünf Stangen . . .«

Gebannt hängen sie bei der Aufzählung dieser Köstlichkeiten an Linus' Lippen – der Victor, die Betsy mit großen, feuchten Augen, nur der Händler Osim schaut ein bißchen skeptisch, doch bevor er etwas sagen kann, füllt Victor die Krüge mit Homebrew nach, und Linus hebt an, zum neunundsiebzigsten Mal die Szene zu schildern, wie er dem ersten der Greifer eine mit der Baloney über den Schädel zieht, so daß der wie ein nasser Sack zusammenklappt; wie er den zweiten mit dem Kopf in den Eimer mit Pökelfleisch steckt; den dritten mit der Faust ausknockt, dem vierten so gewaltig in den Hintern tritt, daß dieser alle Engelein im Himmel singen hört, bis erst weitere dreißig oder vierzig Vertreter der Staatsmacht Linus zum Streichen der Flagge bewegen.

»u-u-und da-da-dann war ich erst richtig sssauer, ssssauer, s-sauer auf mich, d-daß ich mich so schnell ergeben hatte!«

Da horcht auch Osim mit offenem Mund und erloschener Pfeife. Linus räuspert sich, steht auf, »hab ein Leck zu dichten«, geht raus – währenddessen die Zurückgebliebenen das Geschehen im fernen Sept-Iles kommentieren. Dann ist Linus wieder retour, und seine Zunge, durch den Homebrew beflügelt, schildert seine flammende Rede vor dem Richter, die zu einem aggressiven Plädoyer wird, gegen das, was seinerzeit Desdemona ihrem Othello zur Ehrenrettung vorbrachte, ein hilfloses Gestammel war. Betsy rückt näher – es ist ja auch so eng in der Stube – an Linus heran, legt ihre mollige Hand auf den Schenkel des Helden. Victor hat ein Scheit Holz nachgelegt im Ofen – an ihn hat während dieser hochspannenden Geschichte keiner mehr gedacht – klaubt ein paar Rosinen aus seinem Homebrew-Krug und trinkt, bemerkt aber sehr wohl, ohne daß er sich etwas anmerken läßt, wo Betsy's Hand hingewandert ist. Sie lachen, klopfen sich gegenseitig auf den Rücken, Betsy benutzt den Tumult, ihre Hand noch weiter wandern zu lassen; dann trinken sie wieder. Victor läßt die Hand nicht aus den Augen, muß aber ebenfalls mal raus – glücklicherweise ist Osim noch da. Als Victor zurückkehrt in die enge, warme, verräucherte Stube, ist Linus vom Stuhl gerutscht und – halb auf dem Boden liegend, ans Sofa gelehnt – schnarcht. Dann lachen sie wieder, kommentieren, wägen und streichen ab, die übriggebliebenen drei, trinken noch einen, lachen, klatschen sich auf die Schenkel – und dann hat Victor, dem Betsy's Hand nicht aus dem Kopf geht, eine Idee.

Osim ist gleich Feuer und Flamme, läuft über den Trampelpfad hinüber in seinen Store – Betsy beschwört Victor, es nicht zu tun – läßt sich aber schließlich umstimmen, als Osim wieder eintritt. »Muß denn der Kerl gerade dann einschlafen, wenn's richtig lustig wird«, denkt sie, und hilft mit, während Linus – in Morpheus' Armen – von alledem nichts merkt. Doch am nächsten Morgen, als er wach wird, da spürt er neben Schädelbrummen, Brechreiz, Druck auf der Blase und allgemeiner Übelkeit etwas ganz Obskures, Klebriges zwischen den Beinen. Etwas Eigenartig-Zähflüssiges, er glaubt sich von einer schrecklichen, fremdartigen Krankheit befallen, springt auf die Beine – und da rinnt ihm dieses Zeug seine Schenkel hinunter; er öffnet mit schreckgeweiteten Augen den Hosenstall und sieht, spürt, fühlt schwarze, dickflüssige, klebrige Melasse – mindestens eine Gallone von dem Zeug haben sie ihm in die Hose gefüllt. Das dicktränige Gebräu rinnt seine Schenkel, Knie, Waden und seine Schienbeine herab, tropft in die Schuhe. So steht er eine Weile in sprachlosem Entsetzen wütend in der Küche der Cillians – draußen toben die Kinder, Betsy steht an der Waschbütt und rubbelt Wäsche, Victor scheint im Schuppen zu hantieren.

Breitbeinig-unbeholfen quetscht Linus sich seitwärts aus der Tür, strebt gespreizt nach Hause, zerrt Hose, Unterzeug, Strümpfe, Schuhe, alles aus, wäscht, schrubbt und knurrt die auskunftheischende Diane an – bis er sich endlich ins Bett legen kann. Einen Triumph hat er ihnen wenigstens nicht gegönnt: sein Gesicht zu sehen, als er entdeckte, was sie ihm angetan hatten. Linus weiß – als er zum zweiten Mal an diesem Tag wach wird – sein durch die Aktion in Sept-Iles erworbenes Image ist ruiniert. Von Sheep Core bis hinunter nach Blanc-Sablon wird man über den derben Streich, dessen Opfer er geworden ist, also auf seine, Linus Carter's Kosten, sich die Bäuche halten vor Lachen! Das einzige was er tun kann, ist, vorerst den Ärger hinunterzuschlucken, vorgeben, das Ganze habe ihm nichts ausgemacht: »E-e-e-es hat ja weiter ni-n-nicht weh getan, war ja nur Me-me-melasse!« und darüber hinaus auf Rache zu sinnen.

Victor, Betsy und Osim gegenüber verhielt sich Linus

in der Folgezeit nicht viel anders als früher, vielleicht ein bißchen reservierter, vielleicht auch ein bißchen nachdenklicher. Victor schien es jedenfalls, als sei alles vergeben und vergessen. Und als Betsy wiederum einem gesunden Mädchen das Leben geschenkt hatte, da wartete Victor noch vier Wochen, erschien mit einem Krug frischem Homebrew bei den Carters am Ende der Bucht, stellte noch weitere zwanzig Gallonen in Aussicht – was ja auch hervorragendes Ausgangsmaterial für das Destillieren von Moonshine sei, wie man wisse – und ging dann ohne Umschweife Linus um ein Dutzend »Gummidinger« aus Sept-Iles an. Linus schaute Victor überrascht an, zögerte eine Weile mit der Antwort und meinte dann, ja, und dann nochmals: »jaja, mußt nur noch ein bißchen warten, muß sie erst suchen, bring' sie dir dann rüber!« Am selben Abend noch wechselten zwölf Präservative, Marke »Ramses«, aus dem Versteck in Carters Home in ein anderes Versteck in Betsy's und Victors Schlafstube, hinter der Küche mit dem großen gußeisernen Herd.

Mitte April, als die Tage wieder wärmer und länger wurden, fuhren sie mit dem Hundeschlitten hinaus auf die Dog Islands bis zum Eisrand an den äußersten Schären. Auf den Huks, wo sich selbst der schüttere Moosteppich in einzelne Polster auf dem nackten Fels auflöst und das Wasser vom Golf an rote und graue Steinbuckel schlägt, hatten sie sich Blenden gebaut und warteten auf die Wasservögel, die auf ihrem alljährlichen Zug nach Norden hier vorbeikommen würden. Der Wind pfiff von Nord – das bedeutete zwar schönes, klares, kaltes Wetter, doch brachte dieser Wind die Vögel nicht auf diesen Kurs. Wenn es aus Nord bläst, fallen die Gänse und Enten auf irgendwelchen Wasserlöchern ein und warten auf die Brise aus Südwest. Da war nichts zu machen, da half nur Geduld. Schon in der nächsten Stunde mochte der Wind auf die Mittagsbrise aus Südwest umspringen, und dann mußte man draußen auf den Felsvorsprüngen sein, sonst ging man leer aus.

Da lagen sie, in der Frühlingssonne, vor der Südwand eines ausgeblichenen Fisch-Schuppens, blinzelten übers Meer, wo sich weit in der Ferne der Küstenstrich von Neufundland abhob, und dösten vor sich hin: Paddy, Josuah, Linus und Osim, der die Beaufsichtigung seines Ladens, das Regiment über die Holzfässer mit Pökelfleisch, Mehl und Melasse seinen drei Töchtern anvertraut hatte. Das heißt: Paddy und Josuah dösten, Osim schnarchte im Windschatten, hatte Jacke und Hose geöffnet, die dicken Seehundstiefel ausgezogen – und Linus – tat nur, als schliefe er. Als sie vorhin die Hunde angepflockt und etwas im Schuppen herumgekramt hatten, entdeckte er zwischen Netzen, Seil und Netzbojen einen Kanister mit Benzin, und da war ihm eine Idee durch den Kopf geschossen. Unter heruntergeklappten Lidern beobachtete er den Rest der Jagdgesellschaft, rappelte sich vorsichtig auf und stahl sich in den Schuppen. Im Halbdunkel füllte er etwas Sprit in eine zerbeulte Dose, die zwischen Pilkern und Haken herumgelegen hatte, schlich sich zurück. Er kniff die Augen zusammen, weil ihn die vom Wasser reflektierte Sonne blendete, überblickte dann noch einmal den Frieden an der Hüttenwand: Josuah und Paddy hatten die Augen fest geschlossen, Osim schnarchte immer noch aus tiefster Brust; er träufelte dem auf dem Rükken liegenden, alle viere von sich streckenden Händler ein paar Tropfen Benzin auf die Überhose aus dickem Canvas – ebendahin, wo man ihm, Linus Carter, die Melasse eingefüllt hatte. Dann riß er ein Streichholz mit dem Daumennagel an, steckte das Benzin in Brand, das im selben Moment hoch aufloderte, brüllte dann so laut er konnte: »F-f-f-feuer, Feuer!«

Paddy, Josuah und Osim fuhren wie von einer Tarantel gestochen in die Höhe; letzterer gewahrte die Flammen, die von seinem Tabernakel aufloderten. Ein Mann rascher Entschlüsse, jumpte Osim ins eisige Wasser, um den gefährlichen Brand zu löschen. Linus dagegen warf sich prustend auf den warmen Felsen, sehr zum Befremden von Josuah und Paddy, und röhrte immer wieder, schnaufend vor Lachen:

»Das ist die Ra-rache für die Melasse, das ist die Ra-rache für die Me-me-melasse!«

Da begriffen auch die beiden anderen, und als Osim triefend, lauthalsschimpfend und immer noch ahnungslos auf die Felsnase zurückkroch – wie ein verunglückter Wassertroll –, da brauchte er für den Spott nicht zu sorgen. Spätestens jetzt hätte auch Victor, dem zweiten Urheber des Melasse-Attentates, ein Licht aufgehen müssen. Betsy, der dritten und Hauptbetroffenen, war es längst aufgegangen – und nicht nur ein Licht. Doch sie sagte nichts.

Wenn sie Linus auf den verschneiten Wegen von Pikes Nose Bay begegnete, schaute er ganz merkwürdig und prüfend an ihr herunter. Sie wußte warum – für was seine Augen eine Bestätigung suchten. Doch wie er es wohl angestellt hatte, wußte sie nicht, war auf Ahnun-

gen und Vermutungen angewiesen. Linus, indessen, versorgte Victor weiter mit »Ramses«-Verhüterli – der größte Teil des Depots hinter seinem Bett war schon verbraucht – bis endlich die alte Delima ihn jeden Zweifels enthob: »Betsy bekommt schon wieder ein Baby!« Nun endlich ging Victor das Licht auf, doch Linus war nicht verfügbar, er hielt sich für die Zeit des Eis-Aufbruches in Snuffbox City auf und erschien erst wieder in Pikes Nose Bay, als Taufe war und er, statt mit dem Schlitten, per Boot reisen konnte.
Und wie sie alle so einträchtig um das Taufbecken herumstanden, den siebten Sprößling der Cillians von der Erbsünde befreiten, kam Linus auf den Zehenspitzen seiner dicken Wollsocken herangeschlichen, tippte Victor auf die Schulter und raunte: »D-d-das war ich m-m-mit der Schere!«, indem er auf das unschuldige, friedlich im Kissen schlummernde, rosige Knäblein deutete, das soeben den schönen Namen »Emanuel« erhielt. Victors Blick allein hätte einen schwächeren Charakter auf der Stelle getötet oder in ferne Regionen – bis Kegaska oder Rivière-au-Tonnerre – fliehen lassen. Linus indessen grinste im Schutz des Gotteshauses unverschämt, huschte mit langen, leisen Bewegungen hinaus, stieg in die dort abgestellten Gummistiefel und schiffte sich bei nächster Gelegenheit auf der »Peribonca« ein, um ins Berufsleben, zur Company, nach Sept-Iles zurückzukehren.
Dort geriet er schon in der ersten Arbeitswoche mit dem Kopf zwischen zwei schwere Erz-Loren, die zusammengekuppelt werden sollten, was einen normalen Schädel zerquetscht und den dazugehörigen Menschen getötet hätte, nicht aber Linus, der mit nur wenig verändertem Aussehen überlebte und sogar noch durch eine äußerlich unsichtbare Silberplatte zur seitlichen Abstützung des Knochen- und Knorpelgerüstes seines Kopfes materiell aufgewertet wurde.
Victor – der den so arg ramponierten Linus jetzt nicht mehr verprügeln, sondern höchstens umbringen konnte, vergaß und vergab. Es war ja so viel Zeit vergangen, und Emanuel war ein richtig herziges Kerlchen.
Es entzieht sich meiner Kenntnis, ob Linus sich seiner immanenten Rolle, die er als Wegbereiter der Moderne, in diesem Falle des »american way of life« spielte, bewußt wurde; eine für die Küste neue Lebensform, die nur innerhalb Ein- oder Zweikinderfamilien funktionieren kann. Das jedoch läßt sich nur schwer – und dann nur mit sehr viel Disziplin der Beteiligten (was wiederum nicht die Stärke der freiheitsliebenden North Shore-Männer ist) – ohne technische oder chemisch-biologische Hilfsmittel erreichen. Trotz aller gegenteiligen Bemühungen der Geistlichkeit erschienen Kartons mit der Aufschrift »Ramses« auf den Ladentischen der Hudson's Bay Company in Mishou-Chibou und Snuffbox City und auch bei den unabhängigen Händlern – nur Osim in Pikes Nose Bay weigerte sich dickköpfig, diesen »Schweinskram« zu verkaufen.
Doch weder er noch die Seelenhirten der verschiedenen Konfessionen vermochten dem von Linus in Schwung gesetzten Rad des Fortschritts entscheidend in die Speichen zu greifen. Es dauerte nicht allzu lange, da brachte Nurse Mabel in Mishou-Chibou die Pille ins Gespräch und in Umlauf, was den Umsatz der HBC und der freien Kaufleute nur unwesentlich beeinträchtigte.

Denn erst nach einigen Pannen erlangten die Frauen Erfahrung im Umgang mit kontrazeptiven Mitteln und versteckten sie vor ihren Männern, die sie – in Unkenntnis der Schriftzeichen – mitunter gegen das Kopfweh nach dem Moonshine-Brennen schluckten.
Das ist nur ein Symptom von vielen, das deutlich macht, wieviel die Uhren in Labrador nachgingen – und wie wenig man sich an der North Shore um das Geschehen in der großen Welt scherte. Wie sollte man denn auch? Fernsehen an der Küste kann man erst seit zwei, drei Jahren Zeitunglesen – das kann nur die jüngere Generation, denn nur wenige der Männer und Frauen über vierzig hatten eine Schule von innen gesehen – und das Radio schätzte man ganz einfach deshalb nicht, weil sie Reklame für Güter machten, die es bei den Händlern nicht zu kaufen gab, weil eine Station nur in französischer Sprache ausstrahlte und weil man mit der Musik nichts anfangen konnte, die so ganz anders klang als die Lieder, Balladen und Moritaten, die man hier an guten Tagen intonierte. Für politische Nachrichten fehlte das Interesse. Denn was passierte – passierte so weit entfernt, in einer Welt anderer Menschen, Begriffe und Lebensart. Es hatte keine spürbaren Auswirkungen auf die Küste, war höchstens für den Manager der Hudson's Bay Company, den Lehrer und den Pfarrer von Belang.
Der Staat manifestiert sich nur positiv mittels Schecks für Kindergeld, Wohlfahrts- oder Arbeitslosenunterstützung. Freiheitseinschränkend ist die Staatsgewalt an diesem Teil der Küste praktisch nicht präsent. Die

nächsten Polizeistationen befinden sich in Blanc-Sablon (siebzig Meilen östlich) und in Havre St. Pierre (zweihundertfünfzig Meilen westlich). Ihr Fehlen wird nicht als Kalamität empfunden, denn vieles reguliert die Zeit, anderes kompensiert sich – wie zum Beispiel die Vergewaltigung, die Händler Osim zugeschrieben wurde, als er, unter einem Vorwand in Theodoras Küche tretend, weder Kinder noch Theodoras Gatten Donald vorfindend – Theodora auf dem Küchentisch notzüchtigte. Theodora erzählte nur ihrer Freundin Diane von der Untat, doch war das schon eine Person zuviel – Donald erfuhr selbstverständlich auch von der Schmach. Er verbot daraufhin Theodora, weiter bei Osim einzukaufen und unterließ es, die Restsumme, die er Osim schuldete, jemals zu erwähnen. Osim schluckte den Frosch. Seine Untat war damit gesühnt.

Kehren wir – nach diesem Ausflug ins bedeutsam Hintergründige in Robins (»Rotkehlchens«) Nest, in das Hunderttausenddutzend-Haus, das uns nach stürmischer Seefahrt Schutz und Hafen war, zurück. Nach und nach tröpfelten Besucher herein, denn es war Abend geworden und damit Zeit, die Geschehnisse des Tages zu kommentieren und die Aspekte der Zukunft zu wägen. Als erster kam Hamilcar, der bislang störrische Junggeselle, der langsame, aber stetig-zähe Bootsbauer, Fischer, Trapper, Zimmermann; der hagere, mitteilsame Joe Padlock von »Padlocks's General Store« und Ol' Man Gospel, auch »Einstein« genannt, der immer nur zuhörte, der aber bei der Aufarbeitung von Horaces Spirituosen-Lager durchaus seinen Mann stand. Ein weiteres Individuum mit Namen Elezar legte sich wortlos auf den Fußboden und verfolgte das Geschehen mit gedämpftem Interesse.
Ol' Man Gospel schien mächtig aufgedreht, denn er sagte »– das war eine hübsche Brise, heute morgen.«
»Ja, eine nette, kleine Brise«, bestätigte Joe Padlock beflissen. »Ich meine, das war schon näher an einem Sturm als an einer Brise«, wandte Brigitte ein. »Ja, für euch von draußen, für Festländer, nicht so für uns!« meinte Hamilcar, der von der Insel Neufundland stammt. »Brigitte und ich, wir sind fünfhundert Meilen entfernt vom Meer aufgewachsen, vergeßt das nicht!«
»Das muß eine schlimme Ecke sein, fünfhundert Meilen bis zum Meer.« Elezar wunderte sich mit offenem Mund, daß es sowas gibt.
Ich erklärte, daß ganz Deutschland nicht viel mehr Küstenlinie aufweise als die North Shore und daß es dort Millionen Leute gibt, die noch nie die See gesehen hatten. Skepsis und Verwunderung spiegelten sich in den Gesichtern der Männer, und Padlock Joe meinte, daß es vielleicht ganz nett wäre, das alles mal zu sehen, wo es kein Meer gäbe. »Aber eher im Fernsehen und nicht gleich in Wirklichkeit, das wäre mir zu gefährlich.«

1. Zwischenblende

Nachdem wir uns in Kanada eingerichtet hatten und es uns gelang, dort unsere Version des einfachen Lebens zu leben, wir aber dieses einfache Leben nicht während des Winters in Deutschland leben konnten, hielt ich erst recht Vorträge. Nicht aus einem übersteigerten Geltungsbewußtsein heraus oder um mein Image aufzumöbeln, nein, ganz einfach, weil wir Geld brauchten.
Ich beschränkte diese Tätigkeit nicht mehr auf das Saarland und die Umgebung von Trier, wo wir überwinterten, sondern ich sprach auch in Amberg, Diepholz, Memmingen; in Kassel, Kierspe, Berlin und Wien; in Lüdenscheid und Quakenbrück. Ich hielt Lichtbilder-Vorträge über den »Wohlfahrtsstaat Schweden«, über »Frankreich, den Nachbarn im Westen«, über »Lappland – unter Lappen und Rentieren« und – natürlich – über Kanada.
Ich erweiterte das Wissen meiner Zuhörerschaft mittels meiner bebilderten Augenzeugenberichte und gewann meinerseits einen tiefen Einblick in die Vielfalt deutscher Landschaft, Urbanität und der verschiedenen Biersorten. Es war ein abwechslungsreiches Leben voller neuer Eindrücke. Glücklicherweise plagt mich kein Lampenfieber, so daß ich mich mit aller gebotenen Gelassenheit meiner Aufgabe widmen konnte. Und wenn ich schon vor dem Ereignis ein paar Bierchen zu mir nahm, so geschah das nicht, um meine flatternden Nerven zu beruhigen, sondern weil ich durstig war. Auch hatte ich – wohl wissend, daß man ohne mich nicht anfangen würde – nie Angst vor dem Zuspätkommen, etwas, was bei manchem Kollegen zu panischen Ausbrüchen führte.
»Elmar Engel ist uns kein Unbekannter mehr«, so eröffneten die meisten der Herren Volkshochschuldirektoren den Abend. Dann gaben sie zum besten, was sie über Schweden, Finnland, Frankreich oder Kanada wußten. Dann kam ich dran und sagte artig:
»Guten Abend, meine verehrten Damen und Herren. Die äußerst interessanten Einführungen meines Vorredners, des Herrn Dr. Soundso, entheben mich eigentlich der Notwendigkeit eines Vortrages; sie bedürfen auch kaum der Bestätigung, und wegen ihrer Plastizität entbehren sie auch kaum die Dokumentierung durch

Lichtbilder. Trotzdem will ich versuchen, einige wenige Ergänzungen – nicht verwunderlich bei dem weitgespannten Bogen dieser so aktuellen Thematik zu formulieren« (dabei beschrieb ich mit dem Arm einen Halbkreis, der mich fast vom Podium geworfen hätte).

»Ich darf mich also voll und ganz zu der aus dem Mund des verehrten Leiters dieser Volkshochschule, des Herrn Dr. Soundso, meines Vorredners – äh –« (ich wußte jetzt nicht mehr, wie ich den verdammten Satz angefangen hatte), »des Herrn Vorredners also, der mir nun schon zum vierten Male Gelegenheit gibt«, (ich versuchte, Zeit zu gewinnen) »vor Ihnen, meine Damen und Herren«, – (Zwischenruf: »Es ist das fünfte Mal!«). »Schönen Dank – wie die Zeit verrinnt – jedenfalls, äh, Herr Dr. Soundso hat recht, daß der Wohlfahrtsstaat Schweden die Moral seiner Bürger untergräbt, daß es eine Ungeheuerlichkeit ist, daß er die hohen Einkommen der Besserverdienenden so besteuert, daß er, statt zu strafen, resozialisiert, daß er sich herausnimmt, seine Bürger als erwachsene, denkende Menschen zu behandeln . . .«

Und dann war ich im Fahrwasser, und der Fluß meiner Rede, die Leuchtkraft meiner Bilder schlugen die Zuhörer in den Bann, und ich konnte gar nicht begreifen, warum der Herr Dr. Soundso sich entschuldigte, als es zum gemütlichen Umtrunk, zur Nachbereitung ging – und warum er mich nicht noch einmal einlud, wo ich doch das Thema »Zwischen Lorenz-Strom und Eismeerküste« noch in Reserve hatte.

Trotzdem: Noch nie im Leben hat mir das Bier besser geschmeckt, nachdem ich zwei Stunden geredet, mein Honorar erhalten und mich in der Sonne des Ruhmes geaalt hatte. Aber es gab da Ausnahmen.

In Ostfriesland beispielsweise. Als ich mich nicht traute, die Einladung des Herrn Volkshochschuldirektors abzulehnen, und wo ich sieben Tassen ostfriesischen Tee trank – trinken mußte, nur weil ich den blöden Trick mit dem Löffel nicht kannte (wenn man ihn nicht in die Tasse stellt, signalisiert das der Gnädigen Frau, daß man weiteren Tee wünscht) und trotz meiner (als höflich angesehenen) Proteste wurde mir nachgeschenkt, wurde ich immer durstiger. Als ich endlich in meiner Verzweiflung nach Bier fragte – entließ man mich beleidigt in die Nacht. . .

Doch solche Mißhelligkeiten waren das Salz in der faden Suppe des Volkshochschuldozenten, denn so nannte ich mich jetzt, nachdem es mir zu blöd wurde, auf die Frage »Was sind Sie eigentlich?« verlegen herumzustottern und nachzudenken und zu beginnen: »Ja, an sich bin ich . . .«, als wäre ich ein Abdecker, Gerichtsvollzieher, Gefängniswärter, Schiffschaukelbremser, Loddel, Politesse oder Angehöriger eines anderen wenig Renommee vermittelnden Berufsstandes.

Was ich am meisten haßte, waren Vorträge in kleinen und mittleren Orten, die in den jeweiligen Schulgebäuden stattfanden. Aus mir unerfindlichen Gründen versuchen es die Schulmeister nach wie vor, erwachsene Menschen in jene unwirtlichen Kästen, in die abstoßend kahlen Räume, in denen der Angstschweiß der Kinder hängt, zum Zwecke der Bildung und Erbauung zu lokken. Obwohl es im kleinsten Nest eine Kneipe gibt, die zu diesem Zweck besser geeignet wäre. Kein Wunder, daß das mißlingt. Kein Wunder, daß sich die wenigen, die gekommen sind, an die schlimmen Tage ihrer Kindheit erinnern. Kein Wunder, daß ich das, was ich zu sagen habe, schnell herunterleiere, nur um aus dieser verfluchten Schule wieder herauszukommen. Vielleicht ist es so, weil ein Großteil der Lehrer kontaktarm und pathologisch geizig ist. Weil ihr Selbstverständnis außerhalb des Kollegenkreises oder des Schulbereiches zusammenbricht. Weil sie befürchten, in der Kneipe könnte ihre Autorität nicht aufrechterhalten bleiben, oder sie müßten ein paar Mark für ein Bier hinlegen . . .

Vorträge zu halten wurde mir zur Routine, aber dieses Herumlungern während der Tage in Zügen, in fremden Städten, in fremden Hotels, dieses ständige Vonsichgeben der gleichen, in Einwegflaschen verpackten Erkenntnisse – ich wurde es leid. Ich wurde auch die alte Dame leid, die hinterher ergriffen auf mich zukam und mir zuwisperte: »Entschuldigen Sie bitte, wenn ich so frei bin, eigentlich hätte ich mir Sie viel größer vorgestellt – aber Ihre Bilder, Herr Engel, Ihre Bilder, die waren wunderschön – und Ihre interessanten Ausführungen – aber was müssen Sie für eine Frau haben, die das alles mitmacht. Ja, wenn ich nochmals jung wäre . . .« seufzte sie und drückte mir die Hand.

Die nette alte Dame saß vorne links – direkt unterm Rednerpult, mit der Hand hinterm Ohr. Eine alte Dame, wie sie in keinem Ort, in keinem Vortrag fehlte.

Pumpkin, Dorsch und Demarara.

Die Boote, die sich die Fischer an der North Shore bauen, gehören zu den schönsten, die vor den Küsten der fünf Kontinente schwimmen. Vor allem die geklinkerten Schiffe könnten, was Form, Ausgewogenheit und Eleganz der Linien angeht, direkt von den Langschiffen der Wikinger übernommen sein. Was nicht verwunderlich wäre, denn vor der North Shore kreuzten vor knapp tausend Jahren die Knorrs und Drachen der nordischen Freibeuter und bis zu ihrer Siedlung im heutigen L'Anse aux Meadows ist es nicht viel weiter als einen Katzensprung. Dabei spreche ich von den klassischen »Verdrängern« und nicht von den modernen »Gleitern« und meine in erster Linie die Rümpfe. Aufbauten sind beim Fischen hinderlich; gegen das schlechte Wetter hat man sein Ölzeug. Doch irgendwann begannen die North-Shore-Leute Kajüten zu bauen, anfangs abnehmbare Kästen, später, als der Fischfang zur Nebenbeschäftigung degenerierte, fest installierte Aufbauten. Und dabei vergaßen sie jegliche Tradition, jeglichen Sinn für Verhältnismäßigkeit, Linie und Form, aber auch Zweckmäßigkeit, und das Schlimmste ist, die enormen Flächen beeinträchtigen die Seetüchtigkeit der Fahrzeuge. Sie schaffen Aufbauten, die an die Häßlichkeit eines »Finjet« heranreichen.

Angesichts der Fo'cs'les und Steuerhäuser packt den Seemann – und überhaupt jeden, der sich ein bißchen Sinn für Ausgewogenheit bewahrt hat – ein ähnliches Grausen, wie es jeden vernünftigen Menschen überfällt, der sich mit den Mißgeburten des modernen Städtebaues konfrontiert sieht. Glücklicherweise sind die Empfindungen der meisten Stadtbewohner durch die hoffnungslose Auslieferung an die Häßlichkeit inkurabel abgestumpft – oder sie sind unter einer abgrundtiefen Resignation verschüttet, so daß sie davon absehen, die Bulldozer umzudrehen und statt Wälder und Landschaften den Bank- und Kaufhausscheusalen auf den Pelz zu rücken und den schrecklichen Beton kurz und klein zu schlagen.

Ähnlich geht es wohl den Architekten, den Bauherrn und Planern: wie sollen sie, die zu »Fachidioten« degeneriert sind, und dazu noch dauernd dem Stumpfsinn und dem Zwang, der Profit heißt, ausgesetzt sind, sich zu Ideen – oder noch viel schwieriger – zu deren Realisierung aufraffen? Die wenigen positiven Beispiele haben lediglich eine Alibifunktion.

Doch zurück zu den Fischern und Bootsbauern der North Shore. Auf die Entschuldigung der Architekten können sie nicht zurückgreifen. Ihre Umwelt ist voll von Beispielen für Harmonie und Dramatik der Formen; da fehlt es weder an statischen noch an dynamischen Linienführungen, da halten sich Gelassenheit und Aufregung die Waage. Trotzdem geht es ihnen mit ihren Bootsaufbauten wie den Architekten.

Wir brauchten ein neues Boot. Die »Zwiebel«, die Four Atlantic waren Sicherheitsrisiken geworden. Bei einer Kiste Bier besprach ich mit Braham den Neubau. Er sollte geklinkert, etwa 30 Fuß lang und eingedeckt sein. Braham meinte, er könnte es für tausend Dollar hinkriegen und das Schiff im folgenden Frühjahr abliefern. Damit war der Werftvertrag abgeschlossen und jeder von uns ging seinen Beschäftigungen nach. Leider zündeten die zwei jüngsten Braham-Söhne das väterliche Haus an, was eine Verschiebung des Ablieferungstermines um ein Jahr bedeutete. Braham mußte erst ein neues Haus für die Seinen und sich bauen. Ich nahm das nicht so tragisch, denn ein Jahr Lieferungsverzögerung ist bei einem Schiffsneubau auch schon in zivilisierteren Breiten vorgekommen. Nach dem Hausbau ging Braham die Arbeit flott von der Hand. Überraschenderweise geriet das Schiff länger als vorgesehen, vier Fuß länger und entsprechend breiter und voluminöser, versteht sich. Und es war nicht geklinkert. Braham zuckte die Achseln und meinte: »Es ist halt so ausgefallen.« Dabei ist zu bedenken, daß der Konstrukteur auf Plan, Stückliste und ähnlichen Schnickschnack verzichtete. Ob er überhaupt ein Maßband besitzt, darüber gehen die Meinungen auseinander. Mir gegenüber behauptete

er zwar, er besäße ein solches Gerät, doch sein Jüngster hätte es verschleppt und er könne es gerade nicht finden.
Leider war der Schuppen so eng, daß mir keine Totalansicht meines stolzen Schiffes vergönnt war. Jedenfalls erkannte ich, daß es eher einer bauchigen Knorr als einem eleganten Drachen ähnelte. Zuviel Eleganz, sagte ich mir, gleitet oft ab ins Lächerliche.
Ich zahlte die vereinbarte Summe und legte noch eine Anzahl Dollars drauf, da das Schiff größer ausgefallen war – ich zahlte, obwohl es backbords eine unübersehbare Beule aufwies. Das war der Symmetrie zwar ein bißchen abträglich, jedoch die Seetüchtigkeit und auch die Geschwindigkeit würden von der Beule nicht beeinträchtigt, versicherte mir Braham. Ich tröstete mich damit, daß ein Kind mit einem kürzeren Bein oder einem halben Arm später von seinen Eltern oft mehr geliebt wird als ein solches, das ohne Fehl und Tadel das Licht der Welt erblickt hat. Dann aber sprach ich ernste Worte mit dem Bootsbauer. Ich beschwor ihn regelrecht, angesichts der üblen Beispiele, sein Werk durch gewaltige Kuben nicht noch weiter in Frage zu stellen.
»Sie wird ein hübsches Boot werden, du wirst sehen, in drei Wochen – höchstens vier – ist sie soweit, wenn die Dorsche nicht vorher an der Küste aufkreuzen . . .«
Die Dorsche hatten ein Einsehen, und nach sechs Wochen fuhr ich nach Snuffbox City, um das Boot abzuholen. Es sollte »Pumpkin« heißen und damit die Tradition der Gemüsenamen für unsere Boote fortsetzen. »Little Onion« (kleine Zwiebel) hieß das erste, »Cauliflower« (Blumenkohl) das zweite und das dritte und größte – wie sollte es anders als »Pumpkin« (Kürbis) getauft werden? Nur, wenn die »Pumpkin« einmal das Schicksal aller Schiffe erleidet, und wir ein noch größeres Boot bekommen sollten, da müßten wir uns in den Tropen umsehen, ob da womöglich noch mächtigere Früchte als Kürbisse gedeihen. Nebenbei bemerkt: Wir sind keine Vegetarier, absolut nicht, das mit den Namen hat sich einfach so ergeben. . .
Als ich die »Pumpkin« vor dem Schuppen stehen sah – griff ich mir ans Herz und Brigitte behauptete später, ich sei leichenblaß geworden. Braham hatte es nicht lassen können: über dem Vorpiek, dem Fo'cs'le, lastete ein rechteckiger Kasten, nicht viel kleiner als ein Frachtcontainer, und dahinter das Steuerhaus, nein, das war kein Steuerhaus, da strebte ein zweiter Container, hochkantgestellt, gegen den unschuldig blauen Himmel . . . Ich barg mein Gesicht in den Händen. Brigitte tröstete mich und sagte:
»Wenn sie mal im Wasser liegt, vielleicht sieht's dann nicht mehr so schlimm aus.« Braham war nicht zu Hause.
Später reduzierten wir die monströsen Kästen auf ein Viertel ihres ursprünglichen Volumens, brachen ein paar Kanten, schrägten und schafften es, der »Pumpkin« schließlich doch ein Aussehen zu verleihen, das man im angelsächsischen Sprachraum mit »shipshape« bezeichnet.
Das Ganze zog sich natürlich hin, nochmals ein ganzes Jahr insgesamt, denn schließlich mußte auch noch eine Maschine eingebaut werden. Das wurde diesmal keine »Atlantic« oder »Acadia«, sondern ein richtiger Diesel mit nicht weniger als 22 Pferdestärken! Danach jedoch präsentierte sich die »Pumpkin« als der Stolz unserer Flotte, und ich konnte mich nicht sattsehen an ihr. Eine Reise mit ihr nach Snuffbox City war ein reines Vergnügen, das einer Kreuzfahrt mit der »MS Europa« in die Karibik kaum nachstand.
Wir kochten herrliche Menüs, räkelten uns in der Sonne, tranken Bier und der Skipper stand auch bei Sturm und Regen – die an der North Shore etwas häufiger auftreten als in der Karibik – in seinem Steuerhaus im Trockenen, während Ladung und Passagiere wohlgeborgen im Vorpiek bzw. der Luke ruhten. Zugegeben, sie leckte ein bißchen, die »Pumpkin«, und alle Stunde mußten ein paar Fuder Seewasser, das sich unbefugt Zutritt zur Bilge verschafft hatte, dorthin zurückbefördert werden, wo sie hingehörten. Doch eigentlich leckt jedes North-Shore-Boot ein bißchen. Vielleicht ein Hinweis auf die Weisheit des Erbauers, der instinktiv erfaßt hat, wie langweilig und letztlich unmenschlich Perfektes ist. Außerdem: Pumpen bringt Abwechslung, wenn eine Fahrt einschläfernd zu werden droht, und ein bißchen Bewegung tut gut im naßkalten North-Shore-Klima. Es kommt eben auch auf die Warte an, von der aus man so was betrachtet.
Nur beim Nebel gibt's Probleme. Dann beschlägt die Scheibe vor der Nase des Steuermanns. Auch bei Regen ist die Sicht nicht immer die beste. Wir helfen uns, indem wir, unter solchen Bedingungen, die Scheibe einfach herausnehmen.
In den letzten Jahren hatten wir uns viel stärker nach Snuffbox City als nach Mishou-Chibou orientiert, weil der Mishou-Chibou-River Tonnen über Tonnen Sand

anschleppt und vor seiner Mündung ablegt. Bei Ebbe schafft es kaum noch ein Outboarder, die Bänke ungeschoren zu überfahren. Nach Snuffbox City müssen wir zwar sieben, acht Meilen übers offene Meer, doch mit einem Schiff wie die »Pumpkin« ist das kein Problem. Sie hat ihre Qualitäten bei manch kräftiger Brise bewiesen. Nebel und Wind stellen den Skipper höchst selten gleichzeitig vor Probleme. Sie betreten nacheinander – kaum miteinander – die Szene. Doch wenn sie mal zusammen das Geschehen beleben, dann gleich mit einem Auftritt, der jede Wagner-Aufführung zum Kammerspiel degenerieren läßt.

So war denn die Überfahrt mal wieder recht bewegt an jenem schönen Septembermorgen, der, als er sich zum Tag mauserte, die Kulisse des nachstehend Geschehenen darstellt. Die See war so bewegt, daß die Gischt an die Scheibe des Steuerhauses klatschte und Brigitte den einzigen Passagier am Kragen festhalten mußte, als dieser über die Reeling kotzte; doch wir fanden das Ganze eher anregend als gefährlich. Nur die steilen Wellen am Ausgang der Ha Ha Bay schienen besorgniserregend, doch diesen Anschein gaben sie sich immer.

Wir landeten jedenfalls wohlbehalten und trocken an der Pier und priesen unser Schiff, denn bei Reisen mit unseren vorhergehenden Schiffen trieften wir trotz des Ölzeugs bei jeder Mütze voll Wind wie die nassen Katzen, wenn wir an der Fischfabrik anlegten. Auch die Segnungen eines Motors, der vom Start bis zum Ziel ohne Muckser durchlief, war für uns eine bemerkenswert angenehme Erfahrung.

Wir luden eine Menge Kram. Darunter nicht weniger als dreißig Kisten Bier, denn wir hatten ein gutes Dutzend Gäste gleichzeitig. Dazu eine Menge Lebensmittel und Baumaterial. Eine Mordsladung jedenfalls. Das Stauen war noch nicht beendet, als der Nebel die Felshügel herunterrollte und es mir schien, daß der Wind nachließ. Wir tuckerten los, obwohl die Sicht kaum mehr als sechzig, siebzig Meter weit reichte. Die breite Fecteau-Einfahrt würden wir mittels Kompaß finden, und der Wind würde bald einschlafen, dachten wir.

Ich stellte mich mit Seekarte und dem kleinen Kompaß auf Vorpiek, des besseren Überblicks wegen, Brigitte war Steuermann, und Moppel nichts weiter als Passagier. Ich zeigte den Kurs an, Brigitte kontrollierte, und wir dampften in den Nebel hinein, daß es eine Freude war – vorerst. Wir sahen weder die »Buttocks« noch »Potato Island«, obwohl uns eine immer noch recht frische Brise schob und eine beachtliche See mit uns lief. Während bei guter Sicht allenthalben Land in Form eines nach Osten offenen Vierecks zu sehen ist – mit der Grosse Isle im Süden, den Mecatina Hights im Westen und der Fecteau-Insel im Norden, von den Schären dazwischen einmal ganz abgesehen – waren wir diesmal allein, die Welt schien aus nichts anderem als aus der »Pumpkin«, uns, dem Nebel und dem Wasser zu bestehen; einsamer hätten wir auf dem offenen Ozean nicht sein können.

Sieben oder acht Meilen sind es bis zum Ostabfall der großen Fecteau-Insel, dann folgt die äußere Kecarpoui Bay mit dem Lee von Fecteau und Guet auf der anderen Seite, dann die innere Kecarpoui Bay, praktisch vollständig durch Inseln und das Festland abgeschirmt, und schließlich die kleine Mündungsbucht des Kecarpoui Rivers mit unserer Hütte nach nochmals dreizehn Meilen. Wie ein Spiel russischer Puppen – eine Bucht paßt in die andere. Bis Fecteau würde uns die See bedrängen, der Wind hatte, trotz des Nebels, wieder aufgefrischt. Dann waren es eine Anzahl von Untiefen und Riffen in der äußeren Kecarpoui Bay, denen wir aus dem Weg gehen mußten, schließlich galt es Passage Germain zu finden, die in die innere Kecarpoui Bay führt, und vor der ein Schärenverhau liegt, das zu umfahren ist. Danach sind es drei, vier Sinker, gleich hinter der Passage, die bei schlechter Sicht ein Problem aufwerfen können. Über die Ha Ha Bay und die Little Passage wären wir zwar eher ins Lee dieser Insel gekommen, jedoch da sind die Verhältnisse viel verworrener, da liegen noch viel mehr Steine im Meer.

Es war ja nur noch eine Frage der Zeit, bis der Sturm den Nebel weggeblasen haben würde, sagte ich mir, denn der Wind, die Brise, war zum Sturm geworden. Vorerst jedoch steckten wir in einer unendlich dunkelgrauen Wolke, die auf unserem Kurs nach Nordosten trieb. Ich ließ die »Pumpkin« nach Osten abfallen, um dem tödlichen Luv der Fecteau-Insel zu entgehen. Eine Stunde war inzwischen vergangen, die nachlaufende See schob, hob, drückte, der Wind pfiff, und von der Welt war nichts weiter zu spüren als Düsternis und Gefahr. Ich wünschte, ich wäre in Snuffbox City geblieben. Die Seen wurden immer höher, immer gemeiner. Das war ein Anzeichen, daß wir die Einfahrt zur äußeren Kecarpoui Bay erreicht hatten – jedoch ob es wirklich der Fall war . . . Nein, es war nicht so – ich erschrak – da war auf einmal grünes Wasser unter uns, ein

heller Fleck, eine Untiefe, über die uns eine mächtige Woge schob.
Verdammte Scheiße, ich war vom Kurs abgekommen, vor Fecteau gibt's keine Untiefen, die liegen östlich von Guet oder viel weiter weg westlich. Ich signalisierte Brigitte, auf halbe Fahrt zu gehen, den Kurs zu ändern, und zwar nach Westen, als sich direkt auf diesem Kurs ein weißer Fleck ausbreitete, ein Teppich häßlichen, über einer Untiefe brechenden, kochenden Wassers. Wenn wir auf diesen Sinker geworfen werden, gibt's Kleinholz, dann sind wir verloren, selbst wenn wir einen dieser Felsbuckel erreichen, die unsichtbar aus dem kalten Nebelmeer ragen, würden wir die Unterkühlung nicht überstehen . . . Ich deutete nach links – nach backbord – die »Pumpkin« holte mächtig über, Brigitte sagte später, daß die Batterien in diesem Augenblick weggerutscht seien. Jetzt brandete es nur ein paar Bootslängen steuerbords das Meer an einem braunen Felsen hoch, versuchte ihn zu überspringen, fiel zurück in eine andere Woge, mischte sich mit ihr . . . Der Sturm packte mich von vorn, riß mir fast die Seekarte aus den Händen, überschüttete mich mit Spritzwasser. Noch schlimmer war der entsetzliche Nebel; ich fror. Zum Teufel, wo waren wir? Es half alles nichts, wir mußten nach Süd-Westen, dem Sturm in die Zähne dampfen, mußten tiefes Wasser erreichen. Einen Augenblick lang dachte ich, direkt voraus sei Land, jedoch das war eine hohe See, die auf uns zulief, die unter uns durchlief mit einem breiten, schwarzen Loch dahinter, in das die »Pumpkin«, in das wir hineinfielen und mühsam heraustaumelten. Wir passierten einen dunklen Fleck, was war das? Eine Schäre, die »Fort du Prince«, die sich zu diesem Zeitpunkt in diesen Gewässern befinden mußte . . . Unablässig wanderten die Seen heran, schienen uns zu überrollen, in den Löchern dahinter zu verschlingen. Drei Stunden waren vergangen, auch mit halber Kraft hätten wir längst an der Pier der Fischfabrik liegen müssen. Ihr schlimmster Gestank wäre mir tausendmal sympathischer gewesen, als all diese so gesunde, frische Seeluft. Jedoch um uns war weiter nichts als Nebel, Kälte, Nässe, Sturm, in unendlicher Folge heranlaufende Wogen. Keine Ahnung, wieviel Meilen wir über Grund machten, welche Geschwindigkeit der Sturm zuließ.
Dann – ein dunkler Fleck – ein mächtiger Brandungsstreifen – eine Schäre, doch zum glühenden Teufel – welche? Es dämmerte. Wir liefen durch das lächerlich kleine Lee der Schäre. Danach beutelten uns die Wellen erneut, doch es schien, als sei ihre Wucht gebrochen. Ich atmete auf, eine unsägliche Erleichterung breitete sich in mir aus, als sich die ganze Kimm schwärzte – war das das Festland? Zumindest war es eine große Insel, ja, eine Insel, denn Vegetation war kaum zu sehen, keine Bäume – doch war sie mit etwas viel Schönerem als Palmenstrand und Hulamädchen ausgestattet: sie besaß ein vernünftiges Lee! Wir liefen noch in dessen Schutz, als das Festland auftauchte, Fichten, eine tiefe Bay – ich wußte zwar immer noch nicht, welche Bay, doch sie bot Schutz, bot einen guten Ankergrund. Was brauchten wir mehr – vorläufig . . . Daß wir in jener Bucht, an jenem Zufluchtsort auch noch eine verwahrloste Hütte fanden, nicht nur verwahrlost, sondern auch verdreckt, aber mit einem Ofen versehen – es war die Hütte des Trappers Bastien, das erschien uns so, als ob wir ins Paradies Einlaß gefunden hätten.

Nun ist es nicht so, daß jede Fahrt nach Snuffbox City oder Mishou-Chibou ein Ringen mit den Elementen wäre, wo es um Leben und Tod geht. Glücklicherweise nicht! Das Risiko wäre uns zu groß. Wir sind beide der Ansicht, daß wir – für den Fall eines Schiffbruches mit fatalem Ausgang – in jenes bewußte, grenzenlose, schwarze Loch fallen, aus dem bislang noch keiner herausgekrochen ist, um zu berichten, daß es bessere Welten gibt, als eben diese – die unsere. Also versuchen wir, auf der Welt im allgemeinen und an der North Shore im Besonderen zu bleiben. An jenem Küstenstrich, der vom gängigen Klischee eines Paradieses weiter entfernt ist als vom Mond. Im »Land Kains« erfahren wir die absolute Zufriedenheit erstaunlicherweise recht häufig. Eine Zufriedenheit, die wir mitunter als Glück definieren, soweit es für diesen Zustand allgemeingültige und nicht nur individuelle Definitionen gibt. Ein Leben in einem irdischen Klischee-Paradies mit ewigem Frühling, wo einem die gebratenen Tauben in den Mund fliegen, ohne daß man die Hand hebt, wäre für uns genauso unerträglich langweilig, wie die Verwirklichung jenes Anspruches, den die Funktionäre der Metaphysis unablässig beschwören.
Also zurück zum Diesseits, und da ist es merkwürdig, daß der Gedanke, das Ideal des einfachen Lebens, streng mit einem Leben vom Lande assoziiert ist. Man denkt an Garten, Feld, Flur, an bunte Kühe, Schafe, Hühner und so fort. Und an die, die dieses Dasein in die

Ein prächtiger Dorsch.

Tat umzusetzen versuchten und damit Schiffbruch erlitten. Die Mehrzahl derer, die es versucht haben, kamen nicht zurecht. Sie waren nicht gewillt, da weiterzumachen, wo's anfängt wehzutun. Das einfache Leben ist zu unseren Zeiten, wo die Existenz nicht davon abhängt, wo die direkten Bedürfnisse meist über Umwege befriedigt werden, zu einer komplizierten Sache geworden, die eine Menge geistiger Beweglichkeit, aber auch körperlichen Einsatz erfordert – kurz – viel schlichte, harte, langweilige Arbeit. Das einfache Leben ist alles andere als eine anregende und angeregte Diskussionsrunde oder gruppentherapeutische Übung, wo Modisch-Psychoanalytisches in ausgefeilter Formulierung als l'art pour l'art produziert wird. Merkwürdigerweise ist noch kaum jemand auf die Idee gekommen, daß das »Leben aus dem Meer« eine weitere Alternative eröffnet. Seit urdenklichen Zeiten fischten und jagten die Labrador-Indianer während der Sommermonate an den Küsten oder draußen auf dem Meer. Erst nachdem ihnen die Eskimos und später die Weißen den Weg dorthin verlegten oder erschwerten, wandten sie sich fast ausschließlich dem Landesinneren zu. Den Eingeborenen kam die Küstenstruktur mit ihrer ausgeprägten Gliederung entgegen: die Inseln, Schären, Buchten, Sunde, Fjorde – die geschützten Passagen – die Flußmündungen – eine unvergleichliche Auswahl von Häfen und Schlupfwinkeln – die dann, nach und nach, von den Weißen besetzt wurden. Die indessen verließen sich nicht auf die zerbrechlichen Birkenrinden-Kanus, sondern bauten Boote, von und mit dem Holz, das sie vor allem an den Mündungen der Bäche und Flüsse fanden. Von den Indianern hatten sie gelernt, daß in diesem kargen Land, an dieser kargen Küste die Seßhaftigkeit problematisch ist. Sie suchten und fanden einen Kompromiß: im Winter lebten sie im Schutz der Galeriewälder, die ihnen gleichzeitig Feuerholz lieferten, im Sommer dagegen draußen, auf den Schären, in angenehmer Kühle, weitgehend von einer der sieben Plagen Labradors, den Insekten, verschont. Und was am wichtigsten war, in unmittelbarer Nähe der Fischgründe.

Fischen – das ist weder an der North Shore noch sonst irgendwo ein heroischer Kampf gegen die Elemente, sondern Fischen ist eine alltägliche Ernte, einzubringen in den Atempausen, die Wind und Wellen einlegen. Die Fischer verzichten gerne auf den »thrill« der Abenteurer aus den Binnenstädten. Der »thrill« wird ihnen oft

Ein Netz voller »Capelins«, ein Kugelfisch, ein gestrandeter Wal.

genug beschert, wenn die Atempausen kürzer sind als erwartet. Oft genug bläst der Sturm die Motorboote, die Outboarder, herunter vom Meer, hinein in die Sunde, Bays, Buchten, Fjorde, überschüttet die Boote, die Männer mit kaltem, salzigem Wasser, und sie sind froh, wenn sie an den wackligen Stegen anlegen können, den Stegen mit den »stages« obenauf, den roh zusammengeschlagenen Bretterbuden, die ein bißchen Schutz gewähren vor den Regengüssen, den heulenden Stürmen. Buden, in denen der Dorsch lagert und wartet, bis die Händler, die Aufkäufer am Ende der Saison, im Herbst, mit ihren Kuttern vor Anker gehen und über Erfolg oder Fehlschlag entschieden wird.

In den stages köpfen die Fischer die Dorsche, reißen mit einem Griff die Eingeweide heraus, schneiden das Rückgrat heraus, »splitten« den Fisch, indem sie ihn wie ein Buch aufklappen, salzen und in breiten Stapeln schichten. Dann schwemmen sie den Dreck von den Stegen, schwemmen ihn hinunter in die See – wo die Drachenköpfe, die Flundern, die Quappen sich an den überreich gedeckten Tisch setzen. Dann gehen die Männer zu den Holzkaten, den »Sommerhäusern«, die so gar nichts von Sommerfreuden an sich haben, denn es sind die zweitrangigen Häuser; das Haupthaus steht landeinwärts an der geschützten Flußmündung.

Die Fischer halten nichts von Repräsentation, die Katen sind Unterkünfte, Schlupfwinkel für die Nacht, Höhlen, um einen Sturm abzuwettern. Sie werfen die schwarzen Gummihosen, die ungeschlachten Gummijacken in die Ecke des Windfanges, streifen die Stiefel von den Füßen, lassen sich auf einen wackligen Stuhl fallen, trinken heißen, dampfenden Kaffee, während infernalisch stinkende Dorschleber in der Bratpfanne zischt. Doch dieser Geruch, der jeden »Festländer« in den wütendsten Sturm hinaustreibt, ist ihrer Nase ein freundlich duftender Ozon. Sie tunken das Brot in die scharf gepfefferte und gesalzene Brühe, die aus der Leber rinnt, schmatzen, schlürfen, mampfen, während tranige Tropfen die stoppelbärtigen Kinnladen herunterrinnen. »Braham hatte eine halbe Bootsladung«, und nach einem weiteren Schluck Kaffee – »wenn der Wind eine Stunde später eingesetzt hätte, dann hätte ich ihn diesmal abgehängt.« »Entrel hatte natürlich am meisten Fisch, wie immer, weiß der Teufel, wie der das macht. Gegen den kommt keiner an!«

Sie beißen einen neuerlichen Kanten Brot ab, »wenn der Wind heute abend einschläft, dann gehe ich nochmals zum Pilken, dann probiere ich's nochmal. Aber jetzt – jetzt will ich erst mal – uuaaah – schlafen . . .«

Mitte Juni kommt der Dorsch an die Lower North Shore – nicht etwa vom offenen Ozean, sondern aus der St.-Lorenz-Mündung. Er erscheint zuerst vor Kegaska, Harrington, Sheep Cove, Snuffbox City, bis er endlich in den Gewässern von Last Chance, dem Sommerdorf von Mishou-Chibou erscheint. Dann setzen die Fischer ihre Traps – große, komplizierte Netzsysteme, riesige Reusen, mit schweren Ankern auf dem Meeresboden verhakt. Morgen für Morgen fahren sie hinaus, ziehen das Netz eng zusammen und gleichzeitig herauf an die Oberfläche, ziehen es immer enger, so daß den Dorschen nur noch ein paar Kubikfuß Lebensraum bleiben. Ein bißchen Raum, den sie bald nicht mehr brauchen, denn sie zappeln wenig später zwischen den Duchten der Boote, zwischen den Beinen der Fischer.

So wie diese hinter den Dorschen her sind, verfolgen die Dorsche die Capelins, bleistiftlange Fischchen, die anderswo »Lodde« heißen. Die wiederum treibt ein unwiderstehlicher Drang dazu, aus den dunklen Tiefen des Atlantik heraufzusteigen, sich in ungeheuren Schwärmen zu sammeln und unbeirrbar den Küsten zuzustreben, um dort zu laichen. Alle Räuber der sieben Meere begleiten den gewaltigen Heerzug, die Wale, Tümmler, Haie, Seehunde, Lachse, Meerforellen – ja sogar Butt und Flunder tun sich an ihnen gütlich. Und trotzdem kommen immer noch Milliarden an, so viele, daß das Meer von ihnen wimmelt.

Weiß der Teufel warum, aber Männchen, die an der North Shore »he males« heißen und die Weibchen »she males«, reisen getrennt. Es herrscht ein ungeheurer Überschuß an Männern – so gewaltig ist er – daß Millionen und Abermillionen Junggesellen in hoffnungsfroher Erwartung das Eintreffen der Damen erwarten, und wehe, wenn diese, wenn deren Schwarm einem Wal, einem Hai unfreiwillig ein anders geartetes, ein lukullisches Vergnügen bereitet hat, dann warten sie so lange, bis eine Forelle, Lachs, Wal, Tümmler dem Warten ein abruptes Ende bereitet.

Die Glücklichen jedoch, die sowohl die Odyssee überstehen wie auch ihre Partnerin finden, die belohnt Mutter Natur mehr als fürstlich. Sie hat dem kleinen Capelin zu einem Vergnügen verholfen, das sie kaum einem anderen Fisch gewährt. Dem Vergnügen, sich beim Fortpflanzungsakt auch körperlich vereinigen zu dürfen: zwei Männchen drängen das Weibchen zwischen ihre konvexen Flanken, sie reiben und drücken und pressen den Laich aus ihm heraus, besamen diesen dabei mit wolkiger Milch – ihre Paarung ist also – quelle délicatesse – nicht unbedingt eine solche, sondern eher ein flotter Dreier!

Diese pesco-erotische Kaprize geht meist bei Springtide über die Bühne, über Sandstränden, die kurz darauf trockenfallen, mit einem Gedränge, das schlimmer ist als beim Fußballspiel Borussia Dortmund gegen Schalke 04. Milliarden von Capelins fallen trocken, sterben, schmücken im Tode die Strände mit meterbreiten, silbrigen Friedhofskränzen. Säume, die wiederum Futter – Leben bedeuten für Möwen, Enten, Taucher – aber auch für Füchse, Nerze, Luchse, Wiesel, Marder –, sogar die Bären kommen aus den tiefen Wäldern des Landesinneren, um sich nach Herzenslust vollzuwansten.

Auch wir sind auf dem Sprung, wenn die Capelins kommen, mitunter erscheinen sie in dichten Formationen in der Bucht vor der Hütte. Mitunter können wir sie mit Keschern schöpfen, können so viel fangen, wie wir zu verarbeiten, zu konservieren vermögen. Der Spaß, sie zu fangen, ist nur kurz, die Arbeit – das Putzen – zieht sich, jedes einzelne Fischchen mit der Linken packen, mit der Schere hinter dem Kopf von oben her einschneiden und ihm dann die Innereien herausziehen. Ist eine gehörige Portion zusammen, werfen wir sie für eine gute Stunde in eine scharfe Lake, eine Lake, in der vorher Pökelfleisch gelegen hat, dann schöpfen wir sie heraus, lassen sie abtropfen und es hebt ein gewaltiges Braten, Räuchern, Frittieren und Schmausen an; die Fischchen türmen sich zu duftenden Bergen; wir trinken mal Bier, mal Rum dazu, wehren die Schmeißfliegen ab, knabbern mal einen gebratenen Capelin, probieren einen geräucherten, einen gesottenen. Es ist heiß in der Küche, denn draußen ist es warm zu dieser Zeit – drei Gründe also, den Durst zu stillen! Arbeit, die durstig macht, die Wärme und das eherne Gesetz, das verlangt, der Fisch müsse noch ein letztes Mal schwimmen.

Die geräucherten Capelins hängen wir in Leinensäckchen auf – nichts schmeckt besser zum Bier. Die gebratenen legt Brigitte in eine Öl-Essig-Marinade, eine Marinade mit Lorbeer, Zwiebeln, Wacholderbeeren, eine Köstlichkeit, wie es sie nur am Kecarpoui gibt und sonst nirgends auf der Welt. Die Fischer machen weniger Umstände mit dem silbernen Segen, der Jahr für Jahr die Buchten überschwemmt: sie salzen die Fische und legen sie einfach in die Sonne, auf Steine, auf Planken – lassen sie trocknen – wenden sie ab und zu, nehmen sie herein, wenn es regnet. Sie heben sie bis zum Winter in Leinensäckchen auf, knabbern sie zum Bier oder zwischendurch, nachdem sie sie auf der heißen Ofenplatte gebacken haben. Ganz Sparsame retten einen Rest herüber bis zum Mai, Juni des nächsten Jahres, bis die Capelin-Schwärme erneut der Küste zustreben. Mitte Juli ziehen die Fischer die Anker herauf, legen das Netzwerk der Traps zum Trocknen auf die blanken Felsen – soweit noch was davon übrig ist, soweit sie nicht von schweren Seen zerschlagen, von verspäteten Eisbergen mitgenommen, von Pilotwalen zerfetzt worden sind. Ist das passiert, steht jetzt schon fest, daß die Arbeit eines ganzen Sommers für die Katz war . . . Mit den »Traps« können die Fischer dem Dorsch nicht in tieferes Wasser folgen. Sie versuchen es jetzt mit Stellnetzen, mit Langleinen, die sie Trawl nennen. Eine solche Trawl ist nichts weiter als eine unendlich lange Aalschnur mit 800 bis 1200 beköderten Haken, die, weit draußen, in einer Wassertiefe von 20 bis 40 Faden liegen. Dort stehen die großen Dorsche. Schon mancher Fischer hat seine Trawl ausgelegt und nie wiedergefunden, denn die Markierungsboje ist nichts weiter als eine Javex-Flasche, die auf der weiten See tanzt; bei Nebel eine Stecknadel in einem Heuhaufen. Die Orientierung erfolgt mittels Uhr und Kompaß: achteinhalb Minuten Kurs 184 beispielsweise und dann im rechten Winkel dazu muß die Flasche liegen – irgendwo in der grauen Suppe . . .

Trawlfischen ist aufregender als die Arbeit mit der Trap. Schon deswegen, weil sie weiter draußen liegt. Aber während die Trap vorzugsweise kleine, junge Dorsche fängt, hängen die großen, schweren Kerle an der Trawl; manche von ihnen wiegen einen Zentner. Der Fang ist garniert mit großen Schollen, Drachenköpfen, Jakobsmuscheln, Wellhörnern, Rochen, Steinbeißern, Katzenhaien – manchmal ist's auch ein Stör, ein Heilbutt, ein Tümmler, der dranhängt. Jedoch: Wichtig ist nur der Dorsch.

Bei ruhiger See heißt es auf der Rückreise von Trap und Trawl – »Pilker über Bord«. Manchmal fangen die Dorsche das Glitzerding, bevor es den Meeresboden erreicht hat, lassen sich widerstandslos heraufziehen, schauen glotzäugig und sind überrascht, weil es ihnen

Die Schären der North Shore aus der Vogelperspektive.

Kutter
»Pumpkin«
– im Bau
– und in voller
Fahrt.

diesmal an den Kragen geht. Bislang war es so gewesen, daß sie alles vertilgt haben, was ihnen auch nur entfernt eßbar erscheint. Fressen und gefressen werden, nirgends liegt dieses brutale Naturgesetzt so deutlich sichtbar offen wie im Meer.

Manchmal geht aber auch gar nichts. So war das auch damals mit Linus und mir. Wir kurvten mit Linus' Outboarder herum. Es war der denkbar schönste Tag, eine sanfte Dünung wiegte das Boot, die Außenschären schienen kopf zu stehen. Die Mirage – die Fata Morgana Labradors – baute weiter draußen Tafelberge, trug ein Stück von ihnen ab, wischte sie auch mal ganz weg, stellte sie von neuem hin, zauberte Potemkinsche Gebirge über dem Wasser – während wir die Pilker über Bord fliegen ließen und pilkten, pilkten, was das Zeug hielt, aber nichts fischten. Wir wollten doch nur ein paar Dorsche, nicht zum Verkauf, nein, wir hatten uns ausgemacht, wie gut in Butter gebratene Filets schmekken würden, die Leber, die Zungen, die Backen – das wäre ein Festessen zu dem Rum – Demarara-Rum – der seinen Weg an die North Shore gefunden hatte. Vor allem zu gebratener Dorschleber schmeckt nichts besser. Umgekehrt stimmt's natürlich ebenfalls: Dorschleber zu Rum!

Vorläufig war's jedoch wie verhext. Die Pilker spiralten immer wieder in die blaugrauen Tiefen, wir ließen sie fußhoch über dem Meeresboden tanzen, änderten immer wieder den Rhythmus, unsere Position, es tat sich nicht die Bohne. Allenfalls zeigten sich mal ein Büschel Tang oder ein häßlicher Drachenkopf am Haken. Wir fischten über Osims Shoal, auf Calhoun's Bank, tief in Nancy's Hole. Nichts – lediglich ein Pilotwal belebte für ein paar Minuten die Szene, dann verschwand auch er. Weiter weg trieben zwei, drei Möwen auf der Wasseroberfläche und schienen sich zu langweilen. »J-jetzt k-kann ich die Fische fühlen – f-fühlen, wie ihnen der Pi-Pilker auf den Kopp fällt!« Ich meldete Zweifel an, doch Linus bestand darauf, daß er den Fisch fühlen konnte. Aus unerfindlichen Gründen zogen die Dorsche die Köpfe ein, während die Möwen trieben und die Miragen ihre Kulissen immer wieder umbauten. »Laß uns nach Hause fahren, ich hab da noch eine Baloney, Brot und Butter, das schmeckt auch zum Rum.«

Nein, Linus war dickköpfig, er wollte nichts anderes als Dorsch. Bei Jerrys Nose – vielleicht klappte es da. Aber auch bei Jerrys Nose passierte nichts, und Linus hieß die Dorsche »e-eine verkommene Bande der drekkigsten Hu-Hurensöhne, die je ihren Hintern ins Wasser gesteckt haben.« Das half natürlich auch nichts. Beleidigt warf Linus den Motor an. Wir fuhren zurück in Richtung Cumberland Harbour. Vor der Einfahrt, da, wo wir zwei Stunden vorher schon jeden einzelnen Quadratzentimeter nach Dorschen abgesucht hatten, stoppte er das Boot. Er wollte es noch einmal, ein allerletztes Mal probieren.

»Du bist blöd, die Dorsche beißen heute nicht, ich bin absolut sicher, daß ich die zweite und letzte Flasche Demarara gegen einen alten Hut wette, daß du nichts fängst!« Und als eine Weile nichts passierte, fügte ich hinzu: »Für jede Unze Dorsch, die du fängst, eine Unze Rum!«

Ich saß da und sah zu, wie der Pilker in die Tiefe fuhr. »F-für eine Fl-Flasche Damarara fange ich ei-einen Dorsch in Old Fat Susans Badewasser«, verkündete Linus. Hätte ich doch bloß meinen Mund gehalten, wir könnten jetzt am Ufer sitzen und die Baloney . . . In diesem Augenblick stoppte der Rhythmus von Linus' auf- und niederfahrendem Arm, mit einem Mal spiegelte sich aufmerksame, erwartungsvolle Spannung in seinem Gesicht. »Da – da ist was! N-nicht der Grund – heiliger Kabeljau von Tête de la Baleine – da ist w-was dran, ein Mo-Monster – ein wirkliches, wahrhaftiges Monster!« Er stemmte seinen rechten Fuß gegen den Dollbord und lehnte sich beim Hochziehen der Leine weit zurück. Ich war gespannt: Autoreifen und alte Fahrräder liegen nicht vor Cumberland Harbour herum – mein Blick ging an der straffen Leine hinunter ins Wasser. »Jesus Maria – es ist wirklich ein Monster!« rief ich, denn da kam der dickste Dorsch herauf, den ich je gesehen hatte, unten weiß, oben graubraun, mit dikken Glotzaugen und einem gewaltigen, breiten Maul, aus dem ein paar Capelin-Schwänze ragten. Linus zog das Untier über die Bordwand, warf es in die Bilge, wo es blöde glotzend liegenblieb, riß ihm mit einem Ruck den Pilker aus dem Maul, tanzte herum und schrie begeistert: »D-Das ist der dickste D-Dorsch, den ich gefangen habe, der allerdickste – eine Sch-Schönheit von einem Dorsch – und jede Unze ist Rum – Demarara-Rum!«

Nun gut, ein Mann – ein Wort! Es wurde eine fulminante Mahlzeit, die mehr wert war als drei Flaschen Demarara. Wir begannen mit einem ordentlichen Schluck, säuberten und filetierten den Fisch, zündeten ein Treibholzfeuer an, nahmen einen Tropfen Rum als

Aperitif zu uns, brieten Zunge und Unterkiefer in Butter, kräftig mit Pfeffer und Salz bestreut, kurz über scharfer Flamme, spülten mit einem Schluck nach. Als Entrée gab's dann Dorschleber am Spieß, dazu einen extra kräftigen Schuß Rum, denn Dorschleber und Demarara sind »zwei Geliebte, die sich ewige Treue geschworen haben«, sagte Linus, dem ich soviel Lyrik nicht zugetraut hätte. Jedoch: recht hatte er.

Mein Partner hatte ein paar Streifen Pökelspeck mit einem Stein und einigen rostigen Nägeln, die er aus seiner Hosentasche hervorzog, auf eine Treibholzplanke genagelt und schräg vors Feuer gestellt. Indessen filetierte ich den Dorsch, schmolz Butter in der Pfanne; während der Speck verheißungsvoll zisselte und zischte, legte ich die dünneren, gesalzenen Fischstücke in die prasselnde, braune Butter. Ein paar Minuten nur, und wir schmausten von dem dicken Dorsch, der noch eine halbe Stunde früher . . . Das weiße Fleisch zerging auf dem Gaumen:

»Dorsch wäre teurer als Lachs, wenn er nicht so häufig vorkäme.« »Das Allerbeste, was es gibt – mit Abstand – mit einer Tasse Rum!« bestätigte Linus. Ich meinte zwar, daß ein trockner Chablis nicht die schlechteste Idee sei, doch Linus war der Ansicht: »Es gibt nichts auf der Welt, und es gibt w-weder T-Tag- oder Nachtzeit, wo Rum nicht p-paßt.« Also füllte ich die Tassen nochmal auf. Inzwischen begann auf dem Feuer das Wasser in dem rußigen Topf zu wallen, das Wasser, in dem drei, vier geschälte Kartoffeln, eine Handvoll Zwiebelstücke schwammen. Ein Drittel des Wassers kam – des Aromas wegen – aus der See, der Rest war Frischwasser. Zwar soll alles, was aus dem Meer kommt, auch in Seewasser gekocht werden, doch in diesem Falle, als Mulligan oder Stew, wäre das Gericht zu salzig geworden. Ich zog den Topf vom Feuer, tat gute fünf Pfund Filetstücke hinein, ebenso den zischenden, brutzelnden Speck, scharrte genug Glut beiseite, damit die North-Shore-Bouillabaisse noch fünf Minuten ziehen konnte. Zur Abrundung wäre mir ein Rhône-Rosé aus Tavelle nicht ungelegen gekommen, doch Demarara-Rum . . . Ich habe schon viel weniger Passendes in guten Häusern als Tischgetränk zu mir genommen. Wir aßen und tranken, daß es eine Freude gewesen wäre, uns zuzusehen, aber in Cumberland Harbour, da ist nichts als Meer und Fels, Himmel und Tundra. Nach dem Digestif spülten wir den Topf und streckten uns auf dem Moos zu einem erquickenden Schläfchen aus. Es dauerte eine Weile, bis wir uns die Augen rieben, Frischwasser aufsetzten und süßen, heißen Kaffee tranken, mit einem Schuß . . . »Linus«, sagte ich »Linus, mein Freund, eine solche Mahlzeit bekommst du nirgendwo auf der Welt, weder in der Alten noch in der Neuen, und dazu noch in einer solchen Umgebung . . .«

»Du hast recht – das ist mindestens so gut wie M-Mac-Donalds Burger mit K-Ketchup!« Ich weiß, das hätte nicht kommen dürfen, doch wie oft verklären wir selbst das Banale, nur weil es von weit her stammt?

Cumberland Harbour ist wirklich ein phantastischer Platz, ein geschützter Ankergrund mit dem offenen Meer um die Ecke, mit Dorschbänken nur einen Steinwurf weiter, mit Wellhörnern, Jakobs- und Miesmuscheln, Plattfischen, Meerforellen, mit Treibholz, einer geschützten Passage nach Mishou-Chibou, und es ist nicht zuletzt mit der Erinnerung an eine der hervorragendsten Gaumen- und Kehlenfreuden, die die North Shore bietet, behaftet.

»Weißt du«, sagte ich zu Brigitte nach meiner Rückkehr nach Kecarpoui, »warum sollen wir es nicht machen wie die North-Shore-Fischer, warum sollen wir uns nicht auch eine Dependance am Salzwasser bauen?« Linus pries diese Idee als eine ganz hervorragende; er war uns ja nicht nur freundschaftlich, sondern auch als Geschäftspartner verbunden. Also: wir bauten das Fischerhaus aus Preßplatten, zugeschnittenen Brettern und Kanthölzern aus dem Sägewerk – vier auf fünf Meter groß. Selbst im ärgsten Sturm konnte Linus von Cumberland aus die Kate seiner Eltern in Last Chance erreichen.

Er war uns zwar – wie gesagt – freundschaftlich und geschäftlich verbunden, doch Familienbande kamen – wer soll's ihm verargen – bei ihm zuerst. Er wollte mit uns zusammen fischen. Er hatte große Pläne mit uns. Ich hätte nicht auf ihn hören sollen. Denn Cumberland Harbour hat den Nachteil, daß es nicht weniger als vierzig Meilen von Kecarpoui entfernt liegt, und darüber hinaus bauten wir das Haus mitten in einen Windkanal. In den beiden Jahren seiner Existenz wurde es nicht weniger als viermal von den Stützpfosten heruntergeblasen. Und ich mußte jedesmal eine Bootsladung von Männern in Last Chance zusammentrommeln, um es wieder aufzustellen.

Als die Pläne sich nur hinsichtlich Linus' Erwartungen konkretisierten, jedoch unser Versuch, die Dorsche,

Die
»Cauliflower«
auf dem Weg
nach Manicolor.

die wir fingen, einzusalzen und wie die Fischer im Herbst zu verkaufen, mit einem dicken Minus endete, gab es keinen Grund mehr, in Cumberland zu bleiben. Also rissen wir das Haus wieder ab, verluden es auf die »Pumpkin« und verlegten es nach Manicolor, nur sechs Meilen von Kecarpoui entfernt.
Hier waren wir umsichtiger als in Cumberland vorgegangen, wo wir uns auf das nicht ganz objektive Urteil Linus Carters verlassen hatten. Wir ließen uns nicht von der Optik gefangennehmen, sondern achteten darauf, daß die wichtigsten Voraussetzungen erfüllt waren: direkter Zugang und Nähe zum offenen Meer, unmittelbare Nähe zum Trinkwasser, Windschutz durch einen Hügel, genügend Treibholz zum Heizen, geschützter Ankergrund und nicht zuletzt das Vorkommen von Fischen und Schalentieren.
Daß wir noch eine einzigartige Fels-, Moos- und Tundralandschaft en miniature – quasi als Draufgabe – erhalten würden, das wußten wir längst. Den Haken, den jede Sache hat, fanden wir bald – das war und ist die Einfahrt. Denn in diesem Küstenbereich verläuft die Felsstruktur in der Nord-Süd-Richtung; den Ankergrund allerdings müssen wir vom Westen her – im rechten Winkel zu den zum Teil über und zum Teil unter Wasser verlaufenden Rippen anlaufen. Manicolor ist das hintere Ende eines Labyrinths. Um nicht ständig auf Grund zu laufen, markierte ich die Felsen mit gelber Farbe. Trotzdem: wir müssen ein paar ganz enge Kehren fahren und von hinten oder oben sieht es wohl aus, als hätte sich der Skipper zuviel Zielwasser – oder was sonst auch immer – hinter die Binde gegossen . . .
Nach einer Woche stand das Haus, war ich mit der vertrackten Einfahrt vertraut. Daß wir in der Aalreuse in erster Linie Plattfische, aber auch mal einen Hummer erbeuteten, störte uns weiter nicht, Aale gibt's am Kecarpoui, dagegen fangen wir in mit Steinen beschwerten, beköderten Körben Wellhornschnecken, soviel wir nur essen können, holen bei ruhiger See und günstigem Wind mit einem langstieligen Kescher Jakobsmuscheln aus den durchsichtigen Tiefen, pflücken jede Menge schwarze Miesmuscheln, und im Frühsommer und Herbst gehen mehr Heringe und Makrelen ins Netz, als wir essen können. Nur der Kabeljau, der steht weiter draußen.

Manicolor ist nur sechs Meilen von Kecarpoui entfernt, eine Viertelstunde mit dem Outboarder, eine halbe mit der »Pumpkin«, und doch hat sich uns mit Manicolor eine ganz andere Welt aufgetan. Eine Welt, in der der Blick nicht von Bäumen verstellt ist, eine Welt aber auch, in der wir uns nicht schutzsuchend unter Bäume verkriechen können.

2. Zwischenblende

Post und Anrufe, die wir während des Winters erhalten, erreichen zuweilen epidemische Ausmaße. Das mag mit ausgedehnten Tiefdrucksystemen zusammenhängen, aber auch mit politischen Krisen, wie z. B. Afghanistan. Glücklicherweise nehmen mir andere Institutionen – wie z. B. die diplomatische Vertretung der Tonga-Inseln – einen Teil der Arbeit ab: Da kann ich sagen, ich sei nun wirklich nicht zuständig. Es bleibt jedoch genug übrig für Brigitte und mich.

Eine Reihe von Leuten hat eine panische Angst vor den Kommunisten, Sozialisten, Volksdemokratien, Russen, Chinesen, Slowaken und anderen in der Nähe der Mongolei lebenden Völkerschaften – kurz gesagt: vor der »Gelben Gefahr«. Oder aber auch vor der »Roten« ganz allgemein. Indem sie der irrigen Ansicht verfallen sind, die SPD sei eine rote, sozialistische Organisation und würde ihnen jetzt doch ihre mühsam zusammengekratzten Millionen wegnehmen. Andere sehen es umgekehrt: Sie glauben, daß F. J. S. an die Macht käme – und eines schönen Tages verkünden würde: »Ab heute früh, vier Uhr dreißig, wird zurückgeschossen!«

Es ist nicht sinnvoll, die Ängste dieser Menschen zerstreuen zu wollen. Das würde zu lang dauern. Die Bundespost würde die Millionen der einen an Telefongebühren abkassieren und das wenige Geld der anderen einsacken – und sie in noch tiefere Verzweiflung stoßen. Ich schlage in solchen Fällen eine Therapie vor, die in dreiviertel aller Fälle Linderung, wenn nicht gar totale Abhilfe verspricht. »Legen Sie sich einfach aufs Sofa«, sagte ich, »und denken Sie lange und intensiv nach – und warten dann ruhig ab, bis Ihre Anwandlung vorbei ist.« Das hilft tatsächlich. Probieren Sie's mal aus.

Einige geben sich nicht damit zufrieden: Sie wollen in Kanada oder Alaska als Holzfäller, Trapper, Pelzhändler, Goldsucher, Vogelschützer, Cowboy, Rancher, Jäger, Buschpilot, Waldläufer, Indianer, Prospektor, Eskimo, Urwaldarzt, Forschungsreisender, Fischer oder Jagdführer leben. Wenn ich dann frage, was sie für einen solchen Job prädestiniere, dann sagen sie, sie hätten die Bücher von Herrn Meissner gelesen – der hätte aber ihre brennenden Fragen nicht beantwortet, und auch ein Anruf beim Kanadischen Fremdenverkehrsamt sei unergiebig gewesen. Deshalb würden sie, wenn meine kostbare Zeit es erlaube, sich an mich wenden. Ich versuche, ihnen das alles ein bißchen auszureden, ihnen zu sagen, sie sollten es erstmal mit einem dreimonatigen Wildnisaufenthalt versuchen, und wenn dann der Bazillus noch nicht abgetötet sei, nochmal anrufen. Außerdem hätten die Kanadier die Einwanderung so ziemlich gestoppt. Dann versuche ich, das Gespräch auf etwa dreißig Minuten zu beschränken, denn einige von diesen Leuten sind bei der Post, haben viel Zeit und dürfen kostenlos telefonieren.

Andere glauben, es mache mir ungeheuren Spaß, mit ihnen am Telefon zu reden. Das sind die, die entschlossen sind, es tatsächlich einmal mit der Wildnis zu probieren. Meist können wir diesen Leuten nicht weiterhelfen. Denn sie wissen bereits alles und nicht nur das, sie wissen es viel besser als wir. Sie erwarten lediglich eine Bestätigung von uns, daß ihr Wissensstand perfekt ist – und wenn wir wollten, könnten wir stundenlang über den Zahnschliff einer Sandvik-Bügelsäge mit ihnen diskutieren. Ich habe aber keine Lust dazu – obwohl ich die Sandvik-Bügelsägen für ausgezeichnete Werkzeuge halte.

Von einigen dieser Leute hörte ich, daß sie später eine dreiwöchige Camper-Tour auf dem Highway durch die Nationalparks machten. Andere wieder schreiben: »Bitte arbeiten Sie mir eine dreimonatige Wildnistour per Kanu aus. Wir haben insgesamt DM 1800,–, sind drei Personen, wollen unseren Hund, einen Drahthaardackel, auf den Namen Beowulf hörend, unbedingt mitnehmen. Vom Bootsfahren haben wir noch keine Vorstellung. Rückporto beiligend.«

Ein anderer wollte ein Urwald-Hospital eröffnen. Mindestens hundertfünfzig Meilen weit weg von unserer Blockhütte. Mit einem mächtigen Blockhaus wollte er anfangen. Ein Kerl wie ein Baum. Beste Familie. Beste Ausbildung. Mediziner. Überlebenstraining. Flieger bei der Bundeswehr.

»Okay«, sagte ich, »dann kommen Sie mal nach Labrador!« Er erschien tatsächlich. Mit »Co-Explorerin«. Arzttochter. Soeben Abitur gemacht. Nach einer Woche hatten sie sich akklimatisiert. Nach zwei Wochen gingen sie los. Nach drei Wochen waren sie zurück. »Schritte ums Zelt!« sagte er dumpf.
Ich fand heraus, daß sie sechs Meilen weit gekommen waren und bei einer anderen Gruppe Schutz gesucht hatten. Nach vier Wochen starteten sie einen neuen Versuch – auf meine Empfehlung, nicht gleich mit einem Hospital, sondern mit einer Blockhütte 3 mal 3 Meter zu beginnen. Zwei Stunden von unserer Urwald-Villa entfernt. Eine Hütte, wie wir sie in einer Woche ganz bequem hinkriegen. Nach fünf Wochen waren sie zurück.
»Ist fast fertig – hatten keine Zigaretten mehr!« sagte der Mann wie ein Baum, stöhnte die Co-Explorerin. Ein neuerlicher Anlauf. Da aber war die Kraft alle. Wenn auch nicht das Labrador-Lambarene oder das Blockhaus – so war doch das Fundament der Hütte fertiggeworden. 3 mal 3 Meter im Geviert – nach insgesamt sieben Wochen, immerhin. Eine Woche lungerten sie herum, pumpten uns um einen größeren Betrag an, mieteten sich bei unseren Freunden in der nächsten Stadt ein – und kehrten nach drei Monaten mit ungebrochenem Selbstbewußtsein nach Hause zurück.
Andere sind bescheidener. Sparen sich das Reisegeld vom Munde ab. Sagen nicht viel. Verschwinden mit dem Kanu drei, vier Wochen im Busch. Sagen, wenn wir sie fragen »wie war's denn?« schlicht »prima war's!«. Und es scheint ihnen wirklich gefallen zu haben, denn im nächsten Jahr sind sie wieder da.

Mit dem Kajak in hoher Dünung. (Foto: Gilbert Haesendonck.)

Hundeleben am Nordrand der Welt

1968 lebten in Tuktoyaktuk – westlich vom Mackenzie-Delta an der arktischen Beaufort-See 500 Schlittenhunde, hundert mehr, als das Dorf Einwohner zählt. Kaum ein Haus, hinter dem nicht wenigstens ein Dutzend großer, ruppiger, schmutzig-gelbgrauer Köter angekettet war. Abends machte ich mir und den Vierbeinern den Spaß und begann in der Nähe eines Teams eine kleine Hundemusik zu intonieren. Erst stieg eine, dann die andere der knochigen Kreaturen aus ihrem flachen Erdloch, in dem sie, eins mit der Umgebung, zusammengerollt geschlafen hatte, lauschte aufmerksam in meine Richtung, legte den Kopf schief, wie einer, der nur auf einem Ohr hört. Dann hob sich die Schnauze, ein knarzendes Knurren entfuhr ihr erst, das sich wie ein Räuspern ausnahm, ein klagender Laut entrang sich der Brust, erst leise und hoch in der Stimmlage, dann knickten die Hinterbeine ein; Rücken, Hals, Kopf, Schnauze bildeten eine Schräge, eine Silhouette gegen den violetten, arktischen Abendhimmel; der Ton verstärkte sich, wechselte, ohne abzubrechen, in eine tiefere Lage, immer mehr Hunde fielen ein, dröhnende Bässe, hohe Sopranstimmen, schmetternde Tenöre, ein ergreifender Alt, eine Musik, die sich rund um die Bucht fortpflanzte, an der sich immer mehr Sänger beteiligten – ähnlich Ravels »Bolero«, dessen einziges Leitmotiv immer neue, immer andere Instrumente sukzessiv zu einem formidablen Tonbild aufbauen. Vielleicht war der Hundechor im Vergleich zu einem Symphonieorchester nicht so recht diszipliniert, viel origineller war er auf jeden Fall mit seiner subarktischen Elegie.

Und um diesen Gedanken weiterzuverfolgen: welch ein Glück, daß Stuttgart und Tuktoyaktuk so weit auseinanderliegen, ein Glück auch, daß Gotthelf Fischer diesen Hundechor nie gehört hat; er hätte wahrscheinlich seine Sängermassen nach Hause geschickt und wäre statt dessen mit tausend Eskimo-Hunden ins Neckarstadion eingefallen; tausend im Fackelschein singende Hunde – und dann hinterher VfB gegen HSV – eine faszinierende Vorstellung!

Als wir im folgenden Jahr an der Ungava-Bay in das Dorf George River einfielen, fanden wir das Zahlenverhältnis Schlittenhunde/Einwohner bereits drastisch reduziert – zuungunsten der ersteren. Hinter und neben einer Reihe von Katen parkten dafür schwarz-gelbe Maschinen, einem in die Breite gegangenen Rennbob nicht unähnlich, mit den beiden Kufen vorne und der schwarzen Gummiraupe hinten. Es waren Ski-doos oder Motorschlitten. Noch ein Jahr später, als wir uns in den Dörfern der North Shore umsahen, war da kaum noch ein komplettes Team von Schlittenhunden zu sehen; die wenigen Überlebenden lungerten zwischen den Häusern und pinkelten mitunter an die gelbschwarzen Skooter, die sie und ihre Kollegen entbehrlich gemacht hatten.

Aus irgendwelchen sentimentalen Gründen hatten einige der Eingeborenen eine Handvoll Rüden am Leben gelassen. Es waren die gehorsamsten und friedfertigsten des Rudels, und da wir uns ihnen gegenüber recht freundlich verhielten, schlossen sie sich uns an, gingen mit uns durch die Straßen und warteten geduldig vor den Häusern, bis wir wieder herauskamen. Ihre letzte Aufgabe bestand darin, alle für Hundemägen verdaulichen Abfälle zu beseitigen, was eine Müllabfuhr überflüssig machte. Eine Aufgabe von nicht zu unterschätzender Bedeutung: die sanitären Einrichtungen in den meisten Häusern bestanden in einem gewaltigen Nachttopf für die Damen, während die Herren einfach hinters Haus gingen.

Da mir weder die eine noch die andere Möglichkeit zusagte, verzog ich mich in den Busch, der meist direkt hinterm Dorf beginnt, um dort dem Ruf der Natur nachzukommen. Jedoch auf dem Weg dorthin verfolgte mich jeweils ein Kometenschweif von starken, großen Schlittenhunden, die sich dann im Halbkreis um mich niederlegten, den Kopf zwischen den Pfoten und treuherzig und erwartungsvoll zu mir hinsahen. Eine sensiblere Natur, wie Brigitte beispielsweise, die die meist nur durch einen Vorhang abgetrennten Cabinets in den Häusern nicht in Anspruch nehmen wollte, der aber Anstand und Sitte verbot, hinters Haus zu gehen, hatte große Probleme – angesichts der warmherzigen, braunen Hundeaugen, die sie anblickten . . . Die Zahl der Teams an der North Shore war jedenfalls 1970 schon an den Fingern einer Hand abzuzählen. Die »Ski-doos«, lärmende, stinkende, effektive Dinger, waren Allgemeingut geworden.

Eine logische Entwicklung, die dem Fortschritt unserer Breiten entspricht, wo sich ja auch kein Mensch mehr zwei oder vier Pferde in den Stall stellt, um sie dann vor eine Kutsche zu spannen und mit hüh und hoo ins Büro zu fahren. Und doch ist da ein Unterschied: Das Umsteigen vom Pferd in den Blechesel dauerte alles in allem doch ein halbes Jahrhundert, während die Motorschlitten die Hunde innerhalb eines Zehntels dieser Zeitspanne verdrängten. Die gleiche, rasende Entwicklung zu einem anderen, technisierten Norden hin, hat auf einer ganzen Reihe anderer Gebiete eingesetzt und scheint schneller über die Bühne zu gehen, als der menschliche Geist sie nachvollziehen kann.

Doch zurück zu den Hunden, zu den so oft beschworenen guten, alten Zeiten: »Northerner«, also Frauen und Männer, die wirklich im Norden lebten und nicht nur dorthin eine Stippvisite unternahmen, behaupten, daß jeder, der mit einem Hundeteam gearbeitet hat und dabei Vergnügen empfand, entweder ein Masochist ist oder ins Irrenhaus gehört. »Es ist die schlimmste nur vorstellbare Tortur, verbunden mit ständigem Gebrüll, schrecklichen Flüchen, mit Peitschengeknall, mit knochenbrechendem Schieben, Drücken und Bremsen, und dabei mußt du rennen, daß dir das Herz aus dem Halse hängt. Das Dutzend haariger Teufel vor dir tut alles, um deinen Körper, aber auch deine Seele in einer Art zu martern, die die Hölle wahrscheinlich zu einem gemütlichen Asyl macht . . .«

»Andererseits kann es auch vorkommen«, fuhr er fort, »wenn du über das Eis eines der riesigen Seen des Northwest Territoriums fährst und ein plötzlich hereinbrechender Blizzard versetzt dich in Sekundenschnelle in einen Zustand, in dem du in das kleinste und dreckigste Erdloch kriechen würdest, wenn nur eins da wäre, wenn die Welt aussieht, als sei sie auf die Größe eines Pingpong-Balles geschrumpft, und du sitzt da mittendrin, und wenn du nicht mehr nach vorn blicken kannst, weil die Schneekristalle dir Haut und Augen zu zerfetzen drohen, wenn dir nichts anderes mehr übrigbleibt, als dein Schicksal den Hunden zu überlassen, und wenn du dann nach einer Weile genau da ankommst, wo du allein nie hingefunden hättest, dann weißt du, daß dich weder Gott noch Teufel, sondern einzig und allein deine Hunde gerettet haben . . .«

Soweit der Bericht eines Hudson's Bay Managers, dem nichts hinzuzufügen ist.

Hunde jedenfalls spielten im Norden Amerikas die gleiche Rolle wie die Pferde im zentralen, südlichen und vor allem im westlichen Teil des Kontinents. Ohne sie und ihre Hilfe war die Existenz der Indianer und Eskimos kaum denkbar. Denn auch dem ausdauerndsten und zähesten Jäger war es nicht gegeben, zum richtigen Zeitpunkt da zu sein, wo sich das Wild, das seine Existenz sicherte, aufhielt oder durchzog. Ganz gleich, ob es sich um Caribous, Seehunde, Lachse oder Saiblinge handelte: Der Mann mußte ihren Zügen folgen, ohne sich von seiner Familie allzuweit entfernen zu müssen, denn sonst wäre diese gefährdet gewesen und somit auch er selbst. Dieses Reise- und Transportproblem lösten drei bis fünf Hunde und ein relativ leichter Schlitten während Dreivierteln des Jahres, die hier oben der Winter besetzt hält. Während der kurzen Sommermonate blieb der Radius entsprechend enger gezogen. Drei bis fünf Hunde waren relativ leicht zu versorgen: mit Abfällen, überschüssigem Fleisch, vor allem aber mit Fisch.

Dann kamen die Weißen. Sie lernten sehr schnell, sich ebenfalls der Hunde zu bedienen – und umgekehrt – die Eingeborenen der von ihnen mitgebrachten Geräte: Äxte, Töpfe, Messer, eiserne Fallen, Tuche und vor allem der Feuerwaffen! Diese Geräte bedeuteten eine ungeheure Erleichterung für die Indianer und die Eskimos, aber sie hatten auch einige Nebeneffekte: sie machten die Jagd noch zwingender, denn jetzt brauchte man Felle zum Tausch gegen diese so hervorragenden Neuerungen; Trapline und Besitzstand waren größer geworden – die Konsumschraube hatte ihre ersten Windungen hinter sich gebracht, die Abhängigkeit war eingeleitet. Die Hundeteams wurden größer, jetzt mußten sieben, zehn, zwölf, ja bis zu fünfzehn Hunde vor die sechs, sieben Meter langen Schlitten gespannt werden. Dabei waren es kräftige, ausdauernde Tiere, eher Wölfen ähnlich als Hunden, mit 75 bis 80 Zentimeter Schulterhöhe, von der Nase bis zur Schwanzspitze maßen sie nicht weniger als zwei Meter; sie waren damit viel größer als die alaskanischen Huskies. Da war kaum einer, der weniger als hundert Pfund wog,

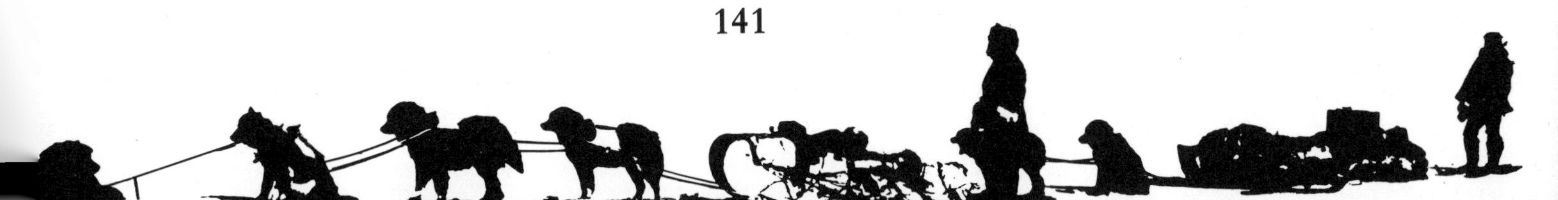

und jede dieser halbwilden Kreaturen verschlang an die sieben Pfund Fisch pro Tag oder fünf Pfund Fleisch. Drunter ging's nur für eine kurze Zeitspanne – ohne Futter gab's keine Leistung, das wußte jeder Indianer und jeder Eskimo, nur die Romanschriftsteller wußten das nicht!

Kein Wunder also, daß Eskimos und Indianer bei der Zusammenstellung eines Teams sehr sorgfältig und umsichtig vorgingen; Sentimentalität war dabei genauso unangebracht wie Nachlässigkeit. Von einem Wurf ließen sie mitunter nur die beiden stärksten und aggressivsten Welpen am Leben, um sie mit besonders viel Milch aufzubauen. Dann, nach dem ersten und einzigen Kinderjahr, durften sie mitlaufen, frei und ohne Zuggeschirr. Ein paar Wochen später erfolgte die Eingliederung in das Team, das Einschirren, ohne daß sie vorerst viel leisten mußten. Doch dann forderte sie der »musher«, der Treiber, mehr und mehr, und nach ein paar Monaten waren sie vollwertige Zugtiere – oder sie erhielten den Fangschuß. Niemand konnte sich einen nichtsnutzigen Fresser leisten. Im Team selbst herrschte eine streng und klar abgestufte Hackordnung: der stärkste oder der aggressivste war der Boss des Rudels, aber nicht unbedingt der Leithund. Diese Aufgabe erfüllten häufig Hündinnen, die klüger sind, und die ihre Position auch ohne ständige Raufereien halten. In jedem Team gab es Rüden, die waren die dicksten Kumpel, andere Kollegen konnten sich dagegen kaum ausstehen. Letztere galt es, im Gespann zu trennen, während die Kumpel Seite an Seite liefen. Schwierig war auch die Eingliederung eines fremden Tieres: es galt herauszufinden, welche Position der Neuankömmling einnehmen würde, wo dessen Sympathien und Aversionen lagen – und umgekehrt. Es gab ganz Spitzfindige, die bauten einen kompletten Wurf zu einem Team auf, mit der Mutter als Leithund. Ein solches Rudel war meist nicht das unbedingt leistungsfähigste, jedoch das disziplinierteste.

Nach zwei, drei Jahren sind die Hunde auf der Höhe ihrer Leistungsfähigkeit und schaffen bei guten Schneeverhältnissen und entsprechendem Futter gut und gerne hundert Kilometer am Tag. Trotz allem: der Aktionsradius eines Teams war begrenzt. Wo diese Grenzen lagen, war eine leicht zu lösende Rechenaufgabe, soweit Mutter Natur mitspielte. »Tankstellen« zum Aufstocken der Vorräte gab's kaum. Und deshalb gönnten die Weißen wie auch die Eingeborenen ihren Tieren sofort das kommerziell hergestellte Hundefutter, was eine bedeutende Gewichts- und Volumensersparnis bedeutete. Die Konsumschraube jedoch hatte sich um eine weitere Windung gedreht.

Die Eskimos schirrten ihre Hunde nach dem Fächersystem, d. h. die Vierbeiner liefen mehr oder weniger nebeneinander; in der baumlosen Tundra war ausreichend Platz – auf dem Meereis ebenso – während die Indianer die Hunde hintereinander schirrten, weiter im Westen gingen sie paarweise. Nur Greenhorns glauben, eine Reise mit einem Hundeschlitten sei eine lustige Sache mit Peitschengeknall und womöglich Glöckchengebimmel . . . Der HBC-Mann, eingangs zitiert, hat es kurz und drastisch geschildert. Doch es gab da weitere Mühsal: Erst einmal das Präparieren der Kufen mit Schlamm einer ganz bestimmten Konsistenz, der natürlich schon im Herbst gesammelt und vor dem Auftragen entsprechend gewärmt und dann glattgehobelt werden mußte. Diese Fläche – mit Wasser übergossen und nochmals geglättet – läuft um ein Vielfaches besser als Stahlkufen beispielsweise, ist natürlich bei rauhem, brüchigem Eis entsprechend empfindlich. Als Ersatz hatte sich übrigens Haferflockenbrei bewährt, wobei die ewig hungrigen Teamgefährten nachts auf Distanz gehalten werden mußten. War der Schlitten beim Anspannen nicht gut und fest verankert, dann sind die Hunde voller aufgeregter Erwartung los, und schon manchem Greenhorn sind sie samt Schlitten auf und davon gegangen, bevor er aufspringen konnte . . .

Die Eskimos saßen seitlich – in einer Art Damensitz – auf dem Gefährt, so daß sie jederzeit abspringen konnten: da gab es Zugleinen zu entwirren, zusätzliche Steuerhilfen zu geben, da hieß es mitschieben, wenn ein Eiswall zu überwinden war, und bei krustigem Schnee mußte der »musher« darauf achten, daß keiner der Hunde seine Ledermokassins verlor, die er unbedingt zum Schutze der Pfoten brauchte.

In Waldgebieten stand der Fahrer hinten auf den Kufen und hielt sich an den hochragenden Handgriffen, soweit er nicht seinen Hunden mit Schneeschuhen vorauslaufen mußte, um überhaupt erst einmal einen Trail zu brechen, über den ihm dann die Meute folgen konnte. Anfangs des Winters war es denn auch immer ein Pokerspiel, wer als erster auf die Reise ging, denn der hatte den weitaus härtesten Job. Für all die, die nachfolgten, war der Weg gebahnt. In solchen Situationen

waren die Indianer den Weißen gegenüber immer im Vorteil, weil sie sich Zeit ließen.
Abends hatten es die Waldläufer leichter als die Eskimos: sie brauchten ihre haarigen Gefährten nur weit genug auseinander an verschiedene Bäume zu binden, während die Eskimos eine dreißig, vierzig Meter lange Kette mitnahmen, diese vorne und hinten verankerten und ihre Hunde nach getaner Arbeit in sicherem Abstand voneinander »belegten«.
Trotzdem: Es kam immer wieder zu wüsten Beißereien und Kämpfen, die nicht selten mit bösen Verletzungen, ja sogar mit Mord und Totschlag endeten. Es gibt kaum etwas, das ein Schlittenhund mehr liebt, als eine ordentliche Rauferei. Wenn zwei erst mal angefangen haben, dann sind die übrigen nicht mehr zu halten. Es sei denn, die Kette ist solide genug. Ist es aber doch passiert, zeigt es sich, ob der »musher« über die entsprechende Autorität verfügt: mit einem soliden Knüppel bewaffnet, tritt er zu dem knurrenden, jappenden, heulenden Knäuel aus Läufen, Pelz, Körpern und Köpfen. Rechts und links teilt er Hiebe aus, die zielsicher die Nasenwurzeln treffen müssen, Hiebe, die den stärksten Rüden für einige Zeit ins Reich der Träume schicken. Doch die Tiere dürfen ihn keinesfalls in die Schlacht miteinbeziehen. Ist das der Fall, dann ist es um den Mann geschehen.
Die Schlittenhunde waren reine Arbeitstiere. Grundsätzlich wurden sie von den Indianern und Eskimos nicht schlecht behandelt. Und in unzähligen Fällen haben die Hunde ihren Herren das Leben gerettet, oft, indem sie ihr eigenes opfern mußten, wenn in letzter Konsequenz der schwächste des Rudels getötet und von seinen Gefährten, aber auch oft genug von seinem Herrn aufgegessen wurde. Ein verzweifelter letzter Ausweg, der dem Motorschlitten-Fahrer nicht mehr offenbleibt.
Nach sieben, acht Lebensjahren kam dann das Ende des Schlittenhundes, soweit er nicht schon vorher den harter Arbeits- und Lebensbedingungen zum Opfer gefallen war, ein Ende durch die Hand seines Herrn.
Die Zeiten der »dogteams« sind vorbei, unwiederbringlich. »Glücklicherweise«, sagen die Oldtimer. Denn besonders im Sommer war das Ernährungsproblem für die Vierbeiner nur schwer zu lösen. Eingeborene wie auch Weiße hatten mitunter keine andere Wahl, als ihre Zugtiere auf möglichst weit draußen liegenden Inseln auszusetzen. Dort war bald das letzte Karnickel gefangen, der letzte verrottet angespülte Fisch verschlungen. Die Hunde verfielen dem Kannibalismus, den nur die stärksten und zähesten Tiere überlebten . . .

Bei unserem Ruppes dominierte das Erbgut des Neufundländers. Er war groß und massig, eine gereifte, in sich ruhende, schwarz-weiß-behaarte Persönlichkeit. Sein vormaliger Herr hatte sich ein Ski-doo gekauft und wollte Ruppes alias Trigger, da nutzlos, kurzerhand erschießen. Als er jedoch unser Interesse an seinem ehemaligen Leithund bemerkte, lobte er ihn über den grünen Klee, und es bedurfte der Übereignung eines Schlafsackes, um Ruppes an Bord der »Zwiebel« nehmen zu dürfen und seine Emigration aus Mishou-Chibou zu besiegeln.
Wir kamen gut miteinander aus: Brigitte, Ruppes und ich. Der alte Rüde hatte etwas Respekterheischendes, um nicht zu sagen Grandseigneurales an sich. Er wußte um heiße Öfen und Fensterscheiben, kannte den Unterschied zwischen mein und dein, war ein ausgesprochener Feinschmecker, wenn auch sein Geschmack in eine Richtung ging, die uns Europäern immer ein wenig fremd bleiben wird. Beispielsweise gehörte Baloney zu seinen Lieblingsspeisen. »Baloney« – das ist eine Verballhornung von Bologna und steht für eine fürchterlich plumpe amerikanische Wurst undefinierbarer Konsistenz; eine total degenerierte Fleischwurst, ein mehlig-fettes, überwürztes Zeug, einer der schlimmsten Schrecken der nordamerikanischen Küche. Sie etwa mit einer saarländischen Lyoner zu vergleichen, die von ignoranten auswärtigen Menschen mitunter fälschlicherweise Fleischwurst genannt wird, sie auch nur in die Nähe jener Festspeise zu rücken, die nach den leider seltenen Siegen des FC Homburg, von Borussia Neunkirchen oder des 1. FC Saarbrücken zu Ur-Pils gereicht wird – ist ein schlimmeres Sakrileg als im Tour d'Argent nach einer Schnibbelchesbohnensuppe zu fragen. Mir ist es unverständlich, wie gestandene Hunde-Seigneurs auf so etwas hereinfallen. Aber es gibt nun einmal Geschmacksverirrungen im Leben, und das nicht nur bei schwangeren Frauen.
Leider ordnete Ruppes seinem Appetit das Wissen um mein und dein unter; d. h., er stahl. Mit Geschick und verblüffender Geschwindigkeit. Da fehlte ein Kuchen, verschwanden die Gänseschenkel, der Lachs, das Stück Biberfleisch – niemand wußte wie. Ruppes ruhte in der

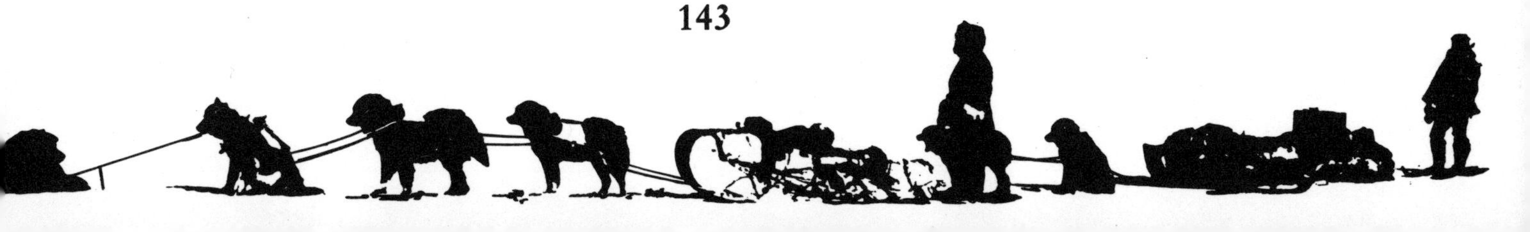

Mit Moppel im Kanu unterwegs.

Ruppes und der Autor im Duett.

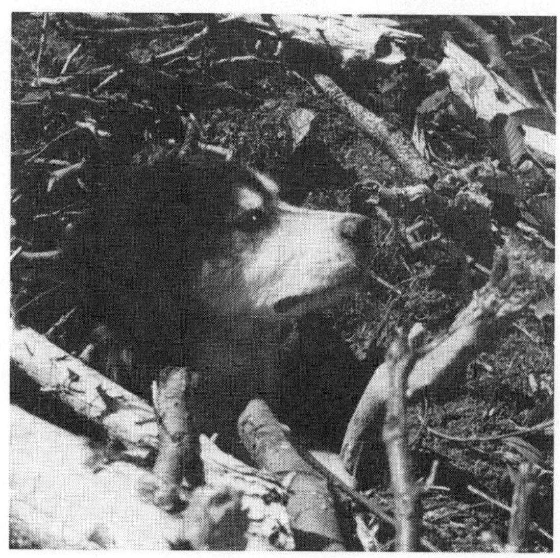

Ruppes im Biberbau.

Viermal Moppel.

Ruppes hat eine Trapper-behausung »inspiziert«.

Sonne und leckte sich die Schnauze, was er aber auch tat, wenn er nichts gestohlen hatte. Über den Schwund an Fisch, Fleisch, Gebackenem und Gesottenem waren wir hinweggekommen, doch auch unsere Katzen verschwanden, als hätten sie sich in nichts aufgelöst.
Auf Katzen sind wir angewiesen, sonst tanzen die Mäuse im wahrsten Sinne des Wortes auf allen Tischen in Kecarpoui. Ruppes selbst stand dem Mäusefang absolut desinteressiert gegenüber. Häufig geschah es, daß eine Maus sich in einen Eimer oder irgendeinen Blechbehälter verirrte und nicht mehr herauskonnte. Ich stellte dann das Behältnis Ruppes vor die Nase, sagte »Such!«, sagte »Faß!« Zwar setzte er einen Augenblick eine höflich-interessierte Miene auf, beobachtete das sich im Eimer abmühende Säugetier, drehte sich dann aber um und schlurfte von dannen. Ein einziges Mal tötete er eine Maus. Der Nager war bereits am Ende seiner Kraft, als ich ihn aus dem Eimer herauskippte. Ruppes setzte versehentlich seine Pranke auf das Tierchen, er hatte die Maus totgetreten. Ohne sein Opfer eines Blickes zu würdigen, stelzte er davon.
»Es geht nicht mehr ohne Katze – schau dir das an!« sagte Brigitte und deutete auf den durchnagten Mehlsack, der einen beachtlichen Teil seines Inhalts über den Boden der Vorratshütte ergossen hatte. Also erstanden wir bei der nächsten Fahrt nach Snuffbox City bei Sam Gallichon einen kleinen Kater. Sechs Flaschen Bier gaben wir für das schwarze Tier. Ruppes würdigte den Neuankömmling keines Blickes. Nach drei Tagen war der Kater spurlos verschwunden. »Womöglich hat ihn der Uhu geholt, nachts im Wald«, mutmaßte ich. Denn neben anderem Getier haust an der Kecarpoui-Bucht ein Uhu-Paar. Manchmal sitzen die großen Vögel nachts auf unserem Hüttendach oder einer Fichte nahebei und klagen »uhuhuuu«, und das klingt schrecklich, nach Not und Tod und Verderbnis. Der kleine Kater blieb verschollen. Die von Brigitte in seinen Napf gegossene Milch verleibte sich Ruppes ein.

Also kaufte ich beim nächsten Trip nach Snuffbox City eine Kiste Bier und ging zu Sam. »Aha«, sagt der, »du willst sicher eine Katze. Hier nimm die, die ist noch nicht tragend!« Er verschwand, kam mit einem Kätzchen wieder. »Ich hab noch mehr!« Er tippte zum Abschied an den Mützenschirm.
Wir ließen das possierliche Kätzchen nicht aus den Augen, nahmen es abends mit ins Schlafgemach. Doch am nächsten Morgen, während des Frühstücks – »vorhin hat sie hier noch herumgespielt!« – hatte sich das Tierchen in Luft aufgelöst. Als ich wieder einmal mit einem Kasten Bier bei Sam anrückte, meinte dieser selbstlos, es sei für uns doch zweckmäßiger, einen Kater zu halten und ein paar Mutterkatzen . . . In dieser Zeit entstand an der North Shore das Gerücht, die Germans in Kecarpoui würden nicht nur Aale und Flundern, sondern auch Katzen fressen . . .
Nicht etwa, daß ich Ruppes' Unschuld für über jeden Zweifel erhaben hielt, doch für ihn schienen Katzen einfach nicht vorhanden. Wir waren ratlos. Das Ganze hatte jedoch eine finanzielle Seite. Aufgrund der stürmischen Nachfrage war der Katzenkurs auf zwei Dutzend Flaschen Bier hochgeschnellt, – und wir gingen dazu über, uns Blechkisten und Kunststoffbehälter zuzulegen, um auf diese Art und Weise den Schwund durch Mäusefraß einzudämmen. Inzwischen galt es, Ruppes das Kanufahren beizubringen. Ich begann mit einem Trockenkurs und legte dem Rüden eine Spur mit Baloney-Stücken dergestalt ins Boot, daß er das auf den Strand gezogene Gefährt besteigen mußte, um an den letzten und größten Happen heranzukommen. Das glückte vortrefflich – solange das Boot auf dem Trokkenen lag. Als wir es zum ersten Mal fertigbrachten, ihn ins schwimmende Fahrzeug zu komplimentieren, sprang er mit einem gewaltigen Satz wieder aufs feste Land. Um ein Haar wären wir dabei gekentert. Jedoch nach einer Weile ging es Ruppes ganz ohne Baloney auf, daß es um ein Vielfaches bequemer war, im Kanu befördert zu werden, als sich im verfilzten Weidengestrüpp am Ufer durchzuschlagen. Zuguterletzt war er ein fanatischer Kanufahrer, der keine Bootstour verpaßte.
Stufen-, besser gesagt, portionsweise, bildete sich bei ihm Respekt vor dem »Dein«, allmählich mehrten sich seine knappen Freundschaftsbezeugungen, doch er hielt Distanz. Ruppes war der gestandene Grand Old Man, ein Hunde-Gentleman, mit einem ausgeglichenen Seelenleben. In Zorn geriet er nur, wenn ein halbwegs gleichwertiger Rüde mit einem Besucher an Land ging. So artig und galant er jede Hundefrau hofierte, so ungebärdig-wild reagierte er, wenn ein respektabler Hund in seinem Revier einbrach und nicht unverzüglich alle gängigen Kotau- und Demutsbezeugungen durchspielte. Da hatte es selbst der französische Gesandte am Hofe Heinrich VIII. von England leichter.

Ruppes bellte nie. Monatelang glaubten wir, es sei ihm nicht gegeben, sich solcherart zu äußern. Bis wir eines Abends von einer Kanutour auf dem Kecarpoui Lake zurückkehrten und etwa die halbe Strecke auf dem Trail zwischen See und Bucht, entlang des Flusses, hinter uns lag. Unvermittelt knurrte Ruppes, sträubte die Nackenhaare, richtete die Rute auf und schoß auf eine Felswand zu, an der er vergeblich hochzusteigen suchte. Oben auf der Wand sahen wir eine dunkle Masse, die sich scheinbar schwerfällig bewegte: fünf Meter höher hockte ein Bär und glotzte zu ihm herunter. Ruppes jagte nach rechts, nach links hinüber, tobte und unterbrach das zornige Gebell hin und wieder mit gefährlichem Knurren aus tiefstem Rachen – fand endlich Halt, erklomm die Wand, doch da war der Bär verschwunden, hatte sich zurückgzogen.

Zwar hat auch ein massiver Rüde von hundertzwanzig Pfund Körpergewicht gegen einen Schwarzbären im Infight keine Chance – Meister Petz ist einfach zu stark und hält sich mit seinen Vorderpranken ein ganzes Rudel Hunde vom Leib – doch diese sind schneller, behender, vom Bären kaum zu greifen. Deshalb entschließt sich der Schwarzkittel in den meisten Fällen, das Feld zu räumen. Nach wenigen Augenblicken tauchte Ruppes wieder neben uns auf. Aufgekratzt und aus der Reserve gelockt wie nur selten.

Inzwischen kauften wir wieder mal eine Katze, besser, einen kleinen Kater – der Preis war vorteilhafterweise gefallen. »Nepomuk« nannten wir das Tierchen und ließen es nicht aus den Augen. Wir wechselten uns tagsüber mit seiner Bewachung ab, und nachts durfte es bei uns schlafen. Daß unter diesen Umständen von einer halbwegs erfolgreichen Reduzierung des Mäusebestandes nicht die Rede sein konnte, versteht sich von selbst. »Schon seine Anwesenheit reicht aus, um Mäuse zu vertreiben«, sagten wir uns gegenseitig.

Aus dem Hundekind Jimmy dagegen – einem weiteren Rudelmitglied, das mittels seiner unschuldigen, seelenvollen, rehbraunen Augen Brigitte anläßlich eines Besuches in Snuffbox City so für sich eingenommen hatte, daß sie einfach nicht anders konnte, als es mitzunehmen – war ein flotter Jüngling geworden. Und Jimmy war auf einmal weg. Er war spurlos verschwunden, als hätte ihn der Erd- oder besser der Schneeboden verschluckt. »Das kann nicht zu Lasten des Uhus gebucht werden!« stellte ich fest. »Auch nicht zu Lasten von Ruppes!« sagte Brigitte, denn dafür war Jimmy schon zu groß. Auf Schneeschuhen machten wir uns auf den Weg; das Resultat war absolut negativ. Auch Ruppes wußte keinen Rat. Jimmy blieb unauffindbar. Nachbar Wilson bedauerte: »Nein – nichts – leider . . .«

Der Katzen-»Haarmann« hatte sich offensichtlich auf junge Hunde kapriziert. Dann – nach über einer Woche, knatterte ein Ski-Doo über das Eis am jenseitigen Ufer, suchte einen festen Übergang, eine Brücke, fand sie, setzte über, hielt auf unsere Hütte zu, stoppte. Nachdem sich die schwarzgelb-verhüllte Gestalt von der Maschine entfernt, Schutzhelm und Brille abgenommen und den wattierten Overall geöffnet hatte, erkannten wir, daß es Linus Carter war. »I-i-i-ich hab Jimmy unterwegs verloren«, sagt er. »Wen, was – verloren – Jimmy?« »E-e-erst lief e-e-er hinterher, u-u-und jetzt ist er weg!«

»Wann lief er hinterher?«

»Vor zehn Minuten war er noch da!«

»Gottseidank, dann lebt er noch und wird zurückkommen!«

»Wo hast du ihn denn gefunden?«

»Bei den I-I-indianern, da war er – u-u-und hat einen Cracky gefressen, war hin-hin-hinter einer heißen Hündin her, der Hurensohn . . .«

»Was – Klein-Jimmy, noch nicht ganz trocken hinter den Ohren, hat einen Cracky abgemurkst, und die Indianer haben ihn nicht auf der Stelle totgeschlagen?«

»Sie wollen hundertzwanzig Dollar!«

»Hundertzwanzig Dollar für einen Cracky? Das ist Wucher! Und wer sagt überhaupt, daß Jimmy wirklich . . .?«

»Well – wenn es nicht euer Hund gewesen wäre, hätten sie ihn ganz bestimmt totgeschlagen, und sie werden ihn auch totschlagen, aber sie haben sich gedacht, daß der Jimmy euch hundertzwanzig Dollar wert ist, und das war genau das, was auch der Cracky wert war. Händler Osim hat vorigen Herbst einen gekauft, der war gut auf Hühner. Sie haben mir den Hund, also den Jimmy, gebracht und gesagt: hundertzwanzig Dollar, oder wir schlagen ihn tot!«

»Hundertzwanzig Dollar – für eine Hundehurerei! Das ist teurer als im Puff in Montreal!«

»V-v-v-viel teurer!« bestätigte Linus, »doch da wird auch keiner abgemurkst!«

»Seid nicht blöd«, warf Brigitte ein, »wir zahlen nicht eher, bis Jimmy hier auf der Schwelle steht, und dann keine hundertzwanzig Dollar – zwanzig tun's auch!«

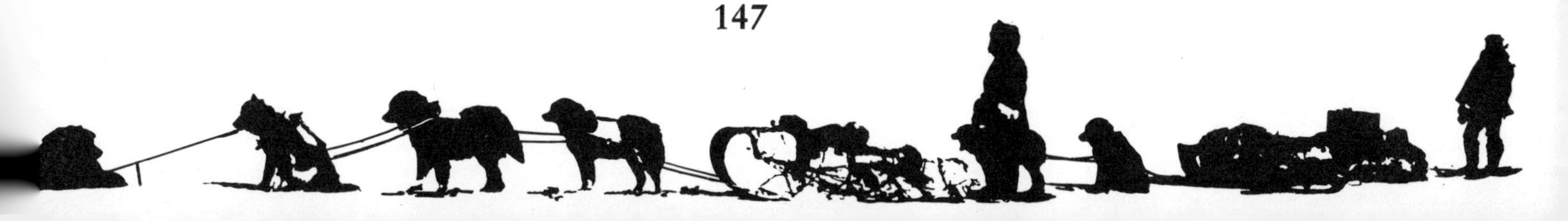

»Sie wollen aber hu-hu-hundertzwanzig!«
Linus trat von einem Bein aufs andere, spähte in Richtung Buchteingang – wo Jimmy erscheinen müßte, doch nicht erschien.
»Wenn ich-i-ich das Geld ha-ha-habe, fahre ich gleich zurück!«
»Ohne Jimmy keinen Cent!«
»E-e-er war hi-hi-hinter mir – the creeping Moses!« Jimmy als trunken krabbelnden Moses zu titulieren, schien mir . . .
»Ich-i-ich lege meine Ha-hand auf die Bi-bi-bi-bibel, er war hi-hinter mir!«
Linus schien in einer Zwickmühle. Jimmys Mord und Unzucht schienen ihn zu einem Geschäft auf Provisionsbasis mit seinen Roten Freunden inspiriert zu haben. Linus hatte es auf einmal gar nicht mehr eilig. Er pellte sich vollständig aus seinem Overall und nahm einen Beobachtungsposten am Fenster ein. Er wartete auf Jimmy, jedoch der hatte eigene Wege beschritten. Kurz vor Anbruch der Dämmerung hieß er den Hundejüngling einen dreckigen, verlausten Bastard, zog seinen Overall über, setzte Helm und Brille auf und brauste wütend davon.
Am nächsten Morgen stand Jimmy vor der Tür – schwanzwedelnd mit seelenvollen, rehbraunen Augen, die Ohren respektvoll nach hinten gelegt – ein schwarzweißes Unschuldslamm. »Ich kann's nicht glauben«, sagte Brigitte, »der andere muß ihn aufs Blut gereizt haben, schau dir das harmlose Geschöpf an!« Jimmy wedelte mit dem Schwanz, leckte Brigitte liebevoll die Hand und streckte sich in der Aprilsonne, als wolle er sagen: »Bei euch hab ich's doch am besten – ich werde mich jetzt zusammennehmen und euch nie wieder Kummer bereiten!« Ruppes beoabachtete das Ganze aus der Distanz. Am Abend war Jimmy verschwunden. Als er am nächsten Morgen wiederkehrte, humpelte er kläglich auf drei Beinen. Er hatte Florence und Wilson besucht, beziehungsweise deren Hündin Brownie. Unser Jung-Schlittenhund war unter Wilsons Motorschlitten geraten. Der linke Hinterlauf war ziemlich verdreht. Die Verletzung fesselte Jimmy ein paar Monate ans Haus, setzte seinem Unternehmungsgeist Schranken – für eine Weile. Drei Tage später war Linus wieder da. Jimmy begrüßte ihn so herzlich, wie es seine Verletzung zuließ – Linus tätschelte den Hund zufrieden lächelnd. Es war die gleiche zufriedene Miene, mit der ein Bauer seine Mastsau betrachtet, die er ans Messer zu liefern gedenkt. Nicht etwa, daß Linus Jimmy abmurksen wollte – nein: Jimmys Lebendigkeit – wenn auch lädiert – war für ihn der Garant für den erfolgreichen Abschluß des komplizierten Provisionsgeschäftes mit seinen indianischen Freunden von der jenseitigen Flußseite des Mishou-Chibou. »Ha-ha-hab'n Brief für euch – von Mac Toddy – dem Indianer, wovon der Jimmy den Cracky abgemurkst hat, er will hundertzwanzig Dollar und keinen Cent weniger, der Mac Toddy. Jimmy hat den besten, den allerbesten Cracky von der anderen Flußseite aufgeschlitzt – so steht es jedenfalls im Brief, und Jérôme Lessard hat's auch gesehn, der Cracky ist hin. Vielleicht steht auch was andres im Brief – ihr könnt ihn ja mal lesen!« »Jimmy the Ripper – ich kann's einfach nicht glauben!« sagte Brigitte. Wir rissen den Umschlag auf:
»Dear Sir,
was denkst zu zahlen für Hund – umgebracht von dir. Der Hund war guter Hund von Mr. Toddy, zerbissen im März. Mr. Toddy will hundert Dollar und zwanzig Dollar. Wir haben das Mr. Linus, wo ist Boss über dich gesagt. Sag Mr. Linus was ist und schick hundert Dollar und zwanzig Dollar. Mr. Toddy spricht Englisch schwer. Wenn Mr. Toddy zu Kecarpoui zu Handel kommen soll – sag es Mr. Linus!«
So ungefähr die deutsche Übersetzung. Wir guckten uns an.
»Wir haben für Ruppes mit einem alten Schlafsack, für Jimmy einen ganzen und für Nepomuk einen halben Kasten Bier bezahlt – und der Indianer will für einen kleinen Kläffer hundertzwanzig Dollar!«
»Das ist Erpressung, dem muß jemand eingeredet haben, wir seien Millionäre!«
»Händler Osim ha-ha-hat für seinen Cracky hundertfünfunddreißig Dollar bezahlt!«
»Vergiß nicht«, warf ich wütend ein, »Händler Osim hat seinerzeit Missis Toddy hinterm Ladentisch einen verpaßt, daß die Eierkartons aus den Regalen fielen . . .«
»Vi-vi-viielleicht kommen sie alle, die Indianer, mit Fli-flinten und Äxten!«
»Ach, laß sie nur kommen, ich weiß mir zu helfen!«
»I-i-ich hätte keine Angst vor einem Du-du-dutzend Indianer, a-aber vor Mac Toddy, d-der ist gefährlich! D-der ist imsta-sta-stande und erschlägt seine eigene Großmutter!«
Ich befand mich in einer schwierigen Situation: Jimmys

Tat war offenkundig, und ich war dafür verantwortlich. Andererseits wollte und durfte ich mich nicht wie eine Weihnachtsgans ausnehmen lassen. Von der Gefahr einmal abgesehen, als zweiter General Custer in die Geschichte Nordamerikas einzugehen – General Custer, der mit zweihundertfünfzig Mann am Little Big Horn von den Indianern massakriert wurde. Eine schaurige Vorstellung. Noch haarsträubender war für meine Begriffe die Gefahr und Aussicht auf Kecarpoui als eine »National Historic Site« und Touristen-Attraktion. »Hier die wiederaufgebaute Blockhütte – sie wurde damals eingeäschert – dort der Schauplatz des Massakers. Da die Stelle, wo die Leichen lagen . . . der einzige, der entkam, war der dreibeinige Hund Jimmy, der rechtzeitig vor dem Angriff der Montagnais-Indianer das Weite suchte . . .«

Ich drückte Linus 50 Dollar in die Hand und trat Jimmy, der friedlich-dösend in der Sonne lag, in den Hintern.

»I-i-ich glaube n-n-nicht, daß es genug ist!« Damit zog Linus ab – grußlos und unzufrieden.

Jimmys linker Hinterlauf-Schaden behob sich zwar langsam, doch unverkennbar; Nepomuk schien uns erhalten zu bleiben. Der Kater fügte sich in das Kecarpoui-Rudel ein. Er spielte mit Jimmy, doch Ruppes begegnete er instinktiver mit Vorsicht und Respekt; bei Annäherung des alten Herrn bestieg er sofort das sichere Hüttendach.

Nepomuk: In keinem einzigen Fall habe ich ihn bei der Mäusejagd beobachtet. Seine Faulheit ist ohne Beispiel und scheint mit zunehmendem Alter philosophische Dimensionen anzunehmen. Sogar zum Stehlen scheint er zu faul. Ab und zu jedoch schleicht er sich abends im Schutze der Dunkelheit mit Brigitte in die Vorratshütte und läßt sich dort einschließen. Schwarz wie ein Rabe, fällt er kaum auf, auch dann nicht, wenn man nicht kurzsichtig ist. Am nächsten Morgen verläßt statt des geschmeidigen Kätzchens eine hängebäuchige Walze schweren Schrittes den Ort des Geschehens.

Endlich fiel Licht in das dunkel des mysteriösen Katzenschwundes. Es war Ende Mai. Der Schnee war, abgesehen von ein paar Resten auf den Hügeln, weggetaut; die Sonne schien frühjahrswarm; es war fast windstill – ein Dichter hätte den Tag, je nach Stimmung, als »samtig-schmeichelnd« oder »das Blut zu prickelndem Sekt aufrührend« beschrieben. Ich braselte irgendwo herum, während Brigitte die Hängematte zwischen zwei Fichten gespannt hatte und sich schläfrig räkelte. Jimmy lag hingegossen in der Sonne, Ruppes weiter weg im Schatten, Nepomuk schlief ausnahmsweise nicht, sondern marschierte maunzend in der Gegend herum. Brigittes granitzerteilender Schrei ließ mir das Blut in den Adern gerinnen. Ein Schrei, unter dem das Frühlingsidyll zerbarst wie die glitzernde Glaskugel unter dem Vorschlaghammer. An mir vorbei fegte ein schwarzer Blitz, fuhr in den nächsten Baum – das war Nepomuk. Brigitte saß aufrecht in der Hängematte, unbeschädigt, wie mir schien. Schreckgeweiteten Auges berichtete sie:

»Stell dir vor, ich liege da in der Hängematte, als Ruppes an mir vorbeitrabt, mit irgendwas Schwarzem im Maul. ›Na, Ruppes, was hast'n da?‹ sage ich, worauf er nicht wie üblich zu mir kommt, sondern sich rasch in Richtung Fichtendickicht davonmacht. Ich denke an nichts Dolles, setze aber meine Brille auf, und was sehe ich? Der schwarze Lappen, der in Ruppes' Maul hängt, das ist Nepomuk! Leblos hängt er da, quer in Ruppes' Maul, schrecklich, sage ich dir! Ich weiß nicht, ob ich vor Entsetzen geschrien habe oder ob ich Nepomuk retten wollte, jedenfalls hat Ruppes seinen Rachen aufgemacht und Nepomuk rausfallen lassen. Dieses Schwein, dieser Mörder, der hat all die armen Kätzchen auf dem Gewissen, der und kein anderer hat sie abgemurkst!«

Nach einer Stunde gelang es uns, Nepomuk vom Baum zu locken; nach zwei Tagen näherte sich Ruppes vorsichtig zum ersten Mal der Blockhütte, und nach drei Tagen hatte sich der Kater von seiner Schulterverletzung so weit erholt, daß er seinen Platz auf dem Dach aus eigener Kraft erklimmen konnte. Nepomuks Glück war lediglich Ruppes' Alter zu verdanken: seine Zähne waren so stumpf, daß der Kater neben dem Schrecken mit einem leichten Schaden davonkam, während Ruppes der Zeit immer sichtbarer seinen Tribut zollen mußte. Ja, der alte Herr hatte nicht nur seine Fangzähne, sondern auch Ausdauer, Sehkraft und Schnelligkeit eingebüßt. Er hatte Schwierigkeiten, seine Führungsrolle gegenüber Jimmy während all der spielerischen und später immer häufiger ernsthaften, meist von Jimmy angezettelten Raufereien zu behaupten. Gewiß, wir hätten die beiden Rüden, die sich zwar aus dem Wege gingen, aber bei unausweichlichen Treffen wie Berserker aufeinander losstürzten, anbinden können, doch zögerten wir mit dieser Lösung. Jedenfalls hörten

wir eines Nachts Jimmy draußen am Fluß in Todesängsten entsetzlich schreien, sahen, als wir ihn hereinnahmen, daß das linke Ohr halb eingerissen, kraftlos herunterbaumelte, daß er auf dem Nasenrücken blutete. Ruppes schlich nur um die Hütte, kam nicht zu uns, und am Morgen sahen wir, wie übel Jimmy mit seinen scharfen, jungen Zähnen den Alten im Gesicht zugerichtet hatte. Ruppes sah schlimmer aus als Ken Norton nach seinem Fight mit Muhamed Ali. Breite, blutige Risse, zerfetzte Haut, eine geschwollene Backe, ein halbgeschlossenes Auge, das waren die Spuren des letzten, großen Kampfes, den Ruppes zwar noch als Sieger, aber schon gezeichnet, beendet hatte. Kaum waren die Verletzungen verheilt, da kam dann auch schon das Ende: in einem unbewachten Augenblick fielen die beiden Kontrahenten wieder übereinander her, ich rannte hinzu, trat mit dem Stiefel in das am Boden tobende Knäuel, ineinander verbissen kollerten die beiden Hunde einen Felsen herunter. Jimmy, der Jüngere, der Behendere war als erster auf den Beinen und stand über Ruppes, der entsetzt schrie und zum Zeichen der Unterwerfung und Bitte um Pardon die Kehle bot.

Der Alte kam wieder auf die Beine, lahmte aber auf dem linken Vorderlauf. In den folgenden Tagen stand er kaum noch auf, wimmerte vor Schmerzen, verfiel zusehends. Er war ein Anblick des Jammers, und wir baten den Nachbarn Wilson, unserem Gefährten den letzten Dienst zu erweisen, ihn ohne weitere Schmerzen auf den Trail ins Hundeparadies zu geleiten. Es war nichts »Besonderes« an Ruppes. Er konnte keine Kunststücke, er war kein Jagdhund, er zog keinen Schlitten, er hielt nicht Wache. Seine Zuneigung brachte er uns in knappen Gesten zum Ausdruck. Objektiv fällt es mir schwer, in Ruppes einen außergewöhnlichen Hund zu sehen. Und doch war er wie mancher Mensch, den man gern um sich hat, und auf die Frage nach dem Warum weiß man keine Antwort. Ruppes war eine Hundepersönlichkeit.

Es blieb uns Jimmy. Doch Jimmy war ein mehr als unsicherer Kantonist. Während Ruppes eher mit einem bedächtig-massiven Klaren aus dem Norden zu vergleichen war, war Jimmy ganz italienischer Impresario: Freude, Betrübnis wechselten bei ihm schneller als das Wetter an der North Shore. Seine Bewegungen waren rasch und geschmeidig, sein Äußeres elegant – Jimmys Fell war immer sauber, glänzte stets wie frisch gewichst, er war ein Showdog par excellence. Jimmy spielte Anhänglichkeit, Betroffenheit, wenn es sein mußte, Zuneigung, die bis zur Anbetung reichte; ich fürchte, das einzige, was an ihm an Gefühl echt war, war seine Hysterie, die er mitunter an den Tag legte. Er setzte jede seiner Intuitionen, ob verboten oder nicht, in die Tat um, seine Sexbesessenheit machte vor niemandem und nichts halt. Der Betätigungsdrang kannte keine Grenzen, die Intelligenz schien formidabel – Jimmy war quicklebendig und nie langweilig und sehr anstrengend. Wir sagten uns, ein zweiter Hund wäre ein gutes Gegengewicht zu Jimmys ausufernden Aktivitäten. Ein echter, junger Schlittenhund jedoch war an einer Küste, an der es zuvor einige Tausend dieser Prachttiere gab, nicht mehr aufzutreiben. Was ihnen in etwa ähnlich sah, war eine große, lockige, vertrauenerweckende Hirtenhündin, die in Blanc Sablon wohnte und der ein Hunde-Herr zugetan war, der, obwohl unbekannter Herkunft, eine gewisse Ähnlichkeit mit einem Komatik-Dog, einem Schlittenhund, verkörperte . . . Jedenfalls erwarben wir Moppel noch im Mutterleib für fünfundzwanzig Dollar und hofften, daß es die Hirtenhündin mit ihrer Promiskuität nicht zu weit hatte kommen lassen. Als das weiße Wollkerlchen im Pappkarton ankam, stellten wir fest, daß es bemerkenswert große Pfoten hatte, was – wie jeder Hundekenner weiß – ein Zeichen dafür ist, daß auch der Rest des Tieres sich zu annehmbaren Dimensionen entwikkeln wird. Es dauerte natürlich, bis sich Moppels Charakter herausbildete und festigte. Die ersten Anzeichen deuteten durchaus darauf hin, daß er ein ansgesprochenes Kaltblut zu werden versprach. Der Schaden, den Moppel anrichtete, erreichte denn auch kaum einen Bruchteil dessen, wofür seinerzeit Klein-Jimmy verantwortlich gezeichnet hatte. Seine herausragende Eigenschaft war sein Appetit, den als gesund zu bezeichnen eine Untertreibung gewesen wäre. Ansonsten rannte er hinter Jimmy her, sich – wie bei Hunden üblich – ganz auf den großen Bruder verlassend.

Moppel wuchs wie ein Pfifferling nach einem warmen Regen. Er wuchs, irritierenderweise, hinten mehr als vorne. Da entwickelten sich enorm lange Läufe, denen eines überdimensionierten Karnickels nicht unähnlich, während das Wachstum der Frontpartie normal war. Nur wenn Moppel bergauf lief, bewegte er sich in der Horizontalen, wogegen der ebenerdig eine fatale Tendenz an den Tag legte, sich mit der Schnauze in den Grund zu bohren. Moppel, das süße Hundekind und Brigittes gehätschelter Liebling, gedieh zu einem Ausbund schlaksiger Häßlichkeit, ganz zu schweigen von der Entwicklung seiner Geistesgaben. Ich nannte ihn zeitweise nicht mehr Moppel, sondern rief ihn nach dem Mittelstürmer einer bekannten norddeutschen Fußballmannschaft, der unter der Marke »Ungeheuer« gehandelt wurde, und der es dann ja auch zu was gebracht hatte.

Moppel schien eine grundehrliche, anständige Haut zu werden. Nur sein vollständiges Eingehen auf Jimmy ließ uns Böses ahnen.

So lief er denn auch eines Tages mit diesem hinter Linus' und Einsteins Ski-doos her. Die beiden jedoch hatten voll aufgedreht, und auch Jimmy schaffte es nicht, sie einzuholen. Jedenfalls hatte Linus irgendwo kurz vor Mishou-Chibou Motorschaden und stieg auf Einsteins Gefährt um. Seinen eigenen Skooter ließ er stehen, um ihn später abzuschleppen und in Sicherheit zu bringen. Was mit unseren Hunden war – können wir nur vermuten. Als Linus nach drei Tagen seine Maschine abholte, hatte Jimmy es sich auf dem Sitz gemütlich gemacht und begrüßte ihn freudig, mit dem Schwanze wedelnd. Von Moppel war nicht die Spur zu sehen.

Zehn Meilen weiter westlich am Deer Pond schlugen indessen zu dieser Zeit Lawrence Andersson und Yvon McIntry Fichtenstämme für ein Boot. Plötzlich stieß Lawrence Yvon an und flüsterte: »Sieh – da in die Richtung – nein, mehr nach rechts – ein Caribou!«

»Jesus Maria – ein Caribou und keine Büchse!« wisperte Yvon. Die Waffen lagen ein Stück weg, wohlverwahrt bei den Ski-doos auf dem Eis des Sees. »Ich renne hin, ich hole meine«, flüsterte Yvon.

Er schlich zu dem Schlitten als er einen gedämpften Ruf hörte: »Paß auf, das ist gar kein Caribou – das ist ein Wolf!« Yvon blieb stehen, der Wolf kam direkt auf ihn zu. Yvon gefror das Blut in den Adern, er zog sich zu Lawrence zurück, bei diesem Schutz suchend, denn vor der Bestie würde er den Schlitten mit der Büchse nicht mehr erreichen. »Wir müssen auf'n Baum«, rief Lawrence, als der Wolf mit flatternden Schlappohren und wehendem Schweif angetrabt kam.

Um es kurz zu machen – zur großen Erleichterung der beiden Holzfäller – es war Moppel. Moppel reiste mit den beiden in aller Bequemlichkeit – per Schlitten – nach Snuffbox City.

Nachdem die Familie wieder komplett war, versuchten wir es eine Weile damit, daß wir Jimmy an die Kette legten, doch das war keine Dauerlösung. Abgesehen davon, daß er darauf hysterisch reagierte.
Kurze Zeit danach verschwanden Jimmy und Moppel. Die Fährten zeigten in Richtung Mishou-Chibou. Wir warteten ein paar Tage, dann fuhr ich mit dem Boot hin. Ich fragte nach Jimmy, nach Moppel. Ich erfuhr, daß beide auf der Indianerseite gesehen wurden. Schlimmes ahnend, fuhr ich hinüber. Die Indianer hüllten sich in Schweigen. Ich insistierte. Allmählich kam's heraus: Jimmy befand sich in den ewigen Jagdgründen. Der Indianer Marc hatte ihn, um das Schicksal weiterer Crackies bangend, dorthin befördert, da Jimmy sich nicht vertreiben ließ und tagelang um die Hütte herumlungerte. Doch wo war Moppel? Marc war verschwunden. Kein Mensch wußte wohin. Ich versprach dem Indianer fünfzig Dollar, der mir Moppel wiederbrächte. Die Indianer murmelten unverständliches Montagnais und entfernten sich.

Ich suchte eine Weile hinter den Hütten, rief Moppels Namen. Das war wohl hoffnungslos. Zum Teufel mit Jimmy, dachte ich, er hat sein Schicksal selbst gesucht, – doch Moppel, noch ein Kind . . . Auf einmal stand einer der Indianer vor mir. »Der weiße hat auch was abgekriegt«, sagt er. »Ja, aber – ist der auch tot?« »Ich weiß es nicht, vielleicht nicht . . .« Der Indianer verschwand.
Ich stieg wieder ins Boot. Fuhr am Ufer entlang. An der Sägemühle seien die beiden noch einmal gesehen worden, hatte man mir auf der »weißen Seite« des Dorfes gesagt. Ich stellte den Motor ab, rief immer wieder nach Moppel. Nichts. Was tun? Ich dachte, ins Dorf zurückzufahren, mittels zweier Kästen Bier eine Meute der herumlungernden Burschen zu engagieren und systematisch . . . da stand Moppel! Vielmehr der erschütternd traurige Rest des Hundejünglings, der uns vor einer Woche verlassen hatte. Nur noch Fell und Knochen, naß, verdreckt, blutbeschmiert, kein Schwanzwedeln, kein Erkennen; mühsam hinkend wankte er zum Ufer, ich hob ihn ins Boot. Die Kugel war quer durchgegangen, hinter dem Schulterblatt unter dem Rückgrat. Vor allem der Ausschuß sah furchtbar aus: ein faustgroßes Loch, aus dem Blut und Wundwasser tropften. Ich raste mit dem Boot über den Fluß, lief 'rüber zur Schwesternstation, Moppel hinkte hinter mir her, während ich schon Sturm klingelte. Eine junge, geputzte Nurse kam heraus; ich deutete auf den Hund, fragte, ob sie mir eine Binde, Mull und Salbe geben . . . »Oh, no!« rief sie, schlug die Hände überm Kopf zusammen und verschwand. Ich klingelte wieder. Sie reichte mir Verbandszeug, Salbe, Mull durch die Türspalte. Ich verband Moppel, so gut es ging. Brachte ihn herüber zum Store. Ließ ihn in der Obhut einiger Kinder zurück. Moppel war vollkommen apathisch. Ich raffte zusammen: Schokolade, Ölsardinen, Dosenwurst, Brot. Moppel lag keuchend im Sand, ein bißchen Schaum tropfte von seinen Lefzen. Ich gab ihm ein Stückchen Schokolade. Vertrieb die gaffenden Kinder, hob den Hund ins Boot, fuhr los.
Zum Glück war's einer der seltenen windstillen und trotzdem trockenen Tage. Ab und zu gab ich Moppel ein Stückchen Schokolade, ein bißchen Brot, Wurst. Auf dem Verband verbreitete sich ein großer schmutzig-roter Fleck. Er aß ohne Anteilnahme. Brigitte war genauso entsetzt wie ich zwei Stunden zuvor. Ich hatte ihn an Land gehoben, er wankte ein paar Schritte in Richtung Hütte, pißte, Brigitte führte ihn herein. Moppel legte sich hin, reagierte kaum. Brigitte machte ihm rohe Eier mit Wurst, mit zwei Penicillinkapseln – Moppel aß zögernd, in Abständen. Dann verbanden wir ihn neu. Die Wunde stank entsetzlich. Ich schnitt die verklebten Haare weg – Moppel ließ es geschehen.

In den nächsten Tagen päppelten wir ihn mit Köstlichkeiten, wie er sie noch nie erfahren hatte – in den Leckereien war jeweils eine Penicillinkapsel versteckt. Moppel erholte sich langsam, wurde aktiver. Dabei rutschte ständig der Verband, legte die Wunden frei. Moppel fraß die Verbände. Wir fanden einen Ausweg und zogen ihm Brigittes T-Shirts an. Das ging eine Weile gut, dann begann er die T-Shirts aufzufressen. Eine Sache, die wir als positives Zeichen ansahen. Nach sechs Wochen war von der Wunde nur noch ein brauner Fleck zu sehen, schließlich wuchs sogar das faustgroße Ausschußloch vollständig zu. Moppel blieb uns erhalten.
Er ist ganz anders geworden als Ruppes und erst recht als Jimmy. Mit Ruppes verbindet ihn die Ruhe und Ausgeglichenheit. Jedoch Moppel gibt Laut, was unsere »Komatik dogs« nie taten, es sei denn, ein Bär machte sich an die Hütte heran. Es war anfangs ein bißchen lästig, als Moppel jedes Eichhorn, jedes Flugzeug,

Klatschen der Wellen anbellte. Doch inzwischen hat er gelernt zu unterscheiden. Recht anstellig verhält er sich bei der Jagd auf Waldhühner, die er verbellt, auf die Bäume scheucht, und dann wartet er, bis ich mit der 22er da bin. Den Unterschied zwischen Waldhuhn und Eichhorn hat er herausgefunden. Daß er im Kanu ruhig sitzen muß, weiß er ebenfalls.

Er ist ein treuer, braver, ruhiger Hund geworden, mittlerweile mit einem durchaus passablen Äußeren ausgestattet.

3. Zwischenblende

Ich kann nicht reinen Herzens sagen, daß mir das Schreiben nichts weiter als Spaß macht. Da jedoch der Mensch Geld braucht, um seinen Lebenskampf halbwegs in Ehren zu bestehen und einige Leute unsere Erlebnisse für lesens- und unsere Fotos für betrachtenswert halten, schreibe ich denn gar so manches hin, damit es später publiziert werde. »Ein Traumjob!« sagen meine Neider und lassen sich gemütlich auf ihrem bequemen Bürostuhl nieder, überfliegen die Zeitung, lassen sich von einer adretten Sekretärin Kaffee kochen, diskutieren mit den Kollegen die abendliche Fernsehsendung, die Fußballergebnisse des Wochenendes . . .

Ich indessen hocke auf einem harten Sitz vor einem Schreibtisch, der aus einer unbrauchbaren Türplatte auf zwei Malerböcken besteht und habe vor mir ein leeres, weißes Blatt liegen. Zwei Schritt dahinter steht, einer Guillotine nicht unähnlich, das Stehpult auf wackligen Beinen, ebenfalls mit einem leeren Blatt Papier und Schreibzeug und sonst nichts geschmückt.

Ich sitze und beiße in den Kugelschreiber, obwohl ich in Gesellschaft meines Weibes gut und reichlich gefrühstückt habe. Damit wenigstens etwas auf dem Papier steht, fülle ich die Ecken des Blattes mit einer phantastischen Ornamentik. Sie gefällt mir zwar, jedoch damit komme ich nicht weiter. Also wandere ich zum Stehpult, und während mein Blick den vergrämten, alten Mann hinterm Fenster auf der anderen Straßenseite trifft, konzentriere ich mich auf mein Thema und beginne die oberste Zeile des Blattes mit Stichworten zu bedecken – solange, bis mir nichts mehr einfällt. Dann kehre ich zur Ornamentik zurück, füge noch ein paar spielerische Ranken hinzu und bemühe mich, einen Satz hinzuschreiben. Ich wäre an sich mit dem Satz sehr zufrieden, fürchte aber, daß es der Herr Lektor nicht ist und streiche ihn wieder durch. Inzwischen fällt mir ein neues Stichwort ein. Wie der Blitz bin ich am Stehpult und sehe – daß es mich bereits vom Blatt her anstarrt. Dann bitte ich Brigitte, mir einen Kaffee zu machen.

»Wie soll ich mit meiner Arbeit nur fertig werden, wenn du mich ständig störst – schließlich tippe ich deinen Mist ab!« sagt mein Weib. Ich wandere beleidigt zurück zum Stehpult und murmele: »Wenn die Arbeit weiter so flutscht, dann brauchst du bald nicht mehr . . .«

Der alte Mann starrt immer noch zu mir herüber. Einen höhnischen Ausdruck hat er im Gesicht. Ich gehe zu meinem Schreibtisch, damit ich ihn nicht mehr sehe. Wenn auf der anderen Seite wenigstens ein hübsches Mädchen wohnen würde . . .

Brigitte bringt mir den Kaffee.

»Mensch, ist der heiß und bitter . . .« Der Kaffee bewirkt nichts. Außer, daß ich mich die Toilette aufzusuchen gedrängt fühle. Dort finde ich den »Kicker« und lese den miserabel geschriebenen Spielbericht von einem Spiel, das keinen besseren Berichterstatter verdiente. Ich konnte mir selbst ein Bild davon machen, letzten Samstag. Ausgerechnet Gladbach. Was war das noch für eine Mannschaft vor ein paar Jahren. Ein Jammer. Wenigstens meine Körperfunktionen sind in Ordnung. Wenn ich bedenke, wie Heinrich Heine, wie Nietzsche, Musil sich quälten, wie sie in ihren letzten Jahren dahinvegetierten . . . Das Blatt mit den Ornamenten vollzuschmieren ist doch kindisch, weg damit.

Wenn wenigstens das verdammte Telefon mal klingeln . . .

Ach ja, das Radio. WDR II, Klassisches Wunschkonzert. Irgendein Idiot hat sich ein wüstes, ein endloses Gebratsche gewünscht. Wie soll ein Mensch dabei arbeiten können. Ich mache das Radio wieder aus. Die Stichworte habe ich durchgestrichen, ohne daß mir neue eingefallen sind. Ich wandere rüber zu Brigitte, die dasitzt und fleißig tippt.

»War der Briefträger schon da?« »Nein, die Post kommt erst um halb zwölf . . .«

»Weiß ich doch selbst auch, es hätte ja sein können. Aber die Post kommt ja doch, wann sie will.« Ich gehe gesenkten Hauptes zurück in mein Zimmer. Zur Türplatte, zur Guillotine meiner Gedanken . . .

Die Erlebnisliteratur müßte aufgewertet werden, sinniere ich. Ein Preis, eine Art Nobelpreis. Stockholm. Das Königliche Schloß. Was würde ich tragen? Nein, keinen schwarzen Anzug. Ich besitze keinen. Und extra einen kaufen – nur für . . . Nein, auch keine Jeans. Die trägt heute jeder Redaktionsvolontär. Ein sauberes Khaki-Hemd mit aufgesetzten Brusttaschen, eine Cordhose, der Hemdkragen offen, kein Schal . . . Es klingelt. Der Briefträger, endlich. »Ich geh schon!« rufe ich, während ich nach unten stürze. »Bitte, frankieren Sie das nächste Mal Ihre Briefe richtig. Ich muß 90 Pfennig nachkassieren. Hier ist Ihre Post.« Ein Brief. Reklame. Ein Original-Allzweck-Entsafter. Ich mach mir nichts aus Fruchtsäften. Als die Katze des Hauswirtes mir um die Beine streicht, trete ich nach ihr, verfehle das Biest. Verdammt, irgendwann müßte der Verlag doch mit dem Scheck rausrücken, und auch wegen des Manus . . . Das Telefon! Das wird er sein! Er ist es nicht. Es ist ein Herr Rübenkamp oder so ähnlich aus Immendingen. Ob er seinen Kanada-Urlaub mit Goldwaschen finanzieren könne, fragt er. Nein, antworte ich. Warum nicht – fragt Herr Rübencamp. Ich setze es ihm auseinander. Ja – wenn nicht mit Gold, dann vielleicht mit dem Pelzhandel, bei den vielen Trappern im Yukon, was halten Sie davon? Nichts, sage ich, und außerdem, daß ich mitten in einer wichtigen Arbeit stecke, verstehen Sie? Er rufe später wieder an, sagt Herr Rübenkamp – bitte sehr, antworte ich zerstreut.

»Was wollte der denn?« fragt Brigitte. Ich erkläre es ihr und füge hinzu: »Wie soll man da arbeiten können, wenn man ständig gestört wird?«

Eine ganze Reihe bedeutender Schriftsteller haben – kein Wunder – fürchterlich getrunken: Faulkner, Hemingway, Joseph Roth, Hans Bötticher – alias Ringelnatz – und Tennessee Williams hat einmal total besoffen in einem Fernseh-Interview zur verstorbenen Margret Dünser, in deutscher Sprache, gesagt: »Ficken ist schön!« Das war das einzige, was er auf deutsch sagen konnte.

»Schnubbel – hör mal – wann essen wir?«

»Hast du dir denn dein Essen schon verdient?« »Nein«, antwortete ich, »darum geht es nicht, aber ein kleiner Sherry vorher . . .«

Also trinken wir einen kleinen Sherry. Ich ziehe mich wieder zurück. Noch zwanzig Minuten bis zum Essen. Was kann ich bis dahin schon groß machen. Ich ziehe ein Bändchen aus dem Regal. Fritz Graßhoff, »Seeräuber-Report«, wundervolle Stilistik, knapp, prägnant, kongeniale Zeichnungen:

». . . was wuppt dort durch die Nacht, expressa
der weiße Hintern von Duchessa
nackt reitet sie die Kreuz, die Quer
und Leonello hinterher . . .«

Es erscheint mir jedesmal als ein Mirakel, daß ein Manuskript endlich fertig wird. Die Teilung des Roten Meeres beim Auszug der Juden aus Ägypten scheint mir dagegen der natürlichste aller Vorgänge. Es überfällt mich dann jedoch keinesfalls eine wilde, unbezähmbare Freude. Ich verspüre nicht einmal Erleichterung. Ich betrinke mich auch nicht zu solchen Anlässen. Denn was jetzt kommt, ist schlimmer als alle Selbstzweifel, als die Depressionen, die Schlaflosigkeit während des Schreibens. Denn jetzt haben die Lektoren das Manuskript in den Händen. Nicht, daß sie es wie eine Meute hungriger Löwen das unschuldige Lämmchen zerreißen würden – nein, sie lassen es einfach unbeachtet liegen. »Ja, einen Blick habe ich schon hineingeworfen, scheint mir nicht ganz uninteressant, wenn auch die Thematik schon ein wenig abgegriffen ist. Ich werde mich natürlich noch eingehend damit beschäftigen . . .« Das ist nach drei Monaten. »Wie die Chancen stehen – ja, sehen Sie, das ist noch der Publicity Manager, der Sales Promotion Manager, die Verlagsleitung, versteht sich. Diese Herrschaften entscheiden. Auf meine Empfehlung, wenn ich das in aller Bescheidenheit einwerfen darf. Ich würde Ihre Chancen – vorsichtig ausgedrückt – fifty-fifty sehen, aber rufen Sie doch nochmal an. In sechs, oder lieber in acht Wochen.« Das erfahre ich nach einem halben Jahr.

Nach vierzehn Monaten erhalte ich dann den Bescheid, daß, wenn ich einen Teil des Manuskriptes – ja, so etwa 75 Prozent – umschriebe, sich der Verlag – vorausgesetzt, die Leitung gibt die letzte Zustimmung – zu einem eindeutigen »Vielleicht« durchringen könnte . . . Ob ich mich endlich betrinke, wenn das häßliche Manuskript eine Metamorphose durchgemacht und nun doch als gebundenes Hardcover hochglänzend vor mir liegt? Wenn die Summe aller Wunder sich mit dem gänzlich Unerwarteten potenziert hat? Nein, auch dann nicht. Denn dann wandere ich bereits längst wieder zwischen dem wackligen Stehpult, der Guillotine meiner Gedanken, und der Türplatte auf den beiden Malerständern hin und her und frage mich, warum denn ausgerechnet heute kein einziger Mensch anruft . . .

Urwaldhütten, Hamilcar und ein Hauch Ludmilla.

Mit seinen zweihundertfünfzig Quadratkilometern ist das Einzugsgebiet des Kecarpoui relativ klein und überschaubar; Fels-, Wald-, Wasser, Tundra-Struktur sind einheitlich, die vielen Seen machen es leicht zugänglich. Alles in allem haben wir uns bis dato ein Jahrzehnt am Kecarpoui umgetan. Und doch ist unsere »Entdecker-Periode« noch nicht abgeschlossen. Das Potential des Unbekannten, des noch-nicht-Gesehenen ist längst nicht erschöpft. Vielleicht, weil uns der Ehrgeiz fehlt, – ein wenig abhanden gekommen ist; vielleicht sind Systematik und Perfektionismus nicht unsere Stärke. Viele der Seen, Teiche, Tümpel, Buchten, Fjorde, Strände, Berge, Hügel, Kuppen, die Tundra – das alles ist zehntausend Jahre recht gut ohne uns ausgekommen, und es ist anzunehmen, daß es zehntausend Jahre ohne uns gut auskommen wird. Wir haben gelernt uns zu bescheiden, gegenüber der Ursprünglichkeit und den Elementen unsere Rolle nicht zu überziehen.

Von Langeweile ist nach wie vor keine Spur. Instandhalten des Vorhandenen – der Hütten und Boote; Beschaffen von Feuerholz, Ergänzen der Verpflegung durch Fischen; Schreiben, Fotografieren, Lesen; Touren mit unseren Feriengästen – das nimmt Zeit in Anspruch. Wenn nichts existentiell Wichtiges anliegt und auch manchmal, wenn es anzuliegen scheint, dann wundern wir uns einfach, wie anders, wie neu ein und derselbe See uns begegnet, den wir schon hundertmal gesehen haben.

Er ist am hellen Mittag anders als im Morgengrauen oder in der Abenddämmerung, präsentiert sich vom Frühjahr zum Herbst grundverschieden. Und nachts – oder während des Winters – glaubt man es ihm kaum, daß er ein und derselbe See ist. Dabei ist dem Betrachter kein Abstand vergönnt – er sitzt nicht vor einer Kinoleinwand, sondern ist mit einbezogen mit seinen Empfindungen, er gehört zu dem Bild, nimmt teil am Geschehen. Er erleidet Kälte und Wind, spürt Schnee und Regen, genießt die Wärme, das Licht.

Ich kann Tausenderlei mehr aufführen, was erklärt, daß wir im Kecarpoui – fast – im Paradies leben. Leben könnten, würden – wenn es sein müßte – ohne einem Koller anheimzufallen. Trotzdem: an Regen- und Sturmtagen, an denen durchaus kein Mangel herrscht in Labrador, an denen man keinen Hund vor die Tür jagt, da habe ich die Landkarte vor mir auf dem Tisch, messe Entfernungen, suche Portagen, folge den Höhenlinien, den Bewuchsgrenzen, Seeufern, dem gewundenen Lauf der Flüsse, springe über Wasserscheiden – setze in meinem Spiel alle möglichen Transportmittel ein: Hier müßte man zu Fuß gehen, dort auf dem großen See wäre eine Segeljolle das Richtige, da wiederum ein Kanu – um eine Seenkette mit kurzen Portagen zu erkunden – und weit oben am Rand der Karte, da müßte man mal mit dem Flugzeug hin . . . Irgendwann wird der Drang übermächtig, selbst einmal nachzuschauen, was hinter den Hügeln liegt, die das Kecarpoui-Gebiet begrenzen, von denen aus die Rinnsale sich in andere Himmelsrichtungen aufmachen, um sich mit anderen Bächen zu treffen, sich in anderen Seen auszuruhen und diese als unbekannte Flüsse zu verlassen.

Hinter den borstigen Hügeln im Westen – zwischen Mistaken Pond und Indian Lake – breitet sich ein Seen- und Flußsystem von der zehnfachen Größe des Kecarpoui aus. Da sind Big Tent Pond, Iron Cabin Lake, Indian Lake, schließlich der Robertson – der angefüllt ist mit Inseln wie eine Zwiebelsuppe mit Brotwürfeln und Käse. Westlich und nordwestlich schließen sich Orsogna- und Ortogna-Lake an, und zwischen ihnen eingebettet ist eine ganze Reihe von namenlosen Gewässern. Kaum jemand hat sich je die Mühe gemacht, sie kennenzulernen. An den Robertson-Gewässern beginnt das endlose Grün, der ganz große Wald, der sich im breiten Gürtel drei-, viertausend Meilen hinzieht bis zur Westküste, bis zum Pazifik. Nur im asiatischen Rußland gibt es ein noch größeres Waldgebiet.

Wenn wir zum Robertson wollen, müssen wir irgendwo übernachten. An einem einzigen Tag ist er von Kecarpoui aus nur zu erreichen, wenn die meteorologischen Bedingungen ideal sind – und das kommt selten vor in Labrador. Also beschlossen wir, am Mistaken

Pond, auf dem Wege dorthin, eine Hütte zu bauen. Die Hütte würde auch gut als Stützpunkt auf dem Weg zum Middle Cabin Lake passen. Eine solche Hütte ist kein Palast – sie mißt nicht mehr als acht mal neun Fuß im Geviert. Ich sicherte mir die Mitarbeit von Linus und Hamilcar.

Am Abend vor dem Abmarsch zum Mistaken Pond, an dessen Nordwest-Ecke das Bauwerk entstehen sollte, diskutierten wir über die Werkzeuge und Materialien, über Bauzeit und bis dato gemachte Erfahrungen. In der Werkzeugfrage kam es rasch zur Übereinstimmung der Standpunkte: Zwei Äxte, ein Beil, eine Bügelsäge mit 32-Zoll-Blatt, ein Schälmesser, eine Feile würden es tun. Die Frage des Baumaterials war ebenfalls in kurzer Zeit erörtert: Fünf Pfund Zweieinhalb-Zoll-Nägel, ein Dutzend Dreizöller, zwei Handvoll Flachköpfe und ein Stück Plastikfolie zwölf mal zehn Fuß – das müßte reichen. Doch über die Frage der Bauzeit entwickelte sich eine hitzige Debatte:

»M-m-mein G-Großvater Reuben, den die Hudson's Bay-Company auf'm Gewissen hat, wü-würde sie in einem Tag gebaut haben!« verkündete Linus mit Nachdruck. »Dein Großvater konnte zwar ein Dutzend Weiber am Tag schwängern, aber bauen, bauen – nein, das war nicht seine Stärke«, wandte Hamilcar ein.

»A-a-aber er w-war der einzige, der ein vo-volles Fünfundvierzig-Gallonen-Faß allein auf die Pi-pi-pier heben konnte!« »Beim Bauen macht's allein die Kraft nun auch wieder nicht!«

»Vi-vi-vielleicht, b-bei den Weibern ja auch ni-nicht. Aber stark war Großvater Reuben. Wenn wir – ihn hier hätten, er könnte die Stämme tragen . . .«

»Jedenfalls ist es vorbei mit ihm. Du, Linus, weißt du eigentlich, daß sie deinen Großvater Reuben nach dem Unglück nicht auf dem Friedhof beerdigen wollten?«

»Wi-wieso nicht be-erdigen?« »Weil sie Angst hatten, der alte Hurenkerl könnte sich noch im Grab an die verstorbenen Frauen heranmachen . . .« Es bedurfte des Opfers einer halben Flasche Rum aus dem Medizinkasten, um das Bauprojekt nicht zu gefährden, um den schäumenden Linus zu beruhigen.

Am nächsten Morgen zogen wir los. Über den Trail zum Kecarpoui Lake. Brigitte, Ruppes und Jimmy kamen mit. Wir querten den See. Wir trugen Boote, Baumaterial, Zelt und Ofen hinüber, über den Trail zum Little Mistaken Pond. Paddelten über das kleine Gewässer. Schleppten alles weiter über den Trail zum Big Mistaken Pond – paddelten über den Big Mistaken Pond – er ist fünf Kilometer lang, in dessen äußerste Nordwest-Ecke. Von hier konnten wir in einer Stunde sowohl den Indian- wie auch den Middle Cabin-Lake erreichen. Hamilcar und Linus stellten das weiße Leinwandzelt auf, schnitten Fichtenzweige, setzten den Blechofen auf vier grüne, fußhohe, in den Boden gerammte Erlenstecken; Brigitte legte den Boden aus. Ich hieb eine trockene Tanne um, sägte sie in armlange Stücke, spaltete sie auf dem Stumpf in handliche Scheite, zündelte mit Birkenrinde, trockenem Reisig und dünnem Treibholz ein Feuer, fütterte nach mit den Holzscheiten.

Brigitte rührte einen ordentlichen Mulligan aus eingedostem Seehundsfleisch, Reis, Zwiebeln, Wasser und allerlei Gewürzen – dem wir so viel Ehre angedeihen ließen, daß wir hintennach Mühe hatten, den »Stopper«, den Nachtisch – Carrot Pudding aus geschabten Möhren und Kartoffeln, Unmengen Rosinen, viel braunem Zucker und etwas Mehl – zu bewältigen. Brigitte hatte diese Kalorienbombe höchster Brisanz ein paar Tage zuvor gerührt und im Wasserbad gargekocht, hatte ihn, in Folie gepackt, auf den Trail mitgenommen, um die Physis wie die Psyche der Baukolonne auf der Höhe zu halten. Ein Schnäpschen obendrauf, und Linus sagte, das sei die allerbeste Mahlzeit, die er in seinem Leben verzehrt habe, und Brigitte sei die allerbeste Köchin von allen.

Wir fanden ein paar Schritte vom sandigen See-Ufer einen trockenen, leidlich ebenen Platz: die Baustelle mit einer bootsfreundlichen Landestelle. Zufrieden krochen wir in unsere Schlafsäcke, während Jimmy und Ruppes sich auf Moospolster zusammenrollten.

Vor Sonnenaufgang machte ich Feuer, setzte Kaffeewasser auf, und erinnerte mich an unter dem Zivilisationsstreß ächzende Leute, die da neidvoll sagen: »Ihr habt's gut – wenn bei uns der Wecker klingelt, dann dreht ihr euch nochmals auf die Seite und schnarcht in den hellen Morgen!« Im Sommer sind wir morgens um vier auf den Beinen – das Tageslicht bestimmt den Lebensrhythmus und nicht die Uhr. Da ist weder Kneipe noch Glotze, die uns davon abhalten, bei Eintritt der Dunkelheit den Komfort rechtschaffener Müdigkeit auszukosten. Diese halbe Stunde um den Sonnenaufgang gehört zu den angenehmsten des Tages: Das Feuer brennt, Holz und Birkenrinde hat man sich am Abend vorher zurechtgelegt, und dann hat man nichts weiter zu tun, als Wasser aufzusetzen, zu warten, bis es sprudelt, sich eine Tasse Kaffee aufzugießen und über den See zu blicken, der Seele und dem Körper Gelegenheit zu geben, ganz behutsam die Traumwelt zu verlassen und allmählich herüberzugleiten in die Realitäten des Tages.

Hamilcar und Linus gingen ins Holz, ich rodete den Bauplatz, hackte, riß Wurzeln heraus. Ein paar Dutzend Schritt weiter krachten die Bäume herunter, wummten auf den Waldboden. Etwa dreißig Stämme würden wir brauchen, elf Fuß lang für die Längsseite, neun Fuß für die Rückfront, für die Türseiten würden wir – mit Ausnahme des obersten und untersten Rahmenbalkens – kurze Stücke verwenden. Gegen sechs Uhr waren fünfzehn Bäume gefällt, zugeschnitten und entastet, da war das Frühstück fertig: Brigitte hatte nochmals Kaffee gekocht, einen gewaltigen Bannock gebacken, Speck und Eier gebraten. Danach legten Hamilcar und ich das Fundament, während Linus Bauholz herrichtete. Die vier dicksten Stämme, dickes Ende auf dünnes Ende, etwa dreißig Zentimeter im Durchmesser, legten wir im Geviert aufeinander, nachdem wir sie in breite Kerben, mit der Axt ausgeschlagen und mit Moos gefüttert, eingepaßt hatten. Das Moos gab Halt, die Ecken hatten wir mit dicken Steinen vom See-Ufer unterlegt.

Linus bricht mit einem gewaltigen Stamm auf der Schulter, keuchend und mit zitternden Knien aus dem Busch, läßt ihn – wumm! – ins Moos fallen: »Dschiiises, mu-mu-muß mal schnaufen!« ächzt er. Ich lupfe den Balken an einem Ende an, er wiegt seine zwei Zentner, garantiert.

Hamilcar, der bei der Arbeit nicht viel redet, sagt nur: »Ein Mann sollte keine Zweimänner-Arbeit angreifen!« »I-i-ich will heut' in der H-Hütte schlafen!« antwortet Linus. Die Sache mit seinem Großvater – das wurmt ihn immer noch. Mir soll's recht sein. Nach einer Stunde haben wir die zweite Lage aufgelegt, nicht als festen Rahmen, sondern mit je einem kurzen Holzstück zu beiden Seiten der Türöffnung, mit Holzpfählen als provisorischem Türrahmen – Pfählen, die die kurzen Balken zwischen den Längswänden und der Tür an Ort und Stelle halten. Brigitte beginnt bereits, den Innenraum zu schälen. Die Rinde löst sich, jetzt zum Beginn der Vegetationsperiode, leicht ab, doch die Schmiererei mit dem Harz ist eine üble Sache . . .

Um zehn Uhr ist das Bauwerk fast einen Meter hoch gewachsen, es gibt ein zweites Frühstück, gebratene Saiblinge mit Kartoffelpüree. Brigitte hatte die Fische gefangen. Linus schlägt vor, nach dem Mittagessen ein Biberhaus am Eingang des Mistaken Pond zu untersuchen, doch Hamilcar erinnert ihn an sein Vorhaben, am Abend in der Hütte zu schlafen. »I-i-ich dachte, i-i-ihr hättet gern Bi-bi-biber zum A-abendessen, aber wenn ihr meint . . .«

Gegen Mittag stehen die Wände, sieben Stämme hoch. Wir haben noch keinen einzigen Nagel verbraucht.

Wir essen Erbsensuppe mit Speck, legen uns eine halbe Stunde aufs Ohr. Um zwei Uhr haben wir die letzten vier Balken aufgelegt, die – genau wie die untersten vier, einen stabilen Rahmen über der Tür bilden. Brigitte hat inzwischen den größten Teil des Innenraumes geschält, da passiert was mit Linus' Daumen; doch Hamilcar wirft nur einen verächtlichen Blick auf die Quetschung und weist Linus energisch darauf hin, daß er es gewesen sei, der getönt hat, am Abend sei die Hütte fertig. Trotzdem umwickelt Brigitte Linus' Daumen und stellt eine Verdoppelung der Schnapsration in Aussicht.

Wir beginnen, dünne Stämmchen für die Dachsparren zu schlagen. In jenem Windbruch, der uns vor ein paar Jahren noch undurchdringlich erschien, stehen sie wie Haare auf'm Hund, dicht an dicht, glatt bis obenhin. Inzwischen sehen wir aus wie die Ferkel, verschmiert und harzverklebt. Wir schlagen und schälen vierzig Stämmchen – zwischen vier und sieben Fuß lang. Ein junger Baum, elf Fuß lang, zehn Zentimeter im Durchmesser, das ist der First des Walmdaches. An Stirn- und Hinterwand nageln wir provisorische Stützen, legen die First-Stange obenauf, suchen die vier nächststärksten und -längsten Stämmchen für die diagonal laufenden Ecksparren heraus, nageln sie an. Hamilcar sitzt oben, ich nagele unten, Linus bringt immer neue Sparren. Er flucht und schimpft übers Harz, bejammert seinen Rheumatismus in Arm und Bein, die Sache mit dem Daumen hat er glücklicherweise vergessen. Während einer Pause hält er einen längeren Monolog, der damit endet: »In den E-e-erzgruben von Schefferville, da war nach a-a-acht Stunden Fei-Feierabend, und wenn nicht, gab's Überstundenzulage!«

»Du arbeitest doch kaum acht Stunden!« behauptet Hamilcar. Was selbst unter Abrechnung der Mittagszeit untertrieben ist, wir hatten um fünf am Morgen begonnen, und jetzt ist's vier vorbei. Linus denkt und

Ein Elch überquert einen See. (Foto: Paul Provencher.)

Zwischen Indian und Robertson Lake.

Die wichtigsten Wege im nordischen Wald: Ströme, Flüsse, Bäche.

Die Eagle Falls.

Das »Mühlenwehr«.

rechnet und behauptet, das seien schon über zwölf Stunden; ich halte mich heraus.
Mit dem Argument, daß Brigitte ja auch wie ein Pferd arbeitete – sie stopft jetzt Moos zwischen die Baumstämme – zwingt Hamilcar Linus in die Defensive. »Es geht ja nur drum, mal drüber zu reden, in Wirklichkeit fühle ich mich frisch wie ein Osterküken, wenn auch wie eins mit Rheuma und Reißen . . .« sagt Linus und schält die restlichen Sparren. Hamilcar und ich bereiten die Dachkonstruktion für die Auflage der Abdeckplane vor. Wir schlagen die Stützen des Firstbalkens heraus, schneiden diesen auf die endgültige Länge zu, schrägen und glätten alle scharfen Kanten. Zu viert spannen wir die Plane übers Dach, nageln sie auf den unteren, überstehenden Sparrenenden fest, nageln obenauf um das ganze Dach herum einen Rahmen aus ungeschälten Stämmen, damit die Moosflatschen, die eigentliche Eindeckung, nicht abrutschen kann. Hamilcar holt den Ofen aus dem Zelt, stellt ihn auf vier grüne Holzpflökke, schneidet ein Loch in die Plane, nagelt das Blechstück darüber, das er aus dem Zelt gelöst hat, und steckt schließlich das Ofenrohr auf. Indessen haben wir drei die Hütte vollständig mit Moos abgedeckt, haben die Fichtenzweige aus dem Zelt herübergeräumt, eine Plane in die Türöffnung gehängt, und kriechen in die Schlafsäcke, wohlversehen mit einem gewaltigen Branntweinbetthupfer; Linus bemerkt abschließend, daß es eigentlich ein Klacks sei, für vier Kerle wie wir, so eine Hütte hinzustellen, und daß sogar zwei Leute – wie er und sein Großvater zum Beispiel – das unter Umständen auch geschafft hätten, er hätte es ja gleich gesagt . . .

Den gewaltigen Topf Mulligan, den Brigitte den ganzen Nachmittag auf dem Feuer hatte brodeln lassen, lassen wir unberührt. Damit warten wir bis zum nächsten Morgen – jetzt sind wir nur noch müde, zu müde, um noch hungrig zu sein.
Fertig ist der Bau jedoch nicht: Da sind die Bänke zu zimmern, ebenso ein Tisch aus runden, geschälten Stämmen, fingertief auf einer Seite eingesägt und dann mit dem Beil abgeflacht; der Fußboden ist zu legen; der »Bauschutt«, die Äste, Rindenstücke, die Wipfel der gefällten Bäume, die Stümpfe müssen zu Feuerholz verarbeitet oder verbrannt werden. Doch das alles – das würden wir nach und nach angehen, denn, so formuliert es Linus, nicht einmal ein ganzer Haufen solcher Kerle wie sein Großvater hätte Rom an einem Tage bauen können . . .

Little Russell gab mir den letzten Anstoß, als er von einem Felsbrocken am Robertson Lake, auf dem ganz merkwürdige Schriftzeichen eingemeißelt seien, berichtete. Brian, der ihn auf seinen Jagdausflügen im Herbst begleitete, und der ganz gut buchstabieren könne, hätte jedoch keinen Schlüssel gefunden, die Bedeutung der Zeichen zu entziffern.
Ich machte mir keine Hoffnungen, daß jene Zeichen das Mysterium des Verschwindens der Grönland-Wikinger aufklären würden, doch die Möglichkeit, daß die Nordmänner vor tausend Jahren mit ihren Langschiffen an der North Shore festgemacht hatten, ist nicht von der Hand zu weisen. Von ihrem Stützpunkt im heutigen L'Anse-aux-Meadows am Nordende von Neufundland ist es wenig weiter als eine Tagesreise bis zur Ha Ha Bay, der Mündungsbucht des Robertson. Über Land ist der See in ein paar Stunden erreichbar, und die Wikinger ließen es selten dabei bewenden, eine Küste nur von der Seeseite in Augenschein zu nehmen. Wenn sie irgendwo aufkreuzten, gab es kaum etwas, was sie davon abhalten konnte, auch hinter die Hügel zu sehen . . . Fernes Weideland sieht immer ein bißchen grüner aus . . .
Hamilkar nuckelte eine Weile an seiner Pfeife, spuckte aus, kratzte sich ausgiebig am Kopf und nur andeutungsweise am Hintern – Brigitte stand dabei – als der Kater auf der Bildfläche erschien . . . »Ist das – einer – von Sam Gallichons Brut?« »Ja, Nepomuk ist der einzige, der uns von gut einem halben Dutzend Katzen blieb, weiß der Teufel, wo die anderen hin verschwunden sind!« »Vielleicht – der da –!« sagte Hamilcar und deutete auf Ruppes, den Verdacht aussprechend, der sich später bestätigen sollte. »Mag sein . . .« »Sag mal – Nepomuk – ist eigenartig, dieser Name . . .« »Das ist eine lange Geschichte, doch ich will sie dir erzählen . . .«
Geschichten erzählen muß man können an der North Shore; das Fernsehen hat diese Fähigkeit noch nicht obsolet werden lassen. – Geschichten, bei denen die Phantasie die Bilder formen, die Details der Handlung ausmalen und ergänzen kann. Die Geschichten haben eine direkte Adresse an der North Shore. Auch jetzt noch, trotz TV. Leider bin ich kein Fachmann für Heiligenlegenden – doch eine Legende ist, wie der Name schon

sagt, nicht unbedingt die korrekte Wiedergabe der Ereignisse. Also mischte ich Erinnerung mit eigener Deutung und versuchte, das Ganze anzupassen an die Begriffswelt meines Zuhörers, also Hamilcars.
Vielleicht war es der Rum, der der Handlung einen gewissen zusätzlichen Drive verlieh, der auch meine Phantasie beflügelte. Ich erzählte von der großen, reichen, der Goldenen Stadt, deren Bewohner zwar in Schinken und Karpfen, Ochsenbraten und böhmischen Knödeln schwelgten und dazu das beste Bier der Welt tranken – die jedoch noch nie das Meer gesehen hatten, und wo selbst der König nicht einmal frischen Kabeljau oder eine Schüssel Jakobsmuscheln bekam. Ich erzählte von Ludmilla, Wenzel und dem Father Nepomuk – von dem Wunder. Hamilcar kommentierte, als ich geendet hatte: »Vielleicht hat es die Ludmilla doch mit einem getrieben, vielleicht hat sie sogar der Father Nepomuk selbst . . . du weißt doch, was sie erzählen vom Father Lemaire und der Haushälterin Joanne in Michou-Chibou; jedenfalls – wenn die Ludmilla so hübsch war wie die Joanne, dann hätte ich auch mal ganz gerne . . .; sie war doch ein strammes Weib – die Ludmilla?« »Das war sie wohl«, sagte ich, »sonst hätte kein Mensch Aufhebens um sie gemacht . . .«
»Jesus, da müßte man hin – das mal alles sehen – in die Tsch-Tsche- nach Prag – Mädchen wie Ludmilla . . .«
»Ja, ich werde noch mehr erzählen, Hamilcar, später – am Robertson – abends im Zelt – wenn wir irgendwo festsitzen sollten . . .« Ich würde ihm sagen, daß die Menschen, die in Prag leben, nicht glücklich sind. Daß sie es in Frankfurt, Köln, Montreal auch nicht sind.
Er wird mir entgegnen, daß man an den Ufern der Labrador-Seen ebenfalls nicht immer glücklich ist. Ich werde ihm antworten: »Oft aber bin ich dort sehr zufrieden. Weil sich dort Zufriedenheit eher einstellt – sich schon einstellt, wenn die Sonne hinter der Regenwand durchbricht, wenn der Sturm nachläßt, wenn die Sonne aufgeht.« Ich werde versuchen, Hamilcar klarzumachen, daß ich Prag als die Stadt der Städte ansehe, daß ich mir ein Dasein in solch einer Stadt durchaus denken kann – trotz oder gerade wegen der Wildnis. Wenn der Preis nur nicht so entsetzlich hoch wäre, wenn die Existenzsicherung einen nicht quasi umbrächte – wenn nicht physisch, dann psychisch.
Dann würde ich ihm erklären, daß ich Prag für die schönste Stadt überhaupt halte – tausendmal schöner als Sept-Iles, Quebec oder Montreal. Aber, mal ganz abgesehen von nordamerikanischen Städten, auch viel schöner als Köln, Hamburg oder gar Frankfurt. Daß Prag für mich in gewisser Hinsicht an die Schönheit des Rocky- oder Middle Cabin Lake heranreicht – ohne zu deren Vollkommenheit zu gelangen. Ich werde ihm weiterhin sagen, daß ich Prag aber auch deshalb mag, weil ich dort weniger Harschheit, Kälte anzutreffen glaube, weil die Dynamik der Stadt den Menschen nicht so erbarmungslos mitschleift – trotz aller Schikane des Systems. Und daß da noch etwas ist – der Schauplatz einer Geschichte, in der ein Hundefänger die Heldenrolle spielt. Ein Hundefänger, der als Philosoph gezeichnet ist, wobei das Studium seines fiktiven Daseins uns auf mancherlei aufmerksam machen und Anregungen geben könnte, wie unsere Menschlichkeit zu verteidigen wäre. Daß Hamilcar aussieht, wie sich die Buch-Illustratoren den Schwejk vorstellten – und das nicht nur, wenn die schiere, vergnügte Anzüglichkeit aus seinen Augen leuchtet – ist allerdings purer Zufall.

Brigitte hatte indessen die Verpflegung gepackt: Mehl und Backpulver, geräucherten Schweinespeck, Fett und Zucker, Kaffee und Tee, Salz und Pfeffer, ein Säckchen mit allerlei Gewürzen. Ich rollte Schlafsack, Hosen, Strümpfe und Hemden, ein paar Latschen für abends zusammen; griff Axt, Feile, Messer, Löffel, Gabel, zwei Töpfe und zwei Näpfe; eine kurze Kette für Jimmy; stopfte Regenzeug und ein kleines, leichtes Nylonzelt in den Rucksack – am Indian Lake hing bereits ein großes Feuerzelt, ein Teepee, in den Bäumen. Ein befreundeter Pilot hatte es für uns dort deponiert. Die Angel und die 6-mm-Büchse nahm ich in die Hand, dann rief ich Jimmy. Der hatte die Vorbereitungen mit aufgeregtem Interesse verfolgt. Auch Ruppes wäre gerne mitgekommen, doch er mußte auf Brigitte aufpassen.
Wir stapften über den schlammigen Trail – Jimmy rannte vorneweg. Hamilcar ging leicht vornübergebeugt mit rhythmisch-stampfenden Schritten; das Tempo schien angemessen, doch ist es schwer mitzuhalten. Sie gehen schnell, diese North-Shore-Burschen. Tau durchnäßte unsere Hosenbeine, doch die Sonne schien, eine kleine Brise aus dem Norden rippte das Wasser. Das versprach gutes Wetter.
Hamilcar paddelte im Indianer-Stil, in ganz kurzer, ganz rascher Schlagfolge. Ich kniete hinten im Boot, mußte mich anpassen. Eine anfänglich recht mühevolle

Ein Luchs – scheuer Bewohner des nordischen Waldes.

Zwei »Wassersportler« – Otter und Biber. (Fotos: Richard Wright und Wilf Schurig.)

Angelegenheit. Jimmy lag unten in der Bilge, linste ab und zu über den Dollbord.
Hamilcar, mit dem Boot überm Kopf, klomm vor mir den Trail hinauf – ein übergroßer, kurzbeiniger Maikäfer, der durch das Fichtengestrüpp schaukelte. Die Portage steigt steil bergan, bis eine Kette von vier kleinen Seen Intervalle zwischen Tragen und Paddeln schafft. Wir wechselten uns ab mit dem Boot; Jimmy rannte vom einen zum andern; versuchte, das »Rudel« zusammenzuhalten. Der Nordwind packte uns auf dem Middle Cabin Lake, blies uns hart ins Gesicht. Eine gute Stunde mußten wir reinhauen, was das Zeug hielt, mußten dem Wind in die Zähne arbeiten, um die drei, vier Kilometer hinter uns zu bringen. Eine jener Stunden, die kein Ende nehmen wollen, während denen die Arme lahm, die stechenden Schmerzen zwischen den Schulterblättern unerträglich scheinen . . . Dann hatten wir den nach Westen führenden Arm erreicht, bogen ab und hielten uns im Lee des Nordufers. Die Portage zum Iron Cabin Lake ist zweieinhalb Kilometer lang. Ein kleiner See liegt im ersten Drittel der Strecke, eher ein Teich oder Tümpel, von einem Biber aufgestaut und vergrößert. Eine Atempause, immerhin.
Eine »Portage«, das ist, schlicht gesprochen, eine Tortur. Der »Trail«, dem sie folgt, ist alles andere als ein Wanderweg im mitteleuropäischen Sinne. Er führt durch Urwald, Sumpf, Steine, Wasserlöcher; über grotesk sich windende Wurzeln, Steine, Windbrüche, Zweige, Baumstümpfe, Bachläufe, Felsspalten. Irgend jemand ist den Trail zum ersten Mal gegangen. War es ein zielstrebiger, vor nichts zurückschreckender Mann wie Hamilcar – dann hat er die kürzeste Verbindung zwischen zwei Seen gesucht, hat Hindernisse aus dem Weg geräumt, hat sie überstiegen oder einfach verachtet. Er gestattet sich den Umweg nur, wenn es absolut keine andere Lösung gibt. War es ein Schlitzohr wie Linus, hat er alle Schwierigkeiten weit umgangen – dann ist der Trail länger, gewundener, aber ebener.
Trails sind mit der Axt geschlagen. Alles Unterholz, alle kleinen Stämmchen packt man oben, biegt sie herum, drückt sie nach unten und schlägt in die Außenkrümmung – etwa zwanzig Zentimeter überm Boden. Mit einem Hieb ist ein Hindernis beseitigt – doch ein anderes entstanden: da steht jetzt ein viertelmeter hoher, hölzerner Spieß im Weg, eine potentielle Gefahr für jeden Gummistiefel.
Über diesen »Weg«, den das Greenhorn höchstens errät, aber selten erkennt, schleppt der Waldläufer das Kanu . . . Ans Tragjoch hat er in der Längsrichtung die beiden Paddel unters Boot gebunden, eine zusätzliche Auflage für die Schultern geschaffen, während Muskel- und Knochenpartie unterm Nacken die Hauptlast trägt. Das Greenhorn versucht es auch mal, marschiert los und wundert sich, wie gut und leicht es geht – auf den ersten hundert Metern. Solange die Steigungen die vierzig-Prozent-Marke nicht übersteigen. Wundert sich, wie hervorragend es anfangs gelingt, solange der Trail keine spitzwinkligen Haken schlägt, soweit nicht mittendrin ein Baum nachgewachsen ist, kein querliegender Stamm den Weg versperrt, ihm kein Zweig ins Gesicht schlägt. Solange der Stiefel nicht von einem Sumpfloch einbehalten wird, das Paddel in der Verknotung hält, die Balance nicht gestört wird. Solange der Fuß nicht abrutscht, nicht stolpert, das Kanu sich nicht im Geäst verfängt.
Doch dann – nach hundert, hundertfünfzig Metern – beginnt's zu drücken, zu rutschen, zu schmerzen, im Genick, in den nach vorne gestreckten Armen, in den Beinen. Dann beginnt der Atem zu fliegen, fangen die Knie an zu zittern, sich die Finger zu verkrampfen, der Schweiß rinnt – salziger Schweiß, der das Insektenspray von der Stirn in die Augen spült. Die Meinungen gehen auseinander, was mehr Pein verursacht: das Brennen in den Augen oder die schmerzenden, juckenden Stiche der schwarzen Fliegen.
Das einzig Positive am Portagieren eines Kanus: der Mensch drunter geht ständig im Schatten und halbwegs im Trockenen. Gewiß – man wechselt sich ab, legt Ruhepausen ein; doch im Sommer treiben die Mücken; im Herbst ist es der Regen, der Schnee, die Kürze der Tage. Erst im Laufe der Zeit fügt man sich in das Unabänderliche, sammelt Erfahrungen, setzt seine Schritte richtig, gibt dem Fuß Halt, gewinnt Ausdauer – empfindet das Ganze nicht mehr als Martyrium, sondern nur noch – als Tortur. Und wenn das Wasser des nächsten Sees zwischen den dunklen Fichten heraufblitzt, wenn das Ende der Portage absehbar wird, erscheint einem dieses Wasser als die Erfüllung aller nur denkbaren Sehnsüchte. Und dankbar küßt – trinkt der geschundene, erschöpfte Mensch aus dem See, der statt ihm sein Boot tragen wird.
Die Dimensionen am Robertson-System sind ausladender, beeindruckender als am Kecarpoui. Die Ausmaße der Sandufer, Berge, Wälder, Wasserflächen sind

größer – der Horizont ist weitergerückt. Doch auch hier schreit der Loon, der Eistaucher – da hallt sein wölfisches Klagen, da zerreißt sein verrücktes Gelächter, sein helles Bellen die Stille. Jimmy spitzt die Ohren, schiebt den Kopf über den Süllrand, versucht, an Hamilcars breitem Rücken vorbeizuäugen. Doch der Eistaucher ist weit weg, schwimmt auf den großen See hinaus. Wir wenden den Bug nach Süden, lassen uns von der Brise schieben. »Der Strand ist zwei Meilen lang«, sagt Hamilcar. »Jimmy sollte laufen!« Viel mehr hat mein Partner bis dahin nicht von sich gegeben. Es ist mir recht so. Nichts ist schlimmer als ständiges Gebrabbel beim Paddeln, Portagieren, beim Feuermachen.

Jimmy rennt über den Kiesstrand. Er rast fünfhundert Meter weit voraus, bleibt mit gespitzten Ohren auf einer Landspitze sitzen, wartet ab, bis wir nachkommen. Dann springt er mit einem weiten Satz seitlich weg, trabt, rennt zur nächsten Landspitze. Der Nordwind treibt uns in den flachen Flußabschnitt, der den Iron Cabin Lake vom Indian Lake trennt. Jetzt im Herbst ist auf diesen zwei Kilometern wenig Wasser, eine nur schwache Strömung, viele Untiefen, Kiesbänke, knapp überronnene oder aus dem Wasser aufragende Felsbrocken, Stromzungen, ein Labyrinth, eng begrenzt von felsigen Ufern, dunklem Fichtenwald. Als die Strömung nachläßt, der Wald einem anderen See – dem Indian Lake – Platz macht, der Wind uns weiterzuschieben beginnt, bevor wir ganz hinausfahren auf den Indian Lake – krame ich die Angel heraus, lasse den Spinner fliegen. Ein kleiner Saibling schwänzelt vorwitzig bis zur Bordwand hinterher. Schon beim nächsten Wurf reißt es förmlich an der Leine – da fliegt die Schnur nur so von der Rolle. Ich bremse, verhalte, drille vorsichtig – rufe Hamilcar zu, an Land zu paddeln.

Dort strande ich den jetzt müden Fisch – einen Binnenlachs von gut drei Pfund. Sie werden nur selten schwerer. Sie haben weißes, manchmal zartrosa getöntes, sehr sättigendes, festes Fleisch von gutem Geschmack und hohem Nährwert. Ich fange noch zwei dieser Fische – dann nehmen wir Jimmy wieder an Bord.

Der Indian Lake, mit seinen wuchtigen, rundgebuckelten Uferbergen, tiefen Buchten, felsigen Inselkuppen, dem spärlichen Wald in den Senken, entspricht den Seen des Kecarpoui – nur der Maßstab scheint verschoben, der See ist größer und beeindruckender. Wir paddeln am westlichen Ufer entlang, umrunden eine kleine Huk – für ein paar Minuten beutelt uns der Wind von vorne, doch dann haben wir das Lee des Waldes erreicht: das Kanu knirscht auf einen breiten, gelben Sandstrand. Das Zelt hängt in einem Baum, zu einem Bündel zusammengerollt. Wir pflücken es herunter, fächern es durch, keine Leckagen, Gottseidank! Dann schlagen wir vier Stangen, an die fünf Meter lang, binden sie oben zusammen, hängen das Zelt hinein, richten das Vierbein über einem leidlich ebenen Platz auf, verspannen die Leinwand an den Bäumen ringsherum, schlagen noch ein paar zusätzliche Pflöcke. Hamilcar schneidet ein paar Armvoll Fichtenzweige, schüttet sie mit der Krümmung nach oben auf, flicht sie zu einer duftenden Matratze. Vom Ufer schleppt er Steine für die Feuerstelle herauf.

Später hocken wir auf einem Treibholzstamm, schmausen Fisch und Bannock-Fladen, beobachten, wie das Licht auf den Bergen gegenüber verlischt, bis nur noch die dunklen Konturen der Hügel sich vom Stahlblau des Himmels abheben. Am nächsten Morgen hat der Nebel die Berge und Inseln, die Felsen und Bäume in ein grau-feuchtes Tuch eingeschlagen. Wir paddeln in den südwestlichen Arm des Sees, folgen dem rechtwinklig abzweigenden, in einem kleinen, grasigen See sich verströmenden, klaren Abfluß.

»Bleib ruhig!« zischt Hamilcar, greift zur Büchse, entsichert, zielt kurz – in diesem Augenblick bekommt Jimmy Wind, reckt den Kopf. Der Schuß peitscht heraus, doch den Bruchteil einer Sekunde zu spät; die kleine Bewegung Jimmys hat die Auflage der Waffe verschoben, hat dem Bisam das Leben gerettet. Hamilcar lacht . . . »Hab' daneben getroffen . . .«

Dann wird unsere Aufmerksamkeit von dem Rauschen vor uns gefesselt: In dem kleinen See kaum zur Ruhe gekommen, poltert das Wasser weiter über zwei niedrige Stufen, die wir hinunterfahren können. Jimmy legt ängstlich die Ohren an, als sich die Geschwindigkeit des Kanus steigert, der Bug sich über die Stufe neigt und im Schwall wieder hochkommt. Wir schießen hindurch, und vorbei ist's schon mit der Wildwasserfahrt – statt dessen müssen wir aufpassen – höllisch aufpassen. Felsblöcke überall – rechts und links, über und knapp unter und in Höhe des Wasserspiegels – ein Irrgarten. Danach ein Rauschen – das klingt bedrohlich. Hamilcar reckt den Hals, versucht herauszufinden, wo und wie es weitergeht, doch über die Stufe kann er nicht blicken – da schwimmen nur die Wipfel der Fichten im Nebel.

Wir lassen uns vorsichtig an den Fall herantreiben – da erhebt sich ein braunes Wesen, ein Vogel in erschrekkender, majestätischer Größe, lautlos über dem abstürzenden Wasser, verharrt einen Augenblick, gewinnt Höhe, segelt mit schwerem, pfeifendem Flügelschlag über uns hinweg, dreht seitlich ab, streicht weg, verschwindet hinter den Spitzen der dunklen, feuchten Fichten.

»Wir hätten ihn schießen können – aber ich war so überrascht, und dann war es zu spät!« »Laß den Adler leben und paß lieber auf, was vor dir passiert!« »Kein Problem – rechter Hand!« ruft Hamilcar. Das Wasser des Indian Lake drängelt sich nach links hinüber, stürzt, springt, gischtet, brodelt in einen runden Pool hinein, doch links ist eine trockene, geneigte, passable Ebene, über die wir Boot und Ausrüstung hinuntertragen. »Weißt du, wie es weitergeht? Du mußt es eigentlich wissen, du hast ja eine Karte, ich hab keine Ahnung . . .« kaut Hamilcar hinter seiner Pfeife her.

»Im Herbst bin ich noch nicht hier gewesen – und im Winter, da ist es hier zu gefährlich. Es friert nicht zu, und wir fahren mit den Ski-doos über den Hügel – nehmen den direkten, näheren Weg.« Die Karte, Maßstab 1:50 000, ist exakt, nur auf die eingezeichneten Schnellen und Wasserfälle ist kein Verlaß.

Wir paddeln über Gilberts Pond, während die Sonne die graue Decke über uns hell fleckt, dem Fleck die Kontur einer Scheibe gibt. Auch dieser Abfluß hat sich verquer angesiedelt. Wir landen erst in der falschen Bucht – dann hören wir den Fall. Eine meterhohe Stufe, weiter nichts. Als der kleine See zum Fluß wird, die Strömung uns immer schneller mitreißt, da legt Jimmy wiederum ängstlich die Ohren an. Der Fluß nimmt den Fuß rechtzeitig vom Gaspedal, hält einen Moment inne. »Jesus – sieh zu, daß du Land gewinnst!« Hamilcars Stimme verrät Besorgnis.

Das Wasser stürzt ein paar Meter weiter in ein scheinbar bodenloses Loch, in dem es grollt und poltert, aus dem Fahnen von Wasserstaub und Gischt heraufwehen. Sechs, sieben Meter hoch ist der Fall. Ein paar Meter weiter . . .

Hinter dem dunklen Kolk schäumt der Fluß über dicke Steinbrocken in einer Kehre in den nächsten See und kühlt dort seinen Temperamentsausbruch. Das Tal ist mit Fels und Gestrüpp angefüllt, chaotisch. Wir arbeiten uns – brechen – hindurch.

Dann liegt mitten im Strom ein dicker, granitener Felsklotz, großmächtig und breitärschig – ein steinerner Patriarch, der um sich herum seine Enkel versammelt hat. Sie sind unordentlich um ihn herum gruppiert – da ist nicht die Spur von Zucht oder Ordnung, also müssen wir heraus aus dem Kanu. Ich drücke, hebe, schiebe, zerre – auf den eckigen, glitschigen Köpfen der Enkel balancierend – schwitze und fluche, bis die Strömung das Kanu endlich ergreift und mitnimmt – aber da habe ich die Bugleine in der Hand und nichts anderes mehr. Das Kanu schwimmt auf eine Gruppe von Fels-Enkelkindern zu, die gebummelt haben und flußabwärts zurückgeblieben sind. Sie verwehren dem Fahrzeug die Durchfahrt. Das Kanu schwimmt schnell, beherzt und blöde darauf zu. Ich stehe da mit dem Strick in der Hand und schaue dumm – doch Hamilcar ist schon abgesprungen, hängt auf einem Stein, läßt mit der ausgestreckten Hand das Kanu abfedern, faßt dann das Heck – schwingt sich hinein, rutscht nach vorn, läßt den Bug herumschwingen und paddelt in ein sicheres, ruhiges Wasser – hinter den Stein-Enkeln. »Donnerwetter«, rufe ich, »das nenne ich Schnelligkeit!«

»Ja – wenn das Kanu gekentert, wenn es – gebrochen wäre; mit so'nem Strick, da ist nie Verlaß . . .«

Ein Felsriegel staut den Fluß bald darauf wie ein Mühlenwehr, drängt ihn nach rechts ab. Es sieht aus, als habe jemand eine formidable Floßgasse gemauert und das Ganze sorgsam mit gelb-grauem Mörtel verputzt . . . »Das is'n lustiges Ding!« ruft Hamilcar und steigt auf den Felsbuckel dahinter, um das Unterwasser zu erkunden. Ich lade das Gepäck auf den Felsriegel und mache mir meine Gedanken, ob ich es riskieren könne, das »lustige Ding« zu fahren.

»Unten ist alles o. k.!« versichert Hamilcar, als er von seinem Erkundigungsgang zurückkehrt und sich anschickt, das Kanu zu überheben. »Warte eine Minute, ich glaube, ich fahr's runter!« Hamilcar macht ein bedenkliches Gesicht: »Es ist dein Boot . . . du kannst ja damit machen, was du willst, aber wie kommen wir hier heraus, wenn's weg ist?« Trotzdem: Ich paddle ein Stück stromauf, versuche, ganz dicht an der rechten Wand um das obere Ende der steinernen Rippe herumzukommen. Zweimal, dreimal strande ich auf dem Gestein. Beim vierten Mal gelingt es: Auf den Zentimeter genau flutscht der Bug in die Rinne; das von links hinunterschießende Wasser wirft mich nach rechts, doch da ist die Wand, von der es zurückflutet, und dieser Rückstau bewahrt mich davor, seitwärts auf den Felsen geklatscht zu werden. Dann hat der Sog nach unten mich am Wickel, saugt mich hinunter ins Unterwasser; ich schiebe durch den Kanal, ohne irgendwo anzuschrammen, ohne einen Tropfen Wasser zu übernehmen. Jimmy, der oben gewartet hat, springt begeistert in den Fluß, gerät ebenfalls in den Sog, treibt in Nullkommanichts die Rutsche herunter. Hamilcar lacht sich halbtot über Jimmy . . .

»Trotzdem«, erklärt er, »riskiert hätte ich das nicht!« als er mir die Sachen ins Boot reicht und selbst einsteigt. Recht hat er. Es war unvernünftig gewesen, aber nur ein wenig. Und ein ganz klein wenig Unvernunft, ist das nicht das Salz in der Suppe des Lebens?!

Die letzten hundert Meter vor dem großen See schießt das Wasser durch eine polierte Röhre, an die hundert Meter weit, nur drei, vier Meter breit, tiefes und hindernisfreies Wasser. Durch diese Röhre flutschen wir hinaus – hinaus auf den großmächtigen Robertson.

Wer von einem See wie dem Robertson Wunderdinge erwartet, den muß ich bitter enttäuschen: Ihm fehlen die wild-pittoresken Bergpyramiden, die sich in seinem Wasser spiegeln sollen. Es kommen keine abenteuerlich gezackten Felspanoramen vor; da sind keine meilentiefen, aus dem Gebirge herausgesägten Canyons, in denen der Buchautor mit brüllenden Stromschnellen kämpft, auf daß es dem Leser ganz gruslig den Rücken runterrinnt. Und riesige Elchbullen, die mit mächtig ausladenden Schaufeln vor der untergehenden Sonne herumtraben, die gibt's genausowenig wie die letzten, noch auf dem Kriegspfad befindlichen Rothäute, die dem Bleichgesicht an den Skalp wollen. Das passiert allenfalls in Romanen oder Erzählungen – wo sich Phantasie, Erlebnis und Erlesenes konzentrieren wie die Bären auf einer Müllkippe im Nationalpark. In der wirklich freien Wildbahn kommt es kaum zu einer Massierung von Tieren – mit Ausnahme von Caribou und Büffel – wenn die Voraussetzungen stimmen. Voraussetzungen, die das südliche Labrador nicht erfüllt.

Die Situation in den Nationalparks ist künstlich herbeigeführt. Das »Erlebnis« beschränkt sich auf ein passives Beschauen. Die Straße, die durch die Parks führt, rafft Zeit und Raum. Die Tiere haben sich an Autos und Menschen gewöhnt – die Begegnung ist arrangiert. Abfalltonnen durchwühlende Bären – ist das nicht schon mehr als nur ein Symptom einer degenerativen Entwicklung? Das Fremdartige der Landschaft – leider Gottes ist uns Ursprünglichkeit schon so ungewohnt, daß wir sie als fremdartig empfinden – springt uns am Kecarpoui oder Robertson nicht an, überfällt uns nicht als Sensation. Sie spinnt uns erst nach einer Weile unmerklich ein. Die Harmonie, die schon vom äußeren Erscheinungsbild, von den Hügeln, dem endlos-finsteren Wald, den Felsen und Inseln, den Wasserflächen ausgeht, teilt sich uns mit, umhüllt uns, wird zu einem Kokon. Ein Kokon, der immun macht gegen das, was der moderne Mensch unter dem modischen Sammelbegriff »Frustration« mit sich herumschleppt.

Trotzdem ist das alles kein spannungsloses Nirwana, keine totale Entrückung. Dafür sorgt schon die physische Belastung, der Schweiß, den die Götter vor die – buchstäbliche – »Erfahrung« einer solchen Urlandschaft gesetzt haben. Eine körperliche Anstrengung, ohne die die echte Wildnis verschlossen und verriegelt bleibt.

In den ersten acht oder zehn Tagen ist die Erfahrung schmerzhaft. Erst dann führen die Arme das Paddel automatisch, erst dann hat der Körper es aufgegeben, sich mit Pein, Blutstauungen oder gar Krämpfen gegen das zu wehren, was ihm zugemutet wird. Doch nach dieser Zeit der Prüfung gesellt sich zum Frieden, zur Gelassenheit der Seele und des Verstandes das Wohlbefinden des Körpers.

Längst ist der große Rest der Welt zu diesem Zeitpunkt in den Hindergrund getreten, sind andere Dinge vordergründig geworden, hat der vernünftige Mensch gelernt, sich in die ihm von der Natur zugewiesene Rolle einzufügen und zu bescheiden. Gewiß fällt das anfänglich schwer. Denn letztlich sind die Grenzen der Selbstbestimmung in der heutigen Zivilisation so unelastisch gar nicht, und der Mensch lebt dort durchaus nicht in Ketten. Nur die Beschränkung dort – das Gummiband, an dem er hängt – ist ihm Teil seines Daseins geworden. Er spürt es kaum noch, es geht ihm wie dem Hund, der, jahrelang angebunden, anfänglich außerhalb des ihm durch die Kette zugewiesenen Radius nichts mehr anfangen kann.

Dagegen ist ein Sturm am Robertson Lake ein kompromißloses Natur-Ereignis:

»Bleib wo du bist – oder ich fresse dich mit Haut und Haaren!« – jault, dröhnt, pfeift, poltert der Wind und peitscht dir eine Salve harter, kalter Regentropfen ins Gesicht. Der See zeigt seine düstere, grau-schwarze, von schaumig-weißen Linien durchzogene Kehrseite.

Schwarzbärin mit ihrem Jungen.

Der Elch ist erst in den letzten Jahren am Robertson heimisch geworden.

Der gefürchtetste aller Räuber: der Vielfraß. (Fotos: Richard Wright und Wilf Schurig.)

Andere haarige und gefiederte Vertreter der Tierwelt Labradors: Erdhund, Eule, Eistaucher, Whisky-Jack. (Fotos: Wilf Schurig und National Filmboard of Canada.)

Darüber jagt ein Himmel, der diesen Namen längst nicht mehr verdient.
Wir haben zwei gummierte Ponchos über ein Gerüst aus dünnen Fichtenstangen gespannt – in spitzem Winkel zum Wind, damit er den Rauch forttragen kann; haben das Nylonzelt weiter weg, geschützt im Dikkicht, aufgebaut. Da hocken wir auf zwei dicken Stämmen, legen neue Scheite aufs Feuer, backen auf den Steinen drumherum Saiblinge und kleine Binnenlachse und fühlen uns miserabel. Es ist schon der dritte Tag, an dem wir da kauern und das Fleisch von den Fischgräten nagen – Fischgräten und Fischköpfe bekommt Jimmy. Den größten Teil des Gepäcks haben wir in Hamilcars Hütte zurückgelassen. Die paar Riegel Schokolade, die Notration, ist längst aufgegessen, ebenfalls die Country Cakes, die Hamilcar aus einem Bannockteig, dem er einen Eßlöffel Fett zugegeben hat und der, mit wenig Wasser angerührt, dadurch knetbar wurde, mit den Händen geformt, mit Mehl eingestäubt und auf den heißen Steinen mehr geröstet als gebacken hat. Ein bißchen Salz haben wir noch – sonst nichts mehr, außer den Fischen, die ich von der Felsnase, die ein Stück in den See ragt, fange. Doch auch das ist miserabel, über glitschige Steine zu balancieren und dann ein, zwei Stunden in dem treibenden, kalten, in Böen peitschenden Regen zu stehen. Mit der Aalleine habe ich kein Glück, wohl weil ich sie nicht weit genug herausbringe oder weil die Saiblinge, gefräßig wie sie sind, längst den Köder vom Grund genommen haben, bevor sich die Aale damit beschäftigen können. Wenn wir nicht wüßten, daß irgendwann der Sturm aufhört, aufhören muß . . .

Wir schweigen, die Geschichten sind erzählt. Allerdings nur die vordergründigen. Die Sache mit Prag als Stadt als Phänomen, die Reflexionen – die haben Hamilcar nicht interessiert; dagegen lauschte er mit offenem Mund, als ich fünf verschiedene Freier erfand, die König Wenzel zur Strafe Hörner aufsetzten. Ich beschrieb im Detail, wie die Exekution des armen Nepomuk vor sich ging.
». . . heraus kam jedenfalls nichts, auch nicht, als der König sich Father Nepomuk vorknöpfte, ihn zusammenschlug – so war das wahrscheinlich damals – ja – und ihm schließlich drohte: ›Wenn du nichts sagst, dann bring ich dich um, vielleicht hast du sie selber – du Hund!‹ Doch John Nepomuk sagte nichts, auch nicht, als der König ihn mit glühenden Zangen kneifen ließ und allerlei andere Torturen anwandte . . .«
»Muß ein harter Bursche gewesen sein, der John . . . Nepo . . . oder wie auch immer er heißt!« ». . . dann riß dem König die Geduld, er ließ ihn fesseln und auf eine Brücke stellen, die über die Moldau führt. Die Moldau, das ist ein Fluß von der Größe des Mishou-Chibou River. Der König gab ihm noch eine letzte Chance: ›sprich oder stirb!‹ – aber der Father sagte immer noch kein Wort. Darauf banden sie ihm ein paar ›sinker‹ (so bezeichnet man an der North Shore Netzgewichte) ans Bein, der König trat ihm in den Hintern, er ging über Bord – und versoff!«
Hamilcar war das repräsentative Durchschnittspublikum, ich der Programmgestalter. Auch ich mußte erkennen, daß nichts mehr als »sex and crime« Hamilcar zu fesseln vermochte. Je mehr Erotisches oder auch Pornographisches ich in die Fortsetzung einwob, je mehr Köpfe ich rollen ließ, um so aufmerksamer und gespannter war mein Publikum.
Anfänglich machte es mir Spaß, ich muß es zugeben. Denn ich konnte meiner Phantasie die Zügel schießen, konnte sie springen, laufen, galoppieren, Haken schlagen lassen, konnte das unwichtigste Detail zu einer neuen, eigenständigen Story aufblasen.
Kein Lektor oder Verleger brabbelte von Ästhetik, von der Rücksichtnahme auf die Gefühle der Katholiken, Lutheraner, Duchoborzen, Israeliten, Laestadianer unter den Lesern – da fällt mir gerade ein: Von einer Rücksichtnahme gegenüber den Empfindungen der Atheisten hat noch nie einer gesprochen.
In Schwierigkeiten geriet ich allerdings, als ich, dem Wunsche Hamilcars nachkommend, die eine oder die andere der Geschichten wiederholen sollte. Da schien mir auf einmal ein anderes, vorher unbeleuchtet gebliebenes Detail wichtig, schien es mir angebracht, um der Dramaturgie willen, der Handlung einen anderen Verlauf zu geben – oder es kam vor, daß meine Erinnerung den Purzelbäumen der Phantasie nicht folgen konnte.
Da hakte Hamilcar sofort ein: »Dieser Kerl mit dem großen schwarzen Pimmel, das war doch der aus Afrika, der Gambonese oder wie er auch hieß – und nicht der Saarländer . . .«
Ich hatte als Repräsentanten der verschiedenen Hautfarben Vertreter der weniger bedeutenden Völkerschaften gewählt: einen Uighuren für die Gelben, einen Gambonesen für die Schwarzen, einen Patagonier für

die Roten, einen Yemeniten für die Braunen und einen Saarländer für die Weißen. Ich hatte geschwankt, ob es eher ein Slowake sein sollte – aber da ich selbst Saarländer bin, wollte ich meinem kleinen Volke ein bescheidenes literarisches Denkmal setzen . . .
Bis ich dann Hamilcar erklärt hatte, daß zu früheren Zeiten im Saarland fast alle Männer, die etwas auf sich hielten, Bergleute waren – und ich bin stolz darauf, auch meine Vorfahren dazu zu zählen, und daß diese Bergleute, wenn sie aus der Grube kamen, schwarze Pimmel hatten, so begann Hamilcar zu keifen . . .
»Das mit den Boys aus Afrika schien mir aber besser!«
Ich schwieg beleidigt. Dann versuchte ich aus meinem Gefährten etwas herauszubringen. Doch er blieb einsilbig – er wußte nichts über Russels Stein, redete kaum von seinen Erfahrungen als Trapper, hatte offensichtlich keine – wie auch immer geartete – berichtenswerte Erlebnisse. Stundenlang starrte er geistesabwesend in die Glut und sagte dann unvermittelt: »Die Königin Ludmilla, das muß wohl eine gewesen sein . . .? Was meinst du, ob man die auch mal könnte . . .?«
Hamilcars Phantasie überwand mühelos sechs, sieben Jahrhunderte. Als er gar das Risiko eingehen wollte, im Falle eines massiven Flirts mit König Wenzels Queen das Schicksal Nepomuks sich aufzubürden, gab ich ihm zu bedenken, daß er, Hamilcar, Nichtschwimmer war und daß er, selbst wenn es ihm gelänge, den Sinker abzuknüpfen (eine Möglichkeit, die er ins Gespräch einbrachte), sich kaum retten könne. Außerdem sei die Moldau genauso verschmutzt wie die Flüsse in dem dekadent-kapitalistischen Westen, er würde bleibende gesundheitliche Schäden davontragen, die über Haarausfall zur Impotenz führten, so daß ihm letztlich der Genuß der Dame verwehrt bliebe . . .
». . . außerdem ist das Baden in der Moldau verboten, und du würdest – statt in Ludmillas Pfühl – auf einer Gefängnispritsche landen!«
Hamilcar sah mich schweigend an – schnitzte an einem Weidenzweig, stocherte mit diesem im Feuer, warf ihn endlich in die Glut, gähnte . . .
»schlie – schlimme Leute, die Kommunisten . . .?«
»Einige schon, wie überall auf der Welt, wie auch hier an der North Shore.«
»Es sieht aber aus, als ob sie schlimmer wären . . .«
»Von hier aus ja, aber bei denen ist so ziemlich alles anders als hier, als im Westen . . .«
»Keine Freiheit, sagt Uncle Burr . . .«
»Soviel Freiheit wie an der North Shore gibt's nirgends auf der Welt!«
». . . wir hatten harte Zeiten, früher!
Doch sag mal, glaubst du wirklich, daß die Amerikaner auf dem Mond waren?«
Der Themenwechsel war abrupt. »Hamilcar, ich wollte eigentlich mit dir über die Situation an der Küste sprechen . . .«
»Du kannst auch nichts ändern . . . Uncle Burr sagt, die Amerikaner seien nicht auf dem Mond gewesen . . .«
»Uncle Burr ist ein alter Herr . . . doch Hamilcar, überleg mal, wenn alle an einem Strang ziehen würden, wenn ihr auf die vielen nutzlosen Dinge wie Autos, Fernseher, auf Eiscreme verzichten würdet . . . wenn ihr eine Coop gründen würdet . . .«
». . . da haben sie mal davon gesprochen, ist lange her . . . meinst du nicht, daß Uncle Burr doch recht hat; ist schwer zu glauben, mit den Amerikanern auf'm Mond . . .«
»Ihr solltet euch lieber um euch selbst kümmern als um den Mond, aber sie sind wirklich dort gewesen, die Amerikaner . . .«
»mmmh . . . meinst du wirklich, du weißt mehr als Uncle Burr? Trotzdem – nein, auf den Mond, da möchte ich nicht . . .«
»Wohin denn?«
»Ich möchte in die Stadt mit der Ludmilla . . . aber du müßtest mit . . .«
»Ich kann kein Tschechisch – das ist auch vom Deutschen sehr verschieden, sogar weiter entfernt als vom Englischen . . . ›garden‹ – das ist im Deutschen ›Garten‹ ›father‹ ist ›Vater‹, ›boat‹ ist ›Boot‹ und ›ass‹ ist ›Arsch‹ – aber auf tschechisch heißt das ›prdeli‹ – das ist aber auch ziemlich das einzige, was ich kann!«
»mmmh . . . das klingt schon kompliziert, doch das muß ich mir merken, sag's mir nochmal auf -t-tschä- du weißt . . .«
»Prdeli!«
»Pschedeli . . . pschedli – ist das nicht lustig; merkwürdig, daß die Leute so verschieden sprechen!«
»Die Menschen sind verschieden!«
». . . das hat Uncle Burr auch immer gesagt. Und daß es gut so ist, denn sonst würden sie alle auf eine Ecke der Welt laufen und die Welt würde 's Übergewicht kriegen und würde umkippen . . .«
»Da hat er recht, der Uncle Burr!«

». . . und stell dir vor, sie würden alle hinter einem Frauenzimmer herlaufen, dann gäb's nichts als Streit, als Mord und Totschlag . . .«
». . . oder sie kämen alle hierhin und dann wär's aus mit der Freiheit, aus mit dem Fischen und dem Jagen; dann müßten wir alle in die Fabrik, ich und auch du, Hamilcar . . .«
». . . ha – und dann, wenn sie alle hier wären, würden wir beide in die T-Tschä-, du weißt schon, dann hätten wir die Ludmilla für uns allein – und ein bißchen könnten wir ja jetzt mit ihr sprechen . . . psch – pschedeli . . . bevor wir . . .«
»PRDELI! Du Arschloch!«
Noch am selben Abend drehte der Wind auf Nord, die Abendsonne goß einen ganzen Eimer goldgelber Farbe über abziehende Wolken, den Wald, die naßglänzenden Felsen, den blanken See.
Wir ließen uns von der steifen Morgenbrise nach Süden schieben, in Richtung der Schnellen und Kaskaden am Abfluß des Robertson. Wir ritten auf den Wellen, schossen von ihren Kämmen hinunter in die Täler; fühlten uns wie die Surfer vor Hawaii. Jimmy hatte die Ohren nach hinten gelegt; er schaute ängstlich zu mir herauf. Hohe, relativ gleichmäßige Wellen schienen Hamilcar weniger auszumachen als Stromschnellen. Schweigend kniete er im Bug und paddelte scheinbar mühelos, in schneller Schlagfolge. Ich konnte mich im wesentlichen aufs Steuern beschränken, darauf, das Boot im Kurs zu halten.
Wir folgten einer Inselkette nach Süden, bogen im weiten Abstand von der Stufe, über die sich die Robertson-Fluten in Richtung Meer empfehlen, nach Westen ab; mußten eine Weile die heranrauschenden Schwälle breitseits nehmen und trieben schließlich in eine tiefe Bucht mit gerodetem Ufer, über dessen jungen, den Kahlschlag überwuchernden Erlen sich im Hintergrund leicht erhöht eine Holzstruktur erhob.
Außer ein paar »blazes«, Axt-Markierungen der Trapper, hatten wir bis dahin kein Zeichen irgendeiner menschlichen Existenz angetroffen. »Amerikanische Sportsleute haben das gebaut – sie kamen ein paarmal im Flugzeug, waren aber schon jahrelang nicht mehr da!« erklärte Hamilcar.
Als »sport« wird an der North Shore jeder Fremde klassifiziert, da man sich kaum vorstellen kann, daß etwas anderes als die Aussicht auf den großen Fisch jemanden in diese Gegend locken könnte.
Das hölzerne Gefüge war das Gerüst eines großen Canvaszeltes mit einem Grundriß von etwa vier auf sechs Meter, mit Sperrholzboden, Pfosten, Betten und Sparren. Dahinter lagen ein paar durchgerostete Töpfe, eiserne Ofenbeine. Jimmy beschnupperte die Ruine eingehend, fand sie aber wie wir von minderem Interesse, hob das linke Hinterbein und pinkelte an den westlichen Eckpfosten. Propanöfen, eiserne Bettstellen, Kühltruhen, Bier- und Whisky-Flaschen, verrotteter Canvas – zerfetzte Matratzen; – die »Sportsleute« hatten versucht, den »american way of life« an den Robertson zu transportieren.
Wir treidelten das Kanu über eine kleine Stromschnelle, gingen stromauf; paddelten zwei-, dreihundert Meter gegen eine schwache Strömung, störten einen Flug Enten auf – später im Jahr mochten sich auch Gänse am grasig-schlammigen Ufer wohlfühlen – dann hoben wir das Boot über einen Felsriegel: das letzte Hindernis vor dem größeren westlichen Teil des Robertson.
Wir glitten durch enge, flache Sunde, paddelten vorbei an flachen, gelbsandigen Buchten, an mächtigen Felsbrocken, an Steilwänden und an düsterem Fichtenwald, der bis zu den Hügelkuppen hinaufstieg und nur auf wenigen Höhen Raum ließ für die Moose und Flechten der Tundra. In diesem Labyrinth gibt es kaum Fixpunkte fürs Auge, kaum etwas, was nicht sonstwo – wenn auch hundertmal variiert – vorkommt. Sund oder Fjord? Insel oder Festland? Sackgasse oder freie Passage? – ist die Frage, die sich ein dutzendmal stellt. Doch der Robertson gehört zu Hamilcars Revier – ich konnte mich auf ihn verlassen. Ihm war dieses Gewässer so vertraut wie dem Pfarrer die Kammer seiner Köchin.
Als sich dann der große See vor uns im Westen öffnete, da lachten uns die Eistaucher aus, riefen von hier und da, bellten und heulten. Doch dieses Geschrei, dieses schrillkichernde Gespött war uns längst schon zur Begleitmusik geworden; auch Jimmy nahm kaum noch Notiz von dieser Kakophonie. Im Westen des Sees beginnt der uferlose, der ununterbrochene Wald; da ist noch Wald und Wasser und Himmel darüber – und, so scheint es auf den ersten Blick – sonst nichts außer Stille, Einsamkeit, Leere.
Alle Existenz schien sich auf diese drei elementaren Bausteine des Lebens reduziert zu haben; es scheint unvorstellbar, daß es sonstwo Städte, Dörfer, Wüsten, Meere, Äcker, Wiesen, Fabriken, Steppen, Gebirge gibt. Der Wind war eingeschlafen – sonst wäre uns das

Queren des Sees sauer angekommen. Wir paddelten in eine weite, von einer Insel abgeschirmte Bucht, ließen Jimmy von Bord jumpen.
Eine Bö weckte mich aus meinem Verdauungsschlaf; der Wind war auf Südwest umgesprungen, Hamilcar hatte bereits die Koch-Utensilien verladen. In zwei Stunden waren wir mit Hilfe der Brise am »Main Brook«, dem Haupt-Einlauf des Robertson, hatten wir das Ende des weiten, von schwarzen Waldbergen eingefaßten Trichters erreicht, sahen den vom Orsogna Lake herunterpolternden Fluß vor uns. Eine wilde Kataraktstrecke mit haushohen Felsklötzen, ein mit Treibholz angereichertes steiniges Chaos.
»Kein Durchkommen mit einem Boot!« stellte ich fest.
»No Sir – nichts zu machen – die Portage ist drüben – am Westende, da wo dem Wald die Marsch vorgelagert ist . . .« Aus der Marsch honkte und quakte es, und es erhob sich ein Pulk Gänse mit schwerem Flügelschlag, formierte sich und verschwand in Richtung Südwesten.
»Verdammt – wir haben keine Schrotflinte, ja, die Portage . . . die ist seit Menschengedenken niemand mehr gelaufen, die ist sicherlich schlecht. Von Windbrüchen blockiert und überwachsen und weiß ich was sonst. Wir fahren besser zu meiner Hütte – sie ist am Nordufer, anderthalb Stunden zu paddeln . . .«
Dem Greenhorn, noch mit den Verhaltens- und Denkweisen der Zivilisation behaftet, begegnen diese Unterschlüpfe als schmutzige, unaufgeräumte, verwahrloste, merkwürdige Gerüche verströmende Löcher. Doch gilt diese geringe Wertschätzung nur solange, bis die Pritschen mit frischen, harzduftenden Fichtenzweigen belegt sind, bis Feuer im Ofen bullert, der Kaffeetopf summt und die Kerzenflamme leuchtet, warmes Licht verbreitet, das Wände, spärliche Einrichtung oder auch nur deren Konturen spielerisch-geheimnisvoll gewissermaßen mit einem Finger und einem Psst auf den Lippen andeutet. Eine Neonlampe dagegen ist ein anderes Stück Brutalität, ohne die die Zivilisation offensichtlich nicht auskommt. Spätestens wenn das Fett in der Pfanne zischt, wenn der Bannock bräunt, Schwaden von Pfeifenrauch unterm Dach hängen, spätestens dann ist eine primitive Trapperhütte, die zwei Leute in drei Tagen bauen können, ein warmer, schützender Mikrokosmos, der mehr Wohlbehagen und Geborgenheit vermittelt, mehr Wohnlichkeit als manche Millionenvilla, die ihr Dasein nichts anderem als dem Repräsentationswahn verdankt, die ihre Bewohner dem Kontakt mit der Natur, den Nachbarn entzieht, die wirtschaftliche Probleme schafft; die letztendlich ein weiteres Stück Unfreiheit bedeutet.
Mitten in der Nacht weckte mich Hamilcar. »Was würden wir jetzt wohl machen, wenn wir die Ludmilla hier hätten . . . was meinst du . . .?« Er lag auf dem Rükken, hatte die Kerze angezündet, sog an seiner Pfeife, paffte. »Stell dir vor«, murmelte er zwischen den einzelnen Zügen, »ich hatte geträumt, die Ludmilla wäre zur Tür hereingekommen – in einem – Nachthemd – weißt du, so eins von den – durchsichtigen – wie du sie in Eaton's Katalog – siehst, und der Weiße, das wäre keiner aus der Gegend, wo du herkommst – sondern einer hier von uns, einer von der – North Shore gewesen; ich glaube sogar – ich hätte das sein können . . .«
»Gott verdamm dich, du alter, geiler Spinner«, zischte ich, drehte mich um. »Dabei war's deine Story!« protestierte Hamilcar.
Kein Wunder, daß auch ich wirres Zeug von Weibern träumte, von Erik des Roten streitaxt-hauender Tochter Fröydis, von Helmen, horngeziert auf den Köpfen ungewaschener Nordmänner, langschiff-rudernd über den Robertson Lake, einen rotzüngigen Mönch kielholend – und, Gott verdamm auch mich, eine von Eaton's Negligé enthüllte Ludmilla mir entreißend, die sich gerade anschickte, mir zu Willen zu sein . . .
Beim Frühstück – dick eingekochte, speckgeschmälzte Fischsuppe aus Saibling und Binnenlachs, paprika-, zwiebel- und knoblauchgewürzt, mit einem Viertelmeter-Bannock (im Durchmesser) als Beilage – besprachen wir unsere geträumten Abenteuer.
Hinten an der Rückwand hingen unter der enggelegten Balkendecke rostige Victor-Tellereisen – im wesentlichen die kleinere Nr. 2 und die größere Nr. 4, an etwa meterlangen Ketten. Es hätte mich sehr gewundert, wenn Hamilcar nicht auf die Idee verfallen wäre, ein paar Fallen aufzustellen. Auf meine Vorhaltungen, die Tiere doch leben zu lassen, da für ihn keine Notwendigkeit bestand, seine Arbeitslosen-Unterstützung aufzubessern, erwiderte er, daß es aber auch unsinnig sei, wenn wir beide ausgewachsenen Männer Jimmy, den Hund, spazieren führten. Den zweiten Einwand, daß es womöglich noch zu früh sei, daß die Pelztiere mit ihrem Winterfell noch nicht soweit seien – konterte er mit dem Hinweis, der Hudson's Bay Manager in Snuffbox City verstünde so wenig von dem Pelzhandel, daß man ihm so ziemlich alles verhökern könne . . .

Landschaft am Robertson Lake.

Und außerdem: Biberbraten! Es sei an der Zeit, die Fisch-Diät zu unterbrechen. Wie sollte ich denn auch Hamilcars Argumentation widerlegen, wie seinem Jagdtrieb entgegenwirken, wenn auch für mich ein ordentlicher Biberbraten eine handfeste Verlockung darstellt? Wir hatten wirklich in den letzten Tagen verdammt viel Fisch gegessen . . .
Hamilcar packte die Eisen, griff die Axt, ich die Zweiundzwanziger. »Biber, Otter oder Nerz«, rief er vergnügt, – »und vielleicht sogar ein Luchs, denn Luchs ist phantastisch im Preis. Hast du übrigens schon mal Luchs gegessen? Es schmeckt wie Kalbfleisch aus dem Freezer von der Bay!« »Okay, also los«, murmelte ich, wütend über meine Inkonsequenz. »Wir müssen Jimmy anbinden, sonst haben wir übermorgen Hundebraten!«
Wir schlugen uns – während Jimmy erbittert heulte – quer durch den Busch bergan, überquerten einen niederen, rundgebuckelten Felsgrat, stiegen in die Senke unter uns, bis zu dem kleinen See. Der Ausfluß war durch einen Damm abgesperrt, das Wasser stand dreißig Zentimeter über Normalniveau. Am jenseitigen Ufer, nur ein paar Schritt vom Damm entfernt, erhob sich die Biberburg, ein mannshoher, mit Lehm verschmierter Berg aus Reisern und Knüppeln, mit einer Menge Grünzeug vor dem Eingang im Wasser. Wir brachen durch das dichte Ufergestrüpp und Hamilcar erstieg, ohne einen Augenblick zu zögern, das Heim des Nagers, faßte einen lose daliegenden Prügel und begann auf die oberste Kuppe einzuhämmern. Ich stand da mit der Zweiundzwanziger im Anschlag und dem Vorsatz vorbeizuschießen. Hamilcar starrte indessen ins Wasser, dahin, wo der Eingang sein mußte, und hämmerte nochmals auf den Bau und rief: »One! Der Alte!« Auch ich hatte den dunklen, massigen Schatten gesehen, der unter Wasser in der Tiefe des Sees verschwunden war . . .
»Paß auf, da . . . ist Nummer zwei!« Er hämmerte weiter – »und drei und vier!«
Vier Biber also. Sie, er, und die beiden Kinder. Weit hinten im See glaubte ich für den Bruchteil einer Sekunde einen Biberkopf gesehen zu haben. Hamilcar suchte einen etwa zehnpfündigen Stein aus dem Ufergeröll, umwand ihn mit einer starken Leine, deren Ende er mit der Kette verknotete, die ihrerseits fest mit dem Tellereisen verbunden war. Danach bestrich er das Eisen mit Bibergeil, das er in einem Arzneifläschchen

aufgehoben und aus der Hosentasche herausgekramt hatte, drückte die beiden Bügel herunter, ließ die Halte-Haken einrasten und versenkte die Konstruktion behutsam im armtiefen Wasser – direkt vor dem Schlupfloch zur Burg. Den Stein legte er ans abschüssige Ufer. Saß der Nager einmal in der Falle, dann würde er einen Fluchtversuch ins tiefe Wasser machen; den Stein herunterzerren auf den Grund des Sees, und dieses Gewicht würde den Biber dort festhalten. Sein Schicksal wäre – erbärmlich zu versaufen. Hamilcar führte dann eine zweite Leine von der Kette zu einer Uferweide und band sie dort fest. Mit dieser Leine würde er den toten Biber aufs Trockene ziehen.

Hamilcar stand noch eine Weile da und suchte den See mit den Augen ab, doch die Brise riffelte das Wasser – keine Chance, Mr. Beaver zu entdecken. Also marschierten wir zurück zur Hütte, wo uns Jimmy mit einem Apachengeheul empfing, das sofort in ein Gejammer umschlug, wie es ein Rudel sizilianischer Klageweiber nicht effektvoller hätte aufführen können, als er sah, daß wir das Kanu fertigmachten, ohne ihn mitzunehmen. Wir paddelten gegen den steifen Wind hinüber zu einer winzigen Nehrung aus gelbrotem Sand, den ein Bach angeschwemmt und die Wellen des Sees zu einem kleinen Wall aufgebaut hatten.

Hamilcar baute oberhalb der Bachmündung das »Haus«, das ein weiteres Tellereisen aufnehmen sollte. Ich fing indessen ein paar kleinere Saiblinge. Der Trapper war mit seinem Werk fertig, als ich auf der Bildfläche erschien. Aus Knüppeln und Ästen hatte er einen nach hinten enger zulaufenden Kasten gebaut, vorne etwa zwanzig Zentimeter weit geöffnet, vierzig Zentimeter tief. Einen zerstückelten Fisch legte er nach hinten, an die Rückwand. Davor setzte er das mit Bibergeil präparierte, gespannte Victor-Nr.-2-Eisen. Die Kette führte er seitwärts aus dem Haus und band sie an einen Baum. Dann deckte er das Ganze sorgsam mit weiteren Knüppeln und Reisig ab. Durch das Weidengestrüpp am Bach zwängten wir uns bis zu einer Birke durch – vielleicht hundert Meter bachaufwärts.

Auf einem Steinbrocken balancierend, legte Hamilcar die Kette um einen der unteren starken Äste, etwa zwei Meter vom Stamm entfernt. Er würzte auch hier mit einem Tropfen Bibergeil, drückte die Bügel hinunter, placierte den Fisch, den er diesmal nur aufschnitt, dreißig Zentimeter in die dem Stamm entgegengesetzte Richtung und band ihn mit einem Bindfaden auf den Ast. Danach baute er noch zwei »Häuser«, die sowohl Nerze wie auch Marder, womöglich sogar Füchse und Otter anlocken sollten.

Am nächsten Morgen paddelten wir – mit Jimmy – hinüber zur Insel mit Russels Runenstein. Sie liegt in Steinwurfweite vor Hamilcars Cabin. Auf Russels Island gibt's einen kleinen See und auf dem See eine winzige Insel. Das wäre natürlich der Platz . . . Wir teilten die Insel in Planquadrate, krochen durch Dickicht, Windbrüche und Gestrüpp, zerkratzten uns Gesichter und Hände, zerrissen unsere Hosen, standen am Ufer des kleinen Sees, blickten hinüber zur kleinen Insel, überlegten, wie wir dorthin kommen könnten . . .

»Ich kann nicht schwimmen, ich glaube nicht, daß Little Russel sich soweit in den Busch gewagt hat, Little Russel hat immer nur am Ufer gejagt, er hatte Angst vor den Geistern, die im Busch hausen . . .«

Immerhin erbeuteten wir ein halbes Dutzend Waldhühner, die Hamilcar nacheinander von zwei Fichten herunterschoß – und dann plötzlich ging ihm ein Licht auf, er rief:

»Ah, jetzt weiß ich, wonach du suchst, dieser Crazy Rock, der verrückte Stein, der ist ganz unten, auf der Landzunge, am Südende.«

Also kämpften wir uns zurück durch den Busch, durch das Unterholz, die Windwürfe, das Gestrüpp, stiegen ins Kanu, während Jimmy im Unterholz weitersuchte, wenn auch nicht nach dem Stein, sondern nach Karnikkeln. Ich hatte wirklich nicht erwartet, einstmals als Entdecker einer zweiten Asgardschlange gefeiert zu werden – und mußte schon beim Ausgraben aus dem Sand der Landzunge Zweifel anmelden, daß die Zeichen auch nur geringe Ähnlichkeit mit Runen hatten. Und wie ich da sitze und nichts weiter als Banalitäten entziffere, unvollendete Spielereien mit Hammer und Meißel, da klappert ein Hubschrauber heran, sinkt wie eine riesige Hornisse herunter, peitscht das Wasser zu einem weißen, stäubenden Kreis, Jimmy prescht davon, kommt wieder, verbellt die Hornisse, der Pilot steigt aus der Kanzel, der Rotor läuft weiter. »Na, was macht ihr denn hier mitten in der Wildnis?« Der Pilot schreit, um den Lärm zu übertönen.

»Oh, nichts Besonderes, eigentlich, wir hängen hier nur so rum, schauen uns das alles ein bißchen an.«

»Ihr braucht also keine Hilfe?«

»Hilfe? Nein, danke!«

»Ist ja wunderschön hier, aus der Luft noch schöner als

von unten. Eine Schande, daß das alles unter Wasser gesetzt werden soll – aber sorry, ich muß weiter, wollte mal nach euch sehen, viel Spaß noch . . .«
Wir standen da, schauten ihm nach.
»Was hat er gesagt – aufstauen wollen sie den Robertson?«
»Sie reden davon, seit längerem, das soll hier alles überschwemmt werden.«
Es blieb mir keine Zeit, mich dem Entsetzen auszuliefern – nicht einmal genug, die Nachricht zu verarbeiten, die die bevorstehende Exekution eines soeben gewonnenen Freundes, des Robertson, beinhaltete. Es briste von Osten her auf; wir riefen Jimmy, der aber nicht aufzutreiben war, und paddelten ohne ihn zurück zur Hütte.

Der Robertson soll aufgestaut werden, das ging mir nicht aus dem Kopf. Dieses kleine, relativ unbedeutende System. Es soll vernichtet werden – die Biber, die Bisame, die Nerze, die Taucher, die Fischotter. Denn die absterbenden, überfluteten Bäume werden mit ihrer Rinde den Säuregehalt des Wassers erhöhen, die Fische werden verschwinden und mit ihnen die Lebewesen, die davon abhängen.
»Um Himmelswillen, was sollen, was wollen sie denn mit der Elektrizität hier an der Küste?« sagte ich zu Hamilcar.
»Die Leute haben Licht, Fernsehen, Kühlschränke, Telefon – sie brauchen Elektrizität . . .«
»Und sie haben elektrische Dosenöffner und sind zu faul, abends das Licht auszudrehen, den Fernseher abzuschalten, sie kämen mit der Hälfte aus . . .«
»Aber es gibt eine Menge Jobs – viel Geld – sagen sie . . .«
»Denk nicht daran – ein paar Hilfskräfte werden gebraucht, das ist alles. Die bringen ihre Maschinen, ihre Spezialisten mit. Und später überwachen drei Leute die Anlage – Leute von außerhalb!«
»Sie sagen, es sei billiger, und es gibt ja noch soviel Wasser in Labrador . . .«
»Das sagen sie anfangs immer – aber eines Tages, da sind eure Jagd- und Fischgründe weg – da ist's aus mit dem Trapping!«
»Für mich bleibt genug übrig, ich bin bald fünfzig und was soll ich machen – sie machen doch, was sie wollen . . .«
»Ja, sie machen, was sie wollen«, knirschte ich. »Und ihr seid zu dumm, zu bequem, euch zu regen, mal über den Horizont hinaus zu denken.«
»Laß doch – auch du kannst nichts ändern – erzähl mir lieber noch was von Ludmilla . . .«
»Fuck Ludmilla . . .«
»Ja, das würde ich gern tun«, grinste Hamilcar.
Wütend hieb ich mit der Axt auf die Holzklötze ein, die er mir herüberwarf.
»Überall und immer ist es das gleiche – aber bevor die Leute aufwachen, ist's zu spät!«
Wir dichteten das Dach. Ich trat nach Jimmy, als er triefnaß zurückkehrte. »Du Sauhund«, knurrte ich, »machst auch, was du willst – und kümmerst dich einen Dreck um den Rest der Welt.« Einzelne Regentropfen platzten auf die Plastikfolie des Daches, der Wind pfiff über den See – die an der Leine hängenden Hühner begannen zu schaukeln . . .
Und als es anfing zu brutzeln und der Duft verführerisch meine Nase umstrich, als ich drei der in der Pfanne angebratenen Hühnchen in den Topf mit dem Speck, den Mägen, der Leber tat, als ich mit heißem Wasser löschte, das Ganze mit Speckscheiben und Zwiebelringen abdeckte – da hatte sich meine Wut gelegt, da sagte ich mir: »Warum sich aufregen – noch ist die Flasche halbvoll, warum sich den letzten Schluck vergällen – nach uns die Sintflut.« Ich ließ das Ganze schmurgeln – eine Stunde lang. Und während ich den Bannock rührte, wobei ich mit Wasser geizte, und während ich mit mehligen Händen kindskopfgroße Knödel formte – da kamen die Zweifel wieder, da sagte ich mir, daß das Wort »nach uns die Sintflut« das Gefährlichste von allem ist. Jedoch eine Lösung, wie ich's angreifen könnte, wie der Ausverkauf der Natur, der Wildnis gestoppt werden könnte – eine praktikable Antwort fand ich nicht. Die Knödel gingen auf zu lockeren, riesigen Bollen, die, vollgesogen mit den herrlichsten Duftschwaden, ein gigantisches Menu zu werden versprachen, – spätestens da beschloß ich, das Problem zu vertagen, die Auseinandersetzung auf ein anderes Mal zu verschieben.
Die Falle vor dem Biberbau war zugeschnappt, doch sie war leer. Ebenso das erste der Marder-Otter-Fuchs-Eisen. Die Fischstücke stanken zwar nach besten Kräften, doch die Pelzträger hatten wahrscheinlich gerade Appetit auf Bisamschlegel oder Waldmaus-Ragout. An der Birke dagegen – da war was, da bewegte sich etwas: aufgeregt rannte Hamilcar los, ich brach hinterher. Der

Luchs hing mit der linken Vorderpfote im Eisen, baumelte fauchend einen Meter über der Erde. Hamilcar stopfte sich grinsend die Pfeife.
»Diesmal hab ich dich ganz und nicht nur deine Vorderpfote!«
»Bring ihn um!« sagte ich.
»Zeit genug, der läuft nicht mehr weg.«
»Es ist grausam, ihn so hängen zu lassen.«
»Manche hängen acht Tage und giften dich immer noch an!«
Ich ging zum Ufer und wollte die Zweiundzwanziger holen. Ich zuckte zusammen, es traf mich wie ein Schlag – dieser Schrei, der Todesschrei des Luchses. Sein Schädel war verquollen, blutbeschmiert. Blut tropfte am Hals herunter, rann ins Fell. Der Luchs zuckte noch ein wenig, hing dann still. Hamilcar saß da, schmauchte weiter seine Pfeife, vor ihm lag die Axt . . . »du mußt noch warten, Katzen haben sieben Leben und der Luchs ist die oberste aller Katzen.«
»Vorher, bevor du ihm mit der Axt eins über den Schädel gabst, da sah er besser aus.«
»Ich wasche ihn unten am See aus und du siehst nichts mehr – er bringt mindestens dreihundert Dollar. Willst du ihn haben? Sagen wir – weil du's bist, 250.«
»Danke – nicht mal geschenkt.«
»Merkwürdig, daß du mit der Jagd nichts am Hut hast, das macht doch Spaß . . .«
»Mir nicht, wenn ich sehe, wie ein Tier stirbt, ohne daß es unbedingt notwendig ist.«
»Es ist notwendig, es bringt dreihundert Dollar, ohne das Trapping, da wären wir verhungert, früher . . .«
»Jetzt aber nicht mehr. Und hast du mal gesehen, wie ein Fuchs dich anschaut, der in der Falle hängt, wie er einen Kreis in den Schnee getreten hat, wie er dann dasteht, als ob er um Mitleid bitten wollte . . .«
»Ja, und die Frauen und Kinder der verheirateten Männer, die gucken auch merkwürdig, wenn ihre Männer mit leeren Händen vom Trapping kommen, wenn der Händler keinen Kredit mehr gibt. Und außerdem: ist Fischen nicht dasselbe?«
»Beim Fisch habe ich das Gefühl nicht, vielleicht weil die Fische soviel anders sind als wir.«
»Und bei einem Waldhuhn?«
»Da geht es mir ähnlich wie beim Fisch – muß ich zugeben!«
»Ist das nicht merkwürdig: ein Tier läßt du leben, ein anders tötest du! Ich hab dich schon Biberfleisch essen sehen und dabei ist der Biber von allen Tieren das dem Menschen ähnlichste . . .«
»Ich muß zugeben, Biberfleisch schmeckt mir, doch wenn es nicht sein muß, wenn ich nicht gerade sehr hungrig bin, würde ich einen Biber wohl kaum töten . . .«
Ich ging zum See zurück, zum Kanu, kramte die Angel heraus. Ich hatte eine Stinkwut. Auf mich, auf meine Inkonsequenz, auf die Geschäfte- und Modemacher, auf die äffischen Weiber, die sich ausgerechnet mit Luchsfellen behängen müssen; ich fischte fahrig und unkonzentriert und fing doch einen großen Saibling. Der Fisch hing so fest am Drilling, daß ich ihn erschlagen mußte. Warum? fragte ich mich. Wer soll den essen? Ich wußte, daß Luchsfleisch gut schmeckt, ich habe keine Vorurteile und würde es genau wie Hamilcar der Alltäglichkeit Fisch vorziehen, trotz der Waldhühner. Vielleicht würde Jimmy sich freuen. Hamilcar erschien am Ufer. Er wusch das Fell aus. Ich ging zurück zur Birke und holte den nackten Luchs-Kadaver.

»Ich hab von Geistern geträumt«, flüsterte Hamilcar von seinem Lager herüber – noch vor dem Morgengrauen.
»So –«, antwortete ich.
»Dabei gibt es gar keine Geister.«
»Nein, es gibt keine.«
»Aber diese Nacht, das war schon ganz merkwürdig, ganz eigenartig . . .«
»Wird der Wind gewesen sein, der bläst ja immer noch!«
»Nein, ich hab's – gesehen!«
»Gesehen – was?«
»Den – Sarg!«
»Den Sarg?«
»Ich wachte auf, es war kurz vor – Mitternacht. Hatte eine – Kerze angezündet, hatte eine Nadel in die Kerze gesteckt – um's richtig zu machen, braucht man drei Nadeln, drei – Nadeln – überkreuz im Wachs . . . und niemand darf dabei ein Wort sagen. Du hast ja – geschlafen – geschnarcht, hast du . . .«
»Sorry, Hamilcar . . ., aber ich glaube, schnarchen hat nichts zu sagen in dieser Hinsicht . . .«
». . . und als die – Kerze heruntergebrannt war bis zur Nadel, da war es richtig – und genau – Mitternacht . . .«

»Geht denn deine Uhr so genau, meine nicht . . .«
»Meine Uhr – ich – weiß nicht. Aber es muß so gewesen sein, und außerdem ist – Neumond, stockdunkel, keine Sterne, kein Nordlicht . . . Ich wollte, daß – Ludmilla – kommt; denn wenn man am Abend eine Kerze anzündet und steckt drei Nadeln so weit unter der Flamme ins Wachs, daß sie Punkt Mitternacht die Nadeln erreicht, dann kommt die Liebste zur Tür herein . . .«
»Ja und . . .?«
»Oder es kommt ein schwarzer – Sarg auf einem schwarzen Schlitten, der von sechs riesengroßen, schwarzen Hunden gezogen wird – und das bedeutet, daß man im kommenden Jahr stirbt!«
Hamilcar schwieg eine Weile bedrückt, und ich konnte mir denken, daß es nicht Ludmilla gewesen war . . .
»Du hast geträumt, Hamilcar!« tröstete ich.
»Das spielt keine Rolle, der Sarg war da, die Hunde, der Schlitten; ich glaube, wir – sollten – nach Hause!«
Alle meine Einwände fruchteten nichts. Weder daß Jimmy angesichts der Hunde gebellt hätte, daß ein Schlitten, ein Sarg und das weitere Zubehör keinen Platz in der Hütte gefunden hätte, noch daß es überhaupt keine Geister oder Gespenster gäbe, daß es nur ein dummer Traum gewesen sei, wahrscheinlich hätten Luchsfleisch und Teigbollen im Magen gedrückt. Hamilcar schien ein gezeichneter Mann. Ein Mann, der die Sicherheit der Sippe, des Dorfes, seiner gewohnten Umgebung suchte.
Wir verließen den Robertson über Sacré Portage. Hamilcar lehnte es ab, die beiden ungefährlichen Stromschnellen hinunterzupaddeln, die kurz vor den Überresten des amerikanischen Zeltes nur beim Stromauffahren Hindernisse darstellen. Hamilcar schleppte das Boot über die Sacré Portage, ohne ein Wort zu sagen, ohne Fluch. Diese Portage, rund um den letzten Katerakt des Robertson-Abflusses, hat's in sich. Sie führt über zwei abgrundtiefe Felsspalten, die mit nichts als ein paar halbverfaulten Knüppeln überdeckt sind. Der Balance-Akt, der zu ihrer Überschreitung erforderlich ist – man bedenke, mit einem Kanu auf den Schultern – hat der Portage den Namen gegeben. Denn mancher North Shore-Trapper hat auf diesem kurzen Trail öfters den Namen des Dreieinigen und aller Heiligen in den Mund genommen, als während der dem eher entsprechenden Anlässe des übrigen Jahres zusammengenommen.
Hamilcar hatte es abgelehnt, mit mir ein paar Meter oberhalb eine Portage zu schlagen, wo es keine Felsspalten gibt. Eine Arbeit, die in einer Stunde erledigt gewesen wäre. Hamilcar wollte nach Hause. Und zwar unverzüglich. In dreißig Minuten hatten wir den Nude Pond überquert – waren in zwei Stunden ohne das Boot über den Höhenrücken marschiert, der dieses Gewässer von der Chute Bay, vom Salzwasser, trennt. Und da – Zufall, Wunder oder Fügung – fischte gerade zu diesem Zeitpunkt Hamilcars Bruder Alphonse. Er schipperte uns mit seinem Motorboot nach Kecarpoui zurück.
Nachzutragen ist, daß Hamilcar während des seinem Traum folgenden Jahres nicht starb, daß er vielmehr eine recht ansehnliche Wittib zum Weibe bekam. Eine Wittib, die jedenfalls besser erhalten ist als die Prager Ludmilla.

4. Zwischenblende

So fängt es an: Ein Forschungsschiff führt seismische Sprengungen durch.

In Manicouagan, Churchill Falls, an der James Bay – da blasen die Ingenieure zum letzten Halali auf die Wildnis, läuten die Glocken zum Requiem auf die großen, freiströmenden Flüsse. Die Musiker haben ihre Instrumente gehoben, die Schauspieler ihre Rollen besetzt, der Souffleur hockt im Kasten – die letzte Inszenierung, die Götterdämmerung einer der ältesten Urlandschaften, die Hunderte von Millionen Jahren brauchte, um sich zu formen, geht über die Bühne. Das Drama rollt ab vor einer Handvoll entsetzter Zuschauer, vor einer kleinen Gruppe, die ein dummes oder perverses Gefallen an dem furchtbaren Geschehen finden – und vor einem Millionenpublikum, das sich in achselzuckender Gleichgültigkeit, obwohl direkt betroffen, von dem Drama abwendet.

Die Ingenieure – das sind die Henker, die ihre Opfer – die Flüsse – mit Beton fesseln und ersticken, die Millionen von Tieren und Pflanzen ersäufen. Die Bauten, die sie errichten, sind Grabsteine. Das Kratzen und Knirschen der Bulldozer, das Donnern der Explosionen, das verlogene Falsett der Public-Relations-Leute – das Gebrabbel der Schauspieler, von denen jeder nur seine winzige, ihm zugewiesene Rolle kennt. Das mischt sich zu einem fürchterlichen Mißklang – nur der Souffleur im Kasten weiß Bescheid, nur er kennt das ganze, infernalische Drehbuch.

Die Menschheit ist endlich auch hier zum großen Vernichtungsfeldzug gegen ihre eigene Mutter, die Natur, angetreten. Eine Schlacht nach der anderen hat sie gewonnen, was jetzt über die Bühne geht, ist die endgültige Vernichtung. Doch mit der Natur geht auch die Menschheit unter.

Es tut mir leid, jedoch angesichts dessen, was jetzt und in diesem Augenblick in Labrador (wir gehören zu den Betroffenen) geschieht, helfen keine feinziselierten Essais; da ist auch der gröbste sprachliche Keil, ein Streichholz angesichts des Klotzes, der dabei ist, uns zu zerquetschen. Mit den fertiggestellten, im Bau befindlichen und geplanten Staudämmen haben hemmungslose Gewinnsucht, Ausbeutung und chauvinistisches Machtstreben ein Ausmaß an Zerstörung eingeleitet, das ohne Beispiel ist. Die Wenigen, die Bedenken anmeldeten, die ihre Stimme erhoben, wurden überschrien von der Propaganda-Maschinerie derer, die sich an der Leichenfledderei bereichern wollen. Das tumbe Volk – von dem die Macht angeblich ausgeht – klatscht ein bißchen Beifall. Nicht sonderlich engagiert oder auch nur interessiert, stellt es die Elektroheizung auf 30 Grad und setzt sich vor die Kamin-Imitation aus Kunststoff, die Geborgenheit suggeriert, und blickt zum Fernsehen herüber, über dessen Bildschirm, gerade in Nordamerika, der Schwachsinn geistert.

Gewiß, – es wird eine Menge Elektrizität erzeugt in diesen Anlagen. Sehr viel Elektrizität, Energie also – wonach alle Welt schreit. Es werden Arbeitsplätze geschaffen für zehn, zwölf Jahre, und es wird Geld bewegt. Milliarden von Dollars, Yen, Kronen, Deutscher Mark. So viel Geld, daß es möglich scheint, Politiker, Journalisten, Direktbetroffene mit jeder Summe zu bestechen oder zu »entschädigen«. Kein Mensch jedoch weiß, ob sich das alles lohnt. Selbst vom rein ökonomischen Standpunkt her betrachtet. Die Investitionen sind gigantisch, die Entfernungen riesig, die Reibungsverluste enorm. Daß diese Anlagen ein ökologisches Desaster größten Ausmaßes darstellen, liegt dagegen auf der Hand. Die Flußtäler sind auch in Labrador die Oasen, die Einstände der Säugetiere, die strömenden Gewässer der Lebensraum der Salmoniden. Tausende von Tieren verlieren ihre Heimat, ihren Lebensraum. Das Wasser wird durch die Rinden der ertrinkenden Bäume versäuert, als Aufenthalt für die Salmoniden verdorben. Tausende von Caribous werden ertrinken bei dem Versuch, die künstlich entstandenen Seen auf ihren uralten Routen zu queren, Elche werden verhungern, die Biber keine Nahrung mehr finden, Fuchs und Luchs werden verenden. Damit sind auch die Jagdgründe der India-

Der Manicouagan-Staudamm im Bau.

ner vernichtet. Die wirklich Mächtigen, die hinter den Politikern stehen, suggerieren dabei: Wenn keine Staudämme, dann Atomreaktoren, denn Energie muß her, muß – muß . . .
Eine teuflische Alternative: Bleibt uns denn nur noch die Wahl, gegrillt oder eingemauert zu werden? Es spricht kein Mensch vom Nächstliegenden: Wie wäre es denn, wenn man die Nordamerikaner im Gebrauch eines mechanischen Dosenöffners unterwiese? Muß es denn ein elektrischer sein? Wie wäre es, die Menschen darauf hinzuweisen, daß Licht, Fernseher usw. . . . nicht nur an-, sondern auch ausgeknipst werden können, daß die Heizung auch runtergedreht werden kann? Jedoch all dem stehen mächtige Interessengruppen entgegen – Interessengruppen, die die Medien beherrschen, die dem Volk das einzuflüstern vermögen, was ihnen in den Kram paßt. Ist es denn wirklich unbillig, Vernunft zu fordern, zu erwarten, zu praktizieren? Ist die Forderung unbillig, Tausende und Abertausende von Quadratmeilen einer einzigartigen Urlandschaft vor der Vernichtung zu bewahren, wenn der Preis so niedrig ist? Oder liegt es am System, das bereits so sehr von wuchernden Krebszellen befallen ist, daß es sich nur noch durch immer rasender wuchernde Zellen, die eine um so sicherere Zerstörung bedeuten, existieren kann?
Es scheint so.
Und dann die Sprüche der Politiker. Die dem Volk das alles aufschwatzen wie ein neues Waschmittel. Denen es angeblich um das Wohl der Menschen geht. In diesem Falle: um das der Québecois. Mit provinziell-chauvinistischen Parolen sind sie an die Macht gekommen. Jetzt, wo dieses Blatt ausgereizt ist, spielen sie die ökonomische Karte aus, nur um sich an der Macht zu halten. Dieses Blatt jedoch hatten ihre Vorgänger und Gegner ursprünglich gezogen. Sie haben es jenen mit allen möglichen Argumenten aus den Händen winden können, und jetzt hauen sie es mit offenem Zynismus auf den Tisch. Sie reden jetzt nicht mehr von kultureller Emanzipation und Abwurf der Bevormundung durch die Anglo-Kanadier, sondern davon, daß die Zerstörung der Natur die wirtschaftliche Unabhängigkeit und einen nicht endenwollenden Strom von Dollars im Gefolge habe. Sie reden von einem Saudi-Arabien des elektrischen Potentials. Immerhin – eine Wüste zu schaffen, damit haben sie längst begonnen. Dabei wissen die Verantwortlichen genau, daß der Vergleich mit den Saudis schief ist. Sie wissen, daß sie für alle ihre Energie nur einen einzigen Abnehmer – die USA – haben werden. Im Gegensatz zu den Arabern haben sie nicht die Möglichkeit, ihre Kunden gegeneinander auszuspielen.
Und der, der das Ganze inszeniert hat, der schreit jetzt: »Auch die restlichen Flüsse Quebecs müssen aufgestaut, zur Energieerzeugung herangezogen werden!« Mit diesem Slogan will er zurück an die Regierungsgewalt. Warum – frage ich mich – staut man denn nicht auch den St. Lorenz auf? Warum läßt man die Bulldozer nicht anrollen gegen die häßlichen, anorganischen Steinklötze von Städten wie Montreal oder Quebec? Um sie wäre es doch wirklich nicht schade. Und die Leute, die da wohnen? Pah – denen liegt nichts an Montreal oder Quebec, Städte wie diese gibt's hundertmal in Amerika. Und ein Energiepotential, wie es der St.-Lorenz-Strom darstellt, das Geld, das man daraus schöpfen könnte, das gäbe den Québecois endlich die Mittel in die Hand, sich dort anzusiedeln, wo es sie ohnehin mehr und mehr hinzieht – für den Winter, für den Ruhestand – nach Florida.
»Bis jetzt sind bei dem La-Grande-Projekt (James Bay) nur 10 000 Quadratkilometer Land unter Wasser gesetzt worden.« Was heißt das schon, wenn man bedenkt, daß Labrador oder Nouveau-Québec, wie es jetzt heißt, fünfmal so groß ist wie Deutschland.
Auch das ist eine der hinterhältigen Einflüsterungen: nur 10 000 Quadratkilometer! Zehntausend hier, zehntausend in Manicouagan, zehntausend in Churchill Falls, zehntausend geplant am Rupert River und weitere zehntausend am Great Whale. Dabei wissen diese Leute nur zu gut: Die Flüsse sind in Labrador wie auch anderswo die Adern des Landes. Um die Flüsse herum konzentriert sich das tierische, das pflanzliche Leben. Wie wäre es denn, wenn man jenen Leuten einmal die Adern öffne und umleite, einige leerlaufen ließe und andere übervoll pumpe. Würden sie dann noch davon sprechen, daß nur ein Bruchteil ihres Körpers in Mitleidenschaft gezogen worden wäre? Die Cree-Indianer und die Eskimos hat man entschädigt für den Verlust ihrer Jagdgründe, »ihres Landes«, mit insgesamt 225 Millionen Dollar. Soviel Geld – das ist mehr als nur verdächtig!
Die Indianer und Eskimos haben mit diesem Handel ihre Seele verkauft, sie haben, noch schlimmer, etwas verkauft, haben es der Vernichtung preisgegeben, was ihnen gar nicht gehört. Gerade sie standen doch immer

auf dem Standpunkt, daß Land, daß Flüsse und Ströme kein individueller Besitz sein können und dürfen, daß das Land, die Ströme, die Wälder heilig seien. Sie hätten die Möglichkeit gehabt, ihr Veto gegen diesen Vernichtungsfeldzug durchzusetzen. Sie haben gegen Barzahlung davon Abstand genommen. Ihre Nachkommen werden sie verfluchen.

Es wird für die Angestellten der Kraftwerke eine neue Stadt gebaut werden: Aus der Wildnis herausgestampft, wie es heißt. Radisson – soll die Stadt heißen, und zweieinhalbtausend Menschen beherbergen. Radisson! Das ist ein makabrer Witz! Radisson war ein Waldläufer, der sich im Grabe umdrehen würde angesichts der Verwüstung. Keine Kosten und Mühen wurden gescheut bei der Planung der Stadt Radisson. Psychologen, Soziologen, Urbanisten, Ökologen – ja, sogar ein Philosoph hat dabei mitgewirkt. Ganze Teams von Spezialisten – dagegen kein normaler Mensch, keiner von denen, die dort wohnen sollen. Oder ist die Einschaltung von Seelenspezialisten nur ein Alibi, das man vorbringen kann, wenn der erste durchdreht, Amok läuft, wenn sich die Selbstmorde häufen in dieser Retortenstadt, die Radisson heißt? Nein, auch diese Leute wollen nichts zu tun haben mit der Natur, in der sie leben. Sie tun alles, sich von dieser Natur abzuschotten. Den Norden, den hassen sie so sehr, daß sie seine Ausbeutung, seine Zerstörung mit aller Kraft betreiben. Ihr einziges Ziel ist es, viel Geld zu raffen. Geld, das ihnen die immer schon erhoffte Möglichkeit gibt, sich endlich in Florida anzusiedeln.

Die kalte Schönheit eines der größten Staudämme der Welt.

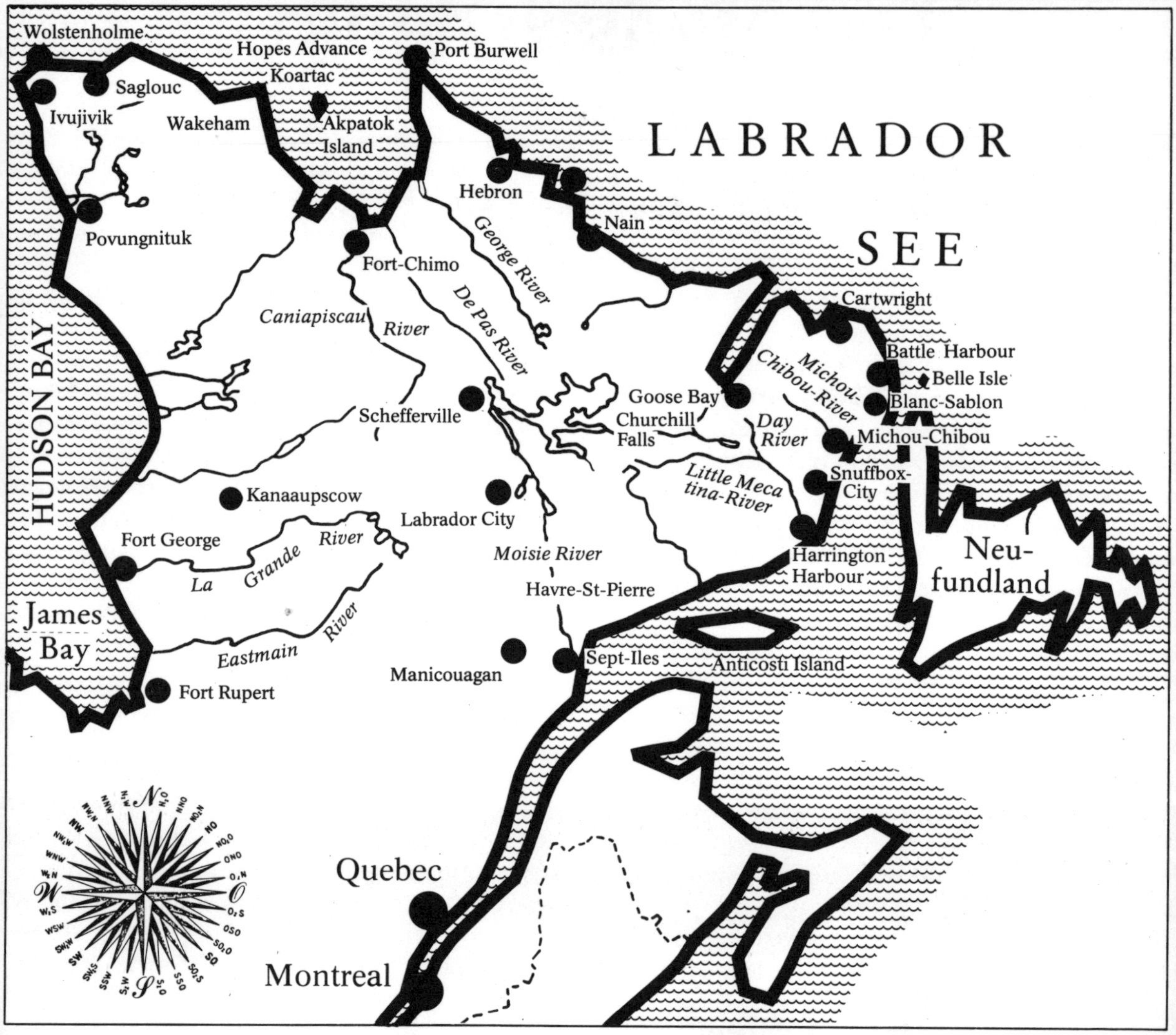

Labrador~Halbinsel

Der Mensch denkt, doch Pilgrim ist verhindert.

Eine Flußfahrt in Labrador – oder auch nur ein Aufenthalt von zwei, drei Wochen in diesem menschenleeren Land – ist für uns Zivilisierte, denen die Selbstverständlichkeiten einer autarken Existenz aus den vom Land gebotenen Gegebenheiten abhanden gekommen sind, zuerst einmal ein logistisches Problem. Bei der Planung stellen wir fest, wie sehr wir von anderen, von Spezialisten, von deren Produkten abhängig sind. Es beginnt mit den Karten: Es ist nicht mehr die eigene oder die mittelbare Erfahrung, die die Älteren den Jüngeren vermitteln, sondern sehr genaue, verläßliche, topographische Werke – verläßlich, soweit Mutter Natur nicht eigene Wege gegangen ist oder gerade geht. Nein, da sind keine Berge abgetragen oder Täler zugeschüttet worden; nein, es sind die Schnee- oder Regenmengen, die aus einem harmlosen Rinnsal binnen Stunden einen beängstigenden und gefährlichen Wildbach machen zu können. Es ist der Eisgang, der Veränderungen, Verschiebungen bewirkt. Das bedeutet: Die eingezeichneten Stromschnellen und Wasserfälle sind allenfalls Anhaltspunkte, aber keinesfalls Verläßlichkeiten.

Es geht weiter mit dem Transportmittel, nach wie vor ein Kanu oder allenfalls ein Kajak, jedenfalls ein Wasserfahrzeug, das sowohl uns, die Insassen, also auch den $^1/_4$-PS-Bizeps-Antrieb, transportiert, einschließlich deren Ausrüstung und Brennstoff; ein Fahrzeug, das über Land transportiert werden kann, wenn's sein muß. Ein Kanu, das sich die Indianer aus Birken- oder Fichtenrinde, aus Holzspanten oder Senten, Fadenwurzeln und Harz, aus den vorhandenen Mitteln an Ort und Stelle bauten, müssen wir uns erst irgendwo in einer der Küstensiedlungen besorgen, d. h. kaufen. Ein solches Kanu oder »Canadier« ist nach wie vor das zweckmäßigste Fahrzeug für zwei Leute. Die Relation Eigengewicht – Unterwasserform – Transportkapazität ist einfach ideal. Jedoch schon taucht die Frage auf: Wie kriegen wir das Ding hinein ins Land? Entweder gar nicht, d. h. wir bescheiden uns mit relativ wenig ausgedehnten Touren im Küstenbereich, und zwar in erster Linie auf Seenfahrten – oder wir wählen als Ausgangspunkt eine der Minenstädte wie Schefferville im Landesinnern, mit begrenzten Möglichkeiten – oder, und das ist der Normalfall, lassen uns von einem der Buschpiloten mit unserer Ausrüstung zum Oberlauf unseres Traumflusses bringen – und schippern diesen herunter.

Jedoch – da gibt's eine Schwierigkeit: Nachdem ein paar böse Unfälle passiert sind, weigern sich die Versicherungsgesellschaften seit neuestem, das Risiko der Außenlasten, d. h. der auf den Schwimmern festgebundenen Kanus abzudecken. Aufblasbare Kanus oder Kajaks, wie sie von Metzeler in München in den letzten Jahren konstruiert wurden, können im Innern der Maschine verstaut werden und sind ein fast vollwertiger Ersatz. Danach kommt – da uns die Fähigkeit abhanden gekommen oder durch Verordnungen versperrt ist, vom Lande zu leben – die Verpflegung. Wobei wir nicht aus dem Vollen schöpfen können, denn es gibt keine längere Tour in Labrador ohne ausgedehnte Portagen. Also: Wir stecken zwischen zwei Scherenklingen, tragbares – im wahrsten Sinne – Gewicht und die notwendige Brennstoffzufuhr des ungewohnt hart arbeitenden Organismus, sprich an die vier- bis sechstausend Kalorien pro Tag.

Die eleganteste, aber auch phantasieloseste, teuerste und wenig gaumenfreundliche Lösung dieses Problems sind die gefriergetrockneten Menus, die in Nordamerika populär geworden sind. Für Kilometerfresser ist es das einzig Wahre, allenfalls aber eine Notration für den, dem das Erlebnis sich nicht mit jeder zurückgelegten Meile potenziert. Wie so häufig ist der Purist hier am schlechtesten dran. Viel besser dagegen der, der ganz opportun von diesem und jenem Brauchbares nutzt und das seiner Meinung nach Adäquate herauspickt. Wobei der Rückgriff auf das, was Land und Wasser anbieten, nicht zu kurz kommen sollte. In erster Linie Fische, in zweiter Linie Beeren, und für Fachleute – Pilze. Daneben braucht der moderne Voyageur die Un-

terkunft, wobei eine gute alte, schwarze Kohte, ein Feuerzelt also, nicht die schlechteste Idee darstellt – soweit mindestens vier Leute unterwegs sind. Sonst gibt's heute Leichtzelte in hervorragender Qualität und Auswahl. Ebenso ist's mit Schlafsäcken – wobei man bedenken sollte, daß auch im Norden Kanadas zur sommerlichen Reisezeit durchaus angenehme Temperaturen herrschen, und wenn's mal nachts Frost gibt, so kündigt sich der schon am Abend vorher an und man zieht sich noch etwas zusätzlich über. Also kein schweres, umfängliches Material für den Schlafsack! Dünne Liegematten sind ganz praktisch, eventuell leichte Luftmatratzen. Wir sind jahrelang ohne ausgekommen und haben hervorragend auf Fichtenzweigen geschlafen . . . Ein bißchen Erste Hilfe, Pfanne, Teller, Gabel, Messer, Axt, kleine Säge, viele Streichhölzer . . .
Überhaupt ist es eine höchst aufregende Geschichte, die Vorstellung zu verwirklichen, zwei, drei oder vier Wochen mit sich selbst und den Seinen auskommen zu müssen. Etwas, was uns im zivilisierten Alltag nicht mehr unterkommt. Von der überaus nützlichen Erfahrung einmal ganz abgesehen, daß da

- nicht gleich um die Ecke ein Krämer wohnt, wo wir einkaufen können;
- kein Arzt nach dem Wehwehchen Ausschau hält oder doch wenigstens eine Handvoll Pillen verschreibt;
- daß im Falle eines Falles der Bär, der sich nicht an uns, aber unsere Verpflegung heranmacht, von uns selbst auf den Weg der Tugend, notfalls mit Gewalt geführt werden muß;
- daß Hotels, Jugendherbergen, Taxis, Kneipen, Bundes- oder Straßenbahnen, Busse, Flugplätze, Verwandtenfittiche und Telephonseelsorge schlicht fehlen.

Die Indianer lebten unterwegs von der Jagd. Aber mit einem grundlegenden Unterschied zu uns: Die Jagd war der eigentliche Zweck ihrer Reisen, erst später auch der Fellhandel mit den Weißen, während es uns um die Erfahrung eines begrenzten, ursprünglichen Daseins oder eines Erlebens geht. Die Indianer suchten die Gebiete mit einer relativ hohen Wildkonzentration – wir berühren diese allenfalls zufällig. Die Indianer wußten instinktiv alle Zeichen auf das Vorhandensein des Wildes zu deuten, sie sahen unvergleichlich mehr davon als wir – die wir zwar allem Schönen, Neuen und Eindrucksvollen aufgeschlossen sind, uns jedoch vergleichsweise kurzsichtig und taub durch die Wildnis tasten. Und noch eins: Die Jagd, die Fleischjagd – das atavistische Mittel zum Überleben – ist eine zeitraubende Beschäftigung, gerade für uns, die wir mit ihr nicht mehr vertraut sind. Mit den an eine Flußfahrt geknüpften Erwartungen ist sie jedenfalls kaum in Einklang zu bringen. Auch nicht mit jagdlichem Gesetz oder der Fairness – sprich: Schonzeiten, während des Sommers.
Die Jagd wäre allenfalls als Überbrückung einer Notsituation vertretbar. Da das erforderliche Gerät (Flinte/Büchse und Munition) mindestens um die zehn Pfund wiegt, stellt sich die Frage, ob wir statt dessen nicht besser ein bißchen mehr Verpflegung mitnehmen. Als Verteidigungsmittel kann der moderne Waldläufer getrost darauf verzichten – trotz der diebischen Bären. Ich bin während eines runden Dutzend Wildnissommern zwar schon einer Reihe von Bären begegnet, doch nie einem, der irgendeine wie auch immer geartete Aggressivität mir gegenüber an den Tag gelegt hätte. Und ich halte die Chance, durch Bärenbiß umzukommen für geringer, als einen Verleger zu finden, der mir auf die Schulter haut und sagt: »Das, was du da geschrieben hast, ist eine tolle Sache, da drucken wir gleich eine dicke Auflage . . . «

Das alles fand mehr oder weniger Eingang in die Planung einer Flußtour durch Labrador. Wobei ich damit nicht übertreibe und mich beispielsweise weigere, unter Zugrundelegung eines Pro-Tag-Kalorien-Durchschnitts die Mahlzeiten, schon vorher zusammengestellt, verpackt und mit beschrifteten Anhängern versehen: »abends, 12. Reisetag«, mitzunehmen.
Welcher Fluß »es« nun sein sollte, das war uns jedoch noch nicht klar. Denn die vom Zentralplateau nach Süden abfließenden Gewässer müssen alle runter von dem um die 500 Meter hoch liegenden Plateau in den zwischen 100 und 150 Kilometer breiten, hügligen Küstensaum; ein Abstieg, der im Granit- und Gneissockel Labradors mehr als turbulent vor sich geht. Turbulenter jedenfalls, als es dem Normalsterblichen zuträglich ist. Wir standen also vor der Wahl: Entweder uns aufs Plateau zu beschränken und uns vor den Durchbruchsschluchten herausfliegen zu lassen, wobei sich der Petit Mecatina als längste Wasserstraße anbietet – oder aber erst innerhalb des Küstensaumes anzufangen.
Nachdem aber die kanadische Regierung entgegen je-

der Erwartung im Winter 78/79 genaue, wenn auch »provisorische« Karten im Maßstab 1 : 50 000 publiziert hatte, fanden wir – nach dem Rezept des geschilderten Übergangs zwischen St. Jean und La Romaine River – eine Möglichkeit, vom Day River, einem Nebenfluß des Petit Mecatina, über eine Kette von Seen und Flußläufen die Abbruchkante des Plateaus halbwegs zivil zu überwinden und den Mishou-Chibou nur wenige Meilen unterhalb seines Canyons an der Quebec/Labrador-Grenze zu erreichen – und von da aus gemächlich zur Küste zu paddeln.
Die Sache hatte – im Vergleich zu den Tagen Père Babels – einen dicken Haken: Wo und wie die Portagen verliefen, wußte kein Mensch mehr. Auch die Indianer von Mishou-Chibou in La Romaine zeigten sich da wenig mitteilsam, lachten zwar freundlich, tranken mit mir eine Menge Schnaps und hintennach durfte ich den Chief meinen Roten Bruder nennen – doch weiter gekommen war ich nicht einen Deut.
Nun ist mir aber vertraut, was es heißt, Boote, Gepäck, Verpflegung durch ungebahnten kanadischen Busch zu transportieren; ebenso vertraut ist mir das Schlagen von Trails durch ebendiesen Busch. Beides sind teuflische Jobs, eine Strafe für Leute, die Vater und Mutter erschlagen oder sich gegen die Steuergesetze vergangen haben – eine Strafe für die schlimmsten Verbrechen jedenfalls.

Da tauchte Pilgrim, der Buschpilot, auf. Pilgrim hatte sich zur Ruhe gesetzt. War müde geworden, ständig für andere Leute herumzufliegen, hatte sich von seinem letzten Geld – aufs Fliegen wollte er unter keinen Umständen verzichten – eine »Piper Spacer« gekauft und privatisierte mit Hilfe des Systems. D. h. er kassiert die staatliche Wohlfahrtsunterstützung und geht jeder auch nur halbwegs geregelter Tätigkeit aus dem Wege. Was dem Fischer recht ist, ist dem Piloten an der North Shore billig, sagte sich Pilgrim.
Versteht sich, daß das Geschäft auf der Basis »cash and carry« abgewickelt wurde. Eine Piper Spacer ist eines der kleinsten und billigsten aller Flugzeuge, und Pilgrim hatte auch Zeit, im Gegensatz zu allen anderen Kollegen – also stand der Luftaufklärung nichts im Wege.
Ich bin gewissermaßen Flugveteran, als Passagier versteht sich, Veteran auf Aeroplanen ehrwürdigster Provenienz. Pilgrims Aeroplan erinnerte mich jedoch fatal an einen Lloyd 400, mein erstes Auto, das ich vor langen, langen Jahren besaß.
»Die Inspektion ist ein wenig überständig«, sagte Pilgrim, als er, vorne auf den Schwimmern stehend, die Luftschraube drehte.
»Drück sie vom Ufer ab und spring auf, wenn sie zündet!« Pilgrim drehte und drehte. »Die verfluchte Batterie!« Pilgrim drehte. »Prrrotttt-prrrrottt- und -brrrrr«, aus den beiden Propellerflügeln wurde ein flimmernder, schwirrender Kreis; Pilgrim wand sich behende über den Passagiersitz auf den Kapitänsstuhl, denn das Maschinchen hatte sich nach dem Prinzip eines Atlantic-Motors in Bewegung gesetzt, bei dem die Herren Ingenieure auf das mitunter brauchbare Accessoire einer Kupplung verzichtet haben.
Ich bin immer wieder fasziniert von den Gesetzen der Aerodynamik und anderer physikalischer Geheimformula, die das motorisierte Aluminium-Leinwand-Dings die Wassertropfen von den Schwimmern schütteln lassen, die es ihm gestatten, sich im Reich der Vögel und Wolken zu tummeln.
Man hat in einer Cessna, Beechcraft, Beaver oder Otter – im Gegensatz zu den gigantischen Flugapparaten der internationalen Gesellschaften – noch das Gefühl, ein individuelles Abenteuer zu erleben, was das Sich-in-die-Luft-Erheben immer noch darstellt. Ein Abenteuer, das abgesichert ist durch eine vertrauenerweckende Technik und beruhigende statistische Werte hinsichtlich der Ausfälle. In Pilgrims Aeroplan werde ich jedoch den Eindruck nicht los, ich säße halb draußen – aufgehängt, bewegt von lächerlichem und verwundbaren Filigranwerk mit papierdünnen, nicht einmal die Illusion aufrechterhaltenden Zellenwänden. Ich bin dann froh, daß es Anschnallgurte gibt und achte sorgsam darauf, daß sie geschlossen sind, obwohl ein Anschnallgurt mir sonst das Gefühl des Angebundenseins vermittelt. Ich werde ganz einfach das sicher unbegründete Gefühl nicht los, herausstürzen zu können ins Nichts. Vielleicht, weil die Tür auf der Passagierseite – also auf meiner Seite! – die einzige ist, die sich überhaupt öffnet. Dafür öffnet sie sich ganz leicht und mitunter ohne mein Zutun.
Wir fliegen nach Norden, am Mishou-Chibou-River entlang. Es hatte ein paar Tage kräftig geregnet; der Fluß ist hoch, trübe, braun. »Da, die Schnellen da unten, die möchte ich sehen!« schreie ich in Pilgrims Ohr. Der reagiert unverzüglich, kippt über die rechte Trag-

fläche weg – jetzt glaube ich wirklich, daß ich in der nächsten Sekunde draußen bin – erinnere mich noch rechtzeitig an die Zentrifugalkraft – halte mich aber trotzdem am Sitz, wer weiß, ob das alles in der Praxis stimmt. »Kümmere dich nicht um die Tür! – Don't mind the door!« hat Pilgrim vor dem Einsteigen zu mir gesagt.

Jedoch die Riffel, die Steinchen, die ein weißes V hinter sich herziehen, das Wildwasser, das da unten tobt, das sehe ich zwar, wie die Mundbewegungen des Pfarrers, wenn er das «Wort zum Sonntag« spricht und ich, auf die »Sportschau« wartend, den Ton abgedreht habe – jedoch auch das Bild erreicht nicht so recht das Hirn, weil das besetzt ist von der Vorstufe der Panik.

»Okay, okay«, rufe ich, »ich hab's gesehen!« Und beschließe, vorsichtiger zu sein und es lieber nicht so penibel und gewissenhaft mit der Aufklärung zu halten. Inzwischen ist jedoch angesichts der Wildnis unter uns und der darin verborgenen Elche, Schwarzbären, Caribous und Biber der nur oberflächlich verschüttete Jagdinstinkt Pilgrims aufgebrochen. Das heißt, Pilgrim begibt sich mit seinem Flugzeug auf die Pirsch. Späht in alle möglichen Winkel und Ecken, kurvt schlimmer als eine Spitfire, der eine Messerschmitt im Nacken sitzt, in der Absicht, ihr für ein und allemal den Garaus zu machen.

»Du hast doch keine Büchse mit – was soll das Ganze –«, schreie ich. »Macht nix, wenn ich sie jetzt sehe, dann kriege ich sie schon nochmal, wenn auch später . . .« »Flieg lieber geradeaus, wir haben noch einen weiten Weg!« »Thousands of gas – Sprit dick! Und hunderttausendmal Spaß!«

Das empfinde ich nun gar nicht, obwohl sich mein Seelenleben stabilisiert; und ich blicke auf den Fluß, auf dieses im Gegenlicht gleißende Band in dem tiefen, breiten Graben da unten und den dunklen Waldbergen an den Flanken. Kein übler Fluß, dieser Mishou-Chibou, trotz des Falles, nein, es ist eher eine Kaskade, die aussieht wie Silberpapier in einer Modelleisenbahnlandschaft.

Die Berge auf der linken Talseite kommen näher; das wilde Durcheinander des verbrannten Waldes, das aussieht, als hätten ein paar Riesen Mikado gespielt und dann die Stäbe achtlos liegengelassen, das zoomt heran und wischt unter uns weg. Dann unversehrter schwarzer Busch, ein Teppich aus Balsam- und Rotfichten, aus Birken überm Granit. Erlengestrüpp um die wenigen kleinen Tümpel, um die weite Fläche des Aticonipi-Sees. Von oben wirkt das schön und übersichtlich, doch von unten, aus der dem Zweibeiner gemäßen Froschperspektive, ist es ein verwirrender, widerspenstiger Baumverhau – kein Land, das man mit dem Wanderstab in der Hand erkundet, vielmehr eine Wildnis, die ein Durchbeißen erfordert.

In der Phalanx der Bäume kann ich keine schwache Stelle erkennen. Die kleinen Felsbuckel zählen nicht, die wie Inseln im Waldmeer liegen, auch nicht der Bach, der Abfluß des Aticonipi, der aussieht wie ein weißer Faden in dunklem, geknittertem Papier.

Wir würden uns nicht auf den Augenschein, auf die Passivität beschränken können, auf die sich Erleben und Abenteuer heute in den allermeisten Fällen reduziert haben. Wir werden wohl die ungebrochene Urwüchsigkeit dieser Wildnis erleiden. Sicher gibt es da unten einen überwachsenen Trail, doch der riesige See, der zwischen den Hügeln liegt wie ein gigantischer Tintenklecks, hat mehrere Buchten, die der Ausgangspunkt für den Pfad zum Mishou-Chibou-River sein könnten. Fünf bis sechs Kilometer sind es »wie die Krähe fliegt« vom See bis herunter zum Fluß – das ist gleichzusetzen mit tagelangen, härtesten Strapazen. Auch der neuerliche Kreisbogen, den Pilgrim mit seinem Flugzeug beschreibt, verrät mir nicht, wie wir uns das Durchkommen erleichtern können.

Die Aussichten am Westufer des Sees: nicht einen Deut besser. Der Schirm des finsteren Nadeldickichts scheint noch dichter; es fehlen die Felsbuckel, nur an einer Stelle sehe ich einen sumpfig-grasigen Fleck, ein paar Tümpel. »Da unten, das ist wie geschaffen für Elche«, ruft Pilgrim und beginnt zu kurven. »Zur Hölle mit deinem Elch, diesen Busch hat der Schwarze Teufel selbst gemacht . . . « »Yeah, da kannst du nicht stehen, nicht gehen, nicht mal kriechen kannst dur, das einzig Vernünftige ist drüberwegfliegen!« schreit der Pilot.

Erst am Northwest River lichtet sich der Busch, dort ist die typische Plateau-Vegetation, einzelstehende Fichten auf einem hellen, freundlichen Teppich, dem Caribou-Moos; dazwischen trockene, gelbliche Sandflekken wie Kinderspielplätze im Park. Esker kurven über die Ebene – die trockengefallenen Betten eiszeitlicher Gletscherflüsse; wie Bahndämme liegen sie auf dem Plateau. Flußgründe, die heute, nachdem das die Ausbreitung des Wassers verhindernde Eis zu beiden Seiten abgeschmolzen ist, sich über ihrer Umgebung angesie-

delt haben. Eine offene, nordische Savanne, über die Winnetou auf seinem Hengst galoppieren könnte. Aber vielleicht hätte auch er vorgezogen, im Kanu zu reisen, angesichts all des Wassers da unten, Wasser, Wasser, Wasser – diesmal nicht als Binnenmeer wie der Aticonipi, der allein, breit und mürrisch daliegt, sondern in Schleifen und Schnüren, Fäden und Bändern, die die Seen zusammenhalten, wie die unbenamten Fließe, die zwischen einer Waldgalerie von Teich zu See und von See zu Teich mäandern.
Danach scheint die Balance sich vollkommen zugunsten des Wassers zu verschieben: Die Seen Chenil, Cuff, Brugalle – das sind fünfzig, sechzig Quadratkilometer H_2O, aber auch sie stehen in geselligem Kontakt miteinander, mischen ihr Wasser über stille Kanäle, halten Verbindung zu den Lagunen hinter den Nehrungen. Und wenn es ein Paradies gibt, so liegt es hier und jetzt unter . . . »Da unten gibt's eine Masse Hechte«, unterbricht Pilgrim meine Betrachtungen. »Wenn ich auf zwei-, dreihundert Fuß runtergehe, sehen sie aus wie Streichhölzer im Wasser . . . « »Ich glaube, wir sollten besser unsere Verpflegungstonne auf der Insel da absetzen!« rufe ich.

Wir wassern auf dem Brugalle, dem nördlichsten der drei Seen, die Piper schnurrt zur Insel, wir deponieren das blaue Tönnchen auf dem struppig-borstigen Eiland, mit einem alten Indianer-Camp auf der höchsten Kuppe, mit zwei vom Schnee zerquetschten Kanus, ein paar rostigen Fallen, zwei, drei zerbeulten Töpfen, einem kleine Hobel, einer Dose mit Backpulver. Ein Camp, das zur Abwehr von Bären auf dem Inselchen angelegt wurde. Auf dem Weg zurück folgen wir dem Lauf des Northwest River, der zwischen den Wellenbergen eines in hoher Dünung erstarrten Waldmeeres zur Küstenebene herunterstürzt.

Nöck, Quisel und die Präsidentin sind ein erfahrenes, in Grönlands Fjordwelt bewährtes Team. Die Präsidentin und Quisel kenne ich seit langen Jahren, Nöck lange genug, um meiner Sache sicher zu sein, daß er ein gutes und verläßliches Mitglied der Gruppe sein würde. Körperlich ist er top-fit und geistig beweglich, geschickt und mit ungebrochenem Instinkt für die Erforderlichkeiten; daß er sich im nachhinein ganz unerwartet als hervorragender Koch entpuppen sollte – das ist das I-Tüpfelchen, das ihn zu einem kaum zu übertreffenden Waldläufer machen würde, wäre er nicht dabei, Diplom-Ingenieur zu werden.
Vielleicht überlegt er sich's nochmal.

Quisel und die Präsidentin eines Kanuclubs haben schon -zigtausende von Kilometern mit Kajaks hinter sich gebracht. Quisel, das ist eine ungewöhnliche Kombination von Vorsicht, Hilfsbereitschaft und fröhlichem Temperament, ein nie versiegender Quell von Worten, Späßen, von Jux und Dollerei, von Zähigkeit und Härte; die Präsidentin dagegen, eine Frau, mit beiden Füßen im Leben und in und über der Gruppe stehend, kein bißchen zimperlich, vielleicht ein bißchen zu forsch, mehr Kamerad als Frau, die in der Wildnis wie auch sonst ihren »Mann« steht.
Dann sind da noch zwei Moonias. Ich kenne den älteren seit längerem; es verbindet mich mit ihnen die Gemeinsamkeit der nordsaarländischen Herkunft. Meine Einschätzung ist, daß sie körperlich fit, intellektuell beschlagen, kurzweilig, die Schwierigkeiten des Anfängers rasch überwinden und das neue Element des Jungfräulichen einbringen werden. Wir sind also sechs. Eine Frau, fünf Männer. Drei von uns, dazu gehört auch die Frau – sind in den Vierzigern, die beiden Jüngsten sind Mitte zwanzig, einer ist knapp dreißig Jahre alt. Der Dreißigjährige und einer der Fünfundzwanzigjährigen sind Brüder. Es sind die »Moonias« – Anfänger, Neulinge, Greenhorns sowohl im Kanufahren als auch in der Wildnis – Moonias, wie die Cree-Indianer jene nennen, die sich zum erstenmal aus der Geborgenheit der Siedlungen hinauswagen. Aber die Moonias sind starke, kluge, wahrscheinlich auch geschickte Männer. Sie sind aufgewachsen in einer Gegend Deutschlands, wo die physische Leistung, die körperliche Arbeit einen besonders hohen Stellenwert einnimmt. Das Kanufahren ist den anderen dreien seit der Kindheit eine aus ihrem Leben nicht wegzudenkende Übung und Erfahrung. Ebenso der Umgang mit einer relativen, zum Teil auch absoluten Wildnis.
Die Piper Spacer ist vollgestopft mit Ausrüstung, mit Mehl, Fett, Zucker, Reis, Pulverkartoffeln und all dem Kochzeug. Ich sitze neben Pilgrim, der die erste Fuhre zu dem namenlosen See, nicht weit vom Oberlauf des Day River schippert. Auch er hält die Aticonipi-Portagen für mehr als scheußlich. Wir fliegen deshalb am Matzé River entlang, verfolgen eine Parallelroute, ein gutes Dutzend Kilometer weiter nördlich. Wir hätten

Wieder mit dem Kanu unterwegs: Die einzige Möglichkeit, die Wildnis zu »erfahren«.

Pilgrim am Steuerknüppel seiner »Piper«.

Quisel hat die Gans gestohlen . . .

Ein Mords-Saibling – das Paddelblatt ist 70 Zentimeter lang!

uns den Aufwand sparen können: Matzé ist das Montagnais-Synonym für »böse, schlecht«. Mitunter habe ich nicht weniger als ein Dutzend unpassierbarer Schnellen und Wasserfälle im Blickfeld. »Es bleibt bei der Aticonipi-Route« sage ich zu Pilgrim, als wir auf dem See, der unser Startplatz ist, gewassert haben und das Flugzeug entladen. »Okay – ich glaube, ich werde mal nach euch sehen, so in zwei Wochen – am Aticonipi!« »Einverstanden – also machen wir's fest: Am 20. oder 21. August am Aticonipi, und wenn du uns da nicht findest, fünfzehn Meilen westlich am Brugalle, wo wir das Tönnchen deponiert haben. Du kommst ja leer – also bring noch was zu essen mit. Schreib dir's auf, wir verlassen uns drauf! Dann brauchen wir nicht soviel Fourage mitzunehmen«.

Die Schwarzen Fliegen hatten mich erwartet – sie kamen alle, damit ich beim Aufbau der Kohte nicht allein war. Vier Männer würden das Feuerzelt bewohnen, die Besatzung des gemischten Zweier-Bootes ein gutes Leichtzelt. Pilgrim hatte mir geholfen, die beiden Scherenstäbe aufzustellen, die daran aufgehängten, schwarzen Planen provisorisch zu verankern. Dann hatte er die Maschine wieder gestartet und war weggeflogen.
Ich schlug und schnitzte noch ein Dutzend Häringe aus den Weiden und Fichtenbüschen, trieb sie mit der Axt in den Boden und wehrte den Insekten. Der Platz war eben, trocken, mit Caribou-Moos bewachsen. Der Aufbau der Kohte war ein Klacks. Im lichten Wald drumherum gab es gutes, trockenes Brennholz.
Ich war wahrscheinlich der einzige Mensch im Hundert-Meilen-Umkreis. Manche würde diese Tatsache erschrecken – für mich ist sie ein Privileg. Trotzdem kann ich in der Nacht keinen Schlaf finden – aber ich schlafe immer schlecht in der ersten Nacht, wenn ich den relativen Komfort des Kecarpoui-Postens hinter mir gelassen habe. Ich denke nach, lasse meine Gedanken vom Zügel, lasse sie wandern, in der Vergangenheit herumkramen, in der Zukunft spekulieren, seitwärts schweifen, lasse sie hin und her springen – ohne Konzentration oder Effektivität. Währenddessen blitzen und blinken die Sterne im Viereck des Rauchabzuges, als hielte einer ein löchriges Stück Canvas gegens Licht, und als endlich doch Gedanken und Träume sich zu mischen beginnen, wäre ich wohl eingeschlafen, doch da kriecht die Kälte zu mir in den Schlafsack, ich wühle den Kopf ins Bettzeug, damit der Atem mich wärme, und mache dann endlich Feuer. Es liegt alles parat: der Fuzz, Späne, dünn-gespaltenes, trockenes Holz und Streichhölzer. Die Augen haben jetzt einen Focus, das Feuer; auch die Gedanken – ohne jedoch Druckreifes oder gar Wichtiges zu produzieren.
Ich dusele doch weg – für kurze Zeit nur, und als ich aufwache, wischen Nebelschwaden über die letzten Sterne, soweit sie die Dämmerung noch nicht ausgeknipst hat.
Ich laufe am sandigen Ufer des flachen Sees entlang, versuche einen Frühstückshecht zu fangen. Schon lange habe ich keinen Hecht mehr gegessen, Hechte sind am Kecarpoui sehr rar. Vor mir – ein paar Tage mochte es her sein – ist ein Elch ebenfalls am Ufer entlanggegangen. In anderer Absicht als ich allerdings, denn Elche machen sich nichts aus Hechten und umgekehrt ist es ebenso. Nur wir Menschen haben die von der Natur vorgegebenen Grenzen gesprengt. Hätten wir's jedoch nicht getan, würde ich nicht an jenem namenlosen See in Zentral-Labrador entlangstapfen und auf Hecht fischen. Andererseits könnte ich, so sinniere ich weiter, vielleicht dieser Beschäftigung noch im alten Europa nachgehen. Dann hieße ich aber wohl Edek oder Ludek oder nicht einmal das.
Am Auslauf des Sees, da wo der Bach beginnt, der nach fünf Kilometern schon im Day River endet, riecht es förmlich nach Hecht. Da ist ein tiefer, schwarzer Kolk, da ist Seegras, Schilf, da ragen ein paar Baumleichen ins schwarze Wasser, da feure ich den Löffel zwischen die fahlen Äste, spinne konzentriert – nicht zu schnell, nicht zu langsam – doch da wobbelt nur der Löffel zu mir zum Ufer, und der Göck da unten im schwarzen Loch, der Göck grinst sich eins.
»Nudeln mit Speck – das ist die Alternative!« sage ich mir im Zurückgehen. Der Nebel hatte die Röcke hochgehoben, und ich will beim Einschweben der Piper mit helfender Hand . . . Selbstverständlich mache ich unterwegs noch ein paar Würfe. Das ist kein konzentriertes Fischen, sondern ein Werfen im Vorbeigehen. Und da – da schießt was hinter dem Löffel her, kollidiert fast mit meinen Stiefeln. Ich bin wieder alert bis in die letzte Faser, setze den Köder aus dem Handgelenk nur ein paar Schritte in Richtung Seemitte, denn da steht wohl der Fisch und wundert sich, wo das Silberdings abgeblieben ist. Richtig – wusch – hat er ihn, und kurz danach packe ich den Hecht am Schopfe.
Es wird dann doch nichts aus den Filets zum Früh-

Scheinbar endlos dehnt sich das Labradorplateau, ein Labyrinth aus Wald und Wasser.

stück, denn die beiden Moonias flattern herein mit Pilgrim und fragen gleich, wo ich den Hecht gefangen hätte . . . Ein paar Stunden später kommt Nöck, und mit ihm zieht eine Wetterwand auf, die Pilgrim stehenden Fußes wieder wegstarten läßt in das Grau über uns.

Zwei Tage sitzen wir in der Kohte, während Regen und Sturm die Plane an der Wetterseite nach innen drücken. das heißt, wir liegen meist in den Schlafsäcken im Geviert, in der Mitte brennt das Feuer. Wenn wir sitzen, dann sind unsere Häupter in Rauch gehüllt und stecken wie die Köpfe der Eisriesen in den Wolken, nur daß denen das Atmen leichter fällt und die Augen weniger tränen. . . Vor allem Moonia der Jüngere beklagt sich bitterlich über den Rauch . . . Ansonsten birst er genau wie sein Bruder vor Aktivität, wie das Moonias so eigen ist. Sie paddeln hinaus ins Unwetter und kommen patschnaß zurück, können jedoch drei Hechte als Beute vorzeigen.

Indessen steigt der Wasserspiegel des Sees zusehends, und schließlich steht er fußhoch überm Trittstein am Ufer. Das bedeutet Hochwasser. Ich hasse Hochwasser. Es überflutet und ersäuft zwar manches Hindernis, bedeutet aber unterm Strich eine Potenzierung der Gefahr sowie viel, viel Schweiß und Ärger beim Umtragen oder Treideln. Der Fluß steigt dann in die Uferweiden hinein, überflutet jede Spur von ebenem Strand. Die Weiden – es sind in Wirklichkeit Erlen – ist das zäheste und impertinenteste aller Dickichte.

Am Abend stehen wir auf dem schmalen Sandstreifen, den das Seewasser nicht besetzt hat, über Bärenspuren gebeugt. Spuren, die am Vortag noch nicht da waren. Eine Bärenspur ist viel schlimmer als der Bär selbst, da die Bestie nicht auszurechnen ist. Die Abdrücke sind nur fünfzig Meter von unserer Kohte entfernt. »Hörst du auch was?« wispert Moonia der Ältere in der Nacht. Auch ich bin von dem Patschen im seichten Wasser am Ufer aufgewacht. Das ist kein Biber, der mit dem flachen Schwanz aufs Wasser haut. Patsch, patsch, patsch – die Schritte nähern sich. Patsch, patsch, patsch.

»Paßt auf, Leute, erschreckt euch nicht!« warne ich leise ins Dunkel und schlage die vorsorglich bereitgestellten Bratpfannen mit aller Kraft gegeneinander, daß es weithin schallt. Während des Bruchteils einer Sekunde ist nichts mehr zu hören, während wir den Atem anhalten, und ich lasse das Metall nochmals scheppern. Patsch, patschpatschpatsch, da entfernt sich einer sehr schnellen Schrittes, haut ab. Triumphirend knalle ich noch eine akustische Salve hinterher. Das tut mir gut, nachdem mir – ausgerechnet mir, dem Veteranen – das Unglück widerfahren ist, beim Trocknen Moonias des Jüngeren Stiefel zu verbrennen. Ausgerechnet mir, der immer predigt, daß es weniger die großen, sondern eher die kleinen Katastrophen oder die Unachtsamkeiten sind, die ein Unternehmen wie das unsere zum Scheitern bringen. In diesem Fall ist zwar leicht Ersatz zu beschaffen, da Pilgrim noch zwei Trips machen mußte. Das gilt auch für die Axt, die der Jüngere der Brüder zerschlagen hat.

Am nächsten Vormittag ist dann die Gruppe komplett. Wir schicken eine Menge Zeug zurück. Unsere Tragfähigkeit ist Brigittes Fürsorge nicht gewachsen. Und trotzdem: Wir haben noch zuviel Krempel. Des älteren Bruders Schlafsack und Unterlage, das ist eine riesige Rolle; der Präsidentin Kamerakoffer mit Inhalt hat gewaltige Dimensionen und wiegt entsprechend.

»Sechs Leute«, sage ich mir jedoch, »fressen eine Menge weg – und wenn nicht gleich am Anfang lange Portagen zu bewältigen sind, müßte es trotzdem gehen. Und wer möchte schon nach Feldwebelmanier im Gepäck der anderen herumkramen? Trotzdem nehme ich mir vor, beim nächsten Mal ein Volumen- und Gewichtslimit zur Bedingung zu machen.

Der namenlose Bach, der den gleichfalls namenlosen See verläßt – wenn schon ein Name sein muß, dann »Windbound Lake« – ist problemlos. Die kurze Treidelstrecke, die mir vom Flugzeug aus aufgefallen war, hat die Regenflut glattgebügelt. Da ist weiter nichts als ein bißchen rascheres Wasser, da ist die Andeutung einer Stromzunge. Auch der Day, ein mittlerer Fluß von dem Volumen etwa der Obermosel, füllt sein Bett bis über den Rand und zieht gemächlich durchs flache Plateau nach Süden. Die beiden Schnellen, am Ein- und Ausgang einer Hufeisenkehre, finden wir passabel, obwohl Moonia der Ältere und ich, vereint in dem ungewohnten Gummi-Canadier, weit davon entfernt sind, eine effektive Einheit darzustellen.

Nöck sagt mir am Abend, daß er mit Moonia dem Jüngeren als Schlagmann ebenfalls ein Gefühl der Unsicherheit nicht los wird. Der Zeltplatz ist ein Traum: Ein Wiesengraben zweigt vom Day ab, wird am Rand des lichten Waldes ganz eng. Wo es nicht mehr weitergeht, steigen wir aus, gehen hundert Meter in den Wald, nein, in den Park – stellen die Kohte – das Zelt – zwi-

schen die Bauminseln, machen ein Kochfeuer und ein Trockenfeuer – denn einer der Moonias ist ins Wasser gefallen.
Ich hätte doch eine Schrotflinte mitnehmen sollen – denn da sind Schnellenten und Graugänse, Biber, Bisame, Spuren von Elch und Bär. Wir sind zwar mitten im Caribou-Land, doch seine Bewohner sind nicht zu sehen. Offensichtlich sind die Herden von Indianern und Weißen gleichermaßen dezimiert worden. Vielleicht haben sich die Caribous nach Norden zurückgezogen – haben dem Elch Platz gemacht.
Die Gänsemütter und Väter versuchen, unsere Aufmerksamkeit auf sich und von den Jungen abzulenken, während die mehr als halbwüchsigen Jungen die Köpfe flach aufs Wasser legen und im Erlendickicht am Ufer Schutz suchen. Eines fällt Moonia dem Jüngeren zum Opfer, der es mit dem Paddel erschlägt.
Wir rasten auf einer schmalen Landzunge zwischen einem runden, etwa zwölfhundert Meter weiten See und dem Day – wieder auf einem alten Indianer-Zeltplatz. »Nimrods Feldherrnhügel« würde ich ihn nennen, denn von hier entgeht dem Jäger nichts – sowohl auf dem Fluß als auch auf dem See dahinter. Der Day hat sich kurz davor in zwei Arme geteilt. Die Lagunen-Insel dazwischen ist sicherlich reich bestückt mit Biber, Otter, Nerz, Marder, Bisam – von Federwild und Elchen einmal abgesehen. Ein »Supermarkt« für die Indianer. Sie brauchten sich nur zu bedienen . . .
Am Mittag beginnt der 60-Meter-Abstieg des Day auf die nächste Terrasse, den er auf einer Strecke von knapp zehn Kilometern bewerkstelligt. Das bedeutet sechs Promille Gefälle und bei diesem Wasserstand: schweres, gefährliches Wildwasser. Felsinseln teilen die beiden ersten Schnellen in zwei Arme. Ich halte mich auf der wasserarmen Seite, versuche uns vorbeizumogeln – was nur teilweise gelingt: Die Boote bleiben auf jedem der rundgeschliffenen Wacken hängen. Es dauert, bis wir durch sind. Der Day hat inzwischen Fahrt aufgenommen, er rauscht und braust in seinem steinigen Bett. Wir fahren ein Stück – schwingen ab in ein Kehrwasser, warten, bis die anderen durch sind, wechseln uns in der Führung ab. Das ist die beste Art, einen unbekannten Fluß zu erkunden, vorausgesetzt, alle haben leidliche Wildwasser-Erfahrung. Aber nicht nur die beiden Boote mit den Moonias, auch Quisel und die Präsidentin haben Schwierigkeiten: Beide sind Kajakfahrer und nur mit Einerbooten vertraut. Es wäre gut gewesen, wenn wir ein paar Tage Zeit gehabt und den Ernstfall hätten proben können . . . So hilft nur die allergrößte Vorsicht. Trotzdem liegen wir bei einer Querung um ein Haar im Bach, hundert Meter vor einer unpassierbaren Stufe. Wenn es uns da heruntergerissen hätte . . . Das Boot jedenfalls wäre weggewesen, das Boot mit Inhalt. Ich unterlasse es, mir im einzelnen vorzustellen, was alles abgeschwommen . . . wie wir dann weitergekommen wären. Ich nehme mir vor, noch mehr aufzupassen. Beruhigend dagegen ist die Tatsache, daß die Gummi-Kanus technische Fehler der Fahrer nicht stehenden Fußes bestrafen, sondern in Entenmanier gutmütig über die Wellen schwabbeln. Wir schwingen uns ins letzte Kehrwasser vor der wilden Stufe, beschließen, es für diesen Tag gutsein zu lassen.
Noch am Abend schlagen wir einen kleinen Trail zum Unterwasser, versuchen vergeblich, einen Fisch zu fangen, während Moonia der Ältere sich trockenlegt und versucht, seine Kamera auseinanderzuschrauben, die er bei seinem Sturz ins Wasser am Gürtel hängen hatte, ohne wasserdichten Sack. Ich weigere mich, die junge Gans bratfertig zu machen, und lasse mich auch durch die Bitte, es wenigstens einmal zu zeigen, wie's geht, nicht von diesem Kurs abbringen. Das Ausnehmen und Herrichten ist die Aufgabe und das Vorrecht des Jägers. Wir haben mehr als genug zu essen, und es wäre ganz gut, wenn die Tragelast reduziert würde, argumentiere ich.
»Die Junggans ist der reinen Mordlust zum Opfer gefallen – also ist derjenige auch gehalten, die Drecksarbeit des Ausnehmens zu machen. Als Kompensation.«
Trotzdem: Das Vieh schmeckt auch mir hervorragend, mit Speck, Röstzwiebeln, Bannock-Knödeln und Rum hintennach. Das ist inkonsequent, ich weiß.
Als die Kälte mich im ersten Morgengrauen aus dem Zelt treibt, liegt Reif auf der Kohte; da dampft der Fluß, während sich der helle Schimmer im Nordwesen des Himmels über der schwarzen Silhouette der Fichtengipfel rötet. Der Day rauscht in seiner ungewohnten, fremdartigen, grauschwarzen Stumpfheit vorbei; nur die Kämme der Brecher sind heller, die Wellentäler tiefschwarz. Weiter abwärts grollt es dumpf, das über die Stufen stürzende Wasser, ein Bühnenbild zu Lortzings »Undine«: Die Wassergeister holen ihr Mädchen zurück. Ich sitze jedoch nicht im Polstersessel eines Opernhauses, sondern auf einem harten, kalten Stein. Mir ist kalt, während das Kaffeewasser auf dem kleinen

Am Lagerfeuer –
davor ein
»Toller Hecht«.

Außenbords-
kameraden in
Hülle und Fülle.

Feuer immer noch nicht dampft . . . Wir nennen das Lager »First Frost Camp«. Es ist Mitte August.

Es dauert, bis das Gepäck, bis die Boote im Unterwasser liegen, bis wir wegkommen. Moonia der Ältere hat einen seiner Stiefel verbrannt, glücklicherweise nur den oberen Teil des Schaftes. Die zwei ersten Schnellen sind leicht, die dritte kurz danach ist die mächtigste bislang; sie ist unpassierbar. Der Uferwald ist ein Baum-und-Busch-Verhau. Die Erlen: eine federnde Gummiwand über Felstrümmern und Wasserlöchern. Soweit wir sehen können: Der Day ist eine rauschende, brausende Schnelle. Wir beschließen, bis zum ruhigeren Wasser zu tragen. Wechseln herüber auf das linke Flußufer. Nöck und ich gehen als Kundschafter voraus, schlagen gleichzeitig einen Trail. Nachdem wir das Ufergestrüpp durchbrochen haben, wird der Wald heller, lichter, allerdings in keiner Phase zum Park, wie ich ihn am Brugalle-See aus der Luft gesehen habe.

Es ist der wärmste Tag bislang: Wir sägen, hacken und schwitzen, die vier anderen schleppen und schwitzen ebenfalls. Die Orientierung ist schwierig: Da sind keine »Berge mit Glatze«, die wir besteigen und von denen wir die zweckmäßigste Route erkunden können.

Um uns ist nur Wald, nichts als Wald. Wir richten uns nach dem Kompaß, der Sonne, nach dem Wind, der das Rauschen der Schnellen herüberträgt. Nach fünfhundert Metern gehen wir zurück, helfen den anderen beim Tragen. Drei Trips sind jeweils erforderlich; bei ausgeklügelter Beschränkung auf das Unabdingbare würden zwei Trips reichen. Zwei Trips durch diesen Wald, mit dieser Last wären mehr als genug. Die Hitze setzt uns zu, es ist ein schwüler Tag, wie er in diesen Regionen meist einem Unwetter vorausgeht. Während der dritten Etappe in den verbrannten Wald, dessen weißgebleichte, tote Fichtenstangen den Bick nicht mehr verstellen, zeigt die Sonne einen deutlichen Halo.

Der jüngere der beiden Brüder hat starke Knochen und Muskeln. Er trägt Mordslasten; allerdings scheint er – wenn es gilt, den »toten Punkt« zu überwinden – eher nachzulassen; da scheint ihm die Zähigkeit, bei aller Kraft, abzugehen. Es fehlt ihm, wie seinem Bruder, an Koordinationsvermögen, vielleicht weil es die erste Erfahrung dieser Art ist. Der ältere Bruder müht sich unter Ächzen und Stöhnen, er hat Rückenschmerzen. Ich verteile Schokolade und andere Kraftnahrung. Nöck ist zäher, kräftiger, geschickter, der geborene Kanumann und Waldläufer; einer, der auf Anhieb sieht, was zu tun ist – und es dann auch ausführt. Quisel und die Präsidentin sind in über zwanzig Jahren Kanufahren Veteranen geworden – sie wissen, wann und wo man sich durchbeißen muß, auch wenn's wehtut.

Das letzte Stück, an einem kleinen Rinnsal entlang, mit Sumpflöchern, grünem Gestrüpp zwischen den Baumleichen und Nässe, ist das schlimmste. Jedoch können wir hier endlich Wasser trinken. Zum erstenmal in Labrador habe ich Durst gelitten. Wir finden unten auf einer Landzunge zwischen der Einmündung eines namenlosen Flüßchens und dem Day River, unter einer mächtig ausladenden Fichte, einen guten Platz für die Nacht. Die rauschenden Regenfluten wecken mich; mein Schlafsack ist ein nasser Lappen. Ich bin zu müde und zu zerschlagen, etwas dagegen zu unternehmen, schlafe unruhig weiter. Wir bleiben während des gesamten nächsten Tages im »Old Burn Camp«, holen die zurückgelassenen Boote nach, versuchen vergeblich, einen Fisch zu fangen. Auch hier sehen wir Spuren von Indianern, die Überreste einer Marderfalle, Schuppen eines Weißfisches, der einem Otter zum Opfer gefallen ist. Unsere Versuche, Hechte zu fangen, bleiben vergeblich.

Aus dem tropfnassen Wald heraus brechen wir auf, der Day hat den an den Vortagen erlittenen Verlust an Volumen längst wieder wettgemacht. Vor uns liegen die wohl härtesten zwei Kilometer der gesamten Flußstrecke: ein Gefälle von etwa dreißig Metern! Das entspricht einem Wert von 15 Promille! Da kann nicht viel Fahrbares sein. Immerhin klappt es mit dem Treideln recht gut. Einmal jedoch, als ich von einem Felsbrokken ans Ufer springe, reißt's mir die Leine aus der Hand. Hätte Nöck nicht ohne Rücksicht auf seine noch trockenen Hosen reagiert . . . Wir sind froh, wenn wir mal für hundert Meter paddeln können; vor allem die Erlen an den Ufern verlangen uns das Letzte an Konzentration und auch an physischer Durchsetzungsenergie ab. Am Nachmittag legen wir vor der letzten Stufe, einer monströsen Kaskade an. Ein elementargewaltiges Naturschauspiel, das wir erleben, aber noch eher erleiden. Wir tragen die Boote zuerst durch den verbrannten Wald, über üble Fußangeln und durch böse, verdeckte Löcher, durch das Uferdickicht – nachdem wir einen notdürftigen Trail geschlagen haben. Danach treideln wir die letzten Meter am Rand der schäumenden, springenden, stürzenden, donnernden Wasser. Wir – ein schwächliches Grüppchen Men-

schen, das sich da mit lächerlichen Gummi-Bötchen abquält.
Quisel springt herüber, reißt Moonia dem Jüngeren, der nach seiner Ansicht das Boot zu lange festhält, die Bugleine aus der Hand, läßt sie Hand über Hand durchlaufen. Die Boote winden, drehen sich in den Rinnen, Gräben – gleiten, stürzen über Stufen – ab und zu müssen wir sie anlupfen, über kleine Schwellen hinwegheben. Wir haben eine Kette gebildet, schicken die Boote vom einen zum anderem, sobald der am weitesten oben Stehende das letzte Kanu übergeben hat, reiht er sich unten wieder ein. Die beiden Moonias spielen Statistenrollen während der Treidelarbeit. Die Präsidentin fotografiert. Die Statistenrollen passen den Brüdern nicht. Was hilft's – wir müssen weiter. Auf dieser Seite ist kein Quadratmeter ebenes Gelände – nicht genug für das kleine Zelt des gemischten Zweiers, geschweige denn für die Kohte. Auf der anderen Seite des Unterwassers ist höheres, wahrscheinlich auch trockenes Terrain. Vorher müssen wir die letzten Meter am Rand des steilsten Abfalles überwinden. Wir schreien die Anweisungen durch das Gebrüll der Schnelle:
»Gib Leine – halt fest – paß auf – Scheiße, es rutscht nicht – mehr Schnur! – mach schon, los, los, – Tempo – nein, halt! – heb an – paß auf!«
Da ist weder Zeit noch Gelegenheit zum Üben, zur Diskussion, zu Argumenten. Die Formulierungen sind so, daß sie das Ego eines sonst sehr und zuerst von sich überzeugten Menschen in Frage stellen können. Als wir abends darüber sprechen, habe ich den Eindruck, daß die beiden Brüder noch immer nicht erkannt haben, daß wir die Bühne der Theorie längst verlassen haben, daß das keine gruppentherapeutische Übung, sondern daß die Situation sowohl im banalen wie auch im brutalen Sinne real ist. Eine Situation, wo's ums schlichte Durchkommen geht. Wo die nächste Stufe schon das nackte Überleben ist, wo ein falscher Griff oder Schritt uns allesamt hinunterwerfen kann auf diese allerletzte Stufe. Da zählt auf einmal gar nicht mehr, ob man ein netter, angenehmer Mensch ist, ein Mensch, der sich im Dickicht der theoretischen Bezüge des menschlichen Zusammenlebens auskennt, der sonst allerhand Gescheites und Witziges von sich gibt und entsprechend gut im Urteil der anderen dasteht. Dieser Mensch müht sich nach Kräften, in dieser Wirrnis von neuen Eindrücken und ungewohnten Tätigkeiten das Richtige zu tun, was ihm nicht immer gelingen kann. Und muß feststellen, daß er trotzdem ins zweite Glied beordert wird. Nur noch der Erfolg, das Durchkommen zählt. Daß die Stützen der Gruppe in erster Linie die sind, die das Durchkommen am ehesten gewährleisten.
Gewiß besteht dabei die Gefahr, daß sich Kasten innerhalb der Gruppe bilden – von Heloten und Kriegern, wobei, intellektuell gesehen, das eine schlichte Umkehrung der Verhältnisse in der Zivilisation bedeuten kann. In dieser außergewöhnlichen Situation ist der Skipper oder Anführer der Gruppe »next to God«, und dem Individuum bleibt nicht viel zur Wahl als die ebenso unangenehme wie ungewohnte Unterwerfung oder zumindest Einfügung. Eine Rolle, die ich selbst auf dem Segler »Groais« spielte, die mich so verwirrte, daß mir mitunter nicht einmal mehr die einfachsten Handgriffe gelangen. Eine Rolle, in die sich jetzt der ältere der beiden Brüder gedrängt sieht, während der jüngere sich nicht damit zufriedengibt und mit der ihm eigenen Aggressivität opponiert. Es gelingt ihm nicht, seine Rolle in dieser Situation zu begreifen, wo die Aufwertung nur über die Leistung erfolgen kann.
Die Präsidentin, Quisel und Nöck tun nichts, um den Graben, der aufbricht, zuzuschütten. Die Moonias ihrerseits entwickeln keinen entscheidenden Ehrgeiz, ihre Moonia-Rolle aufzugeben.
Wir finden auf dem gegenüberliegenden Ufer, nachdem wir das Unterwasser nach der Kaskade gequert haben, einen Platz für die Zelte im gleichen Rang der vorhergehenden – schlicht: einen Spitzenplatz. Die Moonia-Brüder paddeln weg. Sie versuchen, Hechte oder Forellen zu fangen, doch das Klatschen, das auf einen springenden Fisch schließen ließ, erweist sich als der Schwanzplatscher eines Bibers, der in einem Seitenarm des Day, ein paar Schritt vor den Zelten, auf und ab schwimmt. Als die Brüder zurückkehren, bringen sie zwei Hechtchen mit. Sie beschäftigen sich damit, ihr nasses Zeug zu trocknen.
Obwohl das Wetter gut ist, bleiben wir noch einen weiteren Tag im »Big Rapid Camp« – zum Fischen, zum Fotografieren. Wir bringen es auf insgesamt elf Hechte, stecken die kleineren auf Weidenspieße rund ums Feuer, schneiden die größeren zu Filets und kochen darüber hinaus eine Fischsuppe, deren Qualität mir jetzt noch, wo ich diese Zeilen schreibe, das Wasser im Munde zusammenlaufen läßt.

Während der nächsten zehn, zwölf Kilometer zieht der

Day gemächlich nach Westen, durch ebenes, sumpfiges Land, zwischen verbrannten Fichten und Lärchen, die wie alttestamentarische Zedern aussehen. Dann macht der Fluß auf der Stelle kehrt, wie einer, der sich verlaufen hat und nicht so recht weiß, wie's weitergeht, kurvt nach Südosten, überlegt sich's dann nochmal anders und schwenkt dann endgültig nach Süden, zum Petit Mecatina hin, um gemeinsam mit diesem hinunter zum St.-Lorenz-Golf zu strömen. Auf einmal hat er's eilig, dort hinzukommen. Es rauscht über ganze Serien von Kiesschwellen, die – da unverblockt – als Körnchen Salz in der Suppe einer Flußfahrt den richtigen Geschmack geben. Nach einem ruhigen Intervall und nachdem wir den ersten konkreten Hinweis passiert hatten, daß es außer uns noch mehr Menschen in Labrador gibt, gab oder geben wird. Der Hinweis: eine häßliche Sperrholz-Jagdhütte mit einem Chestnut-Holzkanu davor, dessen Canevas-Bespannung ein Bär auf ihre Genießbarkeit hin untersucht hatte.
Danach nehmen die Schnellen an Wucht zu, und einmal sehe ich, wie ein mächtiger Schwall den gemischten Zweier so ohrfeigt, daß er ein paar Meter nach links herüberfliegt. Zu einem Umschmiß reicht's jedoch nicht. Wir verstehen die Warnung und treideln die nächste Schnelle um eine Insel herum, ebenso die folgende Kaskade. Den Platz für die Nacht nennen wir »Camp Bellevue«. Er liegt noch über dem Fluß, mit Blick auf die breitgefächerte Stromschnelle. Wir genießen den Blick um so mehr, da wir die Schnelle bereits hinter uns wissen. Um uns herum ist nordische Savanne, ein sanftgewelltes Hügelland – ähnlich, wie sie einst Old Shatterhand in seinen Tagträumen durchstreifte.
Ob er dagegen nachts ebenso fror wie ich? Ich habe aus Platz- und Gewichtsgründen meinen dünnsten Schlafsack mitgenommen. In den Wassertöpfen jedenfalls ist Eis, die kälteste Nacht bislang. Der Day unter uns hat sich im Nebel versteckt. Wir hören nur seinen Atem – das Rauschen der flußabwärts liegenden Schnelle. Wir trödeln herum, bis die Sonne ihm die nassen Laken weggezogen hat. Eine letzte Stufe müssen wir treideln, eine Schnelle, die vielleicht fahrbar gewesen wäre. Jedoch nur vielleicht. Noch einmal wühlen wir uns durchs Ufergestrüpp, lassen die Boote an den Leinen hinunter ins Unterwasser gleiten . . . Noch drei Kilometer und wir verabschieden uns vom Fluß, biegen nach Osten in einen namenlosen See ein. Ich fange einen recht guten Hecht, mit Bißspuren an den Flanken: Wollte ihm ein Otter, Fischadler oder eine Seeforelle – die »namyanoh« der Montagnais – »die, die alles frißt« – oder gar ein noch größerer Hecht mit kannibalischen Absichten ans Leder?
Die Ufervegetation verspricht harte Arbeit: Die in lokkerem Verband stehenden Bäume haben sich zu sperrigem, finsterem Busch zusammengedrängt, zu einer geschlossenen Gesellschaft von Balsamtannen und Rotfichten, die unter sich allenfalls ein paar Birken dulden, jedoch kaum Menschen, die ihre Kanus schleppen. Vier Kilometer sind es bis zum nächsten Seensystem, das für rund achtzig Kilometer so gut wie freie Fahrt verspricht ohne viel Tragerei, ohne gefährliches Wildwasser.
Vor diesen Sommernachmittags-Kaffeefahrten in Aussicht droht jedoch schwärzester Busch, vier Kilometer, vor denen mir's graut. Dreißig Meter Gefälle weist die Karte auf dieser Strecke aus, dreißig Meter Gefälle auf einem kleinen Fluß, den wir aufwärts fahren müssen. Er sieht harmlos aus. Wie die Entenlochklamm der Kössener Ache. Besser – so wie die Entlochklamm der Kössener Ache vor zwei- oder dreitausend Jahren ausgesehen hat. Hier gibt's Saiblinge; große, starke Fische, die nach den Mücken springen. Wir lassen sie, wollen sehen, was es mit dem Fall auf sich hat, der auf der Karte eingezeichnet ist. Wir haben Schwierigkeiten, eine kleine Schnelle stromauffahrend zu überwinden; das Zusammenspiel mit meinem Vordermann klappt immer noch nicht. Ich habe vergessen, daß wir das Stromauffahren noch nicht durchgenommen haben. Schließlich landen auch wir in einem kleinen Kehrwasser im Auslauf einer anderen Schnelle, die durch Paddeln nicht mehr zu schaffen ist.
Und siehe da, die Rothäute, die seit Urzeiten hier herum nomadisierten, haben uns einen Trail hinterlassen. Einen Trail, den sie schon lange nicht mehr gegangen sind, ein Geschenk des Himmels jedoch für uns. Auch wenn sich das Geschenk nach hundert Metern verliert: Wir wissen, daß die schlitzohrigen Indianer die günstigste Portage genutzt haben, daß sich der physische Aufwand in Grenzen halten wird. Also sehen wir in dem imposanten Zwölfmeter-Fall denn auch das Naturschauspiel, das er darstellt, und verfluchen ihn nicht als Hindernis.
Trotzdem: Es ist Arbeit, harte Arbeit – das Sägen, Schlagen, Zerren und dann das Schleppen der Boote, die wir aufgeblasen überm Kopf, am brausenden, gischtenden Wasser vorbeitragen. Quisel, Nöck und

ich tragen; die Präsidentin, die Moonias mühen sich mit dem Gepäck.
Als wir dann noch am oberen Ende der Portage einen leidlichen Platz für die Zelte finden und gleich daneben Auskolkungen im Granit, in denen wir wie in Badewannen uns den Schweiß und den Dreck vom Leib spülen können, als wir unten am Fall ein paar gute Hechte und einen Mordssaibling fangen und auf den nächsten vier-, fünfhundert Metern stromauf sich kein Hindernis ankündigt – da herrscht eitel Freude und Harmonie im »Waterfall Camp«. Der Trail um die zweite Stufe, in der Mitte der Vier-Kilometer-Strecke, um einen Fünf-Meter-Fall, ist kurz und in ausgezeichneter Verfassung. Die Sonne scheint, es ist windstill, und es ist eine Freude, auf den Spuren der Montagnais-Indianer durch Labrador zu ziehen. Auf die Rothäute können wir uns verlassen, so scheint es, denn am nächsten kleinen Hindernis zweigt ein weiterer Trail ab, der uns zum Grenzsee zwischen Labrador und Quebec bringen würde und der das Ende aller Probleme für die nächsten drei, vier Tage bedeutet!
Ich überlege keinen Augenblick, sehe mich oberflächlich auf dem Lagerplatz der Indianer um, folge ihrem Trail im relativ lichten Wald, dem Pfad, der kaum irgendeiner Nacharbeit bedarf, wie es scheint. Ich unterlasse es, noch einen Blick auf die Karte zu werfen, so freue ich mich über die gute Vorarbeit der Labrador-Nomaden. Der Trail steigt an, es ist recht warm im Wald, der dem Wind den Zugang verstellt. Und urplötzlich artet das Ganze zu einer unerwarteten, wüsten Schinderei aus: Es beginnt, daß sich der Busch zum Grenzsee hin mehr und mehr verfilzt, daß sich der gute, so freudig begrüßte Indianertrail mehr und mehr in Wohlgefallen auflöst! Nöck und ich irren eine ganze Weile in dem Baum- und Buschverhau herum, sägen, hacken, suchen, finden, verlieren, suchen – finden . . . Schlagen und reißen, sägen und biegen – gehen zurück, holen die Boote, tragen sie über dem Kopf einen Kilometer weit, die anderen schleppen das Gepäck, dann arbeite ich mich allein weiter und die anderen ziehen den Kram nach. Endlich, nach Stunden, hocke ich am Ausfluß des Grenzsees und bin kaum noch fähig, einen Arm zu heben. Doch ich muß zurück, zwei-, dreihundert Meter, das Boot holen. Noch selten haben mir dreißig Kilo so schwer auf den Schultern gedrückt, sind mir zwei- oder dreihundert Meter so endlos lang erschienen. Wir sind noch nicht richtig fort vom Grenzsee-Abfluß, da wehen Regenschleier, poltert der Donner, scheint eine neue Sintflut über die Welt hereinzubrechen. Doch das Gewitter zieht nach Norden weiter, und wir feiern den Zeltaufbau in triefnasser, unebener Savanne als wenig erhebenden Abschluß eines Tages, der so gut begonnen hatte. Fürs erste jedoch haben wir die Schwierigkeiten überwunden. Die Aticonipi-Portagen sind noch zu weit weg, um sich darüber Gedanken zu machen.
Die Nässe ist in der kalten Nacht nicht verdampft, der Morgen alles andere als strahlend; zudem trödeln die Moonias singend und sich nur mit dem eigenen Zeug beschäftigend – Nöck und mir die Sorge fürs Frühstück und Auflösung des »Thunderstrom Camps« überlassend . . . Überhaupt: Sie beschäftigen sich erstaunlich viel mit sich selbst. Kaum haben wir dann die Grenze zur Provinz Quebec überpaddelt, womit unsere Angellizenzen endlich Gültigkeit erlangen, da beißen die Saiblinge, als hätten sie nur auf uns gewartet. Wir fangen sechs der im Schnitt fünfpfündigen Fische und lassen's dabei bewenden.
Das Gefälle zwischen Grenzsee und Lac Brugalle ist mit drei Metern auf der Karte ausgewiesen, beschränkt sich aber auf zwei leicht zu treidelnde Schnellen. Wir paddeln hinüber zur kleinen, struppigen Insel, holen die Verpflegungstonne, hinterlassen eine Notiz für Pilgrim; fahren zum Südufer des Sees, wo wir das Lager aufschlagen – auf einem Platz, der schöner ist als der Schloßpark von Schwetzingen.
Es ist der 20. August. Erinnern wir uns: Heute oder morgen, am 21. 8., soll Pilgrim einfallen. Da er uns nicht am Aticonipi finden würde, sollte er zum Treffpunkt Nr. 2 weiterfliegen, das ist hier am Brugalle. Zum Aticonipi weiterzugehen, sagen wir uns, wäre unsinnig, da wir womöglich in einer der vielen Portagen stecken oder auf einem der kleinen Bäche oder Seen schwimmen würden. Es wäre sehr fraglich, ob Pilgrim uns finden, und wenn ja, ob er da landen könnte. Es war ausgemacht, daß Pilgrim uns weitere Fourage mitbringt.
Während wir uns die Bäuche vollschlagen, mit Nudeln, Salz und Gewürz aasen – der ältere Moonia bäckt einen Kuchen, der jüngere kocht Heidelbeerkompott, am Ende ist ein Kilo Zucker draufgegangen – sind meine Gefühle nicht ungeteilt. Was würde sein, wenn Pilgrim aus diesem oder jenem Grund nicht auftauchte?
Ich empfehle am folgenden Tag Mäßigung, – als wir

immer noch vergeblich zum Himmel aufsehen, die Ohren auf Flugzeuggeräusche spitzen –. Jedoch nicht nachdrücklich genug, um die Vorräte nicht weiter wie die Eiscreme an der Zentralheizung schmelzen zu sehen.
Dann, am 22. – das Wetter ist nach wie vor makellos, daran kann Pilgrims Ausbleiben also nicht liegen – ist Bestandsaufnahme und Rationierung. Nicht zu spät, wenn wir uns entscheiden, an Ort und Stelle zu bleiben, um zu warten. Sehr spät jedoch, wenn wir das Lager abbrechen und die zweite Hälfte des Weges zur Küste in Angriff nehmen wollen. Dann würde es knapp werden. Wir diskutieren, wägen ab. Wollen einen weiteren Tag warten. Wenn Pilgrim aus irgendeinem Grund verhindert ist, sagen wir uns – dann sorgt Brigitte für Ersatz. Das könnte zwar kostspielig werden, aber diese Frage scheint von untergeordneter Bedeutung.
Und am folgenden Tag, da brummt es auf einmal heran – nein, nicht Pilgrim, das ist die Otter. Unsere Überlegung scheint richtig – Brigitte hat ein anderes Flugzeug gechartert. Quisel, die Präsidentin und Moonia der Jüngere stürzen in die Boote, damit uns der Pilot besser

Kuchen aus Mehl, Backpulver, Fett und Wasser: Country Cakes.

ausmachen kann. Leuchtendgelbe Boote auf eisengrauem Wasser. Das müßte er sehen. Die Otter fliegt hoch, fliegt vorbei, nein – kurvt weit nach Westen – auf die Wetterwand zu, die da heranzieht, dreht nach Norden, nach Osten, kommt zurück – schwenkt nochmals nach Norden und – entschwindet. Sie entschwindet ganz und gar unter dem Horizont, und wir sind baff. Enttäuscht! Die Unsicherheit bleibt bestehen. Was soll das? Hat er uns nicht gesehen! Flog das Flugzeug nur zufällig auf diesem Kurs? Warum die Kurve? Hat Brigitte jemanden aufgefordert, nach uns zu sehen, unsere Position zu ermitteln? Wir martern unsere Köpfe – was tun? Die Lage ist nach wie vor nicht kritisch, noch nicht. Alle sind besonnen. Jedoch – das In-der-Luft-Hängen reißt an den Nerven. Jedenfalls war mit dem Auftauchen der Otter der Entschluß endgültig, zu bleiben, zu warten. Ob der Pilot uns gesehen hatte oder nicht, ob das Flugzeug etwas mit uns zu tun hatte oder nicht. Sofern der Pilot uns ausgemacht und unsere Position durchgegeben hat, wäre es ein Wahnsinn, wegzugehen und womöglich eine überaus kostspielige Suche heraufzubeschwören. Das Wetter ist phantastisch. Aber es passiert nichts, zwei Tage lang. Zwei Tage lang Zweifel, Überlegungen, die zu nichts führen. Nöck und ich erörtern die Möglichkeit, mit leichtem Gepäck und der Hälfte der verbliebenen Verpflegung loszugehen. Wir glauben, daß wir das stärkste, also das schnellste Team sind. Quisel als der Besonnenste der Zurückbleibenden könnte die Lage unter Kontrolle halten . . . Die anderen sind einverstanden. Als wir jedoch die Fourage teilen, bleiben zwei so armselige Häufchen übrig, daß wir unser Vorhaben aufgeben. Statt dessen pflücken wir Blaubeeren. Ich hasse es, Blaubeeren zu pflücken, aber was nützt das in dieser Situation. Zu viert pflücken wir in ein paar Stunden an die acht Liter Blaubeeren. Moonia der Jüngere hatte vorzeitig aufgegeben. Er hatte keine Lust mehr.

Vulcano-Bomber von der Royal Canadian Air Force-Base in Goose Bay zischen im Tiefflug über uns hinweg. Trainierende kanadische Luftwaffen-Piloten. Die Flieger haben uns gesehen, sie wissen, wo wir sind. Wie sollen wir ihnen mitteilen, uns verständlich machen, daß wir auf Pilgrim warten?

Die Bärenspuren, die Moonia der Ältere zweihundert Meter weiter am Sandufer entdeckt hat, sind klein, aber frisch. Sie liegen über unseren Stiefelspuren. Mr. Black als zusätzlichen Kostgänger – das können wir uns in dieser Situation am wenigsten leisten. Das restliche Mehl, Fett, Zucker, die paar Nudeln sicher in die Bäume zu hängen – das geht nicht. Die Bäume sind zu mickrig, und die Abstände dazwischen zu groß. Wir beschließen Wache zu gehen, die ganze Nacht ein Feuer zu unterhalten. Moonia der Ältere läßt sich nicht davon abbringen, die ganze Zeit aufzubleiben, die Wache allein zu übernehmen. Da er sich am nächsten Tag ausruhen kann, sind wir anderen einverstanden, obwohl ich sein Ansinnen nicht für opportun halte. Er beschäftigt sich während unserer Wartezeit mit einem Buch über die Theorie des »Thrill«, der Angstlust. Wir versorgen ihn ausreichend mit Holz, und er hält tatsächlich durch, obwohl ein heftiger Regenguß niedergeht.

Da der Nachschub an Fisch sich gerade mit dem Konsum deckt (der sich fast ausschließlich mittlerweile auf Fisch beschränkt), fahren Quisel und Nöck die sieben, acht Kilometer hinüber zum Auslauf des Brugalle – ohne Frühstück, mit einem halben Pfund Nudeln und einem Stück Schokolade für den Tag. Die beiden Moonias paddeln indessen ebenfalls los, in der Hoffnung, in dem Indianercamp Souvenirs zu finden. Da scheint es immer noch an Einsicht zu fehlen – in unserer Verpflegungssituation nicht nur mit den Vorräten, sondern auch mit den Kräften, sprich dem Kalorienverbrauch, zu haushalten . . . Quisel und Nöck kommen zurück mit fünfzehn kapitalen Saiblingen und fünf Hechten – rund vierzig Pfund Fisch. Die Moonias haben Souvenirs gesammelt – ein paar unbrauchbare Tierfallen und eine verrostete Schrotflinte. Da eine steife Brise aufkam, hat sich der Jüngere beim Paddeln ziemlich verausgabt. Wir hängen die Fische über Nacht in die Uferweiden, gehen wieder Wache. Der ältere der beiden ist davon ausgenommen. Der Bär läßt sich wiederum nicht blicken.

Ich fürchte, den beiden Moonias blieb die Erkenntnis verschlossen, daß der Mensch in der ungebändigten Natur zwangsläufig eine recht bescheidene Rolle spielt, in der die Fähigkeit sich anzupassen die wichtigste aller Charaktereigenschaften darstellt. Anpassung bedeutet aber auch den Verzicht auf Prinzipien, bedeutet die Fähigkeit, klaglos zu leiden. Ich fürchte weiterhin, daß die Brüder – ganz im Zuge der Zeit – sich, ihre Probleme und auch die Probleme der anderen zu ernst nehmen und die Lösung aller eingebildeten und tatsächlichen Schwierigkeiten von außen erwarten. Dieses Sich-selbst-Ernstnehmen ist verständlich. Bedeutsam-

Linus und
der Autor:
Auf zu neuen
Ufern!

keit ist heute nicht unbedingt mehr an Geld, Position, Gut, Erbe, Können gebunden. Eigentlich jedem – mit ein bißchen Grips – und den haben die Moonias – wird tagtäglich vor Augen geführt, wie winzig seine Rolle ist, die er in der modernen Zivilisation innehat. Also sucht er nach einer Kompensation, sucht nach Individualität und Originalität. Das jedoch erfordert den Ausbau von Prinzipien und deren Einhaltung innerhalb der gegebenen Gruppe. Außerdem: die zu starke Betonung des Intellekts kommt nicht der Einsicht zugute, es verkümmert der Instinkt.

Heute, in der Rückschau, glaube ich: die beiden Moonias sahen das Ganze als befristetes Experiment – und das genügt nicht, die Wildnis zu erfahren.

Inzwischen saßen wir auf einem Fleck, der schön, der paradiesisch schön war. Wir saßen mittendrin, wie die Spinne im Netz, saßen inmitten eines Geflechtes von Wasserläufen und Seen, hätten von hier aus tage- oder wochenlange Rund- oder Kreuz- und Quertouren machen können, hätten baden, fischen, fotografieren, laufen, beerensammeln, explorieren oder sonnenbaden können – waren privilegiert, diese ungebrochene Ursprünglichkeit für uns allein zu erleben, hätten alles in uns aufsaugen und verarbeiten müssen. Statt dessen hockten wir da und zermarterten unsere Köpfe wegen des Flugzeuges, das nicht kommen wollte. Außerdem litten wir Hunger. Und die Erfahrung, daß Hunger andere Gefühle mehr und mehr verdrängt, ist nicht neu.

Brigitte saß wohl unten am Kecarpoui und machte sich Gedanken. Zwar hat sie Flußtouren genug mitgemacht, lebt lange genug in der Wildnis, daß sie weiß, wie schnell dort die Fahrpläne durcheinandergeraten. Sie weiß aber auch, was einem alles zustoßen kann – trotz aller Vorsicht, trotz aller Erfahrung . . .

Am nächsten Morgen – wir warten jetzt seit einer Woche – legen wir oben auf dem flachen Hügel, dreihundert Meter vom Camp, ein Notsignal aus: Schwimmwesten, rote Packsäcke, Nöcks Regenzeug, Quisels Schlafsack; drei große, orangerote Flecken im Dreieck, unten am Lagerplatz. Dann filetiere ich die Saiblinge. Hänge die roten, orangefarbenen, gelben Lappen über ein provisorisches Trockengestell am Feuer. Aus den Fleischresten, den Köpfen und Gräten koche ich eine Suppe. Hätten wir ein paar Gewürze mehr gehabt, wäre es eine genießbare Suppe geworden.

Dutzende von Düsenmaschinen fliegen über uns hinweg. Dieser Teil Labradors ist das Einfallstor der großen Fluggesellschaften zum amerikanischen Osten – den Routen nach Montreal, Toronto, Chicago, New York. Silberblinkende, handgroße Spielzeuge unterm blauen Himmel mit riesigen weißen Schwänzen, den Kondensstreifen. Doch da ist nicht die Spur eines Propellerflugzeuges. Nicht einmal einer der inzwischen alltäglichen Vulcan-Bomber huscht über das Plateau. Wir haben immer noch ein paar Pakete Nudeln, ein bißchen Mehl, Zucker, Salz, Pfeffer, Fett, Schokolade. Wir sind jedoch sechs Leute und könnten alles in einem Sitz aufessen. Wir sagen uns jedoch, daß es besser ist, noch etwas in der Hinterhand zu haben, als ausschließlich von Fisch und Blaubeeren leben zu müssen. Wir verteilen die Wachen für die Nacht. Da summt es – da brummt es! Es wird zum charakteristischen Nähmaschinen-Puttern der Otter. Dann sehen wir die Maschine aus dem Südosten kommen, auf unser Lager zufliegen, sehen sie kurven – lange, noch einmal – sehen sie wassern.

Die Otter schwoite heran. Brigitte stand auf dem Schwimmer, als der Pilot mir das Haltetau zuwarf. »Mensch, hab' ich euch gesucht, am St. Augustin und auf den Seen bis hierhin – Stunden sind wir geflogen, glaub' ich. Es ist doch alles okay?« Sie wartete meine Antwort gar nicht ab.

»Bin ich froh, daß ich euch gefunden habe! Die Karte ist nämlich hier zu Ende – der Pilot hatte überhaupt keine mit, der Sprit war knapp und das Radio ist kaputt – er wollte schon umdrehen . . . Pilgrim ist seit einer Woche verschwunden, weg aus Mishou-Chibou, die Mounties zwangen ihn, nach Neufundland rüberzufliegen – zu einer Inspektion des Flugzeugs, denn die ist längst überfällig. Da gab's wohl technische Probleme, Reparaturen und so und wann er wiederkommt, das steht in den Sternen . . . North Shore, du weißt ja . . . Heilfroh bin ich, daß ihr gesund seid, ein bißchen dünner, wie ich sehe . . . Angst hab' ich gehabt wegen des Hochwassers . . . anderthalb Meter ist der Kecarpoui gestiegen in wenigen Stunden . . . warum seid ihr eigentlich noch nicht weiter? Hochwasser wohl?«

Ich erklärte ihr die Lage, so rasch es ging. Ich war heilfroh, sie wiederzusehen, war erleichtert, erlöst; wußte ich doch, daß sie was unternimmt, daß sie uns findet und rausholt, daß auf sie Verlaß ist.

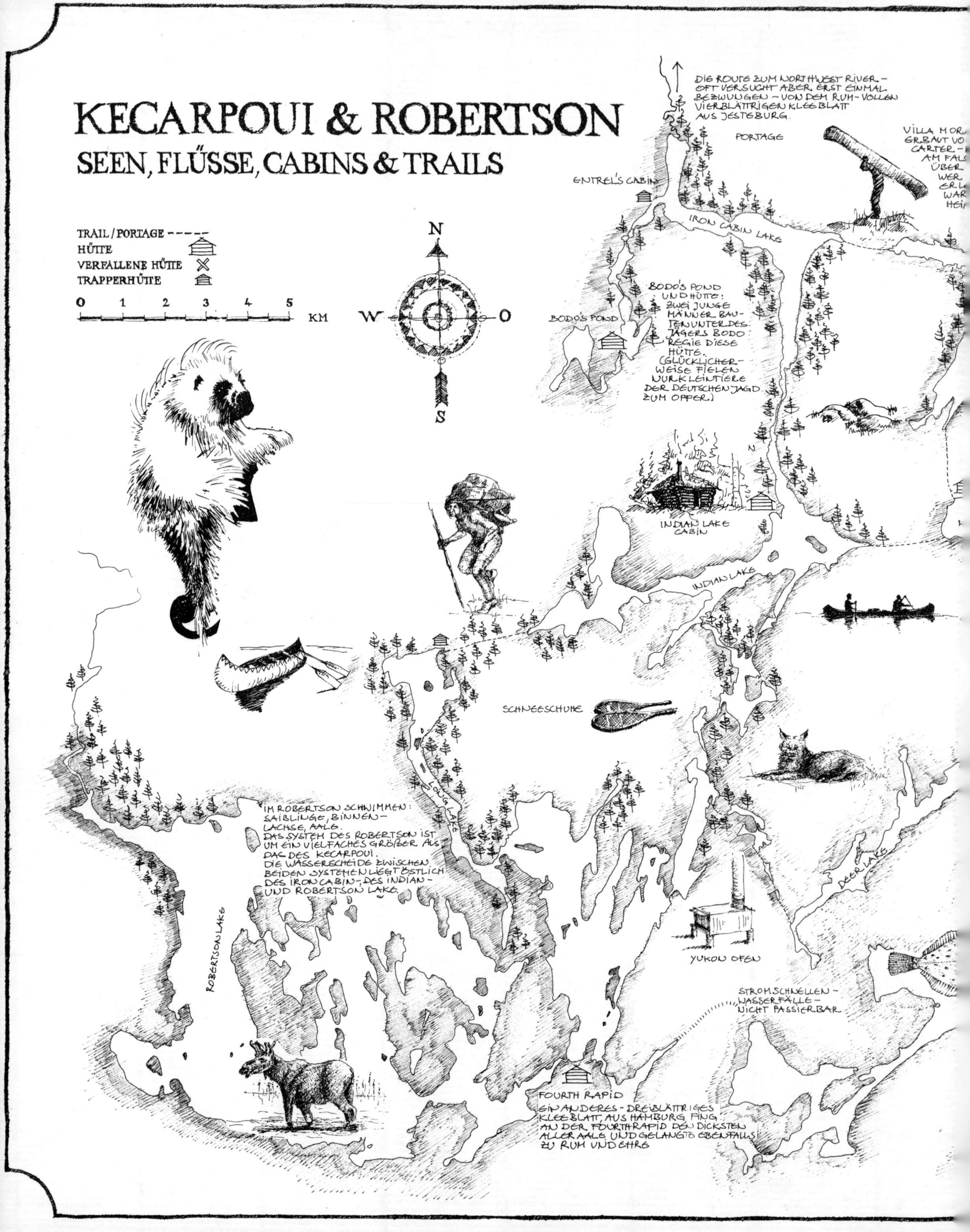
KECARPOUI & ROBERTSON
SEEN, FLŰSSE, CABINS & TRAILS
TRAIL / PORTAGE
HÜTTE
VERFALLENE HÜTTE
TRAPPERHÜTTE
0 1 2 3 4 5 KM
N
W
O
S
DIE ROUTE ZUM NORTHWEST RIVER – OFT VERSUCHT ABER ERST EINMAL BEZWUNGEN – VON DEM RUM-VOLLEN VIERBLÄTTRIGEN KLEEBLATT AUS JESTEBURG
PORTAGE
ENTREL'S CABIN
IRON CABIN LAKE
BODO'S POND
BODO'S POND UND HÜTTE: ZWEI JUNGE MÄNNER BAUTEN UNTER DES JÄGERS BODO REGIE DIESE HÜTTE. (GLÜCKLICHERWEISE FIELEN NUR KLEINTIERE DER DEUTSCHEN JAGD ZUM OPFER.)
INDIAN LAKE CABIN
INDIAN LAKE
SCHNEESCHUHE
LONG LAKE
IM ROBERTSON SCHWIMMEN: SAIBLINGE, BINNEN-LACHSE, AALE. DAS SYSTEM DES ROBERTSON IST UM EIN VIELFACHES GRÖßER ALS DAS DES KECARPOUI. DIE WASSERSCHEIDE ZWISCHEN BEIDEN SYSTEMEN LIEGT ÖSTLICH DES IRON CABIN-, DES INDIAN- UND ROBERTSON LAKE.
ROBERTSON LAKE
DEER LAKE
YUKON OFEN
STROMSCHNELLEN – WASSERFÄLLE – NICHT PASSIERBAR
FOURTH RAPID
EIN ANDERES – DREIBLÄTTRIGES KLEEBLATT, AUS HAMBURG FING AN DER FOURTH RAPID DEN DICKSTEN ALLER AALE UND GELANGTE EBENFALLS ZU RUHM UND EHRE

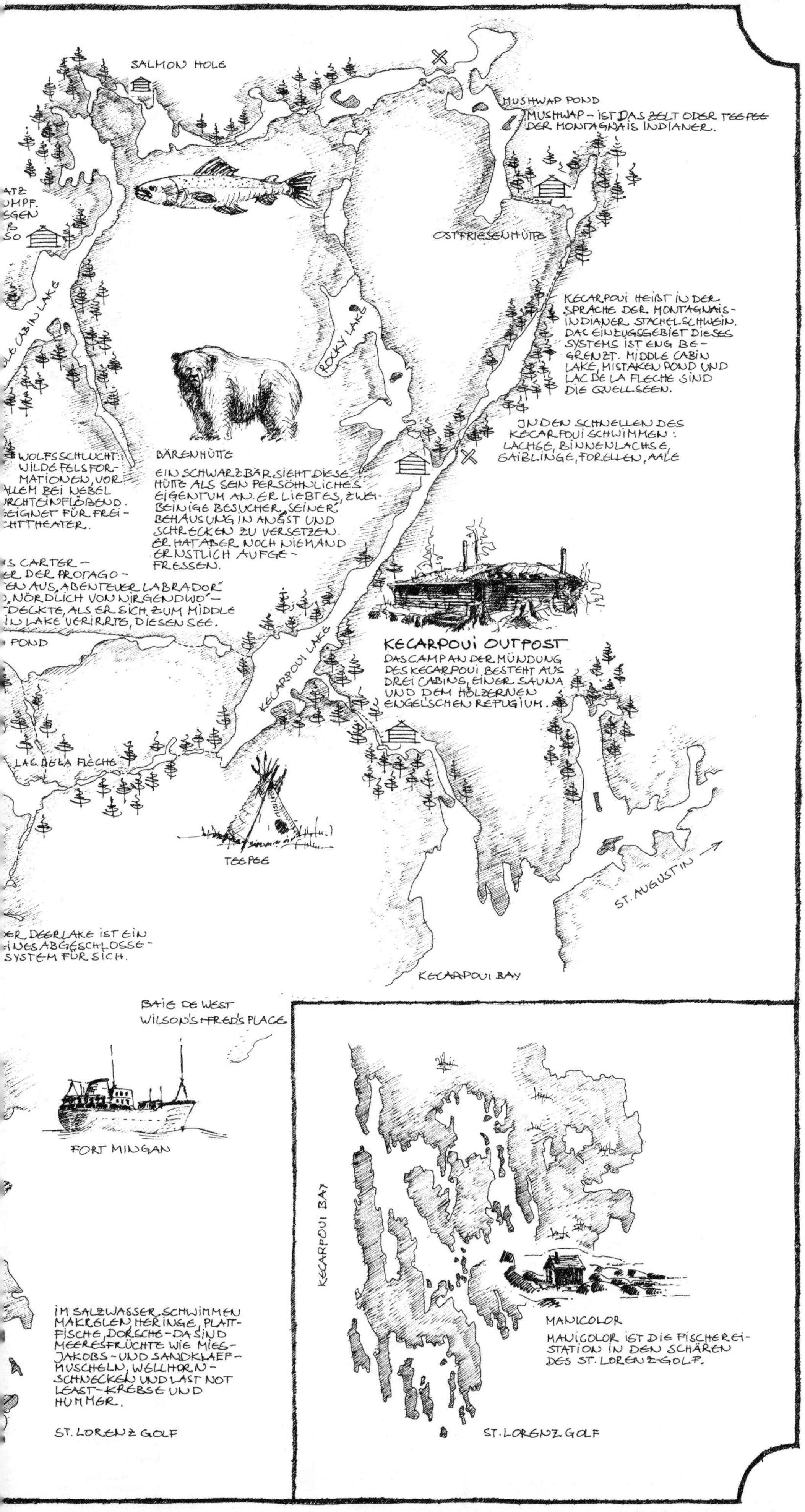

Die kleine Welt des KECARPOUI-OUTPOST

Sie liegt zwischen La Tabatière (Snuffbox-City) und St. Augustin (Michou-Chibou) an der Nordküste des St. Lorenz-Golfes. Küste und Hinterland ergänzen sich spiegelbildlich: Vor den Sunden, Buchten und Flußmündungen „schwimmen" unzählige Inseln, Schären und Klippen wie Brotkrumen auf einer Suppe. Im Landesinnern sind es Tausende von Seen – Gewässer aller Größen und Formate, die zwischen wuchtigen Granitklötzen und dunklen Waldgalerien im Sonnenlicht funkeln. Die Seen und kurzen Flußstrecken in Verbindung mit den „Portagen", den Tragestrecken, sind die einzigen Wege in dieser Wildnis.

An den größten Seen liegen ein paar Kanus; zwischen den Fichten am Ufer versteckt sich ab und zu eine kleine, einfache Trapperhütte. Das ist alles, was daran erinnert, daß es Menschen gibt.